PICKWICK

CONN IGGULDEN

La Guerra delle Rose

LA BATTAGLIA DI RAVENSPUR

Traduzione di Paola Merla

PIEMME

Questo libro è un'opera di fantasia. I fatti storici narrati sono liberamente interpretati dall'autore.

Realizzazione editoriale a cura di Conedit Libri Srl.

www.pickwicklibri.it
www.edizpiemme.it

La battaglia di Ravenspur
di Conn Iggulden
Titolo originale: *Wars of the Roses. Ravenspur: Rise of the Tudors*

ISBN 978-88-6836-855-5

I edizione Pickwick ottobre 2017

Anno 2017-2018-2019 - Edizione 1 2 3 4 5 6 7 8 9 10

A mia madre

L'Inghilterra ai tempi della Guerra delle Rose

Casato di York

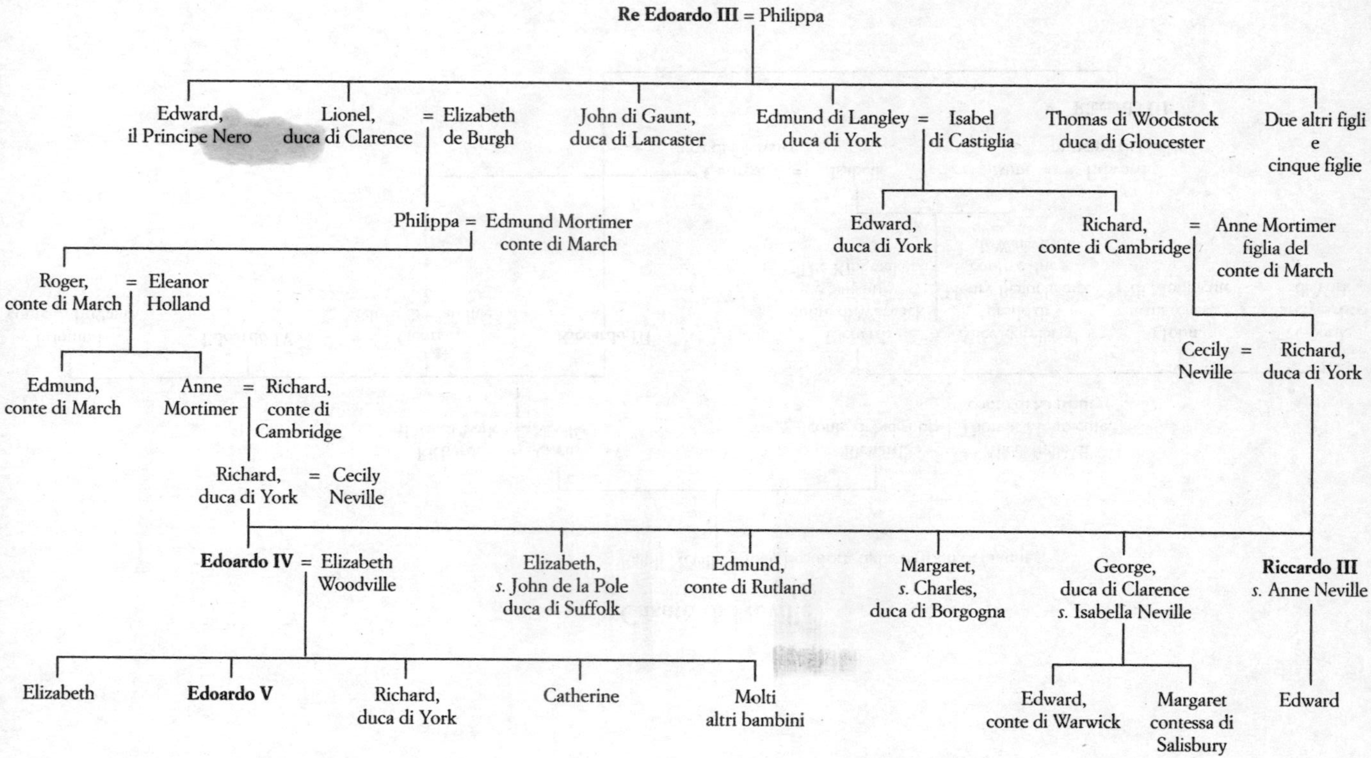

Casato di Neville

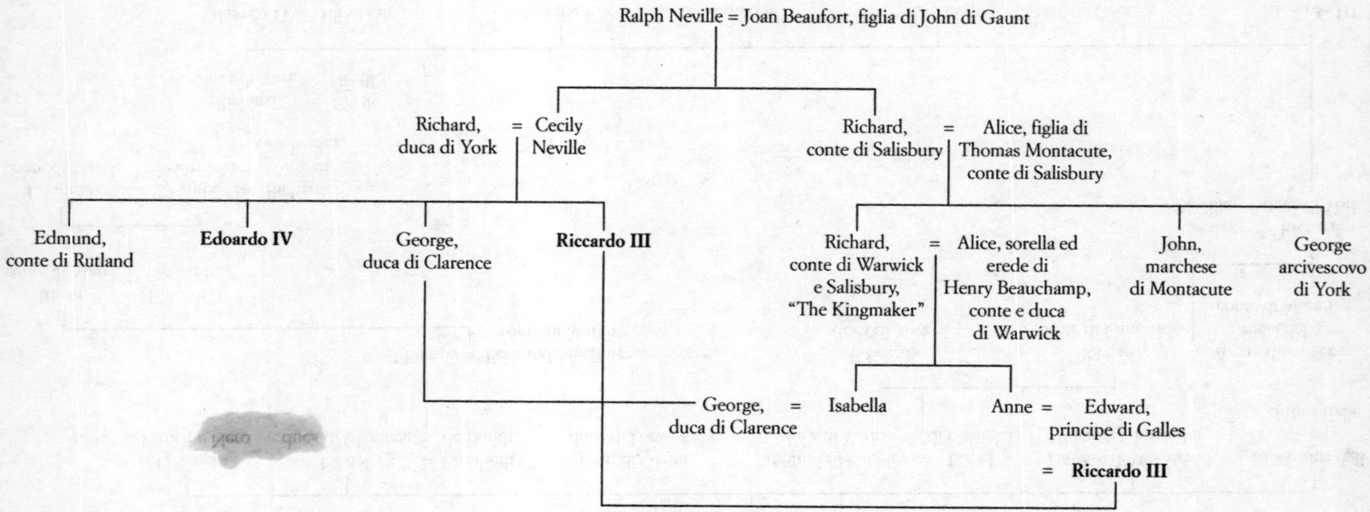

Casato di Tudor

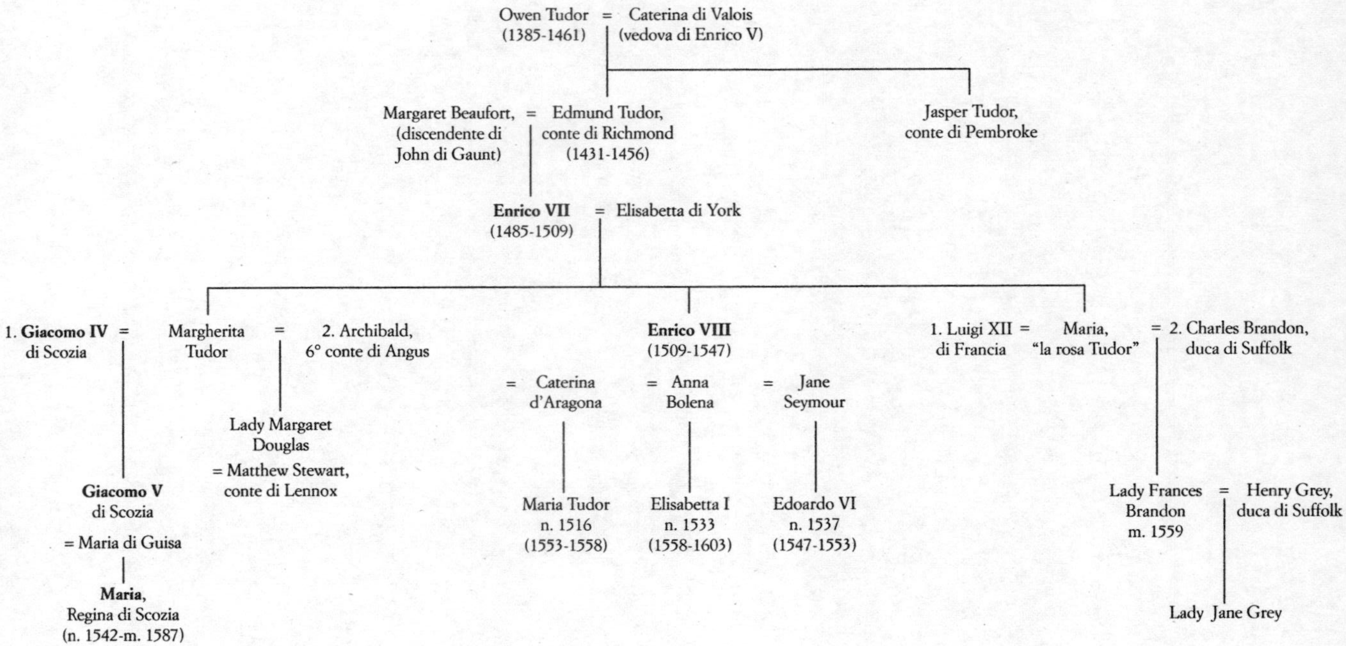

PERSONAGGI

Margherita d'Angiò/ regina Margherita	figlia di Renato d'Angiò, moglie di Enrico VI
Lady Margaret Beaufort	pronipote di John di Gaunt, madre di Henry Tudor
Thomas Bourchier	arcivescovo di Canterbury
Derry Brewer	capo delle spie di re Enrico VI e della regina Margherita
Henry Stafford, duca di Buckingham	sostenitore di Richard, duca di Gloucester
Charles le Téméraire (Carlo il Temerario), duca di Borgogna	nemico di re Luigi XI e alleato di Edoardo IV
George Plantageneto, duca di Clarence	fratello di Edoardo IV e di Richard, duca di Glacester
John Courtenay, conte di Devon	sostenitore della regina Margherita e del principe di Galles alla battaglia di Tewkesbury
Edoardo IV	re d'Inghilterra, figlio di Riccardo Plantageneto, duca di York
Edoardo V	figlio maggiore di Edoardo IV, uno dei principi nella Torre

Henry Holland, duca di Exeter	sostenitore di Enrico VI e della regina Margherita
Richard di Gloucester	fratello di Edoardo IV e di George, duca di Clarence, in seguito re Riccardo III
Lord Baron William Hastings	lord ciambellano di Edoardo IV
Enrico VI	re d'Inghilterra, figlio di Enrico V
Edward di Lancaster	figlio di Enrico VI e della regina Margherita, principe di Galles
Luigi XI	re di Francia, cugino della regina Margherita
Jacquetta di Lussemburgo	madre di Elizabeth Woodville
John Neville, barone di Montagu	fratello di Richard di Warwick
John Morton	vescovo di Ely
Anne Neville	figlia di Richard di Warwick, moglie di Edward di Lancaster e successivamente di Richard di Gloucester
George Neville	arcivescovo di York, fratello di Richard di Warwick
Isabel Neville	figlia di Richard di Warwick, moglie di George, duca di Clarence
John de Mowbray, duca di Norfolk	sostenitore di Edoardo IV e di Riccardo III, un tempo sostenitore di Enrico VI
Henry Percy, conte di Northumberland	capo della famiglia Percy, sostenitore riluttante di Riccardo III, un tempo sostenitore di Enrico VI
John de Vere, conte di Oxford	sostenitore di Enrico VI e della regina Margherita, successivamente di Henry Tudor

William Herbert, conte di Pembroke	tutore di Henry Tudor nel castello di Pembroke
Anthony Woodville, conte di Rivers	cognato di Edoardo IV
Edmund Beaufort, duca di Somerset	sostenitore della regina Margherita e di Edward di Lancaster
Lord Thomas Stanley	patrigno di Henry Tudor
Sir William Stanley	fratello di lord Stanley e capitano di lord Hastings; ha combattuto con Edward IV e successivamente con Henry Tudor
Robert Stillington	vescovo di Bath e Wells
Rhys ap Thomas	capitano gallese sostenitore di Henry Tudor nella battaglia di Bosworth
Edmund Tudor	marito di Margaret Beaufort e padre di Henry Tudor, morto di peste nel 1456
Jasper Tudor	fratello di Edmund Tudor e zio di Henry Tudor
Owen Tudor	padre di Edmund e Jasper Tudor. Ucciso dopo la battaglia di Mortimer's Cross
Richard Neville, conte di Warwick	capo della famiglia Neville dopo la morte del conte di Salisbury, in seguito noto come "creatore di re"; un tempo sostenitore di Edoardo IV, rimise sul trono Enrico VI
Barone Wenlock	sostenitore di Margherita e del principe di Galles
Elizabeth Woodville	moglie di Edoardo IV
Conte di Worcester	sostenitore di Edoardo IV e connestabile d'Inghilterra

Ann, Bridget, Catherine, Cecily, Mary ed Elizabeth di York	figlie di Edoardo IV ed Elizabeth Woodville
Richard di Shrewsbury, duca di York	figlio minore di Edoardo IV, uno dei principi nella Torre

DOVE ERAVAMO RIMASTI

Nel quindicesimo secolo due grandi casati inglesi erano uniti da legami di sangue. I Lancaster, di lignaggio più antico, avevano avuto il trono per tre generazioni fino a quando Enrico VI non si era ammalato. A quel punto il casato degli York, il più recente, aveva afferrato le redini... e il risultato era stata la guerra.

Due re non potevano coesistere. Edward di York si alleò con il conte di Warwick per regolare la questione. Nel 1461, sul campo di battaglia, la casa dei Lancaster fu sconfitta e la regina, Margherita d'Angiò, fuggì in Francia con il figlio, lasciando il marito, Enrico VI, prigioniero nella Torre di Londra.

Elizabeth Woodville, che aveva sposato Edward di York, Edoardo IV, mise il marito contro il conte di Warwick e dopo l'ennesima provocazione Warwick rapì il re Edoardo e lo tenne prigioniero, permettendo però al fratello del sovrano imprigionato, George, duca di Clarence, di sposare sua figlia.

Warwick finì per liberare Edward, ma la loro amicizia era finita; Edward lo accusò di tradimento e inviò i suoi uomini ad arrestarlo. Alla fine degli eventi narrati in *Bloodline*, abbiamo lasciato Warwick in fuga dall'Inghilterra con la figlia incinta e il genero, George di Clarence. Essendogli stato negato asilo, la sua nave non poté entrare in nessun porto e la bambina morì in mare appena nata. Warwick e

Clarence furono esuli in Francia, respinti dagli amici e dai parenti.

Il re di Francia Luigi XI intravide in questa situazione una rara opportunità: offrì a Warwick e a Clarence un esercito di mercenari nonché le navi per trasportarli sulle coste inglesi e nel mese di settembre del 1470 l'armata fece vela per l'Inghilterra; i vessilli rosso, bianco e oro furono investiti da una fortissima tempesta e non si seppe mai quante navi fossero approdate. Ma la stagione delle vendette era cominciata.

Parte Prima

1470

Non fidarti di colui che è stato infedele una volta.

William Shakespeare,
Enrico VI, parte III

I

Sulle pietre del castello di Pembroke, avvolto nelle spire del fiume, rosseggiava il sole invernale. Al di sopra delle mura svettava il mastio, alto come una cattedrale e quasi altrettanto fiero.

Sulla strada che portava all'androne d'ingresso lo sconosciuto appoggiò entrambe le mani sul pomo della sella, facendo scorrere il pollice sul cuoio ruvido. Il cavallo stanco lasciava ciondolare il muso, non trovando niente da brucare sulla nuda pietra. A confronto con le figure dei soldati di guardia sul cammino di ronda, Jasper Tudor aveva l'aspetto di un rozzo pastore, scuro, e i capelli, lunghi fino alle spalle e ridotti a una massa sudicia e compatta simile a un panno infeltrito, gli lasciavano il viso in ombra ora che il sole stava tramontando e il giorno cominciava a morire intorno a lui. Nonostante la stanchezza, gli occhi erano attentissimi e sorvegliavano ogni movimento in alto sulle mura. Tutte le volte che una guardia si girava verso il cortile interno o guardava un ufficiale giù in basso, Jasper osservava, ascoltava e giudicava, tanto che capì immediatamente come la notizia della sua presenza avesse richiamato sulle mura il signore del castello. Sapeva quanti gradini avrebbe dovuto salire il nuovo conte per raggiungere la porta esterna rinforzata da sbarre di ferro, solo la prima di una dozzina di difese contro gli assalti nemici.

Jasper contò sottovoce, cercando di non pensare alla collera che provava per il solo fatto di trovarsi in quel luogo. Vide mentalmente ogni svolta della scala di pietra e le labbra gli si piegarono in una smorfia quando William Herbert comparve fra i merli. Il giovane conte lo guardò dall'alto, il viso imporporato per l'emozione. Il nuovo signore di Pembroke, un diciassettenne rissoso che ancora non si era ripreso dalla morte del padre, a quanto pareva non gradiva la vista dell'uomo bruno e peloso che lo stava fissando dal basso. L'espressione del suo viso e il modo in cui serrava le pesanti mani sulla pietra del castello non lasciavano dubbi al riguardo.

Una dozzina di anni prima Jasper Tudor era stato conte di Pembroke e trovava difficile non provare irritazione nel vedersi guardato con aria arrogante da qualcuno che aveva la metà dei suoi anni dall'alto delle mura che un tempo erano state sue.

Il conte William Herbert si limitò a fissarlo per un po', strizzando gli occhi come se avesse inghiottito qualcosa di molto piccante. Il giovane aveva una testa grossa, la faccia larga sormontata da una frangia di capelli lisci dal taglio netto. Sotto quello sguardo Jasper Tudor fece un cenno di saluto col capo, pensando che sarebbe stato ben più duro avere a che fare con il padre, se fosse stato vivo.

Il vecchio Herbert non aveva fatto una bella fine: non era riuscito a dare nessun nuovo lustro alla famiglia perdendo la vita in un'azione gloriosa, ma era stato semplicemente eliminato quando Warwick aveva preso prigioniero re Edoardo. Quella piccola perdita, ignorata a quel tempo, era stata eclissata dall'enorme crimine commesso da Warwick ai danni del re. Ma Pembroke era sprofondata nel lutto.

L'oscurità si andava addensando e Jasper Tudor cominciava a innervosirsi. Lampi di luce apparivano e sparivano tra le feritoie lungo le mura, a seconda dei movimenti degli uomini in armatura che le percorrevano. Anche se ne aveva individuato la presenza, Jasper non si illudeva che questo fosse poi un vantaggio: nessun cavaliere poteva essere più veloce di un dardo.

Il fondo delle nuvole che percorrevano il cielo si tinse di rosa negli ultimi raggi del sole. Sul cammino di ronda il giovane conte alla fine si spazientì per quel silenzio prolungato. Pur avendo un certo vantaggio sui suoi coetanei e sebbene il dolore gli avesse insegnato a dominarsi, non erano molti i diciassettenni in grado di reggere il confronto con l'impassibilità e la calma di un adulto di quarant'anni.

«*Allora?* Che cosa volete, mastro Tudor?» Sembrava che il giovane conte provasse un certo piacere nel rivolgersi a lui senza il titolo nobiliare. Jasper Tudor era fratellastro del re Enrico VI. Aveva ricevuto onori e benefici dalla casa di Lancaster e in cambio aveva combattuto per loro, scendendo in campo contro il diciottenne Edward di York, il gigante infuriato che ancora piangeva la morte del padre. Jasper represse un brivido al ricordo di quel colosso nella sua armatura rossa, lo stesso colore che avevano in quel momento le mura di Pembroke.

«Vi saluto in nome di Dio e mi raccomando a voi. Ho fatto vela dalla Francia, precedendo le notizie. Avete saputo qualcosa da Londra?»

«Non riuscite proprio a chiamarmi lord, la parola rimane incastrata in quella vostra gola gallese? Io sono il conte di Pembroke, mastro Tudor! Se siete alla mia porta per chiedere cibo o denaro rimarrete deluso. Tenetevi pure le vostre notizie. La vostra canaglia Lancaster e quel vostro re straccione prigioniero non hanno nessun diritto su di me. E mio padre ha dato la vita in difesa del *legittimo* re d'Inghilterra, Edoardo IV di York!» Il ragazzo fece una smorfia. «Mentre voi, Tudor, credo che siate stato *spogliato* di tutto, mi pare che abbiate perso onori, titoli e possedimenti. Dovrei farvi abbattere seduta stante! Pembroke appartiene a me. Ogni bene appartenuto a mio padre ora è *mio*!»

Jasper annuì come se avesse appena udito un'affermazione degna di essere presa in considerazione. Nel giovane uomo vedeva una spavalderia che doveva nascondere la debolezza e una volta di più rimpianse di non avere a che fare con il vecchio conte, che era un uomo d'onore. Ma così stavano le cose quando c'era di mezzo la guerra: uomini valorosi morivano e lasciavano i figli a seguire le loro orme, nel bene e nel male. Jasper scosse la testa, muovendo il groviglio di riccioli. Egli stesso era uno di quei figli e forse valeva meno di suo padre, Owen. Quel che era peggio era che negli anni dell'esilio Jasper non aveva trovato una moglie, né aveva avuto eredi suoi e, se il re di Francia non gli avesse garantito un appannaggio in quanto suo cugino, forse Jasper sarebbe morto di fame, solo e senza un soldo. Ciò nonostante era rimasto fedele al re Enrico e a Margherita d'Angiò, regina disperata e decaduta.

Per un attimo Jasper abbassò la testa, sentendo svanire ogni speranza sotto lo sguardo di disprezzo del giovane conte. Tuttavia era a Pembroke e quel vecchio castello una volta era stato suo. Provava un senso di familiarità dolorosa, una strana forma di conforto solo per il fatto di trovarsi lì; desiderava quasi di poter allungare le mani per sentire il tocco di quelle vecchie pietre. Non poteva accettare di essere umiliato davanti a quelle mura. Rialzò la testa un'altra volta.

All'interno della fortezza c'era ancora qualcuno che lui amava come ogni padre ama un figlio, ed era quella la vera ragione della sua visita. Jasper Tudor non era venuto a Pembroke per accusare o per cercare vendetta. Quando le circostanze della vita lo avevano richiamato in patria dalla Francia, aveva chiesto a Warwick il permesso di allontanarsi per una faccenda privata e mentre il resto della flotta aveva sfidato il mare aperto, la sua nave aveva fatto rotta a ovest.

Jasper perlustrò le mura merlate con lo sguardo senza scorgere traccia del figlio di suo fratello, che da quattordici anni si trovava lì dentro, affidato al castellano o forse prigioniero.

«Un tempo pensavo che Pembroke fosse un mondo diverso rispetto a quello di Londra, con tutti i suoi traffici e la confusione» disse, alzando la voce per farsi sentire. «Due settimane a cavallo, d'inverno, sulle strade ridotte ad acquitrini. Si può fare, sì, ma non è facile. Forse è meglio arrivare per mare, lungo la costa gallese, anche se si impiega lo stesso tempo ed è più pericoloso. Per quanto riguarda me, io ho paura di quelle burrasche invernali che possono spaccare in due lo scafo di una nave e far affogare tutti quelli che scelgono di rischiare la propria vita solcando acque profonde, che Dio abbia pietà delle loro anime.»

Parlò a briglia sciolta, confondendo il ragazzo lassù in alto, che scosse la testa, gli occhi privi di espressione.

«Qui non entrerete, mastro Tudor!» esclamò alla fine il conte Herbert, perdendo del tutto la pazienza. «Lasciate stare i vostri trucchi gallesi, io non vi aprirò le porte. Dite quel che siete venuto a dire e tornatevene all'umidità dei vostri boschi e dei vostri accampamenti a cacciare lepri di frodo. Continuate a vivere da quel brigante affamato e lurido che siete mentre io mi godo Pembroke, mangiando arrosto di agnello, con tutte le comodità che sono offerte a chi gode la fiducia del re Edoardo.»

Jasper si stropicciò il mento per non far vedere il lampo di collera che gli aveva attraversato il volto. Non aveva smesso di amare Pembroke, ogni sua pietra, arco, salone, compreso l'odore di muffa dei magazzini, dove si ammassavano botti di vino, grano e cosciotti di pecora e di capra. Era andato a caccia dappertutto in quelle terre e Pembroke per lui era sinonimo di casa come nessun altro luogo sulla terra. Da bambino sognava di essere il signore di un bel castello e quando il sogno si era realizzato Jasper Tudor era stato felice: per il figlio di un uomo d'armi non esisteva premio più grande.

«Che lo abbiate saputo o no, *milord*, la marea è cambiata. Il conte di Warwick è tornato con una flotta e un esercito...» Jasper esitò, cercando le parole giuste. Il giovane conte che lo stava osservando, sentendo quel nome si era sporto in avanti afferrandosi con tale forza alla pietra da sembrare sul punto di staccarne un pezzo per scagliarglielo contro. Jasper continuò lentamente, lanciando lontano ogni parola: «Rimetterà Lancaster sul trono, milord, cauterizzerà la ferita con un ferro rovente e segnerà la fine di York. Non lo dico per minacciare ma per avvertire, così che possiate scegliere da che parte stare, forse prima che ve lo chieda qualcun altro con la spada in pugno. Ma io sono qui per mio nipote, milord. Per Henry Tudor, figlio di mio fratello Edmund e di Margaret Beaufort. Sta bene? È sano e salvo dentro queste mura?».

«*Voi* non avete nessun diritto su di lui!» ringhiò William Herbert mostrando i denti. «Mio padre ha pagato mille sterline per avere la sua tutela. Vedo da qui l'orlo stracciato del vostro mantello, Tudor, il sudiciume e la polvere che vi ricoprono: sareste in grado di restituirmi le mille sterline?» Il sorriso beffardo del giovane svanì quando Jasper Tudor allungò la mano dietro di sé per prendere un involto di tela e di pelle che teneva legato alla vita, scuotendolo per far tintinnare le monete d'oro all'interno.

«Sì, sono in grado» gli rispose l'uomo, senza però nessuna nota di trionfo nella voce, avendo visto l'espressione di disprezzo sul volto del conte e sapendo che l'oro non gli sarebbe servito.

«Ah, sì? E in quel sacco avete anche...» Herbert parlò con sforzo, come se un grumo di rabbia gli avesse chiuso la gola «...tutti gli anni impiegati a istruirlo? Il tempo di mio padre? La sua fiducia?» Le parole gli uscivano più in fretta di bocca man mano che riacquistava la sicurezza in se stesso. «Ciò che avete non mi sembra sufficiente per ripagare tutto questo, Tudor.»

Il giovane conte avrebbe avuto la meglio in ogni caso, le parole contavano poco, Jasper non poteva vincere con un semplice scambio di battute. Non bastava un uomo per forzare le porte di Pembroke, non ne bastavano nemmeno diecimila.

Con un sospiro Jasper rimise il fagotto dietro di sé. Perlomeno avrebbe potuto restituire il prestito al re di Francia, così da non essere in obbligo con lui. Si strofinò la fronte, in segno di stanchezza, cercando in realtà di nascondere lo sguardo all'uomo che lo stava osservando trenta piedi più in alto, così da poter lanciare un'occhiata verso suo nipote. Jasper non voleva che si accorgessero della presenza del ragazzo e lo mandassero via. Se si fosse rivolto a lui direttamente, la collera e lo sdegno di William Herbert sarebbero stati tali da rendere un inferno, o addirittura mettere a rischio la vita di suo nipote. Ma quando parlò di nuovo, fu per le orecchie di Henry Tudor, non solo per quelle del nuovo conte di Pembroke.

«È una dimostrazione di buona volontà, milord!» gridò. «Il passato è passato, i nostri padri sono tutti scesi sottoterra, voi siete ora dove un tempo ero io e Pembroke è vostro. Gli anni fuggono, milord, e non possiamo riprenderne neanche un giorno o tornare indietro di una sola ora per fare una scelta migliore quando ne avevamo la possibilità.» Il silenzio del conte lo rincuorò: perlomeno il ragazzo non stava imprecando, né minacciando.

«Edoardo di York è lontano nel Nord, milord, lontano dalle sue armate e dai suoi palazzi. E ora è troppo tardi per lui!» Jasper parlava con fierezza, a voce alta per essere udito da tutti. «Warwick è tornato in Inghilterra! Con un grande esercito arruolato nel Kent, nel Sussex e, sì, in Francia. Con uomini come Warwick, perfino i re tendono l'orecchio per ascoltare, sono di un'altra razza, non sono come voi e me, milord. Statemi a sentire, il conte di Warwick libererà Enrico di Lancaster dalla Torre per ridargli il trono. È *lui* il vero re d'Inghilterra... e anche mio fratellastro! Ecco, ora io vorrei portare a Londra mio nipote, milord. Vi chiedo in tutta buona fede e con fiducia nella vostra benevolenza di affidarlo a me. Ripagherò tutto quanto vostro padre ha investito su di lui, fosse pure con tutto ciò che possiedo.»

Nel frattempo sulle mura si erano accese lanterne cieche e torce che scacciavano gli ultimi bagliori del giorno. Illuminato dalle luci dorate e tremolanti William Herbert attese solo un istante dopo che l'altro ebbe finito di parlare.

«No!» gridò. «Ecco la mia risposta. No, Tudor. Da me non avrete niente.» Il conte stava godendo del suo potere su quello straccione alla sua porta. «Potrei mandare i miei uomini a portarvi via il vostro sacco di monete, ammesso che questa non sia una delle vostre solite bugie. Non siete forse un brigante nella mia proprietà? Quanti uomini avete derubato e ucciso per mettere insieme tutti quei quattrini, Tudor? Si sa che voi lord gallesi, "lord dei cespugli" come vi chiamano, siete tutti ladri.»

«Siete davvero così stupido?» ruggì Jasper Tudor facendo inviperire ancor di più il giovane conte. «Non vi ho detto che la marea è cambiata? Sono venuto con il cuore in mano e una proposta equa e voi continuate a insultarmi e a minacciarmi standó al riparo delle vostre mura? Il coraggio che avete sta tutto nella pietra sotto le vostre mani? Non volete darmi mio nipote? Allora aprite bene le orecchie, ragazzo! Io vi farò finire sottoterra se gli farete del male. Mi avete capito? *Sottoterra*!» Pur gridando apparentemente in preda alla collera, Jasper Tudor lanciò un'occhiata al nipote quattordicenne che lo osservava da un punto più lontano del cammino di ronda e trattenne il suo sguardo finché non capì che William Herbert stava allungando il collo per vedere che cosa avesse attirato la sua attenzione. Il volto del nipote svanì e a Jasper non restò che sperare che il suo messaggio fosse arrivato a destinazione.

«Sergente Thomas!» chiamò il giovane conte di Pembroke in tono imperioso. «Prendete una dozzina di uomini e date una lezione a quel brigante sulla mia proprietà. Non ha dimostrato sufficiente rispetto per un nobile fedele al re. Non siate *gentile* con quel bastardo gallese, versate un po' del suo sangue, poi conducetelo da me perché riceva la giusta punizione.»

Jasper imprecò sottovoce mentre dall'androne giungevano colpi e cigolii accompagnati dal fragore di enormi catene e sul cammino di ronda soldati correvano tutto intorno cercando di avvistare eventuali uomini in armi nascosti nei paraggi. Alcuni di loro erano armati di balestre e Jasper Tudor avvertiva su di sé i loro freddi sguardi. Non aveva importanza che uno o due di loro un tempo, anni prima, fossero stati suoi uomini, adesso avevano un nuovo padrone. Scosse la testa con rabbia, fece voltare il cavallo e dette di sproni, così che l'animale si lanciò sulla strada. Nessun dardo saettò alle sue spalle nel buio. Lo volevano vivo.

Sporgendosi il più possibile tra i merli, Henry Tudor aveva seguito con lo sguardo l'uomo scarno e spavaldo in sella al suo cavallo nero, che aveva l'aspetto di un mendicante e che tuttavia osava sfidare il nuovo conte. Il ragazzo dai capelli neri non aveva nessun ricordo dello zio e non sarebbe stato in grado di riconoscerlo tra gli altri se William Herbert non lo avesse chiamato Tudor. Di suo zio Jasper sapeva soltanto che aveva combattuto per re Enrico, per i Lancaster, in città così lontane da essere soltanto dei nomi per lui.

Nemmeno per un attimo Henry aveva distolto gli occhi dal suo parente, rischiando di cadere pur di non perdere nemmeno una sua parola, aggrappandosi alle pietre che conosceva così bene. Era nato a Pembroke e insieme alla sua giovane madre erano stati tutti e due sul punto di morire, così gli avevano detto. Si raccontava che fosse stato veramente un miracolo che una donna minuscola come lei fosse riuscita a sopravvivere al parto. Molto vicino al punto in cui William Herbert stava in piedi, Henry era stato dato alla luce da una tredicenne quasi impazzita per la paura e il dolore. Il bambino era stato affidato a una balia e la piccola Margaret Beaufort era stata portata via in tutta fretta per farla sposare di nuovo, il suo unico figlio e il marito defunto lasciati indietro e dimenticati. Quando i seguaci di York si erano impadroniti di Pembroke e suo zio Jasper era stato inseguito come traditore appartenente ai Lancaster, Henry Tudor era rimasto completamente solo.

Henry era convinto che quell'isolamento lo avesse reso più forte. Nessun altro ragazzo di sua conoscenza era cresciuto senza una madre, senza amici o parenti ma, al contrario, circondato da nemici che lo insultavano e lo disprezzavano. Il risultato, così credeva, era stato di renderlo inespugnabile quanto il castello di Pembroke. Dagli Herbert, padre e figlio, aveva sopportato mille e mille crudeltà, ma aveva resistito... e aveva vigilato durante tutti quegli anni in attesa di un unico momento di debolezza o di disattenzione.

Di qualche periodo della sua vita si vergognava, quando aveva quasi lasciato che l'odio si spegnesse in lui e aveva dovuto rinfocolarlo e soffiarvi sopra per farlo rivivere. Prima che il vecchio conte fosse ucciso c'erano stati giorni nei quali Henry si era sentito addirittura il secondo figlio di quell'uomo anziché semplicemente una merce di scambio quale era in realtà, da conservare per essere utilizzata al momento opportuno. Si era scoperto a desiderare parole di apprezzamento da parte di William, sebbene il ragazzo, maggiore di lui per età, non perdesse occasione di tormentarlo. Henry aveva odiato se stesso per queste manifestazioni di debolezza, tenendosi abbracciato alla sua rabbia anche mentre dormiva, stringendosela al petto.

Sulla strada giù in basso aveva udito lo zio assumere un tono duro e le sue parole si erano precipitate su di lui e lo avevano ferito come un ramo spinoso intorno al collo: «...*sottoterra* se gli farete del male». Era la prima volta che qualcuno aveva a cuore il suo benessere e Henry ne era rimasto turbato; proprio in quel momento, mentre si rendeva conto con stupore che un uomo si preoccupava per lui al punto da minacciare un conte, suo zio Jasper lo aveva guardato dritto in faccia. Henry Tudor era rimasto annichilito.

Non si era accorto che lo zio lo aveva individuato tra i merli delle mura e quello sguardo lo aveva trafitto, suscitando un turbinio di pensieri nella sua mente. *Sottoterra.* Nelle *profondità* del terreno. La speranza era sorta nel petto di Henry che si era ritirato prontamente, sottraendosi all'attenzione dello zio... e anche del conte di Herbert, che aveva da tempo dato prova del suo odio per i Lancaster sfogandolo sul rappresentante più debole e lontano di quel casato. Henry Tudor non si era schierato con nessuno durante le guerre, perlomeno al di là del colore del suo sangue, rosso come la rosa di Lancaster.

Il ragazzo corse via con fracasso sui camminamenti fissati a pali al di sotto dei merli. Nella luce tremolante della torcia una guardia alzò una mano per fermarlo, ma Henry la scostò rudemente, lasciando l'uomo a imprecare sottovoce. Era Old Jones, vecchio e sordo come una campana. Il giovane Tudor conosceva ogni uomo e ogni donna nel castello, da coloro che vivevano al suo interno e si occupavano della famiglia Herbert fino al centinaio di persone che vi entravano ogni mattina portando carri o provviste.

Scese a precipizio le scale con tutta l'incoscienza della gioventù, finendo contro il battente, senza però rallentare affatto. Aveva corso per tutto il castello migliaia di volte acquistando fiato e agilità, doti che adesso emergevano, rafforzate da una determinazione che gli faceva dimenticare ogni prudenza e che lo spingeva a correre a gambe levate per tutto il castello.

Nel tramonto che stava avanzando attraversò un magazzino eretto nella corte centrale, aiutandosi con le braccia per scavalcare con un salto le cataste di casse che sapevano di umidità marina e di sale. In un altro momento si sarebbe fermato per vederle aprire rivelando il contenuto di pesci argentei e di ostriche, ma ora aveva una pista da seguire ed era spinto dal desiderio bruciante di avere la conferma che non si era sbagliato. Nello spazio aperto della corte vide che il sole era già sceso dietro le mura e che gli androni di pietra erano illuminati da una luce strana intorno al mastio, il massiccio torrione che si innalzava di cinque piani al di sopra degli altri edifici del castello e che poteva essere chiuso ermeticamente dall'interno per resistere contro un esercito. Pembroke era stato costruito per essere imprendibile e aveva un solo punto debole, tenuto ben nascosto, noto solo a chi conosceva a fondo la fortezza.

Henry frenò di colpo quando ebbe raggiunto il salone dei banchetti perché vi trovò il connestabile del castello, un individuo florido che stava parlando animatamente con uno dei fattori, entrambi chini su un rotolo di pergamena come se contenesse il significato dell'esistenza e non una semplice lista di tegole rotte o le quantità di assi di quercia e di betulla nei magazzini. Rallentò il passo, camminando composto attraverso la sala, con la sensazione di essere osservato da quei due uomini, anche se doveva trattarsi della sua immaginazione, dal momento che nessuno dei due lo chiamò. Senza voltarsi nemmeno una volta raggiunse la porta e l'aprì, investito dal calore delle cucine.

Pembroke aveva due sale da pranzo e le cucine si trovavano sotto la più sontuosa delle due, mentre il personale del castello e gli ospiti meno importanti consumavano i pasti nella prima, dove Henry aveva passato molte serate a masticare pane e carne praticamente al buio, dato che anche una sola candela di sego era considerata un lusso troppo grande per lui. Era rimasto là seduto mentre luci e risate giungevano dalle finestre più in alto, dal salone dove il conte intratteneva gli ospiti di riguardo. Pur di entrare in quel luogo proibito Henry avrebbe rischiato volentieri una sonora battuta, ma quella sera era interessato alle cucine... e a ciò che esse nascondevano.

Le fantesche e i servitori non lo degnarono quasi di uno sguardo, sicuri che quel ragazzino pelle e ossa, una figura familiare laggiù, stesse riportando una scodella, sebbene di regola mangiasse da un tagliere o si portasse via un pezzo di pane raffermo per masticarlo a lungo o darlo alle cornacchie sulle torri. Henry non riuscì a vedere la cuoca, Mary Corrigan, dalle mani rosse e il grembiule sventolante, che lo avrebbe certamente cacciato via. Il vapore che saliva dalle pentole sui fuochi rendeva l'aria spessa, dappertutto era un andirivieni di uomini e donne che si passavano i vari ingredienti e quella vista gli fece venire l'acquolina in bocca mentre si rendeva conto di avere lo stomaco vuoto. Se avesse sgraffignato un po' di cibo blandendo i cuochi? Il suo sguardo si posò su un mucchio di mele sbucciate che stavano già assumendo il colore del miele scuro, mentre accanto a loro fette di formaggio navigavano in un vaso di siero acquoso. Quanto tempo sarebbe passato prima che potesse avere un'altra occasione di mangiare qualcosa?

Mentre se ne stava là fermo ascoltando il rumore delle stoviglie, gli aromi e il duro lavoro delle cucine tutto intorno a lui, avvertiva la presenza della porta all'altra estremità della cucina, inserita nel muro di pietra e più stretta del torace di un uomo, tanto che i soldati dovevano mettersi di taglio per passarvi. Una tavola di quercia ne chiudeva l'ingresso, fissata da sostegni di ferro bloccati dalla malta. Henry sentiva che era proprio in quel punto, anche se guardava ovunque tranne che in quella direzione. Conosceva ogni pietra di Pembroke, aveva esplorato tutto il castello d'estate e d'inverno e non c'era un magazzino, un solaio o un corridoio per il quale non fosse passato, sebbene niente avesse attirato tanto la sua attenzione quanto quell'unica porta. Sapeva ciò che si trovava là dietro e già ne avvertiva l'umidità e il freddo nonostante fosse coperto di sudore.

Attraversò la cucina e davanti a lui i servitori si divisero come in una danza, portando vasellame e vassoi. Quella sera avrebbero sfamato seicento uomini e un'ottantina di donne, dalla tavolata nella grande sala dove sedevano tutti coloro che erano più vicini al giovane conte fino ai falconieri, agli ecclesiastici e, più tardi, agli armigeri e ai mozzi di stalla. Il vitto era un elemento vitale nel patto fra il signore e la sua gente, un dovere e un gravame, allo stesso tempo simbolo e compenso.

Henry raggiunse la porta e alzò la sbarra, barcollando sotto il suo peso, e impiegò momenti preziosi per appoggiarla con cura alla parete. Ansante, prese la chiave appesa a un gancio e mentre la infilava nella serratura sentì una mano sulla spalla. Girandosi vide Mary Corrigan che lo fissava. Non era molto più alta di lui, ma pareva tre volte più grossa.

«E tu che cosa vorresti fare?» gli domandò, asciugandosi le mani in un panno ruvido. Henry sentì che stava arrossendo, ma non smise di girare la chiave finché non udì lo scatto della serratura arrugginita.

«Sto andando giù al fiume, Mary. Per acchiappare un'anguilla, se mi riesce.»

La donna lo scrutò attentamente, ma con un'espressione di sussiego più che sospettosa.

«Se mastro Holt o il connestabile ti vedono usare questa vecchia porta, ti spellano vivo, lo sai, vero? Ah, i *ragazzi*! Troppo pigri per fare il giro lungo. Vai, allora. Chiuderò io dietro di te. Ricordati di rimettere le chiavi a posto e al ritorno passa dal posto di guardia, se bussassi qui non ti sentirei con tutto questo chiasso.» Con sorpresa di Henry, la grassa cuoca gli scompigliò i capelli con dita così forti da poter piegare un mestolo di ferro.

Sentì che gli salivano le lacrime agli occhi, anche se non ricordava di aver mai pianto in tutta la sua vita. Esisteva la possibilità che non rivedesse mai più Pembroke, si rese conto a un tratto, e gli esseri che gli erano più familiari erano tutti all'interno di quelle mura. Era vero che Mary Corrigan gliele aveva suonate almeno tre volte per aver rubacchiato del cibo, ma era anche vero che una volta gli aveva dato un bacio sulla guancia e gli aveva fatto scivolare in mano una mela, l'unico atto gentile nei suoi confronti di cui avesse memoria.

Esitò un attimo, ma subito ripensò alla figura scura a

cavallo: suo zio era venuto lì per lui. La sua determinazione si rafforzò e salutò la donna con un cenno del capo, poi aprì la porta lasciando entrare un soffio di aria gelida e la richiuse sulle guance rosse e sudate di Mary. Gli rimasero nell'orecchio lo scatto del chiavistello e il grugnito della donna che sollevava la sbarra e la rimetteva al suo posto. Henry si concentrò, sentendo il freddo entrargli dentro dopo il caldo spesso delle cucine.

La scala a chiocciola girava subito bruscamente, in modo da impedire a chiunque l'avesse salita di tenersi saldamente in piedi e brandire un'arma allo stesso tempo. I primi gradini erano parzialmente illuminati dalla luce proveniente dalle fessure nella porta, ma quel debole bagliore durava solo fino alla seconda svolta, dopodiché si era immersi in un buio totale, spesso come un panno umido premuto sul viso.

Nessuno sapeva se quella grotta fosse stata scoperta dopo la costruzione di Pembroke o se fosse stata la ragione per cui la prima fortezza di legno era sorta proprio là, secoli prima. Henry aveva visto punte di frecce di selce ritrovate sul pavimento della grotta, opera di cacciatori appartenenti a un passato troppo lontano per poterlo conoscere. Dalla grotta provenivano anche varie monete romane con l'effigie di imperatori incise sull'argento annerito. Era un posto molto antico e quando l'aveva scoperto, in un inverno di piogge scroscianti e continue, ogni giorno reso un tormento dai precettori, dal freddo e dall'umidità, era stato davvero felice.

Un cambiamento nell'eco dei suoi passi lo mise in guardia prima di andare a sbattere contro la porta ai piedi della scala, chiusa anch'essa; ma Henry trovò la chiave appesa a una cordicella di cuoio. Gli occorse tutta la sua forza per aprire la porta dopo aver girato la chiave nella serratura, dando spallate al battente gonfio per l'umidità, ma una volta al di là si ritrovò in tenebre molto più fredde. Ansante per lo sforzo e la paura, Henry richiuse la porta alle sue spalle, tenendo in mano la chiave gelida e domandandosi che cosa ne avrebbe fatto: non gli sembrava giusto portarsi via un oggetto di importanza così vitale. Sentiva la presenza dell'enorme caverna intorno a lui, un mondo del tutto diverso, sebbene facesse ancora parte di Pembroke. Il silenzio fu rotto dallo sbattere delle ali dei piccioni che reagivano alla sua presenza nel loro modo confuso. Tese l'orecchio e udì il gentile respiro del fiume.

L'oscurità era completa e quando fece un passo avanti andò subito a battere lo stinco sulla chiglia di una barca a remi, senza dubbio tirata in secco nella caverna per essere riparata. L'esistenza della grotta non era un segreto a Pembroke. Il segreto era la porta nascosta nel buio che conduceva nel cuore del castello sovrastante. Henry imprecò cercando di massaggiarsi la gamba e sentendo di nuovo la chiave che stringeva in mano. La appese alla prua della barca, dove poteva essere ritrovata, e avanzò sul suolo simile al fondo di un fiume.

L'ultima barriera che lo separava dal corso d'acqua era di ferro, una porta che chiudeva l'imboccatura della caverna. Henry trovò l'altra chiave e la girò nella toppa finché non udì uno scatto, poi uscì nel buio all'esterno e, le spalle rivolte al fiume, richiuse e gettò via la chiave dove non potesse essere ritrovata; non lo faceva per William Herbert, sprezzante e crudele, lo faceva per Pembroke... e forse per Mary Corrigan: non avrebbe permesso che i segreti di Pembroke fossero scoperti da altri.

Non poteva più tornare indietro. Henry sentì il proprio respiro affannoso e dovette fare uno sforzo di volontà per controllarsi, versando dentro di sé la calma come panna in una minestra così da acquietare la superficie in ebollizione. Il calore era ancora lì, ma nascosto o soffocato.

Si girò verso il fiume e si rese conto di aver udito senza farci caso il rumore sordo di una barca che si stava avvicinando. Pur non essendoci la luna e nonostante il fiume fosse buio come la caverna, credette di intravedere una forma scura, lunga non più di venti piedi. Fischiò in quella direzione, sperando di non essersi sbagliato.

I remi si immergevano nell'acqua, cigolando sugli scalmi, un suono che sembrava forte nella notte, poi l'imbarcazione comparve alla vista e Henry Tudor la fissò con timore: contrabbandieri, pescatori, bracconieri e trafficanti di schiavi, tutta gente che aveva buoni motivi per navigare col favore delle tenebre e che non avrebbe gradito di vedersi fermare da un ragazzo.

«Ben fatto, figliolo» disse una voce nel buio. «I tuoi precettori te l'hanno detto che sei intelligente?»

«Zio?» Henry udì la risatina dell'uomo e cominciò a scendere verso l'acqua incespicando e finendo quasi per cadere dentro la barca, afferrato però da due braccia che lo strinsero con forza sorprendente fin quasi a soffocarlo. Avvertì una barba ispida sulla guancia e l'odore di sudore, di erba e di cavalli che impregnava gli abiti di Jasper Tudor. Sulla barca non c'era un lume, non con le mura di Pembroke che incombevano su di loro, ma dopo il buio totale della caverna, le stelle erano sufficienti perché Henry vedesse il sedile dell'imbarcazione verso il quale lo zio lo guidava.

«Bravo, figliolo!» si complimentò di nuovo Jasper. «Come vorrei che tuo padre potesse vederci, con metà delle guardie che mi cercano in città e il resto che insegue uno dei miei uomini che fugge con un tizzone ardente in mano, mentre io sono qui. E tu che ti sei ricordato della caverna sotto Pembroke! Tuo padre sarebbe davvero fiero di te.»

«Non saprebbe neanche chi sono, zio» obiettò Henry aggrottando la fronte. «È morto prima che io nascessi.» Sentì che si stava ritraendo dal calore dell'uomo, dal suo abbraccio e dal tono affettuoso, che si ritirava in se stesso per cercarvi quella specie di antico conforto che aveva sempre trovato nel distacco dagli altri. Si spostò appena, facendo dondolare la barca. «Non perdere altro tempo per me, zio. Devi avere un'altra imbarcazione più grande.

Ho sentito quello che dicevi a William Herbert. Andiamo a Londra?»

Henry non vide il modo in cui Jasper lo stava fissando, la sua espressione vagamente frustrata: erano due estranei e se ne erano resi conto tutti e due nello stesso momento. Henry non aveva mai conosciuto gli affetti familiari, però, mentre attendeva in un silenzio imbarazzato, cominciò a pensare che forse non era così strano che lo zio provasse un sentimento di familiarità verso l'unico figlio di suo fratello; ciò che provava lui, però, era soltanto gelo, profondo quanto il fiume sotto di loro. E tuttavia quel gelo oscuro gli dava forza.

Jasper si schiarì la gola, scacciando il disagio che si era impadronito di lui: «A Londra, sì. Sì, ragazzo! La mia nave è attraccata a Yenby e questa barchetta è troppo fragile per il mare aperto. Ma ho dei cavalli che ci aspettano a un miglio da qui. Sai andare a cavallo, figliolo?».

«Certo» rispose Henry asciutto. Aveva ricevuto l'addestramento di un cavaliere o perlomeno di uno scudiero di William Herbert. Era vero che erano stati più gli schiaffi e gli insulti che le lezioni, ma sapeva stare in sella. E sapeva maneggiare una spada.

«Bene. Una volta fuori vista, prenderemo i cavalli e ci dirigeremo sulla costa. E poi Londra! Andremo dal tuo omonimo, il re Enrico, dal Lancaster di nuovo sul trono. Perdio, ancora non me ne rendo conto. Ce l'abbiamo fatta! Siamo liberi di andare dove vogliamo, mentre stanno perlustrando i boschi per scovarci.»

La barca scivolò sulla corrente, i remi quasi silenziosi. Per molto tempo gli unici suoni furono lo scorrere dell'acqua e il respiro rumoroso dei due rematori. Jasper scosse la testa davanti al silenzio prolungato del ragazzo. Si era aspettato il chiacchiericcio di un pappagallino, ma a quanto pareva aveva salvato un piccolo gufo, guardingo e taciturno.

II

Warwick strinse le labbra, preoccupato. Dall'alto della Torre il re Enrico guardava la folla di Londra. Lassù soffiava un vento freddo e Warwick represse una smorfia davanti alla palese fragilità del sovrano. Gli anni avevano svuotato, distrutto, Enrico di Lancaster. Quella mattina il re era stato abbigliato in abiti sontuosi dai bei tessuti ricamati e aveva sulle spalle un mantello di stoffa pesante, ma Warwick sapeva che sotto quelle vesti il poveretto era solo pelle e ossa. In effetti sembrava che il mantello gli pesasse a tal punto sulle spalle da renderlo più curvo e ingobbito del solito. Era scosso da un brivido continuo, le mani tremanti come se avesse la febbre quartana o la paralisi dei vecchi; quando il mantello gli scivolò fino al gomito, apparvero le sue braccia, del tutto prive di muscoli, due ossi appiattiti ricoperti di pelle e di vene.

In piedi accanto a Warwick e al re, Derry Brewer guardava a sua volta la folla ammassata giù in basso. Proprio come il sovrano, anche il capo delle spie non era più l'uomo di un tempo. Camminava con l'aiuto di un bastone e osservava il mondo con un solo occhio scintillante. Al posto dell'altro, cicatrici coperte da una fascia di cuoio che a sua volta, modellandosi sul cranio, aveva fatto cadere i capelli e ormai era a contatto con la nuda pelle. Warwick rabbrividì guardando i due uomini e Brewer se ne accorse, cogliendo l'espressione di disgusto dell'uomo più giovane mentre si girava verso di lui.

«Siamo un bello spettacolo, non è vero, figliolo?» disse a bassa voce. «Io senza un occhio, con una gamba che non funziona e tante di quelle cicatrici che mi pare di avere addosso un vestito stretto da quanto tirano. Però non mi lamento, avete notato? No, sono una roccia io, come san Pietro. Forse mi cambierò il nome, perché gli altri se ne ricordino. Ecco a voi Pietro Brewer... e su questa pietra ricostruirò il mio regno.»

Il capo delle spie reali ridacchiò tra sé con una certa amarezza.

«E il nostro re Harry Sextus ancora senza un segno sul corpo come un agnellino appena nato. No! Ricordo una cicatrice. Era stato ferito sul colle di St Albans, ho ragione, milord?»

Warwick annuì lentamente, sapendo che Brewer lo stava stuzzicando, parlando dei vecchi tempi.

«Ve ne ricordate?» La voce di Brewer si indurì. «Sì, *dovreste* ricordarvene, dal momento che gli è stata inferta per vostro ordine e dai vostri arcieri. Eravate il nemico allora, Richard Neville, conte di Warwick, conte di sangue. Mi ricordo di voi.» Brewer scosse la testa irritato, ripensando a un periodo migliore di quello che certamente lo aspettava, ogni giorno iniziato nel dolore.

«A parte quella ferita,» riprese «non credo che re Enrico ne abbia mai ricevuta un'altra, non da quando lo conosco. Non è strano a pensarci bene? Un re ferito una sola volta, ma da una vostra freccia... e quella freccia lo ha annientato, ora ve lo posso dire. Si è incrinato come un vecchio vaso di terracotta, risvegliato dal suo intontimento, sì, ma debole e fragile, a malapena capace di stare dritto sotto l'armatura. È stato come se quella vostra freccia avesse fatto cadere quel vaso su un pavimento di pietra.» Con disagio di Warwick, il capo delle spie reali si portò la mano all'occhio bendato per grattarsi o asciugarsi un velo di lacrime, impossibile a dirsi. Poi Brewer continuò, di colpo incollerito, gesticolando in direzione della folla.

«Oh, quella massa che applaude! Che stramaledetto chiasso! Eppure stanno applaudendo un uomo svuotato di tutto. Io ve lo dico, Richard, preferirei tenermi tutte le mie cicatrici e avere soltanto un occhio piuttosto che perdere il senno. Voi no?»

Warwick annuì, guardingo sotto lo sguardo penetrante di quell'unico occhio: «Messi insieme, voi e il re, potreste formare un uomo intero. La vostra mente e il suo corpo».

Derry Brewer lo fissò interdetto: «Che volete dire? Che non sono un uomo? Che sono meno di un uomo?».

«No... Volevo solo scherzare, mastro Brewer.»

«Ah, sì? Sono pronto a sfidarvi seduta stante se sostenete che siete più uomo di me. Vi sistemerò a dovere, figliolo, ho ancora qualche trucco da insegnarvi.»

«Ma certo!» si affrettò a rassicurarlo Warwick. «Non volevo offendervi.» Sentì che stava arrossendo e naturalmente se ne accorse anche Derry Brewer.

«Non abbiate timore, milord, non vi farei male. Non adesso che siete dalla parte giusta.»

Warwick aggrottò la fronte, poi vide l'espressione maliziosa, divertita del capo delle spie e scosse la testa: «State attento, mastro Brewer, questa è una faccenda seria».

Mentre i due parlavano, il sovrano era rimasto immobile come la sua effigie in cera, simile a quelle che venivano inviate ai santuari in caso di una malattia o al manichino di Cesare che Marco Antonio aveva mostrato alla folla a Roma. Warwick prese la mano del re e fu quasi sorpreso di constatare che la carne era calda e morbida. Sobbalzò quando le nocche ingrossate si mossero nella sua stretta, le vene simili a corde. Al tocco Enrico si girò lentamente, solo una traccia di tristezza negli occhi senza espressione, vacui. Tutto il resto non esisteva più.

Lentamente Warwick sollevò il braccio del re, un gesto per la massa giù in basso. La folla esplose in un boato che, tuttavia, non impedì a Warwick di sentire il respiro affaticato del sovrano e la mano che cercava di liberarsi, troppo debole, però, per riuscirci. Un gesto straziante, ma Warwick non poteva fare altro che mantenere la presa, facendo muovere il re avanti e indietro, il braccio alzato.

«Mi fa male!» si lamentò Enrico, lasciando ricadere il capo. Temendo il peggio Warwick abbassò il braccio quando lo sentì afflosciarsi e le guardie, in piedi alle spalle di Derry Brewer, si fecero avanti e sostennero il sovrano. Warwick lanciò uno sguardo alla mano del re mentre la lasciava andare: le unghie erano sporche. Warwick scosse la testa.

«Trovate dei guanti per sua maestà!» ordinò alle guardie. Nel palazzo di Westminster i servitori erano pronti per fare il bagno al re e accudirlo. Forse il medico di corte sarebbe perfino riuscito a riportare un po' di vita in quel pover'uomo.

La voce di Brewer interruppe il corso dei suoi pensieri.

«Poveretto! Lo guardo e mi domando se sa che lo avete liberato. O se sia lui la... pietra giusta sulla quale fondare questa vostra rivolta, non so se mi capite.»

«Sì, vi capisco. Ma non è una questione di giusto o ingiusto. Lui è il re.»

Con irritazione di Warwick, Brewer scoppiò in una risata.

«Le guardie se ne sono andate, milord, e la gente laggiù non può sentirci. Forse credono che il sangue reale sia più rosso del loro, non so, ma voi...» Derry scosse il capo, sorridendo stupefatto. «Voi avete visto Edoardo di York incoronarsi re, dicono che siate stato voi a suggerirglielo. Eppure adesso lo rinnegate. Forse qui siete *voi* il san Pietro che rinnega il suo signore, milord, lo rinnega finché il vecchio gallo non canterà.»

«Enrico di Lancaster è il legittimo sovrano d'Inghilterra, mastro Brewer» disse Warwick senza alzare la voce. Per la prima volta durante quella conversazione Derry vide la sua mano posarsi sul pugnale infilato nella cintura. In realtà non si sentiva minacciato dal conte, la sua era solo prudenza; ciò nonostante spostò il peso del corpo e strinse con più forza il bastone rivestito di piombo che lo aveva servito bene in un paio di occasioni negli anni successivi a Towton.

«Potete chiamarlo come volete,» disse «non significa niente. Vedete quella folla laggiù? Tutti che guardano in su nella speranza di poter vedere ancora qualcosa? Volete un consiglio?»

«No» rispose Warwick prontamente. Derry annuì.

«Buon per voi, figliolo! Il mio consiglio è che mostriate il re in qualche altro posto. Fate che vedano Enrico vivo e libero. Poi mettetegli nel cibo qualcosa che gli faccia lasciare questo mondo, che lo faccia dormire un sonno senza risveglio. Niente dolore, niente sangue, badate bene, non per un uomo che non ha mai fatto del male a nessuno se non con la sua fragilità. Lasciatelo andare in pace. Suo figlio sarà un buon re. Cristo santo, quel ragazzo è il nipote del vincitore di Agincourt, ci renderà tutti orgogliosi di lui.»

Warwick lo scrutò in viso, la testa piegata di lato come se non riuscisse a credere alle sue orecchie.

«Voi pensate che sia questa la mia intenzione! Potete credere questo di me? Che io possa assassinare il re? Per un ragazzo che quasi non so chi sia?» Con sorpresa di Derry, Warwick scoppiò a ridere, un suono aspro nel vento che soffiava a quell'altezza. «Una volta Edoardo di York mi disse qualcosa del genere, quando andammo a trovare Enrico nella sua cella. Mi disse che gli augurava quarant'anni di buona salute, così che non ci fosse nessun altro giovane re al di là del mare. *Aveva capito*, mastro Brewer. Proprio come capisco io adesso. Non avete bisogno di sondarmi e di stuzzicarmi con i vostri sospetti. Re Edoardo si è messo contro di me e io ho incendiato le mie navi, per me non c'è nessuna possibilità di ritornare da lui. Lo giuro su Maria, madre di Dio, sul mio onore e sulla vita delle mie figlie. Così stanno le cose. Ho sollevato un esercito per rovesciarglielo addosso, come un mantello gettato sul suo capo. I Cesari *cadono*, mastro Brewer. Questo ho imparato in tutti questi anni!»

Lo sguardo dell'unico occhio di Derry non si era abbassato una sola volta mentre Warwick parlava, osservando e cercando nell'altro il primo indizio di falsità o di debolezza, e ciò che vide alleggerì una parte del peso che gravava sulle sue spalle. Allungandola con cautela per non sorprendere il conte, gli batté la mano sul braccio.

«Bravo figliolo! Sapete, avete fatto un gran male nella vostra vita. Con vostro padre e con York. No, lasciatemi finire. Forse l'unica volta che avete combinato qualcosa di buono è stato quando avete combattuto contro i ribelli di Jack Cade. Ricordate? Quella è stata una notte che ancora mi fa svegliare tutto sudato in preda agli incubi, ve lo posso assicurare. Ora vi si offre una possibilità che alla maggior parte dei mortali non viene offerta: rimediare a parte dei danni che avete causato. Spero soltanto che sappiate afferrarla alla gola, perché Dio sa che non ne avrete un'altra.» Seguito dallo sguardo attonito di Warwick, Derry Brewer gli voltò le spalle e si allontanò zoppicando dietro al re che aveva seguito e protetto per tutta la vita. In quel momento Warwick capì che Brewer era quanto di più simile a un padre Enrico VI avesse mai avuto.

Rimasto solo, un'occhiata al di là delle mura lo riportò alla realtà della posta in gioco. Migliaia di uomini e donne riempivano le strade intorno alla Torre di Londra, una ragnatela sempre più vasta e affollata man mano che si diffondeva la notizia della liberazione di re Enrico. Lancaster era stato rimesso sul trono. In un primo momento si erano avuti alcuni scontri, ma i pochi disposti a sbracciarsi per gli York erano stati ridotti al silenzio, costretti a scappare o lasciati a sanguinare sul posto. Londra non era una città facile, meglio non mettercisi contro, Warwick lo sapeva bene. Aveva bisogno di quegli scaricatori di porto e di quei pescatori, fornai e fabbri, bracconieri, cavalieri e arcieri. Aveva bisogno anche dei mercenari che gli erano stati offerti dal re di Francia, nonostante il risentimento che suscitavano tra gli inglesi, nonostante i forzieri d'oro che occorrevano per assicurarsi la loro fedeltà. Aveva bisogno di tutti per approfittare di quello slancio o per lui sarebbe stato come cadere da un cavallo lanciato al galoppo, travolto e sfracellato sulla strada diretta a nord.

Erano le contee meridionali il cuore dell'Inghilterra che batteva per Warwick, era sempre stato così. Il vecchio Kent, il Sussex e anche l'Essex e il Middlesex, erano questi gli antichi regni dove il nome di York era ancora sussurrato come quello di un usurpatore e un traditore. Con il diffondersi delle notizie, uomini della Cornovaglia e del Devon erano accorsi, interi villaggi che si muovevano per riportare il legittimo re sul trono. Warwick aveva reso Londra una roccaforte per dare loro il tempo di raggiungerlo, a piedi o a cavallo, sapendo di aver bisogno di tutti per sconfiggere Edoardo in combattimento.

Il solo pensiero di doverlo affrontare gli faceva paura, riportandogli alla mente ricordi terribili di Towton, un Golia in armatura d'argento, un fulmine infuriato e inarrestabile. E tuttavia così fragile, così facile preda dei capricci degli dei da poter essere abbattuto a causa di un piede messo male o di un sasso solitario ben mirato. Anche Warwick era stato a Towton e aveva potuto constatare come potessero morire gli uomini migliori e quanta poca giustizia regnasse sul campo di battaglia.

Mentre contemplava Londra dall'alto, Warwick immaginò il vasto Sud dell'Inghilterra che andava restringendosi di miglio in miglio verso nord, quasi fosse la punta di una lancia che potesse essere scagliata dalla Francia contro le bianche scogliere per trafiggere Edoardo di York e tutta la sua arroganza giovanile. Non importava ciò che era stato prima, checché ne pensasse Derry Brewer. Nessuna candela poteva essere riaccesa dopo essere stata consumata, nemmeno se re e vescovi pregavano per questo. Warwick batté la mano guantata sulle antiche pietre della Torre. Questa volta, se avesse avuto Edoardo di York alla sua mercè, non avrebbe esitato. Brewer lo aveva intuito ed era la verità. Warwick aveva già imprigionato dei re, per lui erano comuni mortali.

Pensò che nessuno in Inghilterra comprendesse la realtà così a fondo come lui in quel momento. Un conte poteva creare un re, ma poteva anche non amarlo.

Warwick sorrise tra sé, voltando le spalle al tumulto febbrile della folla. Quel mare di facce, quegli strilli, quel brusio facevano pensare a polli in una stia o a un alveare ronzante. Eppure erano uomini e donne, invitati un tempo in un bel giardino e così sciocchi e superbi da rubare l'unico frutto a loro proibito.

Warwick seguì le guardie giù in basso fino alle cavalcature in attesa e nel frattempo il sorriso cambiò, si fece amaro. Forse i re *non* esistevano, non senza la gente che li seguiva. Gli esseri umani creavano sogni e poi dimenticavano di aver sognato. Mettevano le volpi insieme ai polli e ridevano, ridevano quando veniva versato del sangue.

Non appena lo ebbero scorto nella penombra del posto di guardia della Torre, i suoi si fecero prontamente avanti, con le picche abbassate, respingendo la folla per permettere al loro signore di raggiungere la sua cavalcatura. Una dozzina di cavalieri nelle loro armature aspettavano in sella, attenti a cogliere i primi segni di violenza nella folla, pronti a caricare, guardandosi intorno minacciosamente per fermare chiunque si stesse avvicinando troppo. Re Edoardo era amato, lo sapeva Dio, e lo sapeva anche Warwick. Nonostante tutti i suoi eccessi e le sue crudeltà quel gigante nella sua armatura, che aveva solo ventott'anni, poteva conquistarsi il favore della folla con un solo gesto grandioso o con un unico grido di guerra; e di sicuro non erano pochi coloro che sarebbero stati pronti a dare la vita per un simile condottiero. I seguaci di Warwick erano irrequieti, nervosi, vedevano una minaccia in ogni grido di ubriaco.

In sella a un castrone nero, un giovane li stava aspettando, sottile come una lama e maturato grazie all'esperienza dell'anno precedente. George, duca di Clarence, faceva passare il tempo osservando la folla appoggiato al pomo della sella e spingendo lontano lo sguardo. Londra era un ammasso di case, di sedi di corporazioni, di taverne, di botteghe di artigiani, di magazzini, il tutto lungo un fiume che portava le merci in terre che la maggior parte di quella gente non avrebbe mai visto. Vi si fabbricavano lenti e orologi, si soffiava il vetro, si scalpellava la pietra. Era un luogo affaccendato, brulicante, come poteva esserlo un pezzo di carne dimenticato in pieno sole, che dava la vita alle creature al suo interno.

Non sembrava che George di Clarence fosse contento di ciò che stava vedendo, anche se Warwick non riusciva a capire se fosse per la vicinanza con quel popolino, o per un tormento che affliggeva la sua anima. Warwick si costrinse a sorridere quando il genero si raddrizzò sulla sella dopo essersi girato e averlo visto.

«Dall'alto della Torre mi sembravano orsi o leoni che ruggivano. Non riesco a immaginare che cosa deve essere stato quaggiù.»

Il marito di sua figlia fece per scrollare le spalle, ma si contenne, ricordandosi delle buone maniere.

«Questi londinesi fanno un gran baccano, milord, e sono piuttosto insolenti. Alcuni di loro non sono nemmeno molto puliti. Mi hanno proposto una dozzina di cibi diversi e ci sono dappertutto mendicanti, ragazzacci e...» Fece un gesto con la mano, incapace di trovare le parole per descrivere la realtà circostante.

«Ringraziamo il Cielo che ci stanno acclamando» osservò Warwick. Al pari delle sue guardie, nemmeno a Warwick piaceva la folla, con i suoi movimenti così simili a quelli di una marea, che poteva travolgere e sommergere chiunque si fosse trovato nei suoi gorghi senza dargli il tempo di mettersi in salvo.

«Ho visto i londinesi infuriati e in preda all'odio, George, come successe quando lord Scales rovesciò su di loro il fuoco greco, a meno di una dozzina di iarde da dove siamo noi in questo momento.» Warwick rabbrividì al ricordo di uomini e donne avvolti dalle vampe e urlanti finché dai loro polmoni uscivano soltanto fiamme. Lord Scales non era sopravvissuto a quella notte: i suoi carcerieri si erano fatti da parte e avevano lasciato entrare la folla inferocita nella sua cella.

«Avete parlato con il re, signore?» gli domandò George pronunciando la parola con cautela, non abituato a quel termine, non nei riguardi di Enrico di Lancaster. Warwick voltò le spalle alla gente in festa e batté la mano sulla spalla del genero: «Sì,» mentì allegramente «era debolissimo a causa della prigionia, ma gli ho parlato dei tuoi servigi e ha dato la sua approvazione: quando ci sarà un nuovo sigillo di Lancaster da apporre a un decreto, tu sarai fatto erede al trono dopo suo figlio, Edward di Lancaster.»

George di Clarence aveva vent'anni e solo pochi mesi prima aveva assistito alla morte in mare della sua primogenita. Incolpava suo fratello, il re Edoardo, di quella morte e l'odio verso di lui lo permeava a tal punto che qualche volta si aveva l'impressione che nel suo animo non vi fosse spazio per nessun altro sentimento. A quella notizia abbassò la testa: «Grazie, signore. Avete onorato il nostro accordo».

«È naturale, sei il marito di mia figlia! Ho ancora bisogno di te, George, non fosse che per gli uomini che puoi mettere in campo. Sei il duca di Clarence. Tuo fratello... be', anche se non è più il re, per ora resta il duca di York. Non sottovaluto il pericolo che rappresenta. Ogni giorno che noi perdiamo qui è un giorno in più che diamo a lui per radunare un esercito e io preferirei andargli incontro con la metà dei miei uomini e coglierlo impreparato piuttosto che affrontare un'altra Towton. Che Dio ce ne scampi.»

Warwick notò che l'espressione sul volto del genero si faceva distante mentre il giovane immaginava il suo incontro con il fratello: si intuiva tutto il dolore e l'ira che suscitava in lui il pensiero dell'uomo che lo aveva chiamato traditore e lo aveva costretto a fuggire con Isabel, la figlia di Warwick, che aveva dovuto partorire in mare, tra gli spruzzi gelidi, e aveva perso la sua bambina a causa del freddo. Warwick vide un rancore implacabile in George, duca di Clarence, e questo lo confortò.

«Dobbiamo avere pazienza» disse abbassando la voce e George gli lanciò uno sguardo d'intesa. Aver liberato Lancaster, il vero e legittimo sovrano, per il momento era come uno spettacolo di guitti eseguito a beneficio della massa, un tizzone ardente da brandire sulla città per dare fuoco alle torce della folla. Adesso potevano precipitarsi a nord e cogliere Edoardo lontano dalla sua sede e lontano dalla sua fortuna.

La regina Elizabeth strinse le labbra e si mise a correre lungo la strada che costeggiava Westminster Abbey, il respiro affannoso che risuonava come un sibilo. Le tre figlie la seguivano, con un'aria spaventata e piagnucolosa.

La gravidanza della regina era così avanzata che doveva sostenersi il ventre gonfio con una mano mentre avanzava caracollando, più simile a un marinaio ubriaco che alla moglie di re Edoardo. Sentiva il proprio respiro aspro e freddo in gola, ma lo utilizzava in parte per imprecare a intervalli contro il marito. Il bambino che portava in grembo sarebbe stato il suo sesto figlio. Consapevole di quanto fosse pericolosamente vicina a partorire, si affrettava sbuffando, sentendo in sé le differenze che la rendevano quasi sicura che quel bambino fosse un maschio. Per le figlie non aveva mai sofferto, ma quando era stata incinta di maschi aveva sempre vomitato fino allo spasimo ogni mattina tanto da avere gli occhi iniettati di sangue e le guance chiazzate. Osava ormai sperare in un principe ed erede.

Sua madre, Jacquetta, si girava ogni volta che udiva Elizabeth sibilare un insulto, aggrottando la fronte e scuotendo il capo con aria di rimprovero. Cinquantacinquenne, pallida e dai capelli radi, era sopravvissuta a due mariti e aveva dato alla luce quattordici figli, ma non aveva mai dimenticato le buone maniere, né perso l'accento della sua infanzia, trascorsa nel ducato del Lussemburgo. Esasperata, Elizabeth alzò gli occhi al cielo, mordendosi la lingua.

«Ci siamo quasi, colombella mia,» la incoraggiò la madre «ancora un centinaio di iarde e basta. Poi saremo al sicuro fino a quando non verrà a prenderti tuo marito.»

Elizabeth non aveva più fiato per rispondere e teneva lo sguardo fisso sull'edificio massiccio di pietra grigia costruito sui terreni dell'abbazia. Un rifugio sacro. Le incuteva timore con il suo aspetto da fortezza o addirittura da prigione, nonostante l'edera che ne ricopriva le mura. Prima di allora non l'aveva quasi notato, ma tutto a un tratto era diventato la sua unica possibilità di salvezza.

Quando Warwick era entrato nella capitale con un esercito di briganti e di soldati stranieri, non aveva perso la testa e senza far confusione o chiasso, aveva preso le figlie e la madre ed era scesa al fiume per farsi trasportare da una chiatta controcorrente proprio quando Warwick entrava nella Torre per liberare il re Enrico. Stava male al pensiero del rischio che aveva corso... e del vantaggio prezioso che avrebbe dato a Warwick la sua cattura. Ma non si era fatta prendere dal panico e il risultato era stato che aveva potuto raggiungere l'unico luogo dove i suoi nemici non avrebbero mai osato entrare.

La piccola fortezza non era stata costruita per offrire una speranza di salvezza, ma solo un minimo conforto in una situazione disperata; tuttavia la protezione della Chiesa era ciò di cui Elizabeth aveva assoluto bisogno, in procinto di partorire com'era e con quello sciocco di suo marito assente e impossibilitato a difenderla. A quel pensiero Elizabeth trasse un lungo respiro, fermandosi per appoggiare le mani alle ginocchia, ansimante, le guance in fiamme. Una goccia di sudore le scivolò dalla fronte e cadde sulla pietra. Elizabeth rimase lì a guardarla.

«Siamo arrivate ormai,» la incitò la madre «solo qualche altro passo, *ma cocotte*, pulcino mio. Guarda, c'è un fraticello sulla porta. Vieni, cara. Fallo in memoria di tuo padre!»

Il giovane frate sgranò gli occhi nel riconoscere la regina, sua madre e le tre principesse in abiti dimessi, tutte ansanti come dopo una lunga corsa. Il suo sguardo si posò sul ventre enorme di Elizabeth e abbassò gli occhi arrossendo.

«Chiedo asilo,» annunciò Elizabeth pronunciando la formula di rito fra un respiro e l'altro «per me, per mia madre e le mie figlie. Lasciateci entrare.»

«Milady, devo avvertire il mio superiore che sta pregando nell'abbazia. Corro a chiamarlo. Per favore, aspettate qui!»

«*No!*» esclamò decisa la madre di Elizabeth premendo l'indice sul petto del frate. «Siete voi il frate portinaio, scrivete i nostri nomi sul registro e lasciateci entrare! Subito, monsieur!»

Elizabeth chiuse gli occhi, sentendo che la testa le girava, sollevata all'idea di poter lasciare la situazione nelle mani della madre. Si appoggiò allo stipite mentre il fraticello assentiva balbettando e prendeva un grosso tomo rilegato in pelle, il calamaio e una penna d'oca. Porgendo il tutto a Jacquetta, tornò indietro di corsa a cercare uno scrittoio.

Elizabeth alzò lo sguardo, i sensi all'erta per il grido improvviso che giungeva dal fiume, forse un barcaiolo che chiamava qualcuno sulla sponda... o forse i suoi inseguitori, che l'avevano rintracciata dopo la fuga della mattina. Probabilmente non pensavano che una regina d'Inghilterra potesse muoversi con tanta rapidità, senza portare con sé servitori o bagaglio. Era ormai così vicina alla salvezza che certamente si sarebbe messa a piangere o sarebbe svenuta se avesse dovuto andare via di lì.

«Madre, stanno arrivando!» Jacquetta lasciò cadere il pesante registro a terra e si mise a sfogliare rapidamente i fogli di pergamena, quasi strappando secoli di annotazioni. Quando ebbe trovato una pagina bianca, la vecchia signora intinse la penna schizzando inchiostro in giro per la fretta mentre scribacchiava i nomi e i titoli dei membri del gruppetto. Stava già scrivendo quando il frate rientrò con uno scrittoio su un piedistallo, faticando sotto il peso del ferro e del legno di quercia. Guardò stupefatto la donna minuta che scriveva seduta sull'erba, poi depose lo scrittoio e prese il tomo che lei gli porgeva.

Elizabeth udì un altro grido e alzando lo sguardo vide un gruppo di uomini che correvano, tutti in cotta di maglia e con le spade al fianco.

«Ormai abbiamo avuto asilo, non è vero?» domandò in tono perentorio al frate, senza distogliere lo sguardo dagli armigeri che si stavano avvicinando.

«Finché rimarrete sul terreno consacrato, sì, milady, da ora fino alla fine dei tempi. Da questo momento nessuno può entrare qui.» Aveva parlato con voce così alta e sicura da arrivare fino al gruppo, che rallentò e si aprì a ventaglio tutto intorno a loro. Elizabeth spinse le figlie e la madre dentro l'androne buio prima di voltarsi indietro a guardare. Il giovane monaco stava dimostrando un coraggio sorprendente, pensò, sentendolo parlare. Forse la fede lo rendeva coraggioso.

«Chiunque violi quest'area sacra sarà giudicato criminale e scomunicato dalla Chiesa, non potrà prendere l'ostia sacra o sposarsi o essere sepolto in terreno consacrato, ma dovrà soffrire da vivo e all'inferno per tutta l'eternità, dannato in questo mondo e tra le fiamme nell'altro.»

Quelle minacce erano tutte per gli uomini che guardavano Elizabeth con occhi scintillanti e soltanto quando fu sicura che non avrebbero osato seguirla la regina si girò e scomparve nell'oscurità. Le doglie del parto cominciarono prima che avesse camminato per una dozzina di iarde e dovette soffocare un grido per non farsi sentire.

«Questa a Edoardo non la perdono» sibilò Elizabeth quando sua madre la prese sottobraccio cercando di sostenere parte del suo peso. «Dove sarà quel maledetto idiota?»

«Ssst, pulcino mio. Certamente starà facendo tutto ciò che può contro questi eserciti, lo sai anche tu. È un grand'uomo tuo marito! Tu sei al sicuro, ormai, e questo è quello che conta.»

Si addentrarono insieme nell'edificio e la madre di Elizabeth le posò la mano sul ventre, togliendola subito con un gridolino, come se qualcosa l'avesse punta: «Ci siamo...?».

«Sì, credo di sì. È stata la corsa, certamente.»

Con sorpresa di Elizabeth, sua madre si mise a ridere.

«Quel tuo marito grande e grosso *si merita* un maschietto. Io prego che lo sia. Ora manderò quel monaco a chiamare l'abate, avremo bisogno di una levatrice e di una stanza dove far nascere il bambino.»

«Ho paura» disse Elizabeth con la voce incrinata.

«Perché? Io non ho forse avuto quattordici figli tutti nati vivi? Sono più esperta di qualsiasi levatrice, pulcino mio.»

«È per via di questo posto così strano. È così freddo e buio!»

Erano arrivate davanti a una porta e Jacquetta guidò la figlia all'interno, senza curarsi di ciò che vi avrebbero trovato purché vi fosse più luce che nel corridoio. Le figlie di Elizabeth dettero in esclamazioni entrando in un confortevole studio dalle pareti rivestite di legno, l'aria impregnata dell'odore di cera, di sego e di sudore.

«Qui andrà bene, credo» affermò Jacquetta. «E questo posto non è strano. Ricorda che è un luogo sacro, amor mio. Nascere qui deve essere considerata una grande benedizione.» Un'altra doglia mozzò il fiato di Elizabeth, che si abbandonò alle cure della madre.

III

Circondato da ogni lato dalla folla indaffarata del mercato, Jasper Tudor saltò giù da cavallo e si allontanò senza guardarsi indietro, ignorando le proteste di un macellaio dalla faccia rubizza che gli intimava di non lasciare l'animale in mezzo alla dannata strada.

«Seguimi, figliolo,» disse girando il capo «sbrighiamoci!» Henry gettò le briglie al macellaio, notando la confusione e la collera che si agitavano negli occhi dell'uomo: «Ah! Non potete... Ehi!». Smontato rapidamente di sella, Henry seguì lo zio, deciso a non perderlo di vista tra la folla. Jasper stava camminando rapidamente tra i frequentatori mattinieri del mercato di Tenby, che divennero sempre più numerosi quando il sole fu sorto, in un andirivieni incessante di ceste di pane appena sfornato o di pesce arrivato con la prima pesca del mattino. Ma sembrava che tutti quei mercanti sapessero che Jasper li avrebbe travolti se non si fossero spostati rapidamente.

Alle sue spalle Henry udì altre grida, diverse da quelle del mercato, grida eccitate, come di cacciatori che avessero avvistato la preda, e si piegò quasi in due per farsi il più piccolo possibile. Aveva creduto che sarebbero stati al sicuro nella ressa della piazza. Una morsa di paura strinse il suo stomaco scorgendo dietro di sè le teste che sobbalzavano di uomini in cotta di maglia e armati di spada. Gli sembrava che le urla di protesta e i rumori di banchi rovesciati si avvicinassero sempre di più e immaginava di sentire una mano afferrarlo per la spalla da un momento all'altro, costringendolo a fermarsi.

C'era ancora la concreta possibilità che li uccidessero entrambi, doveva ammetterlo, anche se aveva cominciato a sperare che ce l'avrebbero fatta. Ora, mentre la sua vita era in pericolo, non c'era posto per le fantasie e i desideri, non poteva permettersi quella forma di debolezza che avevano certi sciagurati perfino quando salivano sul patibolo, perfino mentre la corda graffiava loro il collo. Non sarebbe stato così sciocco. I suoi inseguitori erano uomini brutali, privi di coscienza e sapeva che avrebbero preferito mille volte tornare dal loro signore con le ossa rotte piuttosto che a mani vuote.

Ansante, Henry accelerò la corsa. La legge non offriva nessuna protezione a suo zio Jasper, non teneva conto del titolo di cui era stato spogliato e quindi poteva essere arrestato e torturato in ogni momento, anche se era vero che un giudice e una giuria avrebbero potuto in seguito interrogare i suoi accusatori; ma con il conte Herbert a deporre contro di lui, l'esito non poteva che essere uno solo.

Era molto più probabile, però, che lo zio fosse abbattuto durante l'inseguimento con un colpo di spada o con un dardo di ferro nella schiena. Mentre correva dietro a quell'uomo, un estraneo in tutto tranne che nel nome, Henry si domandava quante probabilità avesse di essere ucciso anche lui; forse si sarebbero presentate delle occasioni per salvarsi, pensò, magari un momento propizio per farsi da parte e scomparire tra la folla, oppure poteva anche consegnarsi a una delle guardie. Henry si rese conto che questa prospettiva lo infastidiva decisamente. Ma in ogni caso non avrebbe dato la vita per un uomo che conosceva appena, non se ci fosse stata una possibilità di sopravvivere.

Henry non perdeva di vista lo zio mentre si facevano strada fra la gente, passando tanto vicino a un garzone che trasportava la carcassa di un maiale da farlo barcollare. Quando il garzone si girò e scosse il pugno contro di loro, Henry gli scivolò alle spalle e si divertì a dare una gran pacca sulla groppa del maiale. Il garzone si girò indignato ma Henry era già lontano, in tempo per vedere lo zio svanire nel buio della bottega di uno speziale.

Henry esitò davanti alla porta, girandosi a guardare la via piena di traffico. Le guardie erano ancora là, anzi sempre più vicine e a quanto pareva decise a continuare l'inseguimento: gli sembrò di udire le loro grida. Sentiva che sarebbe riuscito a non farsi raggiungere, ma non aveva intenzione di esaurire tutte le sue energie nell'intento. Il porto era poco distante, al di là delle scogliere e della fila di empori sottostanti. La bottega dello speziale era solo una tana senza via d'uscita. Le guardie li avrebbero trovati. Henry trasse un profondo respiro, cercando di calmarsi. Forse era tempo di arrendersi agli uomini del conte Herbert. Avrebbe preso un sacco di botte, ma non era la prima volta e sarebbe sopravvissuto.

Il corso dei suoi pensieri fu interrotto da un braccio peloso che sbucò dalla bottega e lo prese per il colletto, trascinandolo all'interno. Con un grido strozzato Henry fece per prendere il pugnale infilato nella cintura ma sentì una mano stringersi sulla sua e alzando lo sguardo vide lo zio.

«Non va bene che tu te ne stia lì davanti come un palo, o no?» gli disse Jasper. Era ansimante e rosso in faccia, ma un sorrisetto gli piegava gli angoli della bocca e negli occhi brillava il divertimento. «Vieni!»

Guidato dalla mano dello zio sul braccio, Henry lo seguì incespicando sul pavimento di legno della bottega, ai lati due file di vasi di vetro e di fiale, gli scaffali così numerosi da lasciare solo uno stretto passaggio nel quale lo zio dovette muoversi con cautela per raggiungere il banco. Dappertutto un forte odore di aceto e di qualcosa di altrettanto acuto. Henry si strinse il naso tra le dita per soffocare uno starnuto, tendendo ancora l'orecchio per cogliere il rumore dei passi dei loro inseguitori. Alzò lo sguardo solo quando lo zio si rivolse al proprietario della bottega.

«Mastro Ambrose? Vi auguro il buongiorno e che Dio vi benedica. Vi ricordate di me? Conoscete il mio nome?»

«Credo di sì, milord» gli rispose lo speziale senza particolare entusiasmo. L'omino era completamente calvo, il cuoio capelluto pallido e lentigginoso dopo tutti gli anni trascorsi nella penombra della bottega, tanto che assomigliava a uno degli strani pesci che scrutavano dai barattoli di vetro sugli scaffali più alti. Quando sorrise, Henry vide che i denti erano così consumati che a malapena fuoriuscivano dalle gengive.

«Questo è mio nipote, Ambrose, non molto più grande di me quando sono venuto qui l'ultima volta.»

Henry e il vecchio si scambiarono occhiate diffidenti. La situazione era tale che lo speziale fece appello a tutto il suo coraggio: «Il... il giovane conte ha la fama di essere un cucciolo vendicativo, milord» disse il vecchio, succhiando qualcosa che teneva in bocca, così che tutta la faccia gli si contorse. «Se fossi accusato di dare rifugio a un fuorilegge, la mia vita, la mia bottega e tutto ciò che possiedo sarebbero in pericolo. Mi dispiace molto, mio signore, conoscevo bene vostro padre e so che vorrebbe che io agissi per il bene di questo ragazzo, ma...»

La lunghezza dell'obiezione fece perdere la pazienza a Jasper: «Mastro Ambrose, non vi sto chiedendo nessun favore, se non che vi voltiate dall'altra parte mentre noi ci serviamo del vostro ingresso alla galleria».

La fronte pallida si corrugò in un'espressione costernata: «Quella vecchia porta è stata sbarrata già vent'anni fa!» protestò il vecchio passandosi una mano sulla faccia, dove cominciava a luccicare il sudore.

«Fa lo stesso. Mi stanno inseguendo, mastro Ambrose. Le strade per il porto saranno certamente ben sorvegliate. Questo è l'unico modo che ho per aggirarli. Ho una nave che mi aspetta, voi non sentirete più parlare di me se non per ricompensarvi di avere tenuto la bocca chiusa. Ora, per favore, fateci passare.»

Il vecchio si fece da parte accennando a un inchino mentre Jasper sollevava il ripiano incernierato e si precipitava dall'altra parte del banco, seguito immediatamente da Henry.

«Badate alla bottega, mastro Ambrose. Io non sono mai stato qui.»

Spingendosi oltre le file di sacchi e di casse di legno pronte per essere aperte, Jasper afferrò il pezzo di ferro che fungeva da leva per schiodarle, rigirandolo in mano mentre camminava.

Il retrobottega si prolungava in modo sorprendente, il soffitto divenuto ormai pietra grezza come se fosse stato scavato nella profondità della scogliera. Henry annuì tra sé: aveva sentito parlare dei contrabbandieri che usavano le gallerie di Tenby e certamente il vecchio non era stato sorpreso dalla richiesta dello zio.

Jasper si fermò davanti a una parete di assi tarlate che bloccavano il passo, guardando costernato il nipote nell'udire nella bottega voci alterate che facevano domande.

Non avevano più tempo. Jasper infilò con forza la leva in una fessura e schiodò le assi, allargò l'apertura con la mano libera e il legno andò in pezzi, sollevando una nuvola di polvere in un soffio di aria fredda e umida.

La galleria al di là si perdeva nelle tenebre, le pareti coperte di muffa e scivolose al tatto. Senza esitare Jasper si tuffò nel buio. Henry ebbe il tempo di udire qualcuno gridare: «Là! Sul retro!» prima di lanciarsi dietro lo zio, respirando affannosamente e con la testa che gli girava. Ma non era ancora il momento di arrendersi, non con la via di fuga davanti a sé.

Jasper corse dritto avanzando alla cieca per qualche centinaia di iarde, come se sapesse per certo che non ci sarebbero state svolte brusche o pietre ingombranti a farli inciampare. Henry faceva fatica a non perderlo di vista, anche se il terrore di essere lasciato indietro gli metteva le ali ai piedi. Era difficile stare a quel passo perché per Jasper Tudor era una questione di vita o di morte e certamente non sarebbe stato catturato a causa della sua lentezza.

Arrivarono alla prima svolta così all'improvviso che Jasper andò a sbattere contro la parete di roccia con una violenza che gli strappò un grido di dolore. Henry lo udì sibilare istruzioni a se stesso prima di riprendere la corsa in un buio così fitto che non riuscivano a vedersi le mani mentre correvano.

A un certo punto Jasper rallentò, contando e facendo scorrere le dita sulla parete finché non ebbe incontrato il vuoto. Le voci dei loro inseguitori si udivano a tratti, ma dopo una seconda svolta a destra il silenzio delle viscere della terra sembrò gonfiarsi intorno a loro e Henry scoprì di sentirsi rilassato nella mancanza assoluta di distrazioni di quel luogo fresco, quieto, che odorava di pietra e di argilla, un luogo privo di vita, senza un suono; forse un luogo di morte ma in ogni caso pieno di pace. Nessuno poteva vederlo lì e Henry sorrise, rendendosi conto che si stava divertendo molto. Suo zio respirava affannosamente, ormai, continuando a borbottare dei numeri, ma a un certo punto Henry avvistò una sottile linea grigia che si insinuava nel buio e cominciò a intravedere una luce che si fece man mano più forte. Finalmente davanti a loro si profilò una porticina sgangherata, quasi ricoperta di felci e di rovi. Era chiusa da una sbarra che Jasper sollevò spalancando la porta senza esitazione.

La luce del sole li accecò; se vi fossero state delle guardie ad aspettarli, li avrebbero catturati come se fossero stati due bambini. Ma non c'era nessuno e Henry rimase a guardare a bocca aperta la spiaggetta di ghiaia. La porta era stata sistemata in una fessura aperta nella scogliera prospicente la rada, nascosta agli sguardi degli eventuali passanti. In acque profonde, una mezza dozzina di navi era all'ancora e i gabbiani stridevano in alto. Henry e lo zio sbucarono dall'anfratto avanzando verso il litorale e scrutando le banchine del porto.

Si vedevano delle guardie là: quattro uomini nella livrea del casato degli Herbert. Sembravano in allerta e con le armi in pugno, ma guardavano in direzione della città. Henry sentì su di sé lo sguardo dello zio e, incontrando i suoi occhi, vi scorse sollievo e un lampo di divertimento.

«Vedi quella barca là?» gli domandò Jasper. «Quella con il cervo sulla fiamma? È mia. Ci trasporterà fino a quella magnifica nave laggiù, quella bassa al madiere. Capito?» Aspettò che il nipote facesse segno di sì e gli batté la mano sulla spalla. «Ora, figliolo, tu forse avrai visto che due di quelle guardie sono armate di balestre. Non possiamo arrivare alla barca correndo, perché ci vedrebbero e ci colpirebbero alla schiena con un dardo mentre i vogatori mettono mano ai remi. Dobbiamo muoverci con lentezza, come se passeggiassimo, forse uno alla volta. Va bene?»

«Perché un cervo?» volle sapere Henry. Vide lo zio corrugare la fronte, colto di sorpresa, e lanciare un'altra occhiata alle guardie in vigile attesa a meno di duecento iarde di distanza.

«Proprio un cervo maschio. Devi sapere che sono nato nello Hertfordshire. Come mio fratello. Ora vai!» Jasper dette una spinta al nipote per farlo muovere, ma Henry fece resistenza, ostinato.

«Un cervo maschio?»

«È sullo stemma della contea! Forse si tratta anche un po' di una presa in giro, dal momento che mi hanno dato la caccia per tutta la vita. E continuano a darmela, nel caso tu lo abbia dimenticato» soggiunse cercando di spingere Henry.

«*Un momento!*» Henry si scostò bruscamente. «Mia madre era inglese. Se mio padre era nato in Inghilterra, come posso essere gallese?»

L'espressione dello zio si fece meno severa. Nonostante la follia della cosa, con gli armigeri sulla banchina alle loro spalle pronti a catturarli, si mise a ridere. Ma il figlio di suo fratello era molto serio, perciò bisognava rispondergli con altrettanta serietà.

«Non lo sai? Che cosa importa dove siamo nati? Siamo fatti del sangue di chi ci ha fatto e dove si è nati conta solo... per le imposte. "Tewdyr" è un lignaggio gallese, figliolo.» Jasper pronunciò il loro nome con una forte enfasi, facendolo suonare strano alle orecchie di Henry. «Era il nome di mio padre. I tuoi antenati si erano schierati con Glendower quando si era battuto contro i vessilli del drago bianco degli inglesi. Io lo onoro per questo, anche se l'hanno distrutto. Sono sempre stati una razza forte. E se dove si nasce conta qualcosa, tu sei nato nel castello di Pembroke!» Vide che il ragazzo era ancora turbato e gli batté la mano sulla spalla.

«Ascolta, hai lo stesso sangue che scorre nelle mie vene: in piccola parte francese, in una discreta parte inglese e in buona parte il migliore sangue gallese che sia mai stato versato per una buona causa. Hai già assaggiato il brandy o l'acquavite?» Henry scosse la testa confuso. «Ah! Allora non ti parlerò dei grandi risultati ottenuti miscelandoli. Basta che ricordi questo: uomini del tuo stesso sangue hanno issato il vessillo del re Cadwallader, il drago rosso, il *Ddraigh Goch*. Rosso come la rosa dei Lancaster: non è bello, poetico? È una cosa importante, figliolo. È importante che tu non disonori tutti quegli uomini del tuo stesso nome e del tuo stesso sangue che se ne sono andati prima di noi e che forse ci aspettano. Quando saremo davanti a loro non voglio che tu debba provare vergogna.» Henry si meravigliò nel vedere che gli occhi di Jasper brillavano di lacrime. «Vorrei che tu avessi conosciuto mio padre, figliolo. E ora ci sei tu, un bravo ragazzo coraggioso... e l'ultimo del suo lignaggio. Devi esserne fiero. Capito? Ecco, adesso è il momento, che tu sia pronto o no.» Scrutò una volta di più in direzione della spiaggia, dove il sole faceva brillare la sabbia, i ciottoli e l'azzurro del mare. Gli armigeri si erano spostati e si trovavano ora a circa trecento iarde da loro. Jasper sorrise.

«Henry, mio fratello non era uno stupido, era capace di battermi a scacchi quando voleva. Perciò quando io dico al suo unico figlio di correre alla barca, suo figlio corre. Sono stato chiaro? Suo figlio, il suo bravo, giovane Tudor non discuterà un ordine. Suo figlio si metterà a correre come se avesse tutti i diavoli alle calcagna, il che in fondo è la verità.»

«Avevate detto che dovevo camminare» obiettò Henry.

«Ho cambiato idea. Camminando credo che ricominceresti a discutere e non penso di riuscire a sopportarlo.» Gli occhi di Jasper brillavano di divertimento, ma non c'era traccia di buonumore nel ragazzo accigliato che lo studiava attentamente.

«Dovreste andare prima voi. Siete stanco. Se ci vedessero, sareste troppo lento.»

«Grazie per la premura...» cominciò Jasper, ma Henry scosse la testa con decisione: «Non è premura. È che non so se i vostri uomini mi farebbero salire sulla barca senza di voi. Dovreste andare per primo».

Jasper lo fissò sbalordito, scuotendo la testa come se non credesse alle proprie orecchie. Alla fine strinse le labbra in una linea sottile: «Va'! Subito! *Corri* o, perdio, ti ucciderò io stesso!». Con uno sforzo spinse Henry allo scoperto, nel sole, e tutti e due si misero a correre verso i cespugli, Jasper niente affatto contento nel vedere quanto rapidamente il ragazzo lo distanziasse, veloce come una lepre. Jasper non osava voltarsi indietro a controllare le guardie sulla banchina, alle quali sarebbe bastata un'occhiata in direzione di quel rumore di passi affrettati... Ecco! Un grido alle loro spalle.

«Salpate!» urlò ai suoi uomini nella barca. Vide uno dei marinai liberare la cima che teneva ormeggiata la barca alla bitta di ferro. Per poco i movimenti della piccola ciurma non la fecero ribaltare quando i sei marinai si precipitarono ai remi di quell'imbarcazione costruita per essere veloce. Ancora dieci passi. Jasper vide Henry spiccare un salto allungandosi in aria prima che mani robuste lo afferrassero in una mischia confusa. Era stato fortunato a non sbattere contro lo scafo, sfondandolo e facendo andare a fondo tutti quanti, pensò Jasper in un misto di paura e di esaltazione folle, il respiro corto e sibilante, le gambe pesanti e lente. Udiva distintamente dietro di sé lo scalpiccio di stivali sul selciato e si aspettava da un momento all'altro un dardo nella schiena. Quando ebbe raggiunto il limitare della banchina seguì l'esempio del nipote e si lanciò in un tuffo verso l'imbarcazione. Non sapeva nuotare e gli parve di restare sospeso in aria un'eternità.

Il bordo lo colpì dolorosamente sotto le costole, le gambe finirono nell'acqua fredda e mossa mentre i suoi uomini lo issavano a bordo con un'acclamazione e liberavano i remi dal peso del suo corpo. Jasper rotolò sul fondo, ansimando e ridendo, guardando le nuvole bianche che veleggiavano in alto.

«Vogate! E tenete la testa bassa!» ordinò e in quell'istante si udì lo scatto sordo delle balestre e uno dei rematori francesi lanciò un grido, portandosi le mani al petto. Il remo abbandonato intralciò il movimento di quello successivo e Jasper, sentendo la barca ruotare, imprecò, sapendo che avrebbero presentato il fianco agli armati sulla banchina, un bersaglio perfetto per le balestre già puntate contro di loro.

Rialzandosi vide il nipote afferrare l'uomo morente e gettarlo fuoribordo, prendere il remo e vogare con movimenti rapidi e regolari, l'espressione perfettamente calma mentre tuffava il remo a ritmo con i marinai.

L'uomo seduto dietro di lui lo ingiuriò, infuriato, anche se Jasper notò che non aveva smesso di remare; evidentemente il ferito era suo amico. Il francese sembrava arrabbiato e addolorato insieme e piangeva mentre manovrava il remo insieme con i suoi compagni, continuando a maledire Henry Tudor.

La prua dell'imbarcazione ruotò velocemente e Jasper vide un dardo colpire l'acqua tracciando una scia di spuma e mancando completamente il bersaglio. I vogatori sapevano bene quale agonia li aspettava se fossero stati colpiti e si curvarono sui remi lanciando l'imbarcazione in avanti, le facce gonfie e rosse per lo sforzo di portarla rapidamente lontano dalla banchina.

Jasper Tudor si distese di nuovo sul fondo, appoggiato a un gomito e allungando il collo indolenzito per guardare la sua nave che si ingrandiva man mano davanti a loro. In suo onore era stata battezzata *Pembroke*. Pur sapendo che era stata comprata ed equipaggiata dal re di Francia, si era affezionato a quell'imbarcazione lunga novanta piedi e sei pollici dalla prua alla poppa, ventiquattro piedi al traverso, con una grande vela triangolare e banchi per i rematori quando non c'era vento. La galea costruita nelle Fiandre era elegante e veloce e Jasper sapeva che nessuna poteva starle dietro lungo la costa del Galles.

«Non è bella?» domandò a Henry, ancora chino sul remo. Una parte del Tudor anziano notava però la rabbia cupa del marinaio che stava fissando la schiena di Henry. No, non si era spinto tanto lontano e non aveva corso tanti pericoli solo per rischiare di perdere suo nipote, pugnalato in una vendetta privata. Con un sospiro, Jasper tastò nella tasca il coltellino affilato poco più lungo del suo pollice.

Dalla sua postazione Henry Tudor era in grado di vedere la costa che si stava allontanando. Sulla banchina del porto, gli armigeri del giovane conte di Pembroke erano figurine distanti e solitarie che ancora seguivano l'imbarcazione con lo sguardo forse pensando al loro futuro ora che i Tudor erano riusciti a fuggire.

Mentre Jasper lo osservava, Henry sorrise tra sé e trasse un gran respiro gonfiando il torace stretto. Era evidente che il ragazzo si stava stancando, ma lo zio capiva che voleva portare a termine il suo compito e lo lasciò fare. Vicini ormai allo scafo della *Pembroke*, i rematori alzarono i remi tutti insieme e afferrarono le cime che venivano gettate dalla nave. La barca venne assicurata lungo bordo e Jasper, mentre faceva cenno al nipote, vide il marinaio dietro di lui alzarsi nello stesso istante, la faccia contorta dall'odio. Nel momento in cui l'uomo allungava la mano, Jasper gli fece perdere l'equilibrio con una spallata, proprio come aveva avuto intenzione di fare l'altro con Henry. Il marinaio cadde in mare con un gran tonfo, sollevando alti spruzzi.

«Tutti gli altri salgano a bordo» ringhiò Jasper. «E abbiate cura del ragazzo, mio nipote, che ha sangue reale nelle vene. Badate alla sua sicurezza o vi farò dondolare dal pennone!»

I marinai salirono a bordo agilmente, scalzi e forti. Jasper notò come si preoccupassero di mostrare a Henry dove mettere le mani sulle cime ruvide che gli graffiavano la pelle morbida. Voltandosi, Jasper fu sorpreso di vedere che il marinaio francese, vivo e vegeto, stava a galla nuotando tranquillamente, senza panico. Non molti dei suoi uomini sapevano nuotare, ma quanti erano cresciuti sulla costa qualche volta imparavano a farlo fin da piccoli.

Dal volto del marinaio sembrava sparita ogni traccia di furia: sapeva molto bene chi lo aveva spinto in acqua e il bagno freddo in mare lo aveva calmato.

«Milord, mi dispiace, sono inciampato e non mi capiterà più!»

Jasper si rese conto che si sentiva in colpa, come se fra tutti gli altri avesse avesse urtato proprio il capitano della nave. Non che contasse ciò che pensava quell'uomo. Per un istante Jasper pensò di lasciarlo nuotare in direzione della spiaggia, dove però si vedevano ancora le guardie del conte in attesa. Il marinaio sapeva troppo, sapeva qual era il porto dove la nave di Jasper era diretta, quante forze aveva Warwick, chi erano i suoi sostenitori. Jasper Tudor allungò la mano per aiutarlo a issarsi sulla barca e quando l'uomo si fu aggrappato al bordo, Jasper prese il coltellino e gli tagliò la gola. L'acqua si fece rossa tutto intorno al marinaio che ricadde all'indietro, un'espressione stupita e indignata sul volto.

Jasper si voltò più in fretta che poté, legò di nuovo la cordicella del coltello alla cintura e salì rapidamente, aggrappandosi alle cime e sbucciandosi le nocche delle dita sul duro fasciame, inebriato tuttavia dall'aria di mare e dal successo della sua impresa. Aveva salvato l'unico essere ancora in vita con cui avesse legami di sangue; tutti gli armati di Pembroke, tutti i servi del conte, le sue guardie, i suoi segugi e soldati non erano riusciti a fermarlo. Avvertì il peso dell'oro del re di Francia sulla schiena e batté la mano sull'involto. Era un peccato restituire tutto così, semplicemente, con Londra che li aspettava. Si poteva fare una fortuna a Londra con un bel po' d'oro a dare il via.

«Fate vela, rotta a est per Bristol! Io assumo il comando di questa nave nel nome del re Enrico VI d'Inghilterra, della casa dei Lancaster!» Nell'equipaggio si trovavano inglesi e gallesi, che esultarono a quelle parole. I bretoni e i fiamminghi si limitarono a scrollare le spalle, continuando nella manovra e levando l'ancora che si trascinava sul fondo.

IV

Vestito di nero, Richard, duca di Gloucester, sedette sull'ultimo gradino della scala che portava al piano superiore della locanda, il mento sul palmo della mano, il gomito appoggiato al ginocchio. Le calzabrache aderenti che indossava erano imbottite sulle natiche, un aiuto durante le lunghe cavalcate ma anche una protezione dalle schegge. Il farsetto era abbastanza confortevole, tagliato in modo da potersi muovere liberamente usando la spada. Ogni tanto la guancia dalla peluria biondo scuro sfiorava il lino del colletto alto: avrebbe dovuto radersi di nuovo molto presto, anche se dopo la pelle sembrava quella di un'oca spennata.

Gli faceva male la schiena. Cambiò posizione per alleviare il dolore, spostando il peso da destra a sinistra, sempre più annoiato e irritato. In una sera normale probabilmente il baccano di voci e di risate nella taverna avrebbe soffocato i cigolii e i tonfi ritmici provenienti dalla stanza al piano superiore, ma con le guardie di re Edoardo che fulminavano chiunque si muovesse o parlasse, la maggior parte dei clienti abituali si era allontanata alla chetichella, mentre i pochi incalliti bevitori rimasti erano decisi a non notare niente e si scolavano pinte di birra a un ritmo costante, tenendo gli occhi fissi sul pavimento coperto dai giunchi.

I rumori provenienti dal piano superiore aumentarono in un crescendo straordinario, ogni suono giungeva così chiaro attraverso le pareti sottili che sembrava di essere nella stanza con il re. Le ragazze della taverna non erano poi così attraenti, nonostante le voci sulla loro presunta bellezza che li avevano condotti fin lì; avevano però dimostrato un grande entusiasmo quando avevano visto chi le avrebbe portate al piano superiore. Il re era noto per la sua generosità con le ragazze che gli piacevano e che sembravano apprezzarlo. I risultati erano a portata di orecchio. Giudicando dal rumore, Richard si chiese se suo fratello non ne stesse strangolando una e da un certo punto di vista desiderò che fosse davvero così, solo per non dover sentire più i suoi strilli da volpe in calore.

Un pensiero malvagio e Richard sospirò tra sé: qualche volta suo fratello tirava fuori il peggio negli altri, anche se al grosso bestione bastava un sorriso o una parola per farsi perdonare. Uomini e donne erano ugualmente presi da timore reverenziale in presenza di suo fratello. Quando Richard era con Edward, eclissato e dimenticato, era libero di osservare i loro occhi sgranati e le loro mani tremanti. Non era una cosa di cui vergognarsi cadere in ginocchio davanti a un re, specialmente a un re consacrato da Dio, e talvolta a Richard sembrava che tutti gli uomini fossero fatti per stare in ginocchio; secondo lui, ciò che realmente desideravano era un pastore che li facesse stare al sicuro e cacciasse con il bastone i lupi che li minacciavano. In cambio Edward poteva avere le loro figlie per il suo piacere senza che i padri protestassero.

Richard scosse la testa, ruotando il collo fino a farlo scricchiolare, avvertendo tutta la forza accumulata nelle spalle. Da piccolo aveva sofferto terribilmente per la spina dorsale storta. Il rimedio di suo padre era stato di fargli sviluppare i muscoli e i tendini a tal punto che adesso era in grado di scagliare l'incudine di un fabbro in fondo a un cortile. Il male non era passato, tuttavia, nemmeno diminuito, e ogni giorno Richard doveva sopportare le fitte dolorose nella carne e perfino nelle ossa. Era però diventato forte come suo padre aveva voluto. A poche settimane dal suo diciottesimo compleanno, erano pochi gli armigeri che affrontavano volentieri una lotta con Richard. Dalla vita sottile, scattante, era un guerriero che ragionava, sempre attento a individuare il punto dove affondare la lama. Con lui nessuno scontro durava a lungo e Richard sapeva di fare spavento ai meno giovani, che in sua presenza sentivano il gelo dell'inverno nelle membra. La sua primavera al contrario doveva ancora arrivare.

Richard si allungò ancora di più sullo scalino. Se Edward avesse voluto, i due figli di York avrebbero potuto guidare inglesi e scozzesi in una grande crociata contro i maomettani blasfemi o contro la Francia o, perdio, fino ai confini della terra. La tragedia era che suo fratello preferiva non pensarci e sprecare tutto ciò che aveva guadagnato, perché in realtà era veramente felice soltanto nel folto dei boschi o sulle brughiere selvagge, con i suoi cani, i suoi falconi e gli uomini più fidati al suo fianco.

Vivere all'ombra di un re non era esattamente l'esperienza felice che Richard aveva immaginato quando era bambino, affidato alla tutela del conte di Warwick. Allora suo fratello era stato realmente in pericolo, assalito da ogni lato dai sostenitori dei Lancaster. Soltanto il braccio forte di Edward, soltanto la sua fede e il suo onore lo avevano fatto trionfare, sebbene decine di migliaia di uomini giacessero dove erano caduti, ossa e polvere in tombe a fior di terra sul campo di battaglia di Towton.

Richard appoggiò con più forza il mento sul palmo delle mani, cercando di ignorare i suoni impudichi a una dozzina di piedi dietro di lui. I tempi in cui avevano lottato per ottenere la corona e per conservarla erano ben più nobili di quelli attuali, questo era sicuro. Prima che Warwick, proprio lui, si rivoltasse contro di loro, spingendo al tradimento lo stesso fratello del re, George di Clarence, facendo rapire re Edoardo in persona e tenendolo prigioniero. Warwick non aveva voluto assassinare il suo sovrano e questa era l'unica cosa buona che si poteva dire di lui. Fino a quell'ultimo atto si era macchiato di ogni forma di tradimento prevista dalla legge.

Un suono ritmico e metallico cominciò a riecheggiare nella stanza in cima alla scala. Il giovane duca alzò la testa per ascoltare, poi alzò gli occhi al cielo: no, suo fratello non lo stava chiamando, non si era tolto del tutto l'armatura che ora stava colpendo la parete in un completo abbandono. Richard non sorrise come era solito fare. Troppe erano state le notti, no, i mesi di tornei, di combattimenti, di sgualdrine, di banchetti colossali ficcati in quelle fauci spalancate che erano diventate il regno d'Inghilterra. Sebbene il re non avesse ancora raggiunto i trent'anni, la sua vecchia armatura gli era diventata troppo stretta e spendeva fortune per farsene fare di nuove che gli permettessero di respirare.

Richard, al contrario, rimaneva magro come sempre, asciutto come cuoio da sella. Quando gli faceva notare la differenza fra loro, il fratello si limitava a una risatina e a qualche pacca sul proprio ventre, nonché a dirgli che a un uomo non stava male un po' di carne addosso. Una cosa che faceva infuriare Richard. Non sapeva se Edward fosse così perché gli onori del mondo gli erano piovuti addosso troppo facilmente o semplicemente perché non era tanto intelligente da apprezzare la sua fortuna e guadagnarsela. Nessuno in centinaia di miglia avrebbe osato aver qualcosa da ridire su un re che si godeva i favori di qualche ragazza, o che si scolava otri di vino o boccali di birra in gran quantità. Ma Richard aveva discusso con lui anche per questo, incitandolo a tornare a Londra per aspettare con discrezione e dignità la nascita del quarto figlio.

«Sarà una femmina» aveva detto Edward sul campo da torneo di Windsor, gli occhi scintillanti. Quel giorno si erano esercitati soltanto con i bersagli costituiti di pali di quercia imbottiti: tra di loro non ne avevano mai parlato esplicitamente, ma i due fratelli evitavano volutamente di affrontarsi in duello. Dentro di sé Richard pensava di avere tecnica e forse velocità, ma suo fratello era un cavaliere che non perdonava e i suoi avversari venivano spesso trasportati fuori dal campo del torneo già cadaveri anche se la sfida era cominciata solo per divertimento. Edward non era particolarmente bravo nei tornei, ma sul campo di battaglia era un leone.

Richard cambiò posizione di nuovo e si girò verso la saletta della taverna, dove sembravano intenzionati a entrare alcuni anziani bevitori mentre all'esterno cominciava a far buio. Guardò tre di loro osservare indecisi le guardie reali, leccandosi le labbra asciutte. I tre lanciarono occhiate vogliose ai boccali di birra, poi guardarono l'uomo in armi che bloccava l'ingresso al piano superiore, attento a non farsi sfuggire niente che si muovesse. Uno dei tre si toccò istintivamente la fronte in segno di saluto e si ritirò in buon ordine, ma gli altri due decisero di rimanere, lo si capiva dal modo in cui avevano rialzato la testa e raddrizzato le spalle; erano uomini liberi, dopotutto, e i loro quattrini se li erano guadagnati. Richard sorrise davanti a quella dimostrazione di coraggio, sentendo che quel piccolo gesto gli aveva risollevato il morale.

La vita era dura e piena di sofferenze. Ogni mattina si svegliava in un'agonia di dolore nelle spalle e nella schiena, al punto che non riusciva a muoversi e solo gli stiramenti e gli esercizi l'alleviavano, lasciandogli quella dolenzia sorda che doveva sopportare per il resto del tempo. Non si lamentava però, nonostante il male che sentiva costantemente: gli uomini vivevano nella sofferenza, non c'era altro da aggiungere. Uccidevano per mangiare, perdevano le loro mogli di parto e in ogni caso non c'era famiglia, ricca o povera, che qualche mattina non avesse trovato dei neonati freddi e rigidi nelle culle e non avesse dovuto seppellirli nel terreno gelato insieme con il loro dolore.

Per un duca era ancora un'altra storia, Richard lo sapeva bene; un duca doveva esercitarsi ogni giorno fino allo sfinimento per prepararsi ad affrontare le inevitabili battaglie o forse semplicemente un duello con un altro cavaliere, desideroso di portargli via tutto. Un'angoscia che suo padre aveva conosciuto bene durante tutta la vita, finendo poi decapitato in un campo in prossimità del suo castello di Sandal.

Era raro che Richard non avesse vesciche sulle mani o escoriazioni sul resto del corpo. Quando sentiva venir meno la sua forza di volontà, come capitava a suo fratello, quando anelava soltanto a soddisfare la propria fame o a bere fino allo stordimento, o semplicemente desiderava fermarsi per far guarire i tagli e le scorticature, per non sentire più quel dolore, allora ripeteva a se stesso le parole che un monaco benedettino gli aveva insegnato: «*Non draco sit mihi dux. Vade retro Satana*». "Il dragone non sia il mio padrone. Arretra, Satana." Quelle parole erano diventate un talismano e ripeterle gli restituiva sempre la calma. Richard viveva nella sofferenza e la sua carne era in lotta con la sua volontà; ma ne sarebbe sempre uscito vincitore, perché la carne era destinata a cedere, mentre la volontà era un mare immenso e profondo. Pur essendo in cima alla scala che conduceva al piano superiore, Richard fu forse il primo nella locanda a notare l'araldo reale che si infilava nella porta della taverna prima che venisse richiusa. L'uomo portava su di sé il distintivo con lo stemma di re Edoardo, il sole circondato da fiamme ricamato sulla cotta. L'araldo reale non aveva bisogno di portare armi, né di indossare nessuna armatura, protetto dall'autorità del suo signore, ma Richard, mentre l'araldo si voltava per esaminare la sala, notò il lungo pugnale alla cintura e la cotta di maglia coperta di polvere che lo copriva dalla gola alle cosce. A quanto pareva quell'individuo non aveva una grande fiducia nel prossimo, pensò con un sorrisetto Richard: lontano dalle città la legge era una cosa aleatoria.

Sentì lo sguardo dell'araldo saettare nella sua direzione e fermarsi, poi l'uomo fece un passo verso di lui. Bastò perché una delle guardie di re Edoardo gli bloccasse il passo.

Richard fece segno di lasciarlo passare, ma non prima che all'uomo venisse tolto il pugnale: le guardie di suo fratello erano molto caute.

Senza dubbio l'araldo conosceva di vista il duca di Gloucester e non aveva bisogno di vedere il cinghiale bianco ricamato sulla camicia nera, ma Richard notò che il suo sguardo si posava un istante sullo stemma prima che l'uomo eseguisse l'inchino e al tempo stesso salisse la ripida scala senza cadere. Buon equilibrio, osservò Richard, quell'uomo avrebbe dato buona prova di sé in una mischia.

«Milord Gloucester, porto notizie urgenti per sua maestà il re Edoardo.»

«Parla, dunque, se mi conosci. Riferirò io le notizie a mio fratello.»

L'uomo esitò solo un istante. Duecento miglia più a sud, Londra si stava armando per una guerra, lui aveva cavalcato senza sosta e ne portava nelle ossa tutte le conseguenze, escoriazioni dove non ne aveva avute da anni, non c'era tempo per pensare ai dettagli.

«Milord, il conte di Warwick è sbarcato e sta radunando un esercito nei pressi di Londra.» Consapevole della reazione che avrebbero suscitato le sue parole, l'araldo distolse lo sguardo mentre proseguiva: «Si dice che il duca di Clarence sia con lui, milord».

Richard si sporse in avanti, gli occhi due fessure: «Mio fratello George? Be', è sempre stato uno sciocco. La regina è al sicuro?». Il sudore imperlò il viso dell'uomo, che alzò le mani in un gesto di scusa: «Arriveranno altri a portare queste notizie, milord. Io sono stato inviato da lord Hastings, gran ciambellano di sua maestà. Credo di essere il primo ad arrivare».

Richard notò che l'araldo stava tremando, non sapeva se

per la paura, lo sfinimento o perché era entrato in un luogo caldo dopo il freddo della notte, e neanche gli interessava. Si alzò di colpo, rischiando di far ruzzolare l'uomo giù dalle scale.

«Aspettate qui. Sua maestà avrà altre domande da rivolgervi.»

Richard si allontanò lungo il ballatoio e bussò a una porta aprendola nello stesso momento, incurante di ciò che avrebbe visto, data la gravità della notizia; ma si fermò ugualmente sulla soglia, guardando a bocca aperta la servetta bionda nuda bocconi sul letto, che batteva contro la parete il tacco della scarpa che teneva in mano. L'entrata di Richard interruppe di colpo i suoi strilli estasiati e la ragazza si rannicchiò con un grido, raccogliendo le coperte intorno a sé.

Disteso supino, il re Edoardo IV d'Inghilterra profondamente addormentato russava leggermente, il braccio bianco di un'altra donna allungato sul suo torace.

«Aveva detto che dovevo continuare» si giustificò la ragazza sul letto dalla parte del muro gettando via la scarpa e cercando di coprirsi. Ignorandola, Richard entrò e allungò un calcio al fratello, colpendolo sulla pianta del piede. Non era interessato ai suoi giochetti erotici, non più di quanto fosse imbarazzato dalla nudità di Edward, allungato sul letto come un enorme cetaceo arenato sulla spiaggia, le cosce grosse e pesanti, occupando tutto lo spazio disponibile sulle coltri senza alcuna modestia: c'erano cose molto più importanti. Richard lo colpì per la seconda volta, con più violenza di quanto avrebbe voluto, arrabbiato com'era, e rischiando di ferirlo con lo sperone.

«Smettila!» borbottò Edward sonnacchioso. Fece per girarsi sul fianco, ma sentì incombere su di sé una presenza e Richard lo vide passare in un attimo da un'espressione inebetita alla piena consapevolezza. Gli occhi spalancati, il re spinse via la ragazza, pronto a lanciarsi sull'intruso, ma quando riconobbe il fratello minore trasse un gran respiro, ridacchiando e cercando con lo sguardo la caraffa del vino in equilibrio precario su un tavolinetto.

Stava per fare qualche commento insulso ma Richard gli troncò la parola in bocca, irritato a causa della tensione: «A Londra si sta radunando un esercito al comando del conte di Warwick. George è con lui, naturalmente. Purtroppo ancora nessuna notizia di Elizabeth e delle bambine. Scendi subito. Io faccio sgombrare la locanda».

Senza un'altra parola, Richard si voltò e uscì, lasciando il fratello a fissarlo sgomento prima di esplodere in un ruggito e afferrare gli indumenti gettati per terra. Le due ragazze furono mandate via senza essere pagate, ma non protestarono dopo quanto avevano saputo. Sopra le calzabrache di lana e la camiciola, il re si abbottonò una tunica pesante, ancora impregnata di sudore, poi rimase in piedi, ondeggiando e svuotandosi a lungo la vescica nel vaso da notte, dopodiché, seduto sul bordo del letto, si allacciò gli stivali tirando con forza i lacci, la gamba alzata in aria. Alla fine si spruzzò sugli occhi e sui capelli l'acqua fredda di un catino inserito nel mobile della toletta. Emettendo grugniti simili a quelli di un orso, vi tuffò il viso, soffiando, scuotendo le guance mentre si stropicciava la faccia, avvertendo una fitta dolorosa al di sopra dell'occhio destro. Gli veniva da vomitare e si sentiva due molari dolenti e gonfi, risultato di qualche pezzetto di carne rimasto intrappolato là per almeno una settimana: bisognava farseli cavare, quei dentacci, se non voleva che gli avvelenassero il sangue, poco ma sicuro.

Una volta pronto, adocchiò i guanti di ferro e la cotta di maglia, insieme con gli schinieri e le cinghie; in genere portava l'armatura e si sentiva leggero come un ragazzino quando usciva senza metallo addosso. Si batté la mano sullo stomaco sporgente con aria afflitta al pensiero di Richard, così asciutto e muscoloso. Edward sudava molto di più e, sì, sapeva di essere anche molto più pesante e lento; sentiva però tutta la potenza di cui aveva bisogno negli arti e nella schiena. Qual era la ragione di tutte quelle cacce reali se non di ridargli il ventre piatto che aveva sempre avuto?

Non lanciò nemmeno un'occhiata all'impressionante mucchio di ossa di agnello sul pavimento, dove le aveva scaraventate dando un calcio al vassoio qualche ora prima. Un uomo aveva bisogno di mangiare carne per combattere e cavalcare, lo diceva il buon senso. Si tenne dritto più che potè tirando in dentro la pancia e battendovi sopra la mano. Meglio, molto meglio. Per lo più muscoli. La stanza si mise a girare all'improvviso e il re ebbe un brivido, poi un fiotto caldo e amaro gli salì in gola. Ignorò i pezzi dell'armatura sparsi qua e là e afferrò soltanto il cinturone della spada che giaceva dove lo aveva gettato. Annuì soddisfatto e uscì dalla stanza, sicuro di non essere diventato troppo grasso.

Quando Edward emerse dalla camera, la locanda era stata sgombrata a forza, erano stati fatti svanire perfino il proprietario e i servitori, il re non sapeva dove fossero finiti. Vide suo fratello Richard e un araldo che indossava la livrea degli York alzarsi dalla sedia per inginocchiarsi a terra davanti a lui. Restava soltanto una delle guardie. Edward scrutò attentamente il locale. Sir Dalston, sì: quell'uomo aveva un occhio fino per scovare una preda.

Edward sentì che si stava distraendo, il vino lo rendeva ancora lento e intontito. Scosse la testa, ma il movimento improvviso gli causò un nuovo riflusso acido nello stomaco mentre la testa gli girava. Fu preso da un cupo abbattimento che si portò via l'iniziale slancio di ottimismo.

Sapeva che qualche centinaio di suoi uomini erano accampati nei prati lì intorno con levrieri e mastini, con il falcone del re e una dozzina di cavalli di riserva. Amici e nobili fidati andavano e venivano durante la grande caccia reale, unendosi a Edward per settimane finché le enormi quantità di carni, di birra e di vino consumate non li riduceva a vecchi tremolanti, dopodiché facevano ritorno alle loro proprietà per recuperare le forze con grande esasperazione delle loro mogli. Al loro confronto Edward pareva prosperare con quel regime di vita.

Oltre a suo fratello Richard, in compagnia del re si trovavano altri nobili di alto rango, come suo cognato, Anthony, conte di Rivers, leggermente provato da una settimana di bevute con Edward. Si erano uniti alla caccia anche i baroni Howard e Say, senza dubbio con qualche speranza di ottenere un favore avendo accesso all'orecchio del sovrano. Il conte di Worcester, l'ultimo dei nobili anziani presenti, aveva fama di ferocia nei riguardi dei nemici del re. Edward si domandò come avrebbe reagito alla notizia del ritorno di Warwick. In quanto gran connestabile d'Inghilterra, nei mesi precedenti Worcester aveva presieduto ai processi e alle esecuzioni di numerosi seguaci di Warwick e non se la sarebbe passata bene in caso di successo della ribellione di quest'ultimo, pensò Edward con una smorfia.

In tutto aveva con sé forse centoquaranta combattenti e altrettanti servi in grado di usare un'arma, se ne andava della loro vita. In precario equilibrio sui gradini, Edward imprecò sottovoce: non era una grossa armata, la verità era questa. Ma certamente non era possibile portarsi dietro un esercito ogni volta che si andava a caccia o a far visita a una vedova solitaria in qualche lontana dimora. Edward indugiò un momento per ravviarsi con la mano i capelli bagnati. Un re avrebbe dovuto potersi muovere nelle sue terre senza stare continuamente attento ai nemici che volevano attaccarlo. L'Inghilterra sembrava un luogo così pacifico, così immutabile e al contrario era infido. Abbassò lo sguardo sul fratello, credendo di vedere disprezzo sul suo volto e arrabbiandosi per questo. Da ragazzi non avevano mai nemmeno osato sognare il trono, né altri ducati oltre a quello di York. Era stato Edward a conquistare per loro corona e altro, era stato lui ad afferrare i fratelli per la cintura e il colletto e a trascinarli verso la luce, perciò non meritava quello sguardo torvo da parte di Richard. Che cosa sarebbe stato Richard senza di lui? Un barone di nessuna importanza, un uomo dimenticato da tutti, disse a se stesso Edward.

«George si è unito a lui? Nostro fratello?» disse alla fine, pronunciando le parole con sforzo. Si schiarì la voce arrabbiato, arrossendo violentemente.

Richard trasalì e fece segno di sì.

«Si è rivoltato contro di noi. Avrà con sé i suoi arcieri e i soldati delle sue terre, senza dubbio. George può mettere in campo due o tremila uomini o anche di più. E tu sai che Warwick può fare altrettanto, senza nemmeno bisogno di una chiamata alle armi nelle contee. Stando così le cose, direi che ci troviamo a mal partito.»

«Io non posso trovarmi a mal partito così vicino a York, fratello!» protestò Edward. Si sforzò di sembrare fiducioso, anche se avvertiva i tentacoli dell'ubriachezza allungarsi verso di lui. «Ne ho già chiamati a raccolta prima d'ora.»

Invece di discutere Richard addolcì il tono della voce, sentendo tutta l'angoscia e la confusione di Edward.

«Sì, certo, Edward, accorreranno in nome del re. Lo faranno. Ho già mandato in giro i nostri messaggeri con il tuo stemma a farli saltare giù dal letto. Ogni ora porterà altri uomini al nostro fianco, non ne dubito.»

Non disse che non avrebbero fatto in tempo. L'araldo giunto da Londra aveva coperto quelle duecento miglia in soli due giorni, cambiando i cavalli una dozzina di volte su una strada buona: una bella prova di resistenza e abilità da parte di quell'uomo. Ma Richard di Gloucester era stato affidato a Warwick e aveva vissuto nella sua casa per anni. Ammirava molte delle sue qualità, una delle quali era la capacità di muoversi rapidamente, laddove altri perdevano tempo in discussioni e tentennamenti. Una caratteristica che in passato aveva causato anche errori, decisioni prese troppo in fretta, ma in quel caso, quel giorno, significava che Warwick era già in marcia. Richard ne era certo.

Warwick era stato a Towton. Aveva ucciso il suo cavallo e aveva combattuto alla destra di Edward quando il re era nel pieno della giovinezza e delle forze. Richard di Gloucester sapeva che Warwick non avrebbe lasciato il Nord a Edward, a un re che avrebbe potuto chiamare a raccolta degli eserciti. No. Il dado era stato tratto, Warwick avrebbe marciato verso nord con ogni uomo che poteva radunare, comprare o avere in prestito pur di arrivare alla parola fine.

Edward scese la scala con piede incerto, appoggiandosi al corrimano. Richard sentì il palato asciutto, sopraffatto com'era dalla necessità di fare presto eppure costretto a restare immobile a causa del giuramento prestato al re e della lealtà verso suo fratello.

Anche senza armatura, perfino con le calze molli e con il ventre bianco visibile sotto la giubba aperta, Edward era una presenza enorme che pesava nella stanza non soltanto per la sua possanza fisica. Pur abbassando la grossa testa per non sbattere contro le travi del soffitto riempiva la taverna come avrebbe fatto un orso, tanto che la guardia arretrò di qualche passo. Senza una parola, afferrò uno sgabello e sedette, malfermo e battendo rapidamente le palpebre. Richard sapeva che il fratello era ancora ubriaco fradicio e senza dubbio la stanza stava girando intorno a lui mentre se ne stava lì seduto, respirando rumorosamente, l'alito acido.

«Andate a prendere un secchio per sua maestà» bisbigliò Richard alla guardia. Sir Dalston parve offeso da quell'ordine ma si affrettò a portare un vecchio otre di pelle screpolata e lo depose ai piedi del re come se si trattasse di incenso o di mirra, ritirandosi a ritroso praticamente piegato in due. In apparenza Edward osservava i suoi movimenti, ma l'occhio era vitreo.

Richard fu preso da un impeto di collera. Avrebbe schiaffeggiato o scosso con forza qualsiasi altro uomo, ma suo fratello non gli avrebbe mai, mai perdonato un affronto del genere. Edward era capacissimo di scherzare rudemente con le sue guardie personali o con i suoi cavalieri, ma nessuno doveva mai superare un limite invalicabile: il re non doveva mai essere umiliato o dominato fisicamente in nessun modo, per quanto lieve fosse l'offesa. Richard non aveva dimenticato sir Folant de Guise, che aveva commesso l'errore di afferrare il re per il collo mentre lottavano per scherzo, alticci dopo una bevuta. Per un attimo Edward non aveva reagito, poi aveva allungato la mano tra le gambe del cavaliere e gli aveva praticamente strappato gli organi genitali. Richard strinse le labbra al ricordo delle urla acute di sir Folant.

Per un po' rimasero in assoluto silenzio, tre uomini di fronte a Edward che ondeggiava sul suo sgabello guardando nel vuoto. Aveva posato un braccio sul ripiano lucido del bancone e tutti sussultarono colti di sorpresa quando si mise a battere con le nocche sul legno.

«Birra!» ordinò. «Per schiarirmi le idee.»

«Altra birra?» protestò Richard esasperato. «Non ti interessano le notizie? Di Warwick in marcia verso nord? In compagnia di George?» Quell'ultimo accenno era una puntura avvelenata, per riscuotere Edward dal suo stato di abbrutimento. Qualche anno prima George si era innamorato della figlia di Warwick e con una mancanza di intuizione impressionante Edward aveva proibito il matrimonio. I due si erano sposati in segreto e George, a causa dei nuovi legami di famiglia che si erano creati e di un senso di lealtà personale, si era attaccato sempre più a Warwick; quando entrambi erano stati accusati di alto tradimento, erano fuggiti insieme, con la figlia di Warwick vicina a partorire.

Richard di Gloucester osservò disgustato sir Dalston, che ubbidendo al fratello girava dietro al banco e toglieva il tappo a un barilotto. Sir Dalston era un uomo corpulento che nutriva nei riguardi del re la stessa devozione senza riserve dei suoi mastini: a lui non importava quanto fosse ubriaco ma solo che il suo sovrano avesse chiesto della birra. E il suo sovrano avrebbe avuto la birra.

Richard rimase a guardare mentre al fratello veniva offerto un boccale schiumante di terracotta marrone scuro e lustro. Edward sgranò gli occhi sorridendo felice come un bambino, afferrò il boccale con entrambe le mani e trangugiò la birra fino all'ultima goccia, ruttando ferocemente subito dopo. Rivolse un gran sorriso a tutti, poi di colpo si piegò in due e vomitò sul pavimento coperto di paglia, mancando completamente l'otre messo lì allo scopo.

Richard sbuffò stringendo i pugni con tale forza che sentì tirare i muscoli della schiena, il che gli fece allargare immediatamente le mani, temendo le prime fitte della sua muscolatura infiammata: avrebbe sentito dolore al torace e alle costole storte e spostate. Un movimento sbagliato lo avrebbe fatto vivere con un coltello piantato nel dorso per settimane, senza nessuna possibilità di accorciare quel tempo. Il respiro si sarebbe fatto corto e superficiale mentre la scapola si sarebbe spostata urtando contro l'armatura.

Richard guardò il fratello con disprezzo e invidia insieme. Era stato Edward ad allontanare da sé Warwick e il destino aveva voluto che la figlia di Warwick partorisse in mare e che la neonata morisse prima che l'imbarcazione potesse arrivare a terra.

Una tragedia che però non avrebbe dovuto dividere per sempre tre fratelli, pensò Richard, a parte i primi terribili momenti. Non erano certo pochi i genitori che avevano visto morire due o tre figli trovandoli freddi e immobili la mattina o guardandoli spegnersi per le febbri che si portavano via la loro vita e i loro sorrisi. Richard fece una smorfia. Per quanto lo riguardava non aveva figli, ma supponeva che avrebbe provato un rancore profondo per l'uomo che lo aveva costretto a fuggire sul mare, se su quel mare avesse perso il suo primo figlio. Certamente le lettere che aveva scritto a George erano ritornate senza essere state aperte. Richard capiva che nell'animo del fratello covava un grande rancore... e certamente nessuno era ancora pronto a perdonare.

Quando Edward fu in grado di sedere di nuovo dritto e si fu pulito la bocca con il dorso della mano, aveva ritrovato parte del suo raziocinio. Concentrò lo sguardo sull'araldo in preda all'ansia, ancora a capo chino e senza dubbio desideroso di non aver mai assistito a quell'episodio di ubriachezza del sovrano. Tali cose si ricordavano e spesso non si perdonavano.

«Araldo... sentiamo di questa banda di straccioni e di pescatori di telline e di... sceriffi.» Edward fece un gesto di irritazione per la sua voce impastata, consapevole che anche i suoi pensieri lo erano.

«Maestà, come ho detto a milord Gloucester, li ho visti solo la prima mattina quando hanno attraversato il ponte di Londra per entrare in città. Erano migliaia, maestà, anche se sono partito subito per il Nord, prima che fossero passati tutti e si potesse valutare appieno la forza e la consistenza di quell'esercito.»

Edward batté le palpebre, annuendo lentamente.

«E mio fratello George era là con loro?»

«Sono stati visti i vessilli di Clarence, maestà, sì.»

«Capisco. E mia moglie? Che cosa si sa di Elizabeth? Delle mie figlie?»

L'araldo si agitò, arrossendo violentemente. Sebbene a quel punto rimpiangesse di non aver aspettato le notizie della famiglia reale, sapeva di essere partito al galoppo sfrenato non appena aveva ricevuto l'ordine.

«Non ho nessuna notizia di loro, maestà, anche se non dubito che siano in salvo.»

«C'è qualche altra cosa che puoi riferirmi, ragazzo?» gli domandò Edward, scrutando il volto dell'uomo, che doveva avere almeno dieci anni più di lui. L'araldo poté soltanto scuotere la testa strabuzzando leggermente gli occhi. «No? Niente di più? Allora torna a sud e fai attenzione a ciò che succede. Scova la marmaglia di Warwick e controlla quanta distanza hanno percorso esattamente da quel primo giorno.»

L'araldo era esausto, quasi un morto in piedi, ma si inchinò e uscì rapidamente.

Richard guardò torvo il fratello. Avrebbe voluto interrogare quell'uomo più a fondo di quanto avesse fatto Edward con quel suo misero tentativo, ma ormai l'occasione era perduta.

«Un altro boccale di birra, presto!» ordinò il re ad alta voce, guardandosi intorno. Richard perse del tutto la pazienza e si girò verso lo scudiero di suo fratello: «Sir Dalston, lasciateci soli».

«Milord, io...»

«Fuori!» lo investì Richard portando la mano sull'elsa della spada, ben sapendo che era indegno di lui sfogare la rabbia su di un uomo molto inferiore come rango, ma era ancora incapace di controllarsi. Sir Dalston impallidì stringendo le labbra, ma restò immobile, inchiodato sul pavimento. Richard ebbe la netta sensazione che il cavaliere avrebbe impugnato la spada e sapeva che lo avrebbe ucciso se lo avesse fatto.

«Andate, Dalston» intervenne Edward liberando l'uomo dai suoi doveri. «Vedo che il mio giovane fratello vuole dirmi una parola in privato. Va tutto bene, aspettate fuori.»

Sir Dalston chinò il capo, ma il suo sguardo restava tagliente, pur evitando di incrociare gli acuti occhi di falco di Richard.

«Fuori» ripeté Richard sorridendo alle spalle dell'uomo che si arrestò un istante prima di allontanarsi del tutto.

«Sei stato meschino» osservò Edward quando furono rimasti soli. «Vuoi costringere un brav'uomo a farti assaggiare il suo ferro? Così che io lo debba far impiccare? E perché? Solo per trafiggermi con un'altra spina? Di guai ne ho già abbastanza... e di uomini ne ho troppo pochi per perderne uno oggi.»

La lingua era ancora leggermente impastata, ma le sue parole sollevarono lo spirito di Richard: aveva bisogno che suo fratello fosse perfettamente in sé. Sobrio, Edward era il sole fiammeggiante che portava ricamato sul petto e inserito nel metallo dell'armatura. Diventava un vero condottiero, sembrava nato per fare il re... un dono, una magia quale Richard non aveva mai visto.

Trasse un lungo respiro, costringendosi alla calma.

«Sono impaurito» si scusò. «Tu conosci Warwick bene quanto me. Non abbiamo avuto nessuna notizia di truppe fatte venire dalla Francia. Deve aver messo al lavoro senza posa le sue spie dall'anno scorso, ma questa è la prima volta che sento di questo complotto. E ora siamo qui, con poche dozzine di uomini e l'inverno quasi addosso... e migliaia di armati in marcia per portarti via la corona.»

«Ho già combattuto d'inverno, Richard. Nella neve» ribatté Edward dopo qualche momento. Si raccolse la gran massa di riccioli che gli facevano corona intorno al capo e li legò in una coda con una cordicella di cuoio. Quando rialzò lo sguardo, gli occhi erano vivi.

«Una visita alla latrina mi sistemerà le viscere e qualche ora a cavallo si porterà via questo dolore che mi fa scoppiare la testa. Visiteremo qualche villaggio insieme, va bene? Accorreranno in aiuto della rosa bianca. Lo hanno già fatto per me.»

Richard capì che il fratello aveva bisogno di essere rassicurato. Desiderava più di qualsiasi altra cosa essere d'accordo con lui, battergli la mano sulla spalla e montare in sella, ma all'ultimo momento scoprì di non poterlo fare.

«Fratello, Towton non è stata poi tanto tempo fa. Quanto tempo? Dieci anni? Ma sono morti trentamila uomini. Una generazione ha perso i mariti, i fratelli, i figli...»

«E quelli che avevano allora dodici anni oggi ne hanno ventidue: sono nel pieno delle forze! La terra produce raccolti di frumento, di luppolo... e di uomini, fratello. Niente paura in quanto a questo.»

Richard si sentì addosso lo sguardo del fratello. Edward era enormemente sovrappeso e così poco in forma che solo montare in sella al suo destriero gli dava l'affanno. La verità era che il sovrano si sentiva profondamente infelice, il suo matrimonio privo di calore, vuoto e senza eredi, la caccia l'unico piacere che gli rimaneva. Non era un caso che si trovasse adesso lontano da Elizabeth, ormai vicina al termine della gravidanza. Il re trascorreva ben poco tempo con lei.

Eppure con lo sguardo Edward trasmetteva ancora tutto il suo straordinario potere di persuasione. Richard non voleva deludere il fratello maggiore, gli avrebbe causato pena vedere il sorriso svanire dal suo faccione.

Raccolse tutta la sua forza di volontà per sforzarsi di essere crudele, per dire a Edward che l'unica loro speranza di salvezza era la fuga, che si trovavano nel posto sbagliato, nella stagione sbagliata e che Warwick aveva già vinto... ma non lo fece. Richard si attaccò invece alla magia che faceva vincere a Edward tutte le sue battaglie: gli uomini credevano in lui e lui dimostrava che avevano ragione a farlo. Richard nascose le sue paure, il suo sgomento, e sorrise al fratello, un sorriso tirato: «D'accordo, Edward. Ti seguirò anche questa volta».

I monaci che tenevano il registro e amministravano l'asilo non si facevano vedere, naturalmente. A parte la levatrice, la stessa Elizabeth e sua madre, due fantesche andavano avanti e indietro nella stanzetta, scaldando bacinelle d'acqua sopra un braciere che sarebbe poi servito a ridurre in cenere il cordone ombelicale e l'amnio, impedendone l'uso per pratiche di magia nera.

Elizabeth era abbastanza calma e cercava di rassicurare tutte quante, perfino mentre la levatrice le massaggiava le cosce per allentare la tensione nei muscoli contratti: «Ho dato alla luce tre figlie sane e due maschi per il mio primo marito. Scodellerò anche questo come niente, ve lo garantisco». Fece una pausa, avvertendo lo spasmo che annunciava il parto. Per un certo tempo non si udì nessun suono nella stanza tranne il fruscio del massaggio con olio di rosa. La levatrice recitò una preghiera a santa Margherita, patrona delle partorienti poi, quasi timidamente, la donna premette nella mano destra di Elizabeth una pietra di diaspro rosso, lucida e, avvertendone il calore, Elizabeth la ringraziò con un cenno, non riuscendo a parlare.

«Vedo una testa!» esclamò la servetta eccitata. La levatrice la fece allontanare e immerse tutta la mano nel vaso d'olio, aspettando pazientemente che lo spasmo si calmasse prima di infilarla tra le gambe di Elizabeth, che alzò gli occhi al soffitto mentre la donna annuiva soddisfatta.

«La testa si muove. Bene. Cordone ombelicale libero. Milady, è il momento. Spingete, cara, spingete più forte che potete.»

Passò un'altra ora e le candele si consumarono prima che il bambino uscisse d'impeto, tutto rosso e con la bocca spalancata in un pianto silenzioso.

«È un maschio, milady!» annunciò la levatrice, emozionata, pur esperta com'era, per aver aiutato a venire alla luce un erede al trono... nonostante le circostanze insolite: un marito in esilio, la casa dei Lancaster che reclamava il suo diritto alla corona, il bambino nato in un luogo sacro.

«Edward! Lo chiamerò come suo padre. Un giorno sarà re» affermò orgogliosa Elizabeth, ravviandosi una ciocca di capelli. Ansimava leggermente, ma il suo sollievo era evidentissimo: le tre figlie non avevano assicurato il trono, ma un figlio maschio lo avrebbe fatto.

La levatrice tranciò con un morso il cordone ombelicale per liberare il neonato, poi gli leccò il visino per lavarlo e porse il piccolo alla madre dopo averlo avvolto in fasce pulite. Una delle fantesche si aprì la camicia per mostrare le mammelle piene, gli occhi brillanti di lacrime per il bambino che aveva perso pochi giorni prima, La levatrice aggrottò la fronte: «La Santa Vergine ha allattato il suo unico figlio, milady. Sapete che la Chiesa non approva l'uso delle balie. Forse, visto che siamo in un luogo sacro...».

«No, cara,» la interruppe con fermezza Elizabeth «mio marito è in pericolo, mentre io non posso mettere piede fuori da queste stanze senza essere fatta prigioniera. Ho tanta di quella rabbia in me che certamente farei di questo bambino un dannato tiranno. Va bene così, lasciatelo stare... e lasciate che mi si secchino i capezzoli.» Prese la mano della donna e le restituì la pietra di diaspro scaldata dalla sua pelle, lo sguardo sempre fisso sul bambino che veniva fasciato. Un maschio. L'erede di Edward, finalmente.

V

Lincoln era un gran brutto posto dove perdere una corona, pensò Richard. La pioggia gli bagnava la faccia, penetrava sotto la cotta di maglia e la tunica, rendendo il mantello pesante come piombo. Non si curava del freddo, ma nell'umidità c'era qualcosa che gli faceva peggiorare il dolore alla schiena trasformando in un incubo il risveglio ogni mattina. Ce l'aveva con Lincoln, decise, anche se forse a disturbarlo era la compagnia di coloro che cavalcavano con lui, con le loro teste chine e quell'aria sconfitta. Attraversando un campo e un boschetto di querce in salita, a ogni respiro gli sembrava di perdere calore. Un'altura in quelle terre era poco frequente ed era questa la ragione per cui il re Edoardo l'aveva indicata e vi stava conducendo la sua misera banda.

Le foreste e i campi di Lincoln potevano essere luoghi di beata bellezza e con l'estate da poco trascorsa e le lunghe giornate di tepore ancora fresche nella memoria si aveva la sensazione di veder uscire il sole da un momento all'altro. Ma la pioggia continuava a cadere e le nuvole rimanevano compatte nel cielo. I sentieri un tempo resi duri dagli zoccoli del bestiame erano diventati pantani vischiosi, il fango troppo profondo per camminarvi in un continuo affondare e retrocedere. Gli schizzi imbrattavano gli uomini a cavallo tanto da farli sembrare picchiettati come uova di merlo... e con le labbra quasi dello stesso colore, bluastro.

Richard vedeva davanti a sé la schiena curva di Edward che procedeva quasi fosse stato inchiodato sulla sella, trottando verso la sommità del colle come se dovesse cavalcare per sempre. Ogni iarda percorsa rivelava di più sul terreno circostante e Richard sorrise al pensiero che gli aveva attraversato la mente: un uomo saliva ed era ricompensato dalla visuale ampia, mentre chi si rifiutava di farlo rimaneva tutta la vita all'ombra degli altri e non vedeva niente.

Nella testa infossata tra le spalle e nelle sue occhiatacce Richard avvertiva l'umiliazione del fratello e la furia che covava in lui. La sera prima aveva scaraventato via l'elmo in un momento di rabbia. Senza farsi vedere da Edward, Richard aveva fatto cenno a un servo di raccoglierlo e metterlo nel bagaglio: potevano averne bisogno, Dio lo sapeva.

Erano passati tre giorni da quando l'araldo da Londra era arrivato alla taverna a York. Ogni mattina era cominciata con una delusione e il sole, calando a occidente, aveva visto vacillare sempre di più le poche speranze. Richard non riusciva ancora a capire come avessero fatto ad arrivare a quel punto. Suo fratello, incurante di essere ascoltato da qualcuno, si infuriava gridando che un re non avrebbe dovuto perquisire le sue puttane in cerca di coltelli nascosti o le sue città in cerca di traditori e nemmeno far assaggiare quel che mangiava per paura del veleno come un khan orientale. Richard era stato a sentire quelle tirate, pensando nel frattempo che forse era proprio quel che un re avrebbe dovuto fare; forse questo voleva dire essere re, perlomeno quando ti eri conquistato la corona combattendo sul campo.

Richard sbuffò con forza per far sbollire la rabbia che lo aveva assalito come un crampo improvviso nei muscoli indolenziti. Esistevano vari tipi di battaglie, era questa la verità. Non appena capito che la causa dei Lancaster aveva ricominciato a trovare consensi nelle città, nell'istante stesso in cui avevano appreso che da settimane, da mesi, correvano voci di una campagna imminente, avrebbero dovuto precipitarsi verso luoghi più sicuri. Quando il re d'Inghilterra entrava a cavallo in una città senza riuscire a radunare degli uomini che combattessero per lui, bisognava prendere armi e bagagli, raccogliere monete e gioielli e correre a gambe levate verso la costa.

La prima mattina avevano attraversato villaggi deserti, risvegliando l'antica paura della peste nera che aveva trasformato intere comunità in cadaveri stesi nei campi. Lì, però, non si vedevano corpi nei fossi. Si era sparsa la notizia della caccia reale e la gente se ne era andata, semplicemente, rifugiandosi nel folto dei boschi o tra le alte rupi dello Yorkshire, luoghi così oscuri e coperti di vegetazione da non essere mai stati calpestati da piede umano. Il volto di Richard si indurì per il freddo, che si insinuava dentro di lui raggiungendo il gelo ancora più profondo che aveva nell'animo. Un re non poteva governare un popolo che si rifiutava di essere governato, questa era la verità. Tutto, tutti gli sceriffi, i gendarmi, i giudici e i nobili dipendevano da una sottomissione e un'ubbidienza costanti offerte in cambio della pace. Ricordava i racconti su Jack Cade, il popolano che era riuscito a entrare a Londra, a espugnare la Torre. Se il popolo rifiutava di seguirlo, un re non aveva ragioni di esistere.

Naturalmente Edward aveva incendiato i villaggi abbandonati, cavalcando da una casa all'altra con un tizzone acceso in pugno; qualcuno dei cavalieri che lo seguivano apparteneva al genere di uomini che godevano nel distruggere, come Anthony Woodville, lord Rivers. Il fratello della regina aveva riso nel vedere gli incendi diffondersi, con risate ancora più sguaiate quando dalle case uscivano cani e gatti con il pelo in fiamme.

Il secondo giorno avevano bruciato vivo un vecchio nella sua abitazione. Il vegliardo ossuto si era affacciato sulla soglia mentre passavano a cavallo, mostrando il pugno e imprecando contro Edward, chiamandolo traditore. Rivers aveva inchiodato la porta e aveva aspettato insieme con i compagni che il poveretto cercasse di aprirla di nuovo, ma il chiavistello non era stato nemmeno toccato mentre le fiamme si propagavano: il vecchio era rimasto seduto immobile aspettando senza nemmeno un grido che il fumo e il calore gli facessero perdere i sensi.

La notizia si era diffusa. Gli uomini ancora fedeli agli York che avevano incontrato avevano riferito che nei villaggi erano arrivati degli individui che annunciavano il prossimo ritorno di Lancaster; di notte erano stati lasciati degli avvisi inchiodati sulle porte dei tribunali e delle gabelle con uno stiletto. Nessuno aveva visto nulla, né udito colpi di martello, così si diceva. La gente parlava di queste cose con una specie di timore reverenziale, come se si fosse trattato dell'opera di tenebrosi spiriti vendicatori anziché di uomini intelligenti che diffondevano missive, denaro e voci. Ogni bisbiglio, ogni scritto diceva che re Enrico era stato rimesso sul trono e che Edward non era altro che un rozzo figlio di sgualdrina che non si era saputo tenere ciò che aveva rubato: menzogne cattive, facili da credere. Richard di Gloucester avvertiva in esse il tocco di una mano che conosceva, perlomeno di fama: Derry Brewer, il capo delle spie dei Lancaster. Era opera sua.

Gli avvisi che gli erano stati consegnati con molta apprensione erano tutti firmati «Reynard» e Richard non pensava che fosse una semplice coincidenza. In Francia era il nome di una piccola volpe astuta che sconfiggeva animali molto più forti di lei grazie alla sua astuzia. Al di là del freddo canale di acqua salata tra i due stati Margherita d'Angiò e re Enrico avevano un erede, esisteva un principe ereditario al di là della Manica, perfino con una specie di corte, il tutto pagato da suo cugino, il re di Francia. A quanto pareva nel loro esilio non avevano perso la speranza, sebbene avessero perso ogni altra cosa.

Edward tirò le redini e Richard alzò di nuovo lo sguardo

sul paesaggio piovoso che si stendeva grigio nella foschia opaca. La nebbiolina del mattino si raccoglieva ancora intorno ai camini fumanti delle case di un minuscolo paesino che si scorgeva all'incrocio di alcuni sentieri in lontananza, simile a un mucchietto di rughe su una guancia invecchiata, non più di una dozzina di case e di un mulino sul bordo di un ruscello dove l'acqua scorreva veloce. La nebbia circondava quanti vivevano là e gli uomini della caccia reale li osservavano senza essere visti dalla sommità dell'altura. Non tutti i contadini avevano abbandonato i loro villaggi, non tutti i cavalieri avevano voltato le spalle per codardia o ingratitudine al re che aveva vinto a Towton. Per la caccia reale il re aveva radunato intorno a sé quasi ottocento uomini in grado di combattere e fra questi quaranta arcieri, il che dava a Richard un filo di speranza. Era vero che si trattava di uomini con troppi anni accumulati nel ventre anziché nelle braccia, ma erano comunque in grado di tendere un arco.

La pioggia ricominciò a cadere violenta, riempiendo l'aria del rumore che a Richard faceva sempre pensare a piselli secchi rovesciati su un recipiente di metallo. Armature di metallo sotto una pioggia scrosciante. Infelice, infreddolito e affamato, si guardò intorno e decise di smontare da cavallo.

Il boschetto di querce sulla cima del colle era giovane, i tronchi degli alberi ancora sottili. Si riusciva a vedere attraverso le fronde sebbene le foglie rosse e dorate fossero ancora attaccate ai rami. Senza dubbio le querce erano state piantate da qualche contadino che ancora ricordava le antiche usanze pagane, risalenti a prima che i cristiani approdassero su quelle isole dalle alte scogliere bianche. Richard batté le palpebre mentre nomi e immagini di volumi antichi gli fluttuavano nella mente: quella terra fredda e umida era stata Cassiterides per i Greci, Albione e Britannia per i Romani. Piantare alberi in posti elevati era un indizio di antiche credenze che Richard riconosceva. Prima di scendere di sella si toccò la fronte in segno di rispetto per gli spiriti del luogo: non era il caso di essere superbi, non ora che lui e il re erano inseguiti dai nemici.

«Là, a ovest!» gridò uno degli uomini puntando il dito. Richard si girò a guardare al di sopra della spalla sinistra e provò un tuffo al cuore. Il secondo giorno era mancato poco che non fossero catturati, distratti dalla loro arroganza mentre passavano da un villaggio all'altro. Rabbrividì al pensiero del rischio corso e di quanto fosse stato cieco, dando a se stesso quanto al fratello la colpa di aver lasciato i loro uomini e loro stessi così esposti.

Se Warwick e Derry Brewer avevano pagato per far affiggere sulle porte dei paesi i loro vili messaggi traditori, avevano anche trovato il tempo di radunare uomini in armi nel Nord, pronti a calare sulla banda del re e spazzarla via. Ma Edward si era mosso per primo e aveva fatto scattare a vuoto la trappola evitando di essere preso tra due eserciti.

Richard scosse la testa arrabbiato. A causa di tutte quelle nebbie e delle cortine di pioggia ancora non erano riusciti a conoscere la consistenza numerica di coloro che li stavano inseguendo attraverso la regione; più di quanti avrebbero potuto fare a pezzi, certamente. Gli uomini della caccia reale non potevano tagliare quel cappio intorno al loro collo e ogni giorno che passava nella loro corsa verso sud portava Warwick sempre più vicino nella sua marcia sulla strada di Londra. Erano stretti in una morsa, pensò Richard, predisposta da chi conosceva bene i punti di forza e di debolezza di suo fratello. Nessun tiranno francese avrebbe mai potuto riuscirci, non sul suolo inglese. Era questo il centro della furia che ardeva nell'animo di Richard e lo teneva al caldo sotto la pioggia, la consapevolezza che soltanto dei traditori inglesi avrebbero potuto cospirare così bene, con tali risultati. Erano bastati pochi giorni cruciali perché Edward passasse dalle baldorie spensierate all'essere inseguito come un cervo dai cani. Un crudele cambiamento.

In lontananza parve che i campi si muovessero: tre colonne di soldati avanzavano verso di loro nella pianura, espandendosi come olio versato, distanti al massimo due miglia, certamente non di più per quel che si poteva vedere attraverso la pioggia sottile e l'umidità. Richard si domandò se quegli uomini a cavallo o in marcia a testa bassa li avrebbero avvistati sull'altura. I vessilli di Edward erano ancora alzati, la rosa bianca, il sole fiammeggiante e i tre leoni della corona inglese. L'orgoglio non gli permetteva di ripiegarli, sebbene pendessero così flosci, inzuppati d'acqua com'erano, che era quasi la stessa cosa.

Richard non riteneva che il piccolo drappello al seguito del re potesse incutere molta paura, era solo una macchietta sul colle che si allungava in un'esile coda di uomini stanchi e tremanti di freddo riparati dal vento dietro le loro cavalcature.

«In marcia!» gridò Edward. «Di nuovo a oriente. Vedete laggiù quella stradina, cerchiamo di raggiungerla e speriamo di trovare pietre e ghiaia sotto gli zoccoli finalmente.»

Come se avesse sentito, la pioggia ricominciò a scrosciare violentemente, costringendoli a chinarsi sul pomo della sella, accecati, flagellati, esausti. Non era certamente esaltante essere una preda.

Richard si voltò indietro quando furono nuovamente in terreno pianeggiante: le forze del re suo fratello erano ridotte a una colonna infangata che sfilava su un campo. Il conte di Worcester era rimasto indietro, troppo ammalato per le febbri e l'umidità per stare al passo con gli altri. Mastini e levrieri si muovevano tra loro, con il muso stretto nei lacci perché non abbaiassero attirando i nemici. Richard scosse la testa, sentendo la disperazione impadronirsi di lui. La pioggia aveva ispessito le foschie umide, tanto che non era più possibile vedere gli inseguitori. Stringendo i denti, Richard continuò a cavalcare. A nord erano state tirate reti per intrappolarli e Warwick avanzava da sud: non restava che puntare verso est e Richard sapeva che Edward stava pensando ai porti della contea di Norfolk.

Che vergogna! Il re d'Inghilterra, il vincitore di Towton, costretto a scappare, a salvarsi su una nave... Richard rifletté sulle sue prospettive con crescente amarezza. Non poteva abbandonare il fratello, questo era certo. E tuttavia gli sarebbe costato tutto. Se Warwick fosse riuscito a rimettere sul trono Lancaster, i figli del duca di York sarebbero stati marchiati come traditori e avrebbero perso titoli e proprietà.

Richard scrollò le spalle dentro l'armatura pesante e sotto il mantello bagnato. Non aveva né moglie, né figli, il suo onore era totalmente legato al fratello, a quel gigantesco ubriacone. Non avrebbe mai abbandonato Edward, nemmeno se avessero dovuto lasciare le terre che erano la culla del loro casato e lo avevano fatto prosperare da tempo immemorabile. Con sua sorpresa scoprì che la sola idea lo faceva star male. Non voleva essere cacciato da casa sua. La portava nelle ossa.

Probabilmente si era addormentato in sella, si rese conto Richard destandosi all'improvviso con un sobbalzo e guardandosi intorno per vedere se qualcuno se ne fosse accorto. Pioveva ancora, una pioggia fitta e così fredda da svegliarlo completamente. Edward stava ancora cavalcando, curvo e con la testa ciondoloni, come se fosse già stato preso prigioniero. Richard aggrottò la fronte: doveva chiamare il fratello per fargli assumere un atteggiamento più dignitoso. Sentì la rabbia scaldargli di nuovo le mani gelide. L'alba era il momento più crudele del giorno, il momento in cui ogni pecca veniva rivelata. Se avesse avuto la possibilità di tornare perfettamente sobrio e una settimana per sguinzagliare i suoi fidi, Edward avrebbe potuto mettere insieme un'armata. I giovani bramosi di onori e di gloria erano sempre accorsi sotto le sue bandiere, cavalieri o lord che gradivano avere sul trono un re forte e ai quali non importava nulla del lignaggio malato dei Lancaster. Eppure i loro nemici avevano saputo attirare Edward in una trappola perfetta, mordendogli le calcagna in numero così grande da non permettergli di raccogliere intorno a sé uomini in numero sufficiente per potersi attestare e dare battaglia. Come un orso inseguito dai cacciatori, non poteva fermarsi a riposare, ma doveva tener duro e andare avantui, pungolato dal nemico sotto una pioggia incessante.

D'impulso Richard dette di sprone, sebbene fosse semiparalizzato dalla stanchezza, i pensieri come piombo nella mente. La sua cavalcatura non si era mai fermata durante tutta la notte, avanzando nel fango e sferzata dal fogliame nel buio. Aveva dormito in sella, ma non sapeva quanto; la schiena era l'unica parte calda che aveva, così in tensione per la mancanza di riposo che a ogni sobbalzo del cavallo doveva mordersi le labbra per non urlare.

Quando fu accanto al fratello, Richard gli posò la mano sulla spalla, ma Edward si ritrasse, l'aria intontita e pallido come Richard non lo aveva mai visto. In passato il suo viso era stato più scarno, era vero, le guance erano diventate paffute nei dieci anni trascorsi da Towton, rosee e morbide come un manto che nascondesse l'uomo duro che il re era stato un tempo.

«Mi metteranno con le spalle al muro, Richard,» mormorò Edward, la voce un sospiro «se è questo che vogliono. Mi costringeranno a voltarmi e a combattere e saranno in troppi, sarà la fine per me. Forse te ne dovresti andare, Warwick non ha nessun motivo di avercela con te. Lasciami. Voglio battermi. Non posso scappare dall'Inghilterra come un ladro.»

Edward scosse il capo, perduto nei suoi pensieri di autocommiserazione, un atteggiamento che irritava Richard quanto gli uomini che li stavano inseguendo. Strinse i denti a una fitta improvvisa alla scapola: la maledetta stava spingendosi in fuori e premeva contro l'armatura. E a quel punto non c'era niente da fare, Richard lo sapeva bene.

Sarebbero passate settimane prima che potesse stare seduto comodamente. Strinse i denti con tale forza che uno si spezzò e la lingua incontrò il frammento.

Alle loro spalle si udì il suono di un corno, una nota lugubre come il bramito di un cervo e un brivido di paura costrinse Richard a voltarsi; ma nelle foschie del primo mattino non si scorgeva nessun segno di stendardi. L'essere inseguiti comunicava però una sensazione di gelido orrore anche a quanti avevano conosciuto il campo di battaglia.

Mentre guardava dietro di sé, Richard aggrottò la fronte. In una situazione così, nel freddo e sotto la pioggia, circondati da nemici violenti, non avrebbe biasimato i compagni del re se si fossero dileguati durante la notte; invece erano ancora là, ancora certi che Edward ce l'avrebbe fatta. Secondo Richard era una follia, ma, battendo le palpebre sotto quella pioggia a catinelle, pensò che personalmente avrebbe potuto fare grandi cose con uomini leali come quelli se mai li avesse avuti al suo comando.

Il conte di Rivers cavalcava spalla a spalla con Edward, sempre attento a eventuali favori per i Woodville, Richard non ne dubitava. Ecco un uomo che sarebbe rimasto a fianco di Edward fino all'ultimo respiro, casomai che un titolo o un patrimonio avessero avuto bisogno di un nuovo proprietario.

Un pensiero deprimente. Sebbene nessuno dei due York lo avessero annunciato come un loro piano, stavano cavalcando verso oriente e poi verso il porto di Bishop's Lynn, la meta finale, ormai più vicina a ogni pietra miliare. Per loro, con soli ottocento uomini, l'Inghilterra era perduta; e tuttavia se Edward fosse fuggito su quelle onde amare sarebbe stata una fine umiliante. Da quel momento in poi niente più titoli o grandi cacce, non ci sarebbero stati più né York, né Gloucester. I loro nemici avrebbero trionfato e la casa di Lancaster avrebbe regnato di nuovo come se i loro cugini non l'avessero mai deposta. Richard scosse il capo all'idea del povero rudere incapace di parlare che avrebbe portato la corona. Avrebbero fatto meglio a uccidere Enrico VI, con tutta la sua innocenza idiota. Warwick non avrebbe dovuto riportare sul trono un cadavere.

Il cavallo incespicò: l'animale era stanco e poteva crollare da un momento all'altro. Richard si era forse addormentato di nuovo? Edward lo aveva sopravanzato di una dozzina di passi e Richard alzò la mano per schiaffeggiarsi e svegliarsi completamente. Aveva cavalcato quasi senza riposo per tre... no, per quattro giorni. Quello era il quarto. Qualcuno dei loro compagni era rimasto indietro e non si vedeva più, ma Richard aveva quasi diciotto anni e non avrebbe abbandonato suo fratello, il re. No, non lo avrebbe fatto.

Stavano ora passando in mezzo a cespugli spinosi così alti che nascondevano quel poco di luce che c'era. A occidente i corni suonarono di nuovo, più vicini ora, e a oriente per la prima volta Richard avvertì l'odore del mare. Il pensiero di lasciare l'Inghilterra gli fece salire le lacrime agli occhi e dovette togliersi il guanto di ferro per asciugarseli, tenendo la testa bassa in modo che nessuno potesse vederlo; ma quando la rialzò si accorse che non era il solo a piangere. Spronarono i cavalli nell'ultimo miglio fino alla banchina. Edward sembrava assente, lo sguardo vitreo, troppo abbattuto per fare qualcos'altro oltre fissare mestamente il sole del primo mattino.

I pescherecci avevano già preso il largo e il porto di Lynn era silenzioso. Nessuno sembrava sapere che cosa fare tanto erano stanchi, la testa pesante come piombo. I cavalieri si aggiravano a centinaia, parlando a bassa voce e continuando a guardarsi alle spalle per paura di scorgere i loro inseguitori. Richard lanciò un'occhiata al fratello sapendo che certamente avrebbe dovuto dire qualche parola agli uomini rimasti con lui fino alla fine. Ma Edward sedeva curvo sulla sella, tetro e molto lontano da lì.

Con un gemito, a causa dei muscoli torturati e le articolazioni irrigidite, Richard smontò. Il dolore era insopportabile e tutto ciò che desiderava era rannicchiarsi nel vano di una porta e dormire. Invece si tolse il mantello e lo gettò sulla groppa del cavallo, dove rimase a gocciolare lungo i fianchi dell'animale surriscaldato. Richard si diresse barcollando verso un mercantile e chiamò il capitano intento a sovrintendere al carico delle merci e che aveva visto con un certo timore arrivare quei soldati stanchi a piedi e a cavallo.

«Nel nome di re Edoardo chiediamo un passaggio a bordo della vostra nave.» Non poteva essere fatto per tutti, ottocento uomini avrebbero richiesto una flotta, anche se avessero avuto un giorno o due a disposizione. Richard voleva che Edward congedasse i suoi, dicesse qualche bella parola e salisse a bordo. Aveva dolori fortissimi in tutto il corpo e si sentiva così stanco che perfino il pensiero della morte era allettante.

Pallido come uno spettro, rimase a fissare il capitano battendo le palpebre sugli occhi stanchi. In risposta l'uomo indietreggiò di un passo e allargò le braccia, scuotendo il capo prima di riuscire ad aprire bocca.

«Io sono soltanto un mercante, milord, non voglio farmi dei nuovi nemici. Non ho infranto nessuna legge. Vi prego, lasciatemi al mio commercio!»

«Non lo chiederò un'altra volta» disse Richard, sfinito, non osando guardarsi indietro sebbene gli corressero i brividi lungo la schiena al pensiero degli armati di Warwick che si riversavano sulle banchine del porto. «Vi strapperò invece il cuore dal petto e vi lascerò morto su questo molo. Io sono Richard Plantagenet, duca di Gloucester. Il mio dovere è di assicurare la sicurezza del re. Non abbiate nessun dubbio sulle mie intenzioni.»

Dall'espressione del mercante capì che Edward si era avvicinato; il capitano della nave guardava ansioso la rosa bianca di York ricamata su entrambe le loro tuniche. Anche Edward aveva abbandonato il mantello e, oltre al simbolo di York, sulla tunica era stato ricamato con le perline un sole fiammeggiante che il mercante stava fissando con gli occhi sgranati.

«Posso far caricare a bordo i cavalli?» si informò Edward e l'uomo non poté che annuire ammutolito. Edward chiamò con un gesto lord Rivers, che cominciò a dare ordini rapidi, facendo portare gli animali alla rampa. Il calpestio degli zoccoli sul ponte fece sussultare il mercante: Richard gli batté la mano sulla spalla.

«Dei traditori ci stanno seguendo, capitano. Se non avrete levato l'ancora e non vi sarete allontanato al di là della portata degli arcieri prima che abbiano raggiunto questa banchina, senza dubbio la vostra nave sarà incendiata con le frecce intinte nell'olio. È quello che farei io.»

Richard si rivolse al fratello. Edward era là in piedi, ma sembrava che una scintilla vitale fosse stata spenta in lui. I suoi occhi rossi si fissarono in quelli di Richard.

«Congeda i tuoi uomini, Edward. Non possiamo portarne che pochi con noi.»

Senza un'altra parola Richard salì la rampa fino al ponte e alle sue spalle udì Edward trarre un profondo respiro. Quando si rivolse ai suoi il re lo fece semplicemente, senza retorica, parlando come un semplice uomo più che come un sovrano.

«Mi avete portato al sicuro e vi ringrazio. A Dio piacendo, vi cercherò di nuovo e vi ricompenserò della vostra lealtà. Fino a quel momento, che Dio vi accompagni, fratelli miei.»

Niente altro li aveva trattenuti sul molo e, dopo essersi inchinati, gli uomini rimontarono in sella e si allontanarono al trotto in ogni direzione. Il povero conte di Worcester, rimasto indietro di molte miglia, era stato certamente catturato ormai.

Edward seguì con lo sguardo quei leali compagni finché non rimasero che alcuni nobili con i loro servi e scudieri. Una dozzina di uomini, non di più. Portarono i cavalli alla rampa e salirono a bordo, lasciando Edward a contemplare la terra che stava abbandonando.

Furono mollate le cime, le rampe furono ritirate e la vela spiegata. Un tratto di mare comparve tra il legno della murata e la pietra della banchina, poi il tratto si allargò sempre di più e la nave si allontanò dalla costa.

«Qual è il vostro porto di destinazione?» domandò Richard. Il capitano, che stava praticamente piangendo alla vista del carico lasciato a terra sul molo, lo guardò senza azzardarsi a dare sfogo alla rabbia davanti a quel mutamento nella sua sorte.

Richard di Gloucester provò il desiderio di attraversare d'un balzo il ponte e strangolarlo sul posto; si affrontavano perdite ben più gravi del semplice carico di una nave. Qualcosa nel suo sguardo doveva aver rivelato la sua furia e gli occhi del mercante si abbassarono.

«Piccardia, milord. Francia.»

«Non più!» gridò Richard per farsi udire al di sopra del frastuono del vento che stava aumentando di forza. «Farete rotta per le Fiandre, costa settentrionale. Abbiamo ancora degli amici lassù. E non fate quella faccia! Oggi avete svolto un ruolo importante, la vostra piccola nave ospita a bordo il re d'Inghilterra!»

In risposta il capitano si inchinò. Non che avesse possibilità di scelta, se qualcuno della sua ciurma avesse osato fare resistenza i lord e i cavalieri saliti a bordo erano pur sempre uomini d'armi, nonostante la fame e la stanchezza.

«Fiandre, milord, come volete.»

La terra si allontanò sempre di più e per la prima volta da giorni Richard si rilassò, lasciandosi cullare dal movimento del mercantile. Le Fiandre a nord, il Lussemburgo a sud e al di sotto di questi i ducati del Bar e della Lorena. E poi la Borgogna. Studiò mentalmente la mappa, tutti territori contesi. Edward poteva contare su un solo alleato al di là della Manica: il duca Carlo di Borgogna, il nemico giurato del re di Francia. Carlo il Temerario governava i territori che si estendevano dalle Fiandre al cuore del suo ducato e si era avvantaggiato enormemente grazie alla debolezza del vecchio re francese. Richard quasi lo invidiava per la sua posizione.

In alto il sole era solo una chiazza di luce tra le nubi, una debole fonte di calore che non scaldava i due fratelli, fermi a contemplare la verde costa inglese ormai confusa in lontananza.

«Sì, il conte di Warwick è tornato, fratello» disse Richard a un tratto. «Vali forse meno per questo?»

Con piacere vide che Edward stava prendendo sul serio quella domanda, le sopracciglia inarcate con aria interrogativa. Richard rise. Nonostante tutti i fallimenti e i disastri subiti, c'era ancora gioia e allegria nella nave viva sotto i loro piedi, negli spruzzi salati e nel mattino.

Una gioia che si spense subito quando Richard cominciò a ruttare e a sentire una nausea e un malessere che peggioravano a ogni beccheggio della nave. Poco dopo tutto il contenuto dello stomaco gli salì in gola e Richard si gettò sull'impavesata, guidato sottovento dai marinai esasperati. Trascorse tutto il giorno e la notte seguente legato e ciondolante a poppa mentre la nave beccheggiava e rollava sulle onde grigie e agitate, impotente come un bambino e soffrendo come non pensava fosse possibile.

VI

Da mille piccoli segni Margherita d'Angiò avvertiva il miglioramento del suo stato nella vita di corte. Lo si capiva dalla deferenza verso di lei dei cortigiani di re Luigi, uomini e donne che trascorrevano la vita a cercare di indovinare chi avesse più influenza e potere tra quanti li circondavano. Per troppo tempo era stata una delle innumerevoli piccole *moules* della famiglia reale, una parola, *moules*, che aveva udito bisbigliare da maligni scrivani e grasse figlie dell'aristocrazia francese. Le cozze si attaccavano allo scafo delle navi o agli scogli, aprendosi per ricevere il cibo come uccellini in un nido, e Margherita non sapeva bene se il paragone la offendesse tanto perché in fondo rispecchiava la realtà.

Suo padre era ancora vivo, un motivo di irritazione quotidiana per lei. Altri della sua generazione erano passati a miglior vita dolcemente, nel sonno, circondati dai loro cari, ma a più di sessant'anni Renato d'Angiò resisteva, molto più magro a causa dell'età ma pur sempre un grosso rospo bianchiccio. Pur vivendo nel suo castello di Saumur, non aveva invitato la figlia ad andare a vivere là; nei suoi momenti di solitudine Margherita riusciva ad ammettere che, se lo avesse fatto, forse lei avrebbe finito per ammazzarlo, perciò forse non era stata una decisione sbagliata. Renato le aveva offerto un vecchio rudere nelle sue terre di Saumur, una tana adatta a un carbonaio e addirittura priva del tetto. Forse aveva voluto dimostrarle il suo scontento: le aveva fatto sposare un re inglese e lei se ne tornava a casa con un figlio e solo con gli abiti che aveva indosso, per così dire.

Il pensiero la mandava su tutte le furie anche dopo anni. Com'era strano che il re di Francia le dimostrasse più gentilezza e compassione di suo padre! Il sovrano francese era soprannominato il Ragno universale, perché era sempre intento a ordire piani e a ideare progetti; eppure le aveva assegnato un appannaggio e le permetteva di abitare nel palazzo del Louvre nella sua capitale, con servitori a disposizione, gli stessi servitori che avevano cambiato modi così bruscamente in quell'ultimo mese. In realtà lei e suo figlio erano stati davvero piccole *moules* sulla nave dello stato francese, ma ora Warwick aveva mantenuto la parola data e suo marito era stato liberato dalla Torre.

«E Henry ha di nuovo la corona» bisbigliò a se stessa. Non era soltanto una risposta alle sue preghiere, era il risultato di anni di attività. Il capo piegato sulla spalla, guardò fuori dalla finestra profilata di foglia d'oro, opera delicata di un artigiano che eseguiva soltanto quel genere di lavoro. Sul vetro intravedeva il riflesso della sua immagine e Margherita guardò più attentamente esaminando se stessa. Il tempo si era portato via la primavera dal suo viso, segnandole i lineamenti. Si lisciò i capelli con il palmo della mano mentre studiava il suo aspetto, ma ogni giorno che passava le occorreva più impegno con la pittura e la cipria; e i denti purtroppo le erano stati cavati o erano diventati scuri. Sbuffò irritata per quei segni di debolezza fisica che in realtà non sentiva dentro di sé. Non aveva dolori di nessun genere, il che era una benedizione. Quarant'anni era l'inizio della tarda età, specialmente per una donna che aveva visto tante cose e aveva perduto tanto nel quarto di secolo che aveva dedicato all'Inghilterra. E ora aveva un'altra occasione di gettare i dadi.

Anche dopo tanto tempo, non era sicurissima di potersi fidare di Warwick.

«Dimostratemelo con i fatti» gli aveva detto, imperiosa e rigida, quando Warwick le aveva fatto la sua promessa. Il padre di Warwick era stato ucciso dagli uomini di Margherita, era questo che la preoccupava e le faceva paura. Salisbury era caduto insieme a York e sebbene quel momento fosse stato per lei di assoluto trionfo, era stato anche il suo errore più grande. Uccidendo i padri, aveva scatenato i figli.

Warwick avrebbe mai potuto perdonarla? Certamente non provava affetto per lei, questo era chiaro, ma probabilmente la verità era che non aveva scelta ora che si era messo in contrasto con Edward e con il prezioso casato dei traditori York. Le aveva detto di voler riparare al dolore e alla sofferenza che aveva causato. Come se fosse stato possibile.

Margherita starnutì, il primo segno dei raffreddori invernali che la tormentavano per mesi ogni anno. La vita era una foresta dove i sentieri avevano molte biforcazioni e ogni volta che si sceglieva una via bisognava necessariamente andare avanti, senza nessuna possibilità di tornare indietro verso tempi più felici. Non si poteva fare altro che addentrarsi sempre di più nella foresta, incespicando ciechi e piangenti.

Eppure Warwick aveva promesso di liberare Enrico di Lancaster, il legittimo re d'Inghilterra, e lo aveva fatto. Aveva promesso di rimettere la corona sulla testa china di Henry e le spie di Margherita giuravano che era successo davvero. Era questa la ragione per cui i cortigiani che avevano deriso i suoi abiti modesti ora sembravano così ossequienti. Suo marito era di nuovo re d'Inghilterra; i suoi nemici erano stati costretti a fuggire. Rialzò la testa, sentendo tutta la tensione nel collo e nelle spalle. Per troppo tempo era stata a capo chino. Ora poteva guardarsi allo specchio e fissare senza vergognarsi la bizzarra bambola che vi era riflessa.

Tutto ciò che Warwick le aveva chiesto era che la sua figlia minore sposasse suo figlio. Margherita aveva riso la prima volta che le era stata fatta questa richiesta. La figlia maggiore di Warwick era sposata con George di Clarence, fratello di Edoardo di York, e se la sua seconda figlia avesse sposato un Lancaster avrebbe dato a Warwick un genero in entrambi gli schieramenti. Un suo discendente avrebbe potuto perfino essere re d'Inghilterra una volta spariti tutti quanti loro. L'ambizione di quell'uomo era più grande di quanto lei avesse mai sospettato e ora non le restava che sospirare, pensando ai consigli che avrebbe potuto dare alla Margherita di un tempo. Ormai le biforcazioni del suo sentiero erano tutte alle sue spalle, le scelte fatte, buone o cattive.

Suo figlio entrò dalla porta in fondo alla stanza, il rumore degli speroni attutito dai tappeti. I servitori si inchinarono al suo ingresso e una volta di più Margherita notò i loro modi rispettosi: Edward, il suo bel ragazzo, era di nuovo principe di Galles.

«Avete saputo la notizia, madre?» le domandò il figlio in perfetto francese non appena l'ebbe vista. Naturalmente Margherita lo aveva saputo molto prima di lui, ma fece un cenno di diniego per non togliergli il piacere di informarla.

«Mio padre è stato incoronato di nuovo a Westminster. A Parigi non si parla d'altro, *maman*! Dicono che Edward di York sia scappato non si sa bene dove a nord, ma aveva soltanto poche centinaia di uomini con sé. Gli sarà data la caccia con i cani, dicono... e sarà fatto a pezzi.»

«Ma è magnifico» sussurrò Margherita. Sentì che stava per mettersi a piangere e sapeva di avere gli occhi lustri. Fu felice quando Edward le venne vicino e le prese le mani nelle sue. Era ben fatto, più somigliante al nonno che al padre, come lei gli aveva ripetuto mille volte. Suo nonno aveva portato la guerra nel cuore stesso della Francia, sconfiggendo tutti ad Agincourt grazie alla sua forza, al suo coraggio, al suo entusiasmo e ai suoi arcieri. Il re guerriero sarebbe stato contento del suo ragazzo, Margherita ne era certa. Nei grandi lignaggi accadeva che si saltasse una generazione.

Il suo Edward era più alto del padre, anche se non alto come il gigante di York che aveva lo stesso suo nome, purtroppo. Da quando aveva cominciato a parlare, Edward aveva ascoltato migliaia di volte dalla mamma racconti tragici, quando non c'era nessuno che potesse vederla piangere. Voleva bene a sua madre e nello slancio della sua giovinezza era deciso a raddrizzare i torti che le erano stati fatti, a estirpare la vigna cattiva cresciuta sul trono. Dopotutto l'Inghilterra l'aveva delusa. Il principe Edward aveva lavorato più duramente di ogni altro uomo che Margherita avesse mai conosciuto per acquistare la forza e la capacità degne di un cavaliere, ma naturalmente era toccato al re francese nominarlo tale.

Era un giovane torello dalle spalle possenti, il torace ampio e la vista acuta, la buona salute e i diciassette anni di una giovinezza perfetta scritti in ogni suo movimento. Margherita sentì le lacrime scorrerle sulle guance e si affrettò ad asciugarle: l'orgoglio di una madre poteva essere soffocante, anche per un figlio che aveva conosciuto tante perdite.

«Madre, quando partiamo?» le domandò Edward in inglese. «I miei cani e i miei cavalli sono pronti. Lo zio Louis ha detto che manderà con me i suoi uomini migliori se lo desidero, così da poter dire che ha fatto la sua parte.»

Margherita sorrise. "Zio Louis" e le sue ragnatele avevano portato a un risultato. Prima di tutto il re di Francia aveva persuaso Margherita e Warwick a incontrarsi, adoperandosi in ogni modo per farli trovare nella stessa stanza. Edward di York non aveva nessuna simpatia per i raffinati reali francesi, preferiva la Borgogna, avida e rozza. Senza dubbio il re Luigi in quel momento stava brindando alla salute di Enrico di Lancaster.

«Rimane una cosa da fare, figlio mio, prima di ritornare

in Inghilterra. Il tuo matrimonio con la figlia di Warwick. Questo gli ho promesso come pegno della mia buona volontà e della mia fiducia. Warwick ha fatto ciò che si era impegnato a fare, almeno fino a questo momento. Fino a quando la testa del re Edoardo non sarà esposta come quella di suo padre sulle mura di York, io non dormirò tranquilla nel mio letto, ma per oggi... mi basta così.»

Con piacere vide che suo figlio non era turbato dalla cosa, la considerava solo una formalità: aveva incontrato la figlia di Warwick qualche volta dopo l'annuncio del fidanzamento, più per le apparenze che per un reale desiderio di conoscerla e farsi conoscere. Il cuore del principe Edward e il suo sguardo di falco erano concentrati sull'Inghilterra e sempre lo erano stati; Margherita sapeva che avrebbe dato qualsiasi cosa per rimettervi piede. Era compito di sua madre guidarlo e controllare il suo impeto per avere la certezza che l'Inghilterra non le avrebbe portato via il figlio amato; quella fredda, maledetta isola le aveva già tolto tutto il resto, compresa la sua giovinezza.

«Purché sia presto, madre, a me non importa. Non vedo l'ora di essere in mare! Io voglio vedere quelle bianche scogliere ingrandirsi davanti a me ancora una volta dopo tante estati trascorse a cavalcare lungo le coste francesi guardandole da lontano, senza poterle raggiungere... proibite per me. Sarò re, madre! Come mi avevi promesso.»

«Naturalmente» confermò Margherita. Glielo aveva ripetuto mille e mille volte, ma non ne era mai stata certa come in quel momento.

Warwick guardò lontano sul mare invernale. Uomini in armi aspettavano, riempiendo le strade e i campi tutto intorno. Al di là delle loro file minacciose la città di Bishop's Lynn appariva completamente deserta, le porte delle case sbarrate e le imposte chiuse proprio come in previsione di una violenta tempesta.

Warwick si girò verso i due uomini che erano con lui,

uno legato a lui dal sangue, l'altro per matrimonio. Era difficile non pensare ai sedici anni precedenti, quando era più giovane e meno esperto, quando suo padre, il conte di Salisbury, e il duca di York avevano deciso di marciare contro il loro re. Era passato molto tempo da quel giorno, anche se con quel freddo e con quella pioggia sottile non era difficile immaginarsi in un campo fangoso fuori dalla città di St Albans, con tutto ancora davanti.

George, duca di Clarence, sembrava meno sicuro di sé del solito. Warwick l'osservò attentamente, constatando che il giovane aveva perso un po' della sua baldanza. Forse si sentiva sminuito per il fatto che Edward era stato cacciato dall'Inghilterra, chissà: suo genero contemplava le onde, perduto nei suoi pensieri. Warwick udì in lontananza il latrato delle foche. Non poteva inseguire Edward, non senza una flotta a sua disposizione, pronta per riprendere l'inseguimento nella vastità dell'oceano.

Warwick scacciò l'irritazione appena affiorata; non poteva avere sempre ragione e si rifiutava di sprecare la vita in recriminazioni e rimpianti. No. Riconosceva i suoi errori e passava oltre. Sarebbe passato oltre anche questa volta.

Suo fratello John, lord Montagu, rischiò di rovinare quel momento di ritrovata calma alzando la testa e rispondendo a una domanda che nessuno aveva fatto.

«Avremmo dovuto avere qualche nave veloce in rada ad aspettarlo qui. Sì. Avremmo potuto impiccare Edward a un pennone e non ci saremmo dovuti preoccupare di un suo possibile ritorno.»

«Grazie, John,» disse Warwick acido «non mi era venuto in mente.»

«Dico soltanto che non si lascia vivo un uomo come Edward di York, tutto qui. Tu lo sai meglio di me. Edward non si ferma a meno che non *venga fermato*. Per questo mi sono unito a te, fratello, questa era la caccia che volevo. Tutto spazzato via, con quel che resta finito nel canale di scolo. Ma in questo modo, no. Ormai dovrò guardarmi alle spalle per il resto della vita.»

Warwick guardò male il fratello minore. John Neville, un uomo di ferro, la pelle scura tesa sulle ossa del cranio, era uno degli uomini con meno scrupoli che Warwick avesse mai conosciuto. Per un certo tempo era stato perfino soprannominato il cane da caccia di Edward: era stato così fino a quando il re non gli aveva tolto il titolo di conte di Northumberland, un errore fatale; e tutto a causa delle insinuazioni e delle manipolazioni di quella sua moglie. A quel pensiero Warwick grugnì, un ringhio quasi, mentre scrutava di nuovo il mare e rammentava la sua decisione di non farsi incatenare dal passato.

«Non possiamo farci niente adesso, John. Tu riavrai il Northumberland, secondo il nostro accordo. E io riavrò tutte le terre e i titoli che erano stati tolti a me... e negati alle mie figlie dopo di me. Titoli che erediterai tu, George, non è così? Quando io non ci sarò più.»

«E sarò fatto duca di York!» esclamò George a un tratto, con voce tesa.

«Certamente» si affrettò a rispondere Warwick. «Quando Edward sarà stato spogliato formalmente di tutti i suoi titoli e possedimenti il titolo di duca di York andrà a te di diritto.»

«E sarò erede, erede al trono» continuò George caparbiamente, pronto a discutere; ma Warwick si limitò a scrollare le spalle: «Come ti ho detto. Dopo il figlio di Henry di Lancaster».

«Sì... certamente» confermò George, anche se sembrava già meno soddisfatto. Quello che era stato solo una fantasia si stava realizzando davanti ai suoi occhi. Suo fratello Edward era stato cacciato dall'Inghilterra, Enrico VI era di nuovo re e George ricordava il figlio di Henry come un ragazzo prestante; ciò nonostante essere al secondo posto nella linea di successione al trono d'Inghilterra non era cosa da poco. Warwick osservò George stringersi nelle spalle, deciso a portare pazienza e aspettare. Non poteva chiedergli di più.

«Bravo!» lo lodò Warwick, interpretando alla perfezione la parte del suocero affettuoso e dando una stretta alla spalla del giovane. «Ora vai a controllare che i capitani sappiano come organizzare l'accampamento. Siamo troppo lontani da Londra per tornare indietro oggi e non è sbagliato stare di guardia almeno per una notte. Io non posso fare altro, per il momento.»

George di Clarence chinò il capo, compiaciuto di avere avuto quell'incarico di responsabilità, e si allontanò a cavallo. Warwick attese che fosse lontano prima di voltarsi verso Montagu, prevedendo di trovare sul suo volto esattamente l'espressione contrariata che vi individuò.

«Non avremmo potuto muoverci più rapidamente di così, John, te lo assicuro» gli disse. «Mi hai detto tu stesso che Edward era fuggito subito. Questo gli ha salvato la vita.»

«Tornerà» affermò Montagu. Sputò sui ciottoli come se la parola stessa fosse amara nella sua bocca.

«Forse» ribatté Warwick. «E se lo farà noi ci schiereremo con il legittimo sovrano e difenderemo lui, sua moglie e suo figlio, il principe di Galles. Forse metterò su un esercito pagato che li protegga quando il parlamento mi avrà ridato i miei possedimenti. Perdio, se lo farò! Perché dovremmo chiamare alle armi dei contadini recalcitranti ogni volta che abbiamo bisogno di batterci? Dovremmo avere dei veri soldati, come al tempo delle antiche legioni. Uomini che non devono tornare a casa, sempre preoccupati per i dannati raccolti.»

«Dicono che sia diventato grasso,» borbottò Montagu ancora accigliato «ma Edward di York è sempre l'uomo più pericoloso che io abbia mai incontrato. Tornerà... a meno che tu non muova contro di lui. Usa gli uomini che hai. Derry Brewer, tanto per cominciare. Quel vecchio furbacchione figlio di una sgualdrina ha più cervello di una dozzina dei tuoi cari amici del parlamento. Dai a Brewer una borsa piena d'oro e digli di fare in modo che Edward di York non ci dia più fastidi. Lui saprà che cosa fare.»

Warwick si stropicciò il mento, stanco del freddo e dell'umidità. Ricordò tutte le volte in cui si era dimostrato compassionevole nella sua vita e quanto gli era costato. La decisione non era difficile da prendere e non lasciò nessun senso di colpa.

«Cercherò di farlo. Non dire niente al giovane George, è già tormentato e io voglio la sua lealtà.»

«Io non mi fiderei di lui.»

«Tu non ti fidi di nessuno.»

«E mi sono trovato sempre bene.»

Procedendo a cavallo per le strette vie intorno al palazzo di Westminster, Jasper Tudor non riusciva a credere al traffico e al trambusto di Londra. Aveva trascorso gli ultimi quattordici anni in Francia e nelle Fiandre, pensando solo a sopravvivere grazie al genere di lavoro da soldato che suo padre, Owen, aveva conosciuto bene. Era stato capitano di truppa, guardia di magazzini, aiutante dello sceriffo e in un momento di grande difficoltà si era perfino battuto a pugni a pagamento, rimanendo a terra svenuto tre volte. Era tutto passato, comunque, anche se ancora non riusciva a credere al cambiamento nella sua sorte.

Sul fiume si vedevano mercantili e migliaia di barche manovrate con i remi o i pali in acque più basse. Tutto ciò che il mondo poteva offrire era in vendita là su quei moli. Quando fecero voltare le loro cavalcature verso ovest, il chiasso e la confusione diminuirono leggermente ma nel terreno che li separava dal grandioso palazzo si vedevano case e strade. Un giorno, si disse Jasper, la città avrebbe inghiottito completamente Westminster. Scosse la testa sbalordito.

Eppure non era il trambusto dei commerci a eccitarlo. Nel palazzo di Westminster il suo fratellastro Henry aveva di nuovo la corona sul capo. Henry, il primo figlio di sua madre, pensò Jasper preso da stupore, salvato dalla cattività come Daniele dalla fossa dei leoni o Giuseppe dal pozzo dove i suoi fratelli lo avevano gettato. Henry era re e la stella dei Lancaster splendeva di nuovo. Un pensiero che dava le vertigini e Jasper continuava a girarsi verso il nipote, desideroso di condividere il suo stupore e la sua gioia.

Ma Henry Tudor sembrava del tutto insensibile allo spettacolo del fiume che attraversava la capitale, anche se Jasper non poteva non pensare al contrasto con Pembroke dove suo nipote era nato e cresciuto. Forse il ragazzo si era aspettato il baccano e la folla, perciò non era rimasto sorpreso. O forse, aveva cominciato a pensare Jasper, c'era qualcosa di bizzarro in lui, qualche sua reazione non era del tutto normale. Sorrise, comunque, invitando Henry a sorridere a sua volta. Senza dubbio il ragazzo era stato maltrattato, cresciuto a furia di improperi e schiaffi, senza genitori e amici: non c'era da meravigliarsi di tanta freddezza nel suo modo di reagire e di comportarsi. Jasper annuì tra sé. Una volta aveva avuto un cane che era stato picchiato selvaggiamente per mesi prima che rompesse la catena e capitasse nel suo piccolo accampamento nella foresta, attirato dall'odore dello stufato. A Jasper era occorso molto tempo per ammansirlo e fargli ritrovare la fiducia negli esseri umani. Forse sarebbe stato questo il suo compito con il nipote, pensò: insegnargli a trovare un pochino di gioia perfino in una brutta giornata d'inverno.

Jasper seguì un percorso che si allontanava dal fiume, girò intorno alle colossali mura del palazzo e smontò da cavallo con l'abbazia alle spalle. Entrando in Westminster Hall si guardarono intorno, intimoriti dalla vastità dell'immenso atrio che si apriva davanti a loro e che non mancava mai di lasciare Jasper senza fiato. I consigli della corona avevano luogo nei saloni cavernosi di Westminster, là si trovavano le camere dei Comuni e dei Lord, e al di sopra di tutto gli appartamenti reali.

Per scaramanzia Jasper toccò il legno di un banco dove un vecchio vendeva penne d'oca agli avvocati, un penny per una dozzina. Re Enrico aveva il potere di restituire il castello di Pembroke all'uomo che amava quel luogo sopra ogni cosa, ma Jasper quasi non osava dare forma al pensiero nella sua mente, tanta era l'apprensione che suscitava nel suo animo. Un uomo poteva trattenersi dall'urinare per molto tempo, e soffrire terribilmente solo quando era prossimo al momento di vuotare la vescica: essere vicini a soddisfare il più grande desiderio poteva significare dolore e piacere insieme.

Salirono un piano dopo l'altro, attraversando sale dove i tappeti, gli arazzi e la pesante mobilia attutiva i rumori, tanto che il mondo esterno sembrava scomparire. Molte volte Jasper e Henry furono fermati dagli uomini del re, che portavano ricamata sulla livrea la rosa rossa dei Lancaster e i simboli del sovrano, il cigno e l'antilope. A un certo punto Jasper si fermò ad ammirare un distintivo di peltro che mostrava re Enrico VI a cavallo con il globo sormontato dalla croce in mano. La guardia, che pareva compiaciuta da quell'attenzione, rispose alla domanda tenendo lo sguardo fisso davanti a sé.

«L'ho comprata al mercato, signore. Prendetelo, se volete, io posso procurarmene un altro.»

«No, la vostra fedeltà è un motivo sufficiente di contentezza. Ne troverò uno anche per me. Che città questa, dove si vendono distintivi del re Enrico ancor prima che abbia potuto scaldare il trono!»

«Come Londra non ce n'è, questo è vero, signore» affermò l'uomo, gonfiando il petto; e Jasper sorrise affrontando la rampa successiva di scale, che li avrebbe portati negli appartamenti reali. Altri uomini di guardia in cima alla scalinata li guardarono dall'alto in basso. Jasper sopportò tutto con allegria, notando che Henry sembrava affascinato da quanto lo circondava, gli occhi sempre in movimento.

Zio e nipote furono perquisiti attentamente davanti

all'ultima porta e Jasper consegnò due pugnali prima che venissero trovati e sequestrati.

«Li rivoglio indietro» disse prima di entrare insieme al figlio di suo fratello e giungere alla presenza del re Enrico VI d'Inghilterra.

Jasper si sorprese a sorridere mentre seguiva il giovane Henry. Il sovrano era seduto a una trentina di iarde di distanza, la testa rivolta al sole che entrava a fiotti da una finestra affacciata sul Tamigi. Lungo le pareti erano schierate numerose guardie, ma vicino al re si vedevano soltanto un araldo e Derry Brewer. Jasper aveva trascorso nel torrione di Pembroke un numero di anni sufficiente per non farsi impressionare dall'altezza, ma gli fu difficile ugualmente distogliere lo sguardo dalla vista di Londra che la finestra offriva, un panorama di casette e di strade piene di attività, di mercati e di vasti prati, con un fiume che serpeggiava attraversando quello scenario con lentezza invernale. La giornata era limpida e Jasper cercò di imprimersi nella memoria ogni particolare di quel quadro.

«Mastro Jasper Tudor, un tempo conte di Pembroke. Suo nipote Henry Tudor, figlio di Edmund Tudor, un tempo conte di Richmond» annunciò l'araldo, apparentemente deluso di non poter aggiungere altri titoli. Jasper aggrottò la fronte vedendo che il re continuava a guardare fuori dalla finestra.

Derry Brewer venne verso di loro, vestito in un elegante farsetto marrone e calzabraca nera. Jasper notò la striscia di pelle sull'occhio e il bastone nodoso che aveva più l'aria di un'arma che di un sostegno.

«Sua maestà non è così disposta a conversare amabilmente come l'ultima volta in cui lo avete visto, mastro Tudor. Il suo cuore è stato spezzato a St Albans... e non è ancora guarito. Io mi ricordo di voi, però. Avete combattuto bene e avete sacrificato i vostri arcieri senza un ripensamento.»

«Tutti abbiamo i nostri lividi, mastro Brewer. Io ho perso Pembroke, che è stato dato ai miei nemici.»

«Sì, il mondo è un luogo difficile» replicò Derry con noncuranza, comprendendo che quell'uomo sperava nella possibilità di riavere i suoi possedimenti, perché tutti coloro che venivano dal re avevano storie simili da raccontare. Metà delle terre e dei titoli erano stati ridistribuiti durante l'ultimo decennio e avrebbero dovuto intervenire i tribunali per sanare le situazioni più difficili, anche se Derry sospettava che sarebbe occorsa una vita intera di contese.

Jasper spinse avanti il nipote, che arrivò quasi a sfiorare il re.

«Questi è Henry, figlio di Margaret Beaufort e di mio fratello Edmund. Nipote del re Enrico stesso.»

«Da parte di madre, però, non è così?» osservò Derry allegramente. «Voi siete figlio di Owen Tudor, mastro Jasper, non di re Harry di Agincourt. Questo fa la differenza nel sangue e nel cuore.»

«Sua madre, Margaret, è di lignaggio reale, discendendo da John di Gaunt» fece notare Jasper leggermente seccato, ricordando come potesse essere irritante il capo delle spie reali.

Derry scrollò le spalle: «Ricordo che c'era un'amante? Qualche figlio nato fuori dal letto coniugale? È stato tanto tempo fa... e quella che conta è la linea maschile. Enrico IV, V e VI, amico mio, con gli York solo usurpatori che balzano di qua e di là a rincorrere monete come mendicanti di Londra in un giorno di festa.» Jasper vide il volto dell'uomo farsi torvo, le labbra piegarsi in una smorfia di disprezzo: «Perciò, qualsiasi cosa vogliate, non avete diritto a niente al di là della parte troppo grande che vi è già toccata».

Per la prima volta la fronte di Jasper si distese mentre si domandava in quanti fossero venuti a chiedere titoli e qualsiasi altra cosa il re potesse concedere.

«Non sono qui per reclamare niente» affermò con decisione. Era molto difficile in quel momento non fare menzione di Pembroke e mentire consapevolmente. «Ho portato via mio nipote dal Galles e ho pensato che sarebbe stato bello presentarlo al re Enrico, suo omonimo e consanguineo. Nonostante tutte le vostre frecciate, mastro Brewer, mio nipote è della linea dei Lancaster.»

Derry Brewer li soppesò entrambi freddamente, notando gli strappi rammendati e gli abiti spazzolati con vigore nonché la qualità dei vecchi stivali di Jasper. Annuì, apparentemente tranquillizzato. Con stupore di Jasper, Derry prese il re per mano, piegandosi su di lui per guardarlo negli occhi.

«Maestà? Vostro fratello è qui con vostro nipote, il figlio di Edmund.»

Con la lentezza del disgelo invernale, negli occhi del re si accese una scintilla di comprensione. Enrico VI inclinò il capo e si girò verso di loro, gli angoli della bocca leggermente piegati all'insù: «È una vera benedizione per me, signori. Una vera benedizione vedervi entrambi». La voce era acuta e dolce, una mescolanza dei toni flautati di un vecchio e di quelli cantilenanti di un bambino. Porse la mano e Jasper sussultò nel vedere quelle dita così bianche, ossa quasi prive di carne. Nondimeno restituì la stretta e il tocco della sua mano sembrò far piacere al re, che si girò verso il nipote di Jasper. Henry, silenzioso e guardingo, si lasciò sospingere verso il sovrano, che gli prese la mano e la trattenne nella sua.

«Sei proprio un bel ragazzo» osservò il re. «Mi è dispiaciuto per tuo padre. Tanti sono morti ormai... non so come...» La voce gli si spense e Derry Brewer immediatamente fu al suo fianco per adagiargli di nuovo il braccio in grembo e sistemargli meglio la coperta intorno alle gambe. Quando alzò di nuovo lo sguardo su zio e nipote, Derry li osservò attentamente, protettivo come una pecora con il suo agnellino.

«Sua maestà non è stato bene e si stanca facilmente. Farò ciò che posso per voi, mastro Tudor.»

«Non l'ho chiesto» gli fece notare Jasper.

«Lo so, ma avete combattuto per lui quando il suo futuro era ancora luminoso. Questo merita una ricompensa.»

Jasper si sentì mancare il respiro, non osava sperare.

«È vero, allora, che York è stato cacciato dall'Inghilterra?» domandò in un bisbiglio. A Londra circolavano menzogne e mezze verità, nessuno sapeva esattamente come stavano le cose, l'unica cosa certa era che l'esercito di Warwick si era diretto in tutta fretta a nord e da allora non si era saputo più nulla.

Jasper non cercò di ritrarsi quando Derry gli posò la mano sulla spalla: non avrebbe insultato un uomo che forse poteva fargli riavere Pembroke. Al contrario gli permise di condurlo a qualche passo di distanza, dove il re non poteva sentirli.

«Questa mattina ho saputo che Edward di York è stato costretto a fuggire dall'Inghilterra» disse Derry con cupa soddisfazione: aveva lavorato anni per arrivare a questo e ne era palesemente orgoglioso.

«Non è stato ucciso?» domandò Jasper pensieroso, mordicchiandosi un labbro.

«Purtroppo no. Si è imbarcato su una nave con alcuni dei suoi.»

«Allora tornerà» affermò con sicurezza Jasper. Derry Brewer lo guardò incuriosito, domandandosi se fosse il caso di parlare con lui della situazione. Decise che non lo era.

«Tenterà di tornare e quando lo farà noi lo uccideremo. È diventato grasso e lento, lo sapevate? Ubriaco per metà della giornata, piange e vomita. Il trono era troppo per lui, tutto sommato. No, questa volta è finito, potete esserne sicuro.»

«Vi siete mai sbagliato, mastro Brewer?» gli domandò Jasper con un sorrisetto amaro. Aveva trascorso più di dieci anni in esilio, la sua casa occupata da estranei e nemici. Con sua sorpresa Brewer ridacchiò.

«Ho commesso errori quanti non immaginereste mai, figliolo uno di questi, per esempio, mi è costato l'occhio.

Ma non siamo angeli, vero? Facciamo del nostro meglio, fallimenti, ferite e tutto il resto. E andiamo avanti, senza voltarci indietro.»

Le ultime due parole forse ricordarono a entrambi che avevano lasciato soli il re e Henry Tudor. Girandosi, videro che i due stavano conversando amabilmente; il re sorrideva, le rughe di ansietà si stavano distendendo sul suo viso. Derry sentì le lacrime pungergli gli occhi e scosse il capo.

«Gesù, nessuno mi aveva mai detto che diventare vecchi avrebbe significato piangere come una fanciulletta ogni volta che si vede qualcosa di commovente.» Lanciò un'occhiata a Jasper per assicurarsi che non lo stesse deridendo, poi rise piano: «Sua maestà ha sofferto molto. Mi piace vederlo sorridere. Vostro nipote deve avere qualcosa di speciale».

«Già, forse è così» convenne Jasper stupefatto, scuotendo il capo.

Edward di York mise piede sul suolo delle Fiandre, su un molo di pietra a qualche centinaio di miglia a nord-est di Calais. Ancora pallido in viso, suo fratello gli stava accanto. Il mal di mare era passato e Richard aveva ringraziato tutti i santi. Non gli era mai successo di essere così debole ma, una volta ristabilito, le forze gli erano tornate come se non le avesse mai perdute. Per un po' gli parve che il terreno dondolasse sotto i suoi piedi, ma ben presto tutto tornò normale e tornò anche la fiducia.

Non c'erano soldati pronti a catturarli o a sequestrarli per un riscatto. Richard sapeva che nei giorni trascorsi in mare erano sfuggiti a ogni eventuale inseguimento e il suo morale si rialzò. Anche Edward aveva un portamento più eretto e si guardava intorno con interesse, osservando il piccolo porto commerciale con le decine di barche da pesca tirate in secco sulla spiaggia di ghiaia e dipinte a colori vivaci.

«Sono già stato qui» disse Edward. «C'è una caserma, o

perlomeno c'era, a meno di sei miglia da qui. Se è ancora là potranno portare un messaggio in Borgogna per nostro conto. Alzando gli occhi vide le bandiere sventolare al di sopra dell'abitato. «A quanto pare il duca Charles ha conservato queste terre, speriamo solo che si ricordi della nostra amicizia.»

«Ci aiuterà?» gli domandò Richard e il fratello annuì con decisione.

«Odia il re francese... e dove sono stati in esilio Warwick e George? No, fratello, Carlo di Borgogna capirà che è suo interesse schierarsi con noi. È sempre stato felice di frustrare i piani del suo nemico. Lo chiamano il Temerario, Charles le Téméraire. Vedrai.»

Richard capì che suo fratello stava cercando di rincuorare se stesso e si mostrava più fiducioso di quanto non fosse. In realtà erano abbandonati su un lido straniero, accompagnati solo da pochi compagni fedeli. Edward aveva perduto tutto ciò che suo padre si era conquistato e si sentiva distrutto e pieno di vergogna, quasi incapace di sostenere lo sguardo del fratello.

Il capitano della nave si avvicinò, fermandosi davanti ai due fratelli.

«Signori, ho portato a termine il mio compito, ma voi dovete capire, ho dovuto abbandonare il mio carico sul molo di Bishop's Lynn. Non sono un uomo ricco e d'inverno... potrei essere rovinato completamente. Pagherete una parte delle mie spese, miei signori?»

Incollerito, Richard fece un passo avanti portando la mano sull'elsa della spada, ma il braccio di Edward, come una sbarra di ferro attraverso il petto, lo fermò.

«No, Richard, ha ragione, ho un debito da pagare.»

Il farsetto che Edward indossava era trapuntato di perle lungo le cuciture. Con sgomento del fratello, Edward se lo tolse e lo depose sulle braccia stupefatte del capitano.

«Ecco, vi basta?» Il vento era freddo e Edward sentì subito dei brividi. Il capitano esitò, diviso tra la compassione e l'avidità. L'avidità vinse e, stringendo con forza l'indumento, fece l'inchino e si allontanò camminando a ritroso.

«Lascia che lo riprenda» mormorò Richard. Il capitano non era ancora certo della fortuna che gli era capitata e si guardava indietro con apprensione mentre cercava di aumentare la distanza tra loro. Era stato un dono regale.

Edward scosse il capo.

«Lascia che se lo tenga, mi farà bene battere i denti per un po'. Sono troppo grasso, fratello! Dovrei mortificare la carne come i monaci che si fustigano.» L'idea parve rallegrarlo. «Sì, come quelle parole che tu borbotti quando la schiena ti fa piangere.»

«Io non piango!» protestò Richard, sgomento al pensiero che suo fratello se ne fosse accorto.

«Sì, va bene. Ma le parole? Quali sono? Ti danno forza per resistere, no?»

«*Non draco sit mihi dux. Vade retro, Satana.*»

«Il dragone non è il mio duce?»

«Sì. Arretra, Satana.»

Edward chiuse gli occhi e borbottò le parole sottovoce, ancora e ancora, raddrizzandosi nella persona e gettando il capo all'indietro nel vento. Con sorpresa di Richard smise di tremare di freddo e quando abbassò di nuovo lo sguardo, sembrava leggermente rincuorato.

«Mi allenerò con te stasera, se non ti dispiace.»

Richard annuì, nonostante la schiena stesse lanciando un nuovo grido di protesta.

I cavalli erano stati scaricati e i marinai preparavano la nave a prendere di nuovo il mare, simili a ragni appesi a cime e pennoni. Edward montò in sella con gli altri, battendosi la mano sullo stomaco prominente che si intravedeva sotto la camicia. «Domerò il dragone, Richard!» gridò, i capelli al vento. Poi il re d'Inghilterra dette di sprone e il cavallo partì verso sud, gli zoccoli rimbombanti sulla strada.

VII

Elizabeth guardò corrucciata la testa calva davanti sé, china in segno di rispetto, anche se il monaco, pur tremando al suo cospetto, aveva voluto rimanere in piedi. Come un'eco della collera che ribolliva in lei, suo figlio cominciò a strillare e le urla del neonato le penetrarono nel profondo, fino a farle dolere il seno mentre una fitta lancinante le saettava dal ventre alla gola.

«Non comprendo la vostra esitazione, frate Paul. *Tutti* i terreni appartenenti all'abbazia di Westminster sono consacrati e fanno parte dell'asilo, non è così?»

«È vero, ma...» cominciò riluttante il giovane monaco, sempre più acceso in viso sotto lo sguardo scrutatore della regina «...ma questo edificio è la parte più sicura. L'abate...»

«E il mio bambino deve essere battezzato prima possibile, non è vero anche questo?»

«Certamente, milady, ma dovete capire che...»

«E ciò nonostante voi venite da me,» continuò Elizabeth ignorando completamente quelle deboli proteste «con queste *sciocchezze*? Una... una mancanza di rispetto che non posso non giudicare un deliberato insulto verso mio marito, il re d'Inghilterra, non è così?»

Il monaco la fissava a bocca aperta al colmo dello sgomento, senza riuscire a emettere che suoni strozzati. Alla fine scosse la testa e decise di abbassarla di nuovo, fissandosi gli alluci nei sandali che spuntavano dalla tonaca nera.

«Ritengo che ci sia stato un errore, frate Paul, un errore che forse il vostro caro abate non ha compreso fino in *fondo.* Mio figlio è nato in terreno consacrato, in un asilo sacro. Io vorrei che fosse battezzato nell'abbazia di Westminster, cioè in terreno consacrato e al sicuro dai nostri nemici. Il piccolo tratto di giardino da qui a là è tutto sotto l'autorità della chiesa, non è vero?»

«Milady, lo è, certo, ma voi sapete che l'abate non può garantire la vostra sicurezza se lascerete questo luogo, nemmeno per andare da qui all'abbazia. Un solo dardo, milady, un pazzo o un traditore... *Vi prego!* Io sono stato ordinato sacerdote, naturalmente, posso battezzare vostro figlio qui in tutta tranquillità e sicurezza.»

Furiosa, Elizabeth Woodville rimase tuttavia in assoluto silenzio, sapendo che il giovane frate si sarebbe ripiegato su se stesso come una lumaca toccata dal sale; non aveva bisogno di parole per terrorizzare un coniglio come quello.

Quando le parve sul punto di mettersi a piangere per l'imbarazzo, rispose: «Al vostro abate non importa nulla della mia sicurezza, giovanotto. O della sicurezza di mio figlio Edward. No, se aveste il coraggio di un moccioso, lo direste chiaramente. Il vostro abate tiene bordone al conte di Warwick o forse a Enrico di Lancaster, quel sacco vuoto. Oppure mio marito è stato ucciso? Il vostro abate forse vuole che anch'io svanisca? Forse verrà di notte qualcuno a uccidere anche me?» Mentre parlava non lo perdeva di vista, osservando le curiose contrazioni del viso, gli scuotimenti del capo, la bocca che si apriva e si chiudeva. Quel frate sapeva qualcosa e l'aveva quasi corretta, a un certo punto. Ma lo avrebbe interrogato in seguito a questo proposito, disse a se stessa.

«Qualsiasi cosa mi riservi la sorte, mio figlio sarà battezzato oggi. E nell'abbazia, non in questa cella dai muri di pietra come un prigioniero. No. Sarà battezzato come un bambino che un giorno sarà principe di Galles, come un futuro re.» Elizabeth si rese conto che la sua voce era diventata aspra e acuta, ogni parola una sferzata per il monaco, che ormai pareva sul punto di avere un colpo apoplettico. Con uno sforzo addolcì il tono: «Edoardo I è stato battezzato là, l'omonimo di mio figlio, signore! Suo antenato! L'abbazia è il cuore di Londra e io non ne sarò allontanata come un'accattona, mi avete capito? Ora chiamate i vostri confratelli e fateli allineare lungo il percorso, se proprio dovete. Io camminerò su suolo consacrato e voi sarete testimoni di ogni mio passo.»

Il giovane frate non riuscì che a balbettare e all'improvviso Elizabeth lo prese per un braccio, avvertendone la forza sorprendente sotto il rozzo tessuto della tonaca. Vedendolo spalancare gli occhi inorridito, si chiese se fosse mai stato toccato da una donna da quando aveva preso l'abito.

«Dite al vostro abate di aspettarmi, sto arrivando.»

Con un balzo frate Paul fu alla porta e per poco non cadde mentre usciva dalla stanza. Elizabeth sospirò, seguendolo con lo sguardo. Quel giovane monaco apparteneva al genere di uomini che non sopportavano il frastuono del mondo, i suoi intrighi, le sue minacce; il povero frate Paul, adatto solo a una vita claustrale, al mormorio delle preghiere, aveva scelto una vita tranquilla, eppure quel giorno era stato strapazzato, minacciato e costretto a correre avanti e indietro fra l'abate ed Elizabeth fino a diventare paonazzo e maleodorante, sudore fresco su quello vecchio.

La madre di Elizabeth, Jacquetta, aveva osservato tutta la scena dalla poltrona dove era seduta in un angolo, occupata a pestare in un mortaio zenzero, cannella, pepe nero e un pizzico di zucchero per farne una *poudre forte*, una «polvere forte» da aggiungere ai cibi insipidi offerti dai frati. Alzò la testa ricambiando lo sguardo di Elizabeth e distogliendolo solo quando il bambino si agitò nella sua minuscola culla di legno, dono di uno dei frati, che l'aveva fabbricata con il legno di un tronco caduto. Elizabeth si alzò con un grugnito e fece dondolare la culla prima che suo figlio cominciasse a strillare.

«Ha di nuovo fame» l'avvertì sua madre. «Devo chiamare quella fannullona, quella Jenny?»

«Solo se si mette a piangere, potrebbe anche riaddormentarsi.»

«Non si riaddormenterà fuori al freddo, tesoro mio. Agiterà i pugnetti e strillerà, da' retta a me.»

Elizabeth capì che sua madre aveva paura. Era venuta a trovare la figlia lasciando il suo quieto ritiro ed era stata travolta dal turbine degli avvenimenti, con la casa di York che stava crollando intorno a loro... Quando Jacquetta posò il piccolo mortaio Elizabeth vide per un momento che le tremavano le mani. Jacquetta non era una donna coraggiosa, anche se in parte la sua ansia poteva essere dettata dalla permanenza nell'asilo, un edificio costruito senza pensare affatto alla comodità.

Elizabeth aveva deciso: si alzò immediatamente, tirò su il bambino e lo prese in braccio, la piccola testa appoggiata alla spalla, e si mise a passeggiare avanti e indietro. Sua madre si alzò immediatamente per mettere un panno sulla spalla della figlia nel caso il piccolo rigurgitasse.

«Non c'è bisogno che veniate con me, madre» disse Elizabeth dopo un po'. «Aspettatemi qui, per favore, vorrei sapervi al sicuro. E vorrei... che le mie figlie fossero protette.»

Con sua sorpresa, la madre scacciò l'idea con un gesto della mano.

«Credi che vorrei perdermi un momento come questo? Le bambine non corrono nessun pericolo qui con la loro tata: credo che Katie farebbe fuggire perfino un leone della Torre, se mai si azzardasse anche solo a leccarsi le labbra davanti a loro. Tu pensa solo a stasera, Elizabeth, le ragazze staranno benissimo qui.» Il sorriso della madre le fu di conforto anche se, per quanto ne sapeva lei, si trattava soltanto di un'eco della fiducia dei bambini nella mamma. In ogni caso, le fece bene.

«Sarò al tuo fianco» le ripeté la madre in tono deciso. «Ho visto un bastone accanto alla porta quando sono entrata. Lo prenderò e lo darò in testa a qualsiasi mascalzone che osi avvicinarsi troppo.»

Elizabeth sentì il cuore accelerare i battiti a quel pensiero: aveva forse fatto uno sbaglio?

«È stato l'orgoglio a farmi volere questo, madre. Ho commesso un errore?»

«Non essere sciocca, Elizabeth, tu sei una regina! Non ti nasconderanno da nessuna parte. Né te, né tuo figlio.»

«Ma quel frate aveva una tale paura! Mi ha fatto tremare il cuore.»

«*Pfui!* Era un ragazzino, l'ombra di un uomo. Non come il tuo Edward! Pensa a lui quando sarai là fuori, mostrati coraggiosa, Elizabeth. È solo un centinaio di iarde, se ci saranno degli uomini là fuori non oseranno fare niente contro di te.»

Sua madre parlava per farle animo, per rassicurarla, ma in Elizabeth stava crescendo la paura, si ingigantiva mentre scendeva per le scale e faceva segno alla balia, Jenny. Le tre figlie di Elizabeth uscirono di corsa dalla stanza, facendo cadere i cubi di legno che avevano in grembo, tendendole le braccia. La più grande, che si chiamava Lisabet come la madre, aveva quattro anni e guardò accigliata le sorelline che si erano messe a piangere avvertendo la tensione generale. Mary e Cecily sedevano rigide tendendo le braccia, singhiozzando e rosse in faccia per lo sforzo di piangere.

«Ssst! Ora basta, bambine» le zittì Elizabeth nel tono più fermo possibile. «Devo uscire per un po' per far benedire vostro fratello con l'acqua dell'abbazia. Torno presto, ve lo prometto.»

Comparve finalmente la loro tata, sul viso l'espressione

di affetto semplice di sempre; senza alzare quasi gli occhi, radunò le bambine a lei affidate e le ricondusse nelle loro stanze.

Elizabeth credette di sentirsi male quando Jenny le posò un mantello pesante sulle spalle per riparare il bambino dal vento freddo.

«Deve essere battezzato!» bisbigliò a se stessa come se recitasse una preghiera. «Non gli negherò il paradiso se dovesse morire... e ho già aspettato fin troppo. I terreni dell'abbazia sono terra protetta, non lo nasconderò come se mi vergognassi, non lo farò mai!» Notò che gli occhi di sua madre brillavano di orgoglio e di lacrime e la vide afferrare per davvero il bastone lasciato davanti alla porta, che Jenny aprì per le sue padrone, lasciando entrare il suono del fiume insieme con l'aria della sera.

Furono investite da un raggio di luce e per un attimo Elizabeth si ritrasse alla vista degli uomini con le fiaccole in mano che la stavano aspettando. Udì il gridolino della madre, ma in quel momento capì. L'abate aveva deciso di aiutarla anziché ostacolarla e fare opposizione. Chissà, forse quel frate tremebondo aveva saputo perorare la sua causa meglio di quanto lei avesse sperato oppure l'anziano abate aveva semplicemente ceduto. Si avviò tra due file di monaci in tonaca nera, ognuno con il cappuccio alzato e una torcia in mano. Le fiamme illuminavano i loro volti ed Elizabeth si tranquillizzò ulteriormente nel constatare quanti di quei monaci stessero sorridendo. No, quella non era una folla inferocita venuta a trascinarla via e non era nemmeno una congrega di giudici pronti a emettere una sentenza contro di lei. I monaci la salutarono con un cenno del capo e sorrisero al bambino addormentato tra le pieghe del lungo mantello.

Elizabeth rialzò la fronte e s'incamminò, senza vedere oltre la piccola area illuminata dalle torce che si stendeva per tutto il percorso fino alla porta dell'abbazia. Esitò, vedendo altra gente che l'aspettava là, ma sua madre le toccò il gomito.

«Non far vedere che hai paura, pulcino mio. Abbi fiducia in Dio... e nell'abate. Non permetteranno che ti sia fatto alcun male.»

Elizabeth si costrinse a sorridere e, pur sentendo il cuore saltarle nel petto, raggiunse l'abbazia e lasciò il gelo della notte per il gelo della navata.

Per un momento Edward sembrò ansioso vedendo il duca di Borgogna entrare nella sala. Non avevano dovuto aspettare e quando suo fratello, Richard, si alzò dalla sedia per inchinarsi, notarono che il duca gettava via il tovagliolo fino a quel momento infilato nel colletto.

«Edward! Amico mio! Quale perfidia, quale invidia! L'ho saputo soltanto stamattina.» Edward gli tese la mano, ma il duca, maggiore di lui per età, lo abbracciò. Quando si staccò dal suo abbraccio, Edward sembrava cresciuto di statura, di nuovo fiducioso in se stesso.

«Voi mi avete reso onore venendo qui, maestà.» Lo sguardo del duca si posò sulla gola di Edward e sulla camicia sporca di fango. Richard l'osservò mentre si portava la mano sulla catena d'oro e sul ciondolo d'oro che portava al collo come pendente.

«Non indossate il farsetto di lana?» gli domandò il duca.

«Ho solo gli abiti che porto indosso, Charles. Mi dispiace. Il farsetto è rimasto a casa.»

«Ne avrete un altro, tutti devono sapere che siete un cavaliere di Borgogna oltre che re d'Inghilterra, giusto? E i vestiti! Vi prometto che prima del tramonto sarete abbigliato di nuovo come un re. E chi è questo bel giovane?»

«Mio fratello, Richard, duca di Gloucester... se non siamo già stati proscritti e privati dei nostri titoli.» Pareva che solo pronunciare quelle parole avesse abbattuto di nuovo Edward che abbassò il capo, la pelle del viso grigiastra come prima. Il duca Charles lo notò immediatamente.

«Edward, voi siete mio amico da quando siete stato incoronato re. Quando quel ragno velenoso, Luigi di Francia, fiutava l'aria in giro con Warwick, voi avete ricevuto mio padre e me a Londra. Ricordo ancora quelle sere, Edward. Che bevute! Eravate stato generoso allora, più che generoso. Avevate accolto mio padre come un vostro pari e lui ne era fiero. Ora che mio padre non c'è più, io vi considero uno dei miei più cari amici. Lasciate che ricambi la vostra generosità.» Il duca di Borgogna aveva concesso a Richard un'occhiata e un cenno di saluto, ma tutta l'emozione e l'energia si concentravano sul gigantesco re inglese, all'improvviso in debito con lui e sotto il suo controllo.

Richard si domandò se avrebbero mai potuto fidarsi di quell'uomo, anche se certamente potevano contare sul suo odio per il re di Francia. Il fatto che Luigi e Carlo fossero cugini non voleva dire nulla, gli York e i Lancaster ne erano una dimostrazione. Più importante era il fatto che il duca fosse entrato in possesso dei suoi possedimenti soltanto tre anni prima... e già si fosse guadagnato il soprannome di Téméraire. Aveva conquistato le Fiandre con una serie di arrischiate battaglie ed era il pensiero dei combattenti di professione al suo servizio che faceva sorridere speranzoso Richard.

«Non vivrò in esilio, Charles» disse all'improvviso Edward. «Tornerò nel mio regno prima della prossima primavera per morirvi o liberarlo col sangue da tutti gli umori velenosi. Questo è il giuramento che vi faccio.»

Un bel discorso per un uomo che se ne stava là in piedi con la camicia bagnata e il ventre sporgente e senza una sola moneta in tasca per pagarsi una coppa di vino. Eppure sembrò fare effetto e il duca di Borgogna annuì, apparentemente sopraffatto dall'emozione. Batté le mani e una dozzina di servitori accorsero per accompagnare gli ospiti e accudirli; li avrebbe rivisti dopo che si fossero rinfrescati e riposati, promise il duca.

Richard fu ben contento di lasciarsi accompagnare in una camera dove si stava scaldando l'acqua e dove, in piedi davanti a un'enorme tinozza di ottone, fu spogliato e gli furono prese le misure. Si immerse nel bagno a occhi chiusi, sussultando per il calore che gli bruciava la carne ma che immediatamente faceva rilassare la massa rigida tra le scapole. Suo malgrado, gli sfuggì un gran gemito. All'altra estremità della stanza Edward si stava immergendo a sua volta in un'altra tinozza, anche se la sua mole gigantesca costringeva i servi a correre di qua e di là per asciugare il pavimento bagnato dagli spruzzi.

Richard rimase immobile, la schiena appoggiata alla parete della vasca, provando il desiderio di piangere per il sollievo. Il dolore stava passando rapidamente e seduta stante Richard decise che si sarebbe portato a casa una di quelle vasche, forse anche con qualche servitore esperto nel preparare il bagno. Era meraviglioso. Quando riaprì gli occhi, scoprì che un vassoio di vivande era stato posato su un'ampia mensola accanto a lui. Spilluzzicò dell'uva e trangugiò d'un sorso una coppa colma di un liquido chiaro, quasi strozzandosi per il fuoco dal sapore di anice che gli bruciava la gola.

«È un liquore potente, Edward! Piacerà anche a te!» Suo fratello era seduto nella grande tinozza con le braccia appoggiate ai bordi e gli occhi chiusi. Li aprì al richiamo di Richard e allungò la mano verso la coppa, riempita immediatamente da uno dei servitori, che gliela stava porgendo. Richard vide la mano irrigidirsi a mezz'aria, poi Edward scosse il capo, facendo segno di allontanarla.

«No. Non berrò più né il frutto della vite, né dell'orzo finché non avrò riavuto la mia Inghilterra. Sono troppo *grasso*, troppo lento. Io sudo, fratello, e ho delle pieghe nella carne che non avevo quando combattevo e giostravo. No, Richard, vivrò come un monaco vergine fino a quando non sarò pronto a riprendermi tutto. Non perderò ciò che ho conquistato perché sono diventato molle, né ora, né mai. Lo giuro davanti a Dio, sulla mia vita e sul mio onore.» Osservandolo, a Richard parve di vedere qualcosa della sua antica forza nel gioco dei muscoli della faccia, per quanto arrotondati dal grasso, e pregò silenziosamente perché quel grosso bue avesse la forza di resistere a non infilare ancora una volta la faccia in un boccale.

Un pensiero lo colpì e Richard si immobilizzò.

«Il bambino dovrebbe essere nato a quest'ora, certamente. Potresti avere un figlio maschio.»

Edward aveva richiuso gli occhi e sonnecchiava nel caldo e nel vapore.

«O una femmina o un bambino nato morto. Per ora ho bisogno di un esercito, Richard. Poi si vedrà.» Aprì di nuovo gli occhi improvvisamente, guardando il fratello all'altra estremità della stanza: «Chiamami all'alba, Richard! Vorrei allenarmi anch'io come te. Vorresti sopportarne fatiche e lividi per me?».

L'idea riempì Richard di sgomento, nondimeno capiva Edward e la verità era che laggiù, in Inghilterra, li stavano spogliando dei titoli e delle terre con un atto del parlamento. Le loro speranze erano talmente misere, doveva sostenere suo fratello.

«Lo farò, Edward, certamente. Ora riposa.»

Elizabeth percorse in una specie di stordimento la grandiosa navata dell'abbazia dove erano stati incoronati molti sovrani e dove si celebrava la messa da cinque secoli. Sotto la fioca luce delle lampade lassù in alto, rabbrividì, stringendo a sé il figlio in modo che potesse fiutare il suo odore, e sentirsi al sicuro. Si costrinse ad avanzare, tenendo gli occhi fissi davanti a sé, troppo dolorosamente consapevole dell'uomo che zoppicava alla sua sinistra e dei colpi del bastone sul pavimento. Accanto al fonte battesimale, li aspettava l'abate Thomas Millyng, un vegliardo dalle folte sopracciglia bianche e la faccia color mattone.

Derry Brewer si piegò verso di lei continuando ad avanzare.

«Io non faccio guerra ai bambini, milady. Non temete. Pensate a stanotte come a una piccola tregua fra noi, se volete. Milord Warwick è della stessa mia idea. Ci è giunta notizia di ciò che intendevate fare e abbiamo deciso che non potevamo perdere un evento come questo.»

Elizabeth strinse i denti fino a farsi male, rifiutando perfino di guardarlo. Sapeva che Richard Neville, conte di Warwick, era dietro di lei. Il cuore aveva cominciato a sobbalzarle, a tremarle nel petto quando lo aveva visto inchinarsi profondamente sulla porta dell'abbazia e ora batteva all'impazzata, al punto che era certa di svenire e lasciar cadere il bambino sulle pietre del pavimento. Li conosceva bene e non si fidava di nessuno di loro. L'unica cosa buona era che non poteva guardare Warwick e vedere l'espressione di trionfo sulla sua faccia. Lo conosceva meglio di tutti gli altri e, non appena arrivata a corte, aveva subito capito che genere di rampicante inestirpabile fosse.

Elizabeth sapeva di essere paonazza e di avere il viso imperlato di sudore; il respiro si era fatto corto e le mani le tremavano quasi come quelle di frate Paul qualche ora prima. Come rimpiangeva di aver lasciato quelle stanze! Sua madre camminava alla sua destra a capo chino, derubata di ogni traccia di spirito e di allegria.

La chiesa era la casa di Dio. Era quella la loro protezione, ripeteva a se stessa Elizabeth ancora e ancora. Eppure c'erano stati assassinii davanti agli altari, uomini buoni uccisi in luoghi consacrati, anche se la loro morte aveva fatto vacillare corone e regni.

Come in un'eco di quei terremoti di un tempo, Elizabeth scosse la testa in un cenno di diniego e accelerò il passo. Avrebbero dovuto uccidere anche lei prima di farle accettare la loro vittoria, avrebbero dovuto strapparle Edward dalle braccia. Per amore di suo marito, per se stessa, avrebbe tenuto alta la testa: certamente quegli uomini sapevano che aveva paura, ma non avrebbe mai strisciato davanti a loro.

Nel corso dei secoli forse l'abbazia aveva visto assembramenti più strani, anche se Elizabeth ne dubitava. Brewer e

Warwick erano accompagnati da John Neville, che lei aveva conosciuto come Northumberland, un uomo dallo sguardo gelido che ora le dava i brividi. A parte sua madre, ad accompagnarla aveva soltanto la balia, Jenny, che camminava in preda al terrore un passo indietro. Tre donne e tre uomini e tanta paura da far inacidire il latte nell'aria tra loro.

Quando Elizabeth lo ebbe raggiunto, l'abate Thomas appariva stralunato e in preda all'agitazione come lo era lei. Warwick aveva la spada al fianco e senza dubbio il capo delle spie reali era armato di quegli stiletti micidiali, le lame affilate preferite dagli uomini che uccidevano e si ritiravano senza lasciare traccia. Era difficile restare impassibili in presenza di Derry Brewer, sapendo ciò di cui era capace.

Elizabeth si costrinse a guardare il conte di Warwick, che colse immediatamente il suo sguardo e le fece un inchino profondo.

«Milady, mastro Brewer ha detto la verità. Non vi sarà fatto alcun male, sul mio onore.»

«Una moneta sciupata, *falsa*, quella» ribatté Elizabeth a voce alta e chiara. Warwick arrossì, ma continuò a sorridere: aveva avuto la sua vittoria, si rese conto Elizabeth, poteva permettersi di non mostrare esultanza.

L'abate si schiarì la voce, attirando gli sguardi su di sé.

«Ricordo a tutti i presenti che a sua altezza, la regina consorte, lady Elizabeth di York, è stato dato asilo... secondo il potere e l'autorità della santa Chiesa di Dio. Dio ci vede tutti, signori, e attraverso le lenti di queste vetrate Egli vede con particolare chiarezza. In questo momento ci osserva, giudica *ogni* nostra parola. Nel Suo nome, in questo luogo sacro, io non permetterò nessuna interruzione, nessun clamore. Il battesimo è la porta della Chiesa, il primo dei sette grandi sacramenti, non è uno spettacolo da fiera. Sono stato chiaro?»

I tre uomini annuirono tutti e mormorarono che sì, era

stato chiaro. Elizabeth mandò giù con sforzo la paura mentre lo sguardo dell'abate si posava su di lei. Non osava sperare di lasciare quel luogo sana e salva, la posta in gioco era troppo alta e lei stava già pensando disperatamente a che cosa avrebbe dovuto fare se le avessero portato via il figlio.

«Tutti i bambini nascono con il peccato originale dell'umanità ancora attaccato a loro, una macchia che soltanto l'acqua limpida del battesimo può lavare, come Cristo stesso fu battezzato nel fiume Giordano. Ora, Elizabeth, datemi il bambino, Edward, vostro figlio.»

Elizabeth sentì le lacrime salirle agli occhi e bagnarle le guance mentre apriva il mantello, presa da una tale paura che per lei fu una benedizione essere quasi accecata dalle lacrime. Se in quel momento l'uno o l'altro dei tre uomini avessero allungato le mani sul bambino, era certa che sarebbe morta, il cuore le sarebbe scoppiato nel petto.

Porse il figlio avvolto in fasce all'abate che sorrise al visetto addormentato, tranquillo, sebbene dentro di sé il religioso avvertisse la paura della madre e fosse arrabbiato con quegli uomini che l'avevano causata. Ciò nonostante, si rifiutò di procedere in fretta nella cerimonia. Elizabeth e sua madre risposero ad alta voce e risposero anche Brewer e i due Neville che non volevano incorrere nella riprovazione dell'abate.

«Rinunci a Satana?»

«Rinuncio.»

«E a tutte le sue opere?»

«Rinuncio.»

«E a tutte le sue seduzioni?»

«Rinuncio.»

L'abate Thomas intinse il pollice nel crisma e toccò con quell'olio le orecchie, le palpebre e il petto del bambino, tracciando il segno della croce sulla sua fronte. Il neonato cominciò ad agitarsi e a strillare, poi tacque per un momento mentre l'abate versava sulla sua fronte con una brocca d'argento l'acqua attinta al fonte battesimale, dicendo: «E io ti battezzo, Edward, nel nome del Padre, del Figlio e dello Spirito Santo. Amen». Il piccino iniziò a vagire, a contorcersi, a sputacchiare.

Quel momento solenne, nonostante le circostanze, aveva allontanato per un attimo le paure di Elizabeth, che vedeva scomparire la minaccia immediata: al suo bambino non sarebbe stato negato il Paradiso nemmeno se fosse morto in quell'istante. Era un sollievo da un peso che portava da giorni e che le fece salire di nuovo le lacrime agli occhi. Era esasperante dover sembrare così debole di fronte ai nemici del marito.

Osservò l'abate accettare il panno pulito dalle mani di Jacquetta e avvolgervi il bambino che strillava, rosso in faccia ma rinato a nuova vita. Elizabeth guardò la madre prendere in braccio il piccolo Edward e finalmente si voltò verso i tre testimoni.

Derry Brewer stava sorridendo.

«L'idea di venire qui è stata mia, milady. E ora sento di dovermi scusare, ma volevo vedere. Alla fine suo padre è fuggito, il trono è al sicuro e restituito ai Lancaster, con un erede che è un giovane di valore. Ci aspettano alcuni anni di duro lavoro ma è sempre stato così, d'altronde. Però io dovevo vedere il figlio di Edward. Chissà, forse un giorno, se vivrà, sarà un cavaliere del figlio di re Enrico.» Sulla fronte di Brewer passò un'ombra: «Spero,» soggiunse passandosi la mano sulla faccia «spero che non cresca nell'odio, milady. Ne ho avuto abbastanza di guerre».

«Sarà *re*, mastro Brewer» bisbigliò Elizabeth in risposta. Brewer fece una smorfia come se provasse dolore.

«Se avrà il fisico di suo padre, forse comanderà i soldati dei Lancaster, più di questo sarebbe meglio non sperare, se posso darvi un consiglio. Altrimenti lo guasterete e lo rovinerete.»

Warwick si inchinò, si raddrizzò alto e baldanzoso, batté la mano sulla spalla del fratello che osservava la scena e si avviò lungo la navata. Derry rimase per un momento a guardare la donna che lo fissava con odio stringendo al petto il figlio, come se solo la forza della sua collera potesse bastare a proteggerlo. Il capo delle spie scosse la testa con un sospiro, le fece l'inchino e si allontanò.

VIII

All'alba le campane di Natale cominciarono a suonare in tutta la città di Digione, in Borgogna, lo scampanio attutito dalla neve che continuava a cadere, rintocchi sfocianti in una cacofonia che conteneva il battito di un cuore. Il mondo era in pace e in tutta la cristianità le famiglie si scambiavano doni come avevano fatto i magi con il bambino nato in una stalla, più di mille anni prima.

Richard scivolò, la gamba gli venne meno all'improvviso, la maledetta neve trasformata subito in una poltiglia che rendeva ogni passo pericoloso e che lo faceva finire a gambe all'aria. Aveva freddo, gli faceva male la schiena e si sentiva vicino al crollo, i polmoni in fiamme anche se l'aria che vi entrava era gelida. Si afferrò alla balaustra con entrambe le mani per sostenersi.

Nel grande cortile circondato da portici suo fratello stava a torso nudo, i fiocchi di neve si scioglievano a contatto con le spalle. Il viso era insanguinato. Tutte le mattine Edward cominciava la giornata con un'ora di lotta contro qualsiasi giovanotto muscoloso della città che volesse rischiare di rompersi i denti o le nocche delle dita per qualche moneta d'argento; si era sparsa rapidamente la notizia che si poteva scaraventare a terra il re d'Inghilterra senza subirne le conseguenze. Una volta accertato che ciò fosse vero, ogni giorno si formava una fila di contadini che si sgranchivano i muscoli delle spalle e del collo in attesa della possibilità di sbattere Edward con la schiena nella neve.

In quel momento l'ultimo di quei contadini giaceva sul selciato con Edward in piedi accanto a lui che sorrideva trionfante. Mentre il giovane veniva trasportato via da due amici, Edward avvertì il dolore della ferita e si portò la mano alla faccia, aggrottando la fronte nel vedere il sangue sulle bende che gli fasciavano le mani. Si era battuto al modo dei gladiatori romani, preferendo però rinunciare ai guanti rinforzati da borchie metalliche che questi avevano usato. Il suo scopo era migliorare il fiato, come se fosse un pony lasciato a pascolare per troppo tempo che, con l'esercizio, potesse rimettersi in condizioni di correre.

Nei due mesi trascorsi da quando erano sbarcati nelle Fiandre Richard aveva constatato con piacere e reverente ammirazione la determinazione del fratello, tornato finalmente l'uomo che a Towton aveva combattuto a piedi e a cavallo durante tutte le ore del giorno fino a notte inoltrata.

Non appena arrivati a Digione, dove il duca Charles aveva le sue residenze, avevano duellato ogni giorno per ore finché Richard non si riduceva a un ammasso di carni lacerate e di ossa incrinate. Il ventottenne Edward fino a quel momento aveva mantenuto il giuramento di non cedere al vino e agli eccessi, vivendo come uno stoico o un monaco guerriero. Dopo il tempo dedicato alla lotta e dopo aver corso per miglia su e giù per le colline, tornava a giostrare, continuando finché il legno di quercia delle assi attaccate ai pali non era sfondato. La sua era una vita semplice, priva delle complicazioni che comportava la pianificazione del futuro.

Richard sorrise al pensiero che suo fratello sarebbe stato la vendetta di Dio in persona quando fossero stati pronti, uno spettacolo al quale non gli sarebbe dispiaciuto assistere. Sapeva quale fosse il difetto di Edward, che si impegnava seriamente solo quando era messo alle strette e vicino alla fine. In assenza di nemici a pungolarlo, Edward si lasciava andare, ingrassava e si impigriva ogni giorno di più, ma ora che gli era stata strappata dal capo la corona, senza poter vedere il suo bambino appena nato, si era trasformato in una figura temibile, implacabile, che non aveva nessuna compassione per coloro che massacrava nei suoi allenamenti.

Edward avvertì su di sé lo sguardo del fratello e alzò la testa, addolcendo l'espressione severa. Richard non era certo che non fosse frutto della sua immaginazione, ma gli pareva davvero di sentir sibilare i fiocchi di neve che si scioglievano venendo a contatto con la pelle scottante di Edward.

«Fa troppo freddo per stare fuori senza una camicia addosso, fratello!» gli gridò dal fondo del cortile.

Edward scrollò le spalle con noncuranza.

«Sento freddo solo quando sto fermo. Sono uno spartano, Richard, non sento il dolore.»

Richard chinò il capo in risposta, anche se provava una certa rabbia nel vedere quella sicurezza nelle proprie forze, una sicurezza che lui non avrebbe mai conosciuto. Nel mese precedente i problemi alla schiena erano aumentati e i dolori in certi momenti erano così forti che aveva cercato dei rimedi dagli speziali della Borgogna. La maledetta scapola si spostava in fuori costantemente dandogli la sensazione che qualcuno continuasse a premergli la mano sulla schiena. Aveva perfino cercato di immaginare che fosse la mano di suo padre, ma dopo un po' era diventato un pensiero opprimente.

Perlomeno il duca Charles aveva assegnato ai due fratelli uno stipendio generosissimo, ogni mese veniva consegnato a Edward un sacchetto di monete d'oro e d'argento e allora Richard doveva farsi avanti per chiedere la sua parte, una cosa che lo umiliava, lo faceva sentire un bambino che supplicava il padre di dargli qualche spicciolo. Spendeva la sua modesta ricchezza in unguenti e in erbe, in pozioni e polverine, e in preghiere nelle chiese. Aveva scovato una servetta cieca che gli massaggiava i punti più dolorosi della schiena finché Richard non resisteva più. Con i bagni prolungati e un'ora di quella manipolazione profonda provava un certo sollievo e riusciva a dormire.

Edward afferrò una spada nel suo fodero e raccolse la maglia di lana e il farsetto, rammaricandosi con se stesso nel sentirli umidi mentre scuoteva via la neve. Si avvicinò al porticato dove suo fratello era fermo in piedi.

«Altre notizie da casa?» gli domandò speranzoso. Richard scosse il capo e Edward sospirò. «Allora rientrerò per mangiare qualcosa... a meno che tu non voglia incrociare le spade ancora una volta. Ho fatto venire un maestro d'armi questo pomeriggio, un amico di Charles dal Sud. Ho bisogno di acquistare agilità.»

«E tu lo maciullerai come hai fatto con l'ultimo» disse Richard acido, ancora indolenzito dopo il loro più recente combattimento. Gli occorreva più tempo che alla maggior parte degli altri per riprendersi e camminare di nuovo senza difficoltà, sebbene non lo avesse mai ammesso, né avesse mai chiesto a Edward di avere dei riguardi: l'esperienza del dolore fisico era sua e solo sua.

Edward scrollò le spalle.

«Forse. Data la nostra situazione, dato quello che ci proponiamo di fare, non posso lamentarmi del tempo che passo ad allenare i piedi e le spalle. E il braccio che impugna la spada. O rimettiamo piede in Inghilterra – e vinciamo – o farò meglio a gettare mia moglie e mio figlio tra le fiamme.»

In piedi davanti al fratello minore, con il petto nudo che si sollevava e abbassava rapidamente dopo lo sforzo fatto, con il rivolo di sangue che si mescolava alla neve colando sul mento e sul collo, Edward aveva la disperazione negli occhi e questo impressionò Richard, facendo vacillare il suo senso di sicurezza. Edward era sempre stato un po' spaccone, un uomo che se la rideva della morte e la prendeva a calci nel sedere, ma la sua baldanza aveva subito un duro colpo; era stato costretto a lasciare la patria solo con quel che aveva indosso e ora dipendeva dalla generosità di un uomo che non amava particolarmente l'Inghilterra, ma odiava il re di Francia e di conseguenza i Lancaster.

«Non dovrà passare ancora molto tempo, lo giuro.» Pur tanto lontani da casa come erano, Richard si guardò ugualmente intorno per controllare che nessuno potesse udirli, sporgendosi dalla balaustra mentre Edward si avvicinava per sentire meglio. Con piacere Richard notò che una volta tanto era alto quanto il fratello, suo pari nella statura.

«Il duca Charles ci ha accordato milleseicento uomini e tre dozzine di navi in qualsiasi momento noi decidiamo di muoverci. Non dispone di bravi arcieri, ma ci darà qualche centinaio dei suoi bombardieri con lampi e tuoni a disposizione. Io gli ho parlato del primo di marzo, non oltre. Anche se l'inverno mordesse ancora, noi partiremo. Avremo navi, uomini e armi. Il resto è nelle tue mani... tue e dell'esercito che saprai radunare a primavera.»

«Ma verranno?» Edward lo disse bisbigliando, parole appena percepibili, rivolte quasi a se stesso. Richard decise di rispondere comunque: «Avevamo solo tre giorni, eppure ottocento uomini sono accorsi al tuo fianco! Con due eserciti alle calcagna e nemmeno un luogo dove fermarci, sono venuti lo stesso! Se possiamo conquistarci un solo mese e una battaglia in campo aperto, si ricorderanno di York. Si ricorderanno di Towton e di ciò che hai fatto allora per tutti loro. Accorreranno! E noi batteremo quegli straccioni e non ci fermeremo finché non saranno stati calpestati tutti. Questa volta non ci fermeremo! Warwick, Montagu, il vescovo Neville, re Enrico, Margherita, Edward di Lancaster e Derry Brewer. Non ne lasceremo *uno* in vita. Sono stati sleali con noi. Noi saremo sleali con loro!»

«Non ti deluderò di nuovo, Richard.» La voce di Edward non produceva più rumore della neve che cadeva. «Mia moglie ha avuto la fortuna o l'abilità di chiedere asilo. E io ho un figlio maschio ora, un erede. Perciò non ci fermeremo una volta cominciato. Come hai detto tu. Non ci fermeremo finché tu e io non saremo i soli sopravvissuti.»

Sbalordito, George, duca di Clarence, alzò lo sguardo sullo sconosciuto che aveva la sfacciataggine di chiamarlo gesticolando, con l'aspetto di un uomo che vivesse nei boschi o forse in qualche caverna come gli eremiti di un tempo. Furibondo, Clarence tirò le redini, lasciando il capriolo che stava inseguendo libero di svanire nel sottobosco.

«Milord Clarence, sareste così gentile da concedere un momento e qualche parola, per il bene dei vostri cari fratelli, a un loro fedele sostenitore?»

L'accento irlandese dell'uomo fece aggrottare la fronte al duca. Lo sconosciuto aveva un gran sorriso sulla faccia e George si girò di scatto sulla sella, convinto all'improvviso che lui e i suoi uomini fossero sotto attacco.

«Vostra grazia! Non c'è nessun motivo di allarmarsi, ve lo assicuro, milord Clarence, non c'è nessun pericolo. Sono disarmato e inerme, ma vi porto un messaggio da parte di amici.»

«Se siete un mendicante mi siete già costato un bel capriolo per la mia tavola e sulla mia terra» ribatté Clarence. «Credo che mi prenderò io qualcosa di vostro in compenso. Portatemi un orecchio di quest'uomo, sir Edgar!»

Lo scudiero in questione smontò agilmente di sella pur indossando corazza e cotta di maglia, si tolse un guanto di ferro ed estrasse un lungo pugnale da un fodero attaccato alla sella. Di colpo impaurito, l'irlandese sbiancò sotto lo strato di sudiciume, ritirandosi rapidamente tra le felci e i rovi, pronto a fuggire veloce quanto il capriolo inseguito.

«Milord, mi avevano detto che mi avreste ascoltato. Vi porto un messaggio dei vostri fratelli!»

«Ah, capisco! Allora è un vero peccato che io non voglia avere nessun messaggio dei miei fratelli. Andate, sir Edgar, portatemi l'orecchio di quell'individuo in cambio della mia preda. Ci penserà due volte prima di rovinarmi la caccia un'altra volta.»

L'uomo cercò di scappare, ma fu atterrato da un pugno sullo stomaco, bloccato con un ginocchio sulla schiena. Lanciò urla strazianti mentre gli veniva tagliato un orecchio, poi lo scudiero lo mostrò a Clarence mentre il suo precedente proprietario si rialzò incespicando, dolorante e al colmo dello sbalordimento, il collo rosso di sangue, fissando il duca e premendosi la mano sulla ferita.

«Vattene per la tua strada ora, calderaio!» gli gridò Clarence spronando il cavallo. «E ringrazia il Cielo di essere ancora vivo.»

L'irlandese osservò con odio cupo l'uomo che gli aveva mozzato l'orecchio; sir Edgar lanciò un'occhiata incuriosita al pezzo di carne rossa di sangue che teneva in mano, poi lo gettò tra i rovi e seguì il suo signore.

Margherita d'Angiò alzò lo sguardo su re Luigi, chinando subito il capo in segno di saluto. Il sole di gennaio entrava attraverso i vetri della finestra, scaldando la stanza nonostante il gelo esterno. Sembrava una magia in una stagione così fredda, con la primavera ancora lontana. Alzò il viso, lasciandosi illuminare da quella luce, e chiuse gli occhi, respirando profondamente.

«Riuscite a sentirlo, maestà?»

«Il calore, mia cara? Certamente. Questo palazzo è una vera meraviglia, non c'è nient'altro di simile al mondo, mi hanno detto. Mi hanno anche detto che alcuni edifici in oriente sono costruiti interamente di vetro, ma io credo che sia pura fantasia, che si debba prenderla sul serio come le storie di draghi e di giganti.»

Margherita sorrise a quel piccolo uomo così vigoroso e pieno di energia. Le piaceva la compagnia del sovrano, anche se non l'aveva visto molto spesso i primi anni del suo esilio, quando lei non era nessuno. Ma era tanto accorta da capire di essere diventata utile ai suoi piani soltanto quando Warwick si era allontanato da Edward di York; e che i piani del re di Francia prevedevano a quel punto una riconciliazione tra lei e Warwick. In questo il re aveva avuto successo.

Una volta di più, gli fece un breve inchino col capo. Re Luigi non aveva bisogno che gli venisse detto quali fossero i pensieri di Margherita o fino a che punto lei lo ammirasse, re Luigi sapeva sempre tutto, come amava affermare egli stesso. La sua vera abilità era quella di indovinare le emozioni e le menzogne di chi gli stava intorno, di vedere gli altri così come erano in realtà. Quel dono avrebbe fatto la sua fortuna se fosse stato un commerciante, ma la sua nascita lo aveva posto al di sopra di quegli orizzonti limitati. Il suo talento gli era servito invece per conservare il trono... e per far ruzzolare Edward di York dal suo. Il pensiero rallegrò Margherita, che sentì le fossette disegnarsi sulle sue guance e il rossore invaderle il collo.

«Maestà, avevo intenzione di chiedervi se sentite la tensione di questo momento, di questo giorno. Mio figlio si è sposato prima di Natale con Anne di Warwick, gli York hanno lasciato l'Inghilterra. Mio figlio e io siamo... risoluti, maestà, ad attraversare il mare e riprendere ciò che ci era stato rubato. E a essere vostri sicuri alleati per tutti gli anni che ci rimangono da vivere. Chissà? Risoluti a creare un legame così stretto che i nostri regni possano rimanere amici per sempre.»

«Eppure voi avete paura, Margherita» osservò Luigi, negli occhi un sorriso gentile e divertito. «Siete a un passo dalla realizzazione delle vostre speranze ma non vi fidate del fatto che io possa realizzarle?»

«Oh, maestà! Come potrei non fidarmi? Voi avete pensato a tutto, ad avvicinare Warwick a me, a farci dimenticare le antiche colpe e ricominciare da capo, con nuovi giuramenti sulla reliquia della vera croce.»

Il re di Francia si alzò e si portò all'altra estremità della tavola per prenderle le mani tra le sue.

«Margherita, voi avete sofferto molto e avete sopportato tutto con la dignità di una grande dama. Vostro marito tradito e imprigionato, voi e vostro figlio banditi dal regno. È naturale che abbiate paura, vicina come siete a riconquistare tutto. Vi sembra troppo bello? Ottenere giustizia e vedere i vostri nemici abbattuti? Immaginare Edward di York soffrire e disperarsi come senza dubbio avete sofferto voi i primi tempi?»

Per ragioni che non riusciva a comprendere perfettamente, Margherita sentì crollare parte delle sue difese. Le salirono le lacrime agli occhi, che aveva pensato sarebbero rimasti asciutti per il resto della sua vita. La vista di una donna che piangeva in preda a una forte emozione fece sorridere il re, che tuttavia le nascose la strana eccitazione che provava, poiché non gli era particolarmente utile in quel momento.

«Mia cara,» le disse stringendole le mani con più forza «capisco la vostra cautela, troppe volte siete stata tradita e non riuscite a cancellare il timore che possiate esserlo ancora. Vi assicuro che vostro marito, Enrico, è ora nei suoi appartamenti, accudito dai servitori. Un paio di persone che lavorano in quel piccolo palazzo a Londra mi fa avere sue notizie, capite? Immagino che qui a Parigi sia lo stesso. Talvolta penso che tutto il naviglio che fa la spola tra l'Inghilterra e la Francia sia carico di lettere di persone che si spiano a vicenda e scribacchiano tutto ciò che sentono dire.» Sospirò, distogliendo lo sguardo da Margherita e la scintilla che lo animava si spense insieme al desiderio.

«Ora, mia cara, ascoltatemi. Scrivete al conte di Warwick o a quei lord che vi amavano e sono stati i più leali con voi. Dite loro che arriverete con una nave che avrà una guardia d'onore dei miei uomini migliori, cento, no, *duecento*, armati per assicurarsi che il vostro piede non inciampi su una pietra smossa. Milady, la mia autorità terrà al sicuro voi e vostro figlio finché non sarete di nuovo a

Londra. Fino a quel giorno, finché non sarete pronta, siete mia ospite e lo sarete fino a quando vorrete.»

Margherita sentì allentarsi la stretta delle mani regali e lasciò che la pelle secca del sovrano sfiorasse la sua, poi alzò di nuovo lo sguardo verso la luce del sole che entrava dalla vetrata, ricordando che lo scopo di Luigi XI era abbattere re Edoardo, il quale preferiva un infido duca di Borgogna a un re di Francia. Era stata questa l'offesa che Luigi aveva voluto lavare mille volte, nessun'altra. Il destino di Margherita, con quello di suo figlio e dei Lancaster, era sempre stato semplicemente un'ombra di tutto il resto.

Schiuse le labbra e trasse un lungo respiro silenzioso. Il re vide la sua resa e le sorrise senza farsi vedere. Una volta che i Lancaster fossero stati saldamente sul trono e l'Inghilterra acquietata, Luigi sapeva che sarebbe stato libero di rivolgere la spada e tutta la sua potenza contro l'usurpatore di Borgogna, Charles le Téméraire.

Luigi ripensò a un vaso che aveva visto una volta, un piccolo oggetto delicato bianco e blu, troppo brutto, però, per essere esposto, anche se era stato fabbricato in qualche regno orientale lontanissimo dove regnavano khan e satrapi. Era stato rinforzato con minuscole sbarre di metallo, un pezzo ritenuto così di valore da meritare di essere salvato anche dopo che si era rotto. Un pezzetto alla volta, un mastro vasaio lo aveva rimesso insieme, usando colla, metallo e mesi o anni di tempo. Luigi annuì tra sé. La sua ricompensa avrebbe avuto un valore ancora più grande: la Francia unificata sotto una sola corona, l'Inghilterra un alleato sicuro. Rimpiangeva soltanto che suo padre non potesse vedere quanto aveva realizzato il figlio con i cocci che lui gli aveva lasciato.

George, duca di Clarence, spalancò gli occhi nel buio. Sentì una linea fredda attraversargli la gola e quando una voce gli bisbigliò all'orecchio fu preso da un tale terrore che si inarcò nel letto, irrigidito, solo la nuca e i piedi a contatto col lenzuolo. Accanto a lui Isabel, sua moglie, dormiva un sonno agitato.

«Un solo movimento e ti taglierò la gola; domattina ti troveranno a guardare il soffitto.»

Lentamente Clarence si riprese e abbassò la schiena, in modo da essere disteso più normalmente. Il cielo stellato fuori dalla finestra faceva entrare pochissima luce, non c'era la luna e l'uomo nella sua camera era solo una macchia scura china al suo fianco. George trattenne il respiro avvertendo odore di sangue provenire dall'uomo, di sangue e di felci. Si sentì inondare di sudore, la faccia imperlata.

«Ora, vostra grazia, siccome mi è stato detto di darvi un messaggio, io ve lo darò, anche se mi piacerebbe farvi a pezzi per avermi mozzato l'orecchio.» Nonostante la necessità di non far rumore, la voce dell'irlandese si fece man mano più forte, come se non riuscisse a tenere a bada la collera; nel sonno Isabel mormorò qualcosa ed entrambi gli uomini si immobilizzarono.

«Tu non capisci» bisbigliò dopo un po' Clarence. Fece per muovere la testa ma rimase pietrificato nel sentire una puntura acuta e un rivoletto caldo scorrergli sul collo. «Tu non conosci Derry Brewer, il capo delle spie reali. Ha uomini dappertutto, ascoltano tutto. Non potevo certo lasciare che tu ti avvicinassi a me in presenza di altri uomini che gli riferiscono ogni parola di quanto ci diciamo.»

Per un momento la pressione della lama aumentò, come se l'uomo volesse farlo tacere mentre rifletteva. Clarence deglutì, sentendo il pomo d'Adamo muoversi pericolosamente contro il metallo. Isabel gemette nel sonno, si girò a metà senza svegliarsi e il marito fu certo che il cuore gli sarebbe schizzato fuori dal petto. Sentiva i seni morbidi della moglie premere contro il suo braccio sinistro e grottescamente, in pericolo di vita com'era, si rese conto che si stava eccitando: il momento non avrebbe potuto essere peggiore.

«Dio sa che preferirei uccidervi,» sibilò la voce dall'accento irlandese, inconsapevole dell'imbarazzo atroce dell'altro «ma sono stato pagato e sono un uomo di parola. Resta fermo e ascolta.» Il silenzio scese di nuovo e Clarence udì il respiro regolare della moglie, un respiro profondo, di gola.

«I tuoi fratelli torneranno a casa, torneranno al nido. Presto, anche se non si sono fidati a dirmi la data. Quando saranno di nuovo in Inghilterra, vogliono che tu abbia presente che Warwick non ti farà mai re. Ha fatto sposare la sua seconda figlia a Edward di Lancaster, che è un giovanotto sano e fertile. Hai legato i tuoi colori al cavallo sbagliato.»

Clarence batté con forza le palpebre nell'oscurità, sollevato al pensiero che l'irlandese non potesse vederlo. Aveva tradito i fratelli per la rabbia e per il dolore della perdita subita... eppure sentiva ancora la loro mancanza. Era difficile per lui tenere viva la fiamma delle grandi passioni, era incline a perdonare e a lasciare che le antiche pene volassero via col vento. Riconosceva il tono asciutto di Richard nelle parole che l'uomo aveva imparato a memoria, o forse quello era lo stile brusco di Edward. Desiderava con tutto il cuore avere di nuovo la loro fiducia.

Il pensiero andò nuovamente alla giovane donna che dormiva al suo fianco, la figlia maggiore di Warwick. Clarence poteva dire senza mentire che l'amava, come lei amava lui. Ma avrebbe continuato ad amarlo se avesse tradito suo padre? Chi poteva dire se avrebbe condiviso ancora il suo letto? Se si fosse schierato di nuovo con gli York, forse lei lo avrebbe odiato con lo stesso vigore velenoso che in precedenza aveva riservato a Edward e a sua moglie Elizabeth. Clarence strinse i pugni nel buio. Doveva scegliere: o il suo matrimonio o i suoi fratelli. O l'una o l'altra cosa.

«Che cosa vorrebbero che facessi?» bisbigliò.

«Solo che tu riflettessi e decidessi a chi vuoi essere fedele. Questo momento passerà, tutto verrà deciso sul campo di battaglia e tu sai che Edward di York non sarà mai sconfitto in combattimento, perciò raduna i tuoi uomini e tieniti pronto a marciare al nostro fianco. Se lo farai, sarai perdonato e riavrai tutto, se non lo farai, sarai dannato e distrutto. Ora va' con Dio, fratello. Ma unisciti a noi.» Il tono di voce dell'uomo cambiò quando fu arrivato alla fine delle frasi che aveva imparato a memoria, di nuovo infuriato per il dolore pulsante della ferita e per l'umiliazione ricevuta. Gli occhi di Clarence si erano abituati al buio e riuscivano a vedere che la testa dell'irlandese era fasciata, bitorzoluta e deforme nell'oscurità.

«C'è un sacchetto di monete sul mobile» gli sussurrò a voce bassissima. «Prendilo in risarcimento della ferita. Ti ho ascoltato.»

Udì un debole rumore metallico e capì che le dita dell'uomo avevano trovato il sacchetto di seta, anche se il coltello non aveva mai lasciato la sua gola. Strano, pensò Clarence, non sentiva più il freddo della lama, la sua pelle aveva scaldato il metallo.

«C'è una risposta?» giunse la voce dell'uomo. Clarence fissava il buio, immobile.

«Come? Accetterebbero la mia parola? Non sanno che cosa c'è nel mio cuore e continueranno a non saperlo qualsiasi cosa io possa dire adesso. Ho tremila uomini al mio comando, saranno questi la mia risposta quando i miei fratelli si muoveranno. Ora, buonanotte. Hai disturbato il mio sonno anche troppo a lungo.»

Per un istante Clarence ebbe l'impressione che la pressione della lama aumentasse e sussultò nell'oscurità, il respiro aspro in gola. Poi il coltello svanì, con un cigolio la finestra si aprì e l'ombra si dileguò. Clarence si girò nel letto e fece scorrere una mano speranzosa sul seno della moglie, che farfugliò qualcosa e si girò dall'altra parte mostrandogli la schiena. Clarence rimase sveglio in silenzio finché non fu ora di alzarsi. Il nuovo giorno era cominciato.

IX

Marzo cominciò con venti freddi e violenti accompagnati da piogge scroscianti. Il canale della Manica era stato un inferno grigio per quasi tutto il mese di febbraio. Le tempeste avevano flagellato le coste di Francia e Inghilterra tormentando le flotte mercantili tanto da costringerle a restare al riparo nei porti, lontane dal mare aperto. Le navi da guerra francesi aspettavano agli ormeggi nelle acque profonde della Senna, a molte miglia dall'oceano, pronte a scortare Margherita e suo figlio in Inghilterra. Più a nord e a est, sferzate dalle burrasche, le navi del duca di Borgogna dondolavano e gemevano sulle ancore. L'arcipelago era formato da centinaia di isole e durante i mesi invernali dozzine di navi erano state rimorchiate là una alla volta, nascoste alla vista e ignorate da tutti. Su quelle coste verdi e muschiose, il duca Charles aveva raccolto una forza di invasione per la casa di York.

Il sole debole non riusciva a scaldare l'aria e faceva freddo mentre i reggimenti silenziosi in cotta di maglia e cuoio salivano pesantemente a bordo delle navi ormeggiate lungo tutti i moli, alcuni ufficiali con le spade corte e appuntite assicurate alla coscia con cinghie di cuoio. I soldati si sarebbero armati di picche o di asce o perfino di qualche mazzapicchio inglese ora stivati in grossi rotoli di tela già macchiata di ruggine, corrosi solo superficialmente, per il momento; solo quando la ruggine avesse finito di corrompere il metallo delle armi, la guerra sarebbe finita.

Ottocento uomini aspettavano ancora in piccoli gruppi di raggiungere le loro navi per fare vela verso una terra dalla quale forse non sarebbero più tornati, il loro umore influenzato da quella prospettiva, nel baccano generale di armati che controllavano il loro equipaggiamento o imprecavano tra i denti accorgendosi di aver dimenticato qualcosa di importante.

Edward salì a bordo della nave ammiraglia, la *Mark Antony*, facendo piegare il legno dello scalandrone sotto il suo peso aggravato dall'armatura e lanciando occhiate cariche di apprensione all'acqua sotto di sé, sapendo che se vi fosse caduto non sarebbe mai più risalito dagli abissi. Raggiunto il ponte, strinse con forza il legno lucido dell'impavesata e si guardò intorno con interesse severo. La *Mark Antony* era proprietà personale dell'ammiraglio borgognone e perfettamente a punto, con i suoi legni di vecchia quercia sbiancati e gli ottoni lucidi; una trentina di soldati era raccolta sui castelli di prua e di poppa, oltre che sul ponte, altri, attaccati alle griselle, penzolavano come ladri impiccati, allungando il collo per vedere il re d'Inghilterra, il sovrano che li stava portando in battaglia in un lido straniero. Edward udì nitrire e scalciare nel suo minuscolo recinto nella stiva un cavallo innervosito dalle grida dei marinai sottocoperta.

Edward incontrò gli sguardi di tutti con deliberata sicurezza, girando lentamente il capo così che ognuno potesse dire che il re d'Inghilterra li aveva guardati negli occhi infondendo loro la fiducia che aveva in se stesso, la sua determinazione. Alcuni di quegli uomini che ora lo stavano giudicando erano mercenari delle Fiandre, esperti nell'unico lavoro veramente ben pagato. Edward sapeva che fra loro vi erano delle spie che avrebbero fatto rapporto al duca, ma la cosa non lo riguardava: il suo unico scopo, il suo unico desiderio coincideva perfettamente con quello dell'uomo che aveva finanziato la spedizione, e cioè fare un affronto alla Francia restituendo agli York l'Inghilterra. Provò un senso di eccitazione davanti alla fiducia e alla determinazione che avvertiva intorno a lui. Quegli uomini non lo avrebbero deluso, doveva soltanto mettere piede sul suolo inglese per piantarvi il suo stendardo e certamente quei bravi gli avrebbero permesso di farlo.

Richard salì a bordo con passo spedito, facendo sobbalzare le assi sotto i piedi, e gli animi dei due fratelli York si riempirono di esultanza alla vista delle navi che prendevano il largo bordeggiando e manovrando fra le isolette, saggiando la zavorra e il cordame, già strapiene di uomini, mentre altre stavano ancora levando l'ancora e spiegando qualche vela per navigare nei canali profondi dello Zeeland fino al mare aperto.

«Come una freccia dall'arco, fratello!» Richard gridava per farsi sentire. «Come un falco da grande altezza piomberemo su di loro!» Fu contento di vedere il largo sorriso feroce del fratello. Niente più occhi vitrei e quel gran ventre bianco: quattro mesi di strenuo esercizio avevano fatto di Edward il temibile mastino di un tempo, giovane, vigoroso e veloce come una volta. Edward si mosse agilmente nonostante il rollio della nave per avvicinarsi a Richard, accentuando il sorriso mentre gli parlava in un bisbiglio che nessuno dei presenti potesse udire: «Credi che ci sarà una flotta ad aspettarci?». Temeva che qualche spia avesse portato in Inghilterra la notizia dei loro preparativi, perché, se all'entrata del canale della Manica avessero trovato la flotta inglese pronta a riceverli, il sole sarebbe tramontato per sempre sui loro piani e sulla loro vita.

Richard batté la mano sulla spalla di Edward, recitando come lui la parte del giovane in ammirazione di ciò che vedeva e al tempo stesso dicendo a bassa voce: «Non è possibile, fratello! Non sono passati nemmeno sei mesi da quando hai lasciato le coste inglesi eppure eccoci qui con navi e uomini. Non possono essere pronti a riceverci e nemmeno possono sapere che tu hai ritrovato tutto il tuo spirito combattivo». Richard rise. «Mentre io non ho mai perso il mio. Sappi una cosa, Edward...»

Richard di Gloucester si interruppe di colpo quando il conte di Rivers balzò sullo scalandrone facendolo scricchiolare. Anthony Woodville si era fatto crescere una folta barba scura a punta che si allungava sulla corazza, tanto che non si capiva dove finisse il mento. Richard represse la sua irritazione al saluto accompagnato da un inchino del fratello della regina. Rivers, che aveva ereditato il titolo dal padre nella lotta per il potere, aveva visto in Edward la sua grande occasione e gli era rimasto sempre attaccato. Richard lo ricambiò con un cenno del capo, rimpiangendo di non poter continuare la conversazione con il fratello, una dimostrazione di intimità rara in Edward e tanto più gradita per questo; ma con lord Rivers in piedi accanto a lui, non sarebbe stata più possibile.

Richard si girò a guardare i moli. Suo fratello era un valente condottiero in battaglia, solo uno stolto avrebbe potuto negarlo, e tuttavia in tempo di pace si circondava di baroni dai muscoli possenti e dalla testa vuota, uomini che gli dovevano i loro titoli e la loro ricchezza, pronti a dissiparla con lui in bevute e grandi cacce. Richard non perdeva tempo con loro, men che meno con quel bruto che era il fratello della regina, il che non gli aveva impedito di sorridergli quando Anthony Woodville si era intromesso fra loro, imprecando contro il vento e la pioggia.

«Signori!» esclamò Edward all'improvviso. Non aveva perso il dono di farsi sentire pur non dando l'impressione di gridare e la sua voce infatti si propagò all'intorno tanto che perfino gli uomini sulla nave vicina si fermarono, tralasciando ciò che stavano facendo e voltandosi verso di lui.

Edward sfoderò una magnifica spada lunga, regalo senza prezzo del duca Charles le Téméraire, appoggiandone la punta sul legno della coperta fino a piantarvela. Si inginocchiò e tutti si inginocchiarono a loro volta; perfino chi era sulle griselle chinò il capo e giunse le mani tra le cime ruvide. Edward afferrò la lama nuda in modo da avere davanti a sé la croce scintillante formata dall'elsa.

«Io chiedo al Nostro Signore e Salvatore Gesù Cristo di farci arrivare sani e salvi e chiedo al mio santo patrono e a tutti i santi di darci la forza, la volontà e l'onore per riprenderci ciò che ci è stato tolto. "*Placebo Domino in regione vivorum*", "Camminerò davanti al Signore nella terra dei viventi". L'Inghilterra, signori, dove io sono re. Per mare e per terra io chiedo il tuo aiuto, Signore. Che Dio ci dia la pace quando avremo finito e la forza fino ad allora. Amen.»

L'ultima parola fu ripetuta in un boato dai presenti. Sulle navi già in mare e su quelle ancora all'ormeggio, ogni testa si era chinata, tutti quegli uomini in armi erano uniti dallo stesso scopo, anche se ben pochi avevano potuto sentire quelle parole. Milleseicento armati si fecero il segno della croce e si raddrizzarono in un grandioso fragore di metallo. Edward sorrise, mostrando i denti forti. «Ora portatemi a casa, miei valorosi! Vorrei rivedere l'Inghilterra.» I marinai si affrettarono ai loro compiti, tesando le vele e dirigendo i goffi soldati quando avevano bisogno del loro aiuto. Le vele si gonfiarono, fileggiarono nel vento e il movimento della nave cambiò, facendosi sempre più rapido e trasformando la nave in qualcosa di vivo sul mare. Lasciare le coste delle Fiandre non era una fine ma un principio. Edward quasi non riusciva a contenere il desiderio di calpestare di nuovo il suolo inglese, aveva provato un dolore quasi fisico che aveva negato per tutti i mesi del suo esilio e, cosa ancora più importante, voleva far vedere a Warwick e agli altri chi era e che non aveva paura di niente. Uno solo era re d'Inghilterra. Quando la nave uscì in mare aperto in formazione con altre trenta, il vento si rafforzò facendo aumentare la velocità. La grande prua si affondò tra le onde per rialzarsi in un lungo scroscio verde e ricadere subito dopo. Gli spruzzi superavano in altezza Edward mentre si portava a prua, godendo del vento sferzante e freddo e di tutto ciò che portava con sé.

«Avanti!» gridò, anche se a chi lo gridasse, se agli uomini sul sartiame, ai gabbiani o alla stessa nave, nessuno avrebbe saputo dirlo. «Avanti!» Stava tornando a casa, per saldare tutti i suoi debiti e riprendere la corona, anche se avesse dovuto macchiarla di sangue.

«I coraggiosi uomini del parlamento fanno resistenza, milord, perché credono di poter servire due padroni.»

«Bene, dovremo far capire a quei signori che non possono!» ribatté Warwick. «E sono stufo di essere intralciato da simili omuncoli! Il re *Enrico* ha convocato questo parlamento e tutti loro hanno giurato fedeltà a lui... e hanno assistito all'esecuzione del conte di Worcester per alto tradimento. Una lezione per loro! Eppure sembrano decisi a ostacolarmi e a rendersi ridicoli.»

Derry Brewer sospirò, esaminando il fondo di un boccale di peltro e alzandolo per farselo riempire di nuovo; in quanto a lui, non era ancora stufo di farsi servire da tutti quelli che gli scodinzolavano intorno nel palazzo di Westminster. La bella e nuova decorazione sulla tunica e una parolina nell'orecchio giusto gli avevano fatto guadagnare tutta l'apparenza della rispettabilità; i servi si inchinavano quando entrava in una stanza e correvano quando chiedeva birra o vino, bistecca o pasticcio di rognone. Derry Brewer aveva scoperto che apprezzava molto gli agi della vita... a certe condizioni.

«Richard, sono solo uomini» gli fece notare. «Uomini istruiti che sanno il latino e il greco, sì, uomini che sanno anche far di conto se non si ha bisogno della risposta il giorno stesso. Però non sono al di sopra delle preoccupazioni per la propria sopravvivenza, mi spiego? Hanno case, focolari, mogli, amanti e marmocchi da sfamare, tutte cose che potrebbero perdere da un momento all'altro, se

Edward di York ricomparisse.» Si strinse nelle spalle vedendo che Warwick lo guardava male, rifiutando di ammettere qualcosa che sapeva essere la verità e cioè che gli uomini del parlamento stavano cercando di restare in equilibrio su un filo impossibile. Se re Edoardo fosse ritornato, avrebbero voluto avere il modo di dimostrargli che avevano cercato di guadagnare tempo e che erano stati leali con lui; al contrario, se Enrico fosse rimasto definitivamente al potere, si sarebbero messi a scodinzolare, calpestandosi a vicenda pur di guadagnarsi il suo favore.

Derry li disprezzava tutti, ma lo aveva sempre fatto d'altronde, fin da quando il loro portavoce Tresham, morto da lungo tempo, aveva aizzato due cani contro un suo vecchio amico. Cani con strumenti di tortura e un braciere. Derry non si aspettava nessun aiuto da uomini del genere, solo frustrazioni e bastoni fra le ruote. Il risultato era che non poteva sentirsi deluso da loro, una cosa che trovava stranamente confortante. Warwick però non aveva avuto la stessa rivelazione e si ostinava a lottare.

«La metà delle case di Londra sono piene dei miei uomini, Derry. Dormono in ogni solaio e cantina, ammucchiati come legna da ardere nelle taverne... per rubare la birra quando i proprietari dormono, come apprendo dalle lamentele e dai conti che mi vengono presentati quasi ogni giorno.»

«Fate costruire una caserma, allora,» suggerì Derry con una scrollata di spalle «fuori dalle mura, dove non possano insidiare le ragazze, con un prato dove esercitarsi e sudare.» Vide l'idea farsi strada nella mente di Warwick pur mentre questi beveva, con il pomo d'Adamo che andava su e giù. Senza fiato per aver vuotato il boccale tutto d'un sorso, Warwick alzò il boccale per farselo riempire di nuovo e scosse la testa: «Sì, forse lo farò. È un problema di Londra, però. Nel frattempo ho una flotta che va avanti e indietro lungo le coste francesi in cerca delle navi di York, con un freddo invernale e i legni rotti e marci, burrasche

che fanno precipitare gli uomini dalle sartie e fracassare teste sul ponte. Altri muoiono urlando di dolore. Eppure non se ne vanno, su e giù, su e giù senza sapere se le avvisteranno mai».

Con un sospiro che era quasi un gemito, Warwick si interruppe, passandosi la mano sugli occhi prima di continuare: «E durante tutto questo tempo, mentre mi dissanguo gettando in mare intere fortune, il parlamento del re, questi venditori di grano, questi avvocati delle contee e delle città piccole e grandi, non si rendono conto che il vento è cambiato! Gli York se ne sono andati, Lancaster è tornato dopo un decennio del loro governo disastroso. Mio fratello John mi compare davanti tutte le mattine per annunciarmi che non ha saputo ancora niente del suo titolo di conte di Northumberland. Le rendite di metà dei miei vecchi possedimenti vanno ancora a finire nei forzieri di altri e quando faccio presente la cosa mi viene detto di rivolgermi ai tribunali! Forse re Enrico è stato troppo buono con quei legulei bastardi dalle barbe bianche! Ci sono voluti tre mesi solo per la spogliazione di Edward di York, come era stato per suo padre prima di lui. Stirpe maledetta! Tutto ciò che sono riuscito a ottenere per Clarence è stato di farlo luogotenente d'Irlanda, mentre i suoi vecchi titoli giacciono tra le scartoffie inutilizzati o contesi. Devo forse passare il resto della vita in un'aula di tribunale? Io vi dico che il regalo che ci ha fatto Towton è stato di lasciare molti posti vuoti. Edward aveva titoli a bizzeffe da concedere ai suoi favoriti e così facendo ha potuto assicurarsi il loro sostegno. Datemi un consiglio, Derry! Dobbiamo cacciare via questi signori del parlamento in nome del re Enrico? Non faranno altro che borbottare e discutere finché non squilleranno le trombe del Giudizio, ve lo assicuro, mentre io ho una dozzina di uomini ai quali dobbiamo dei favori e non ho titoli né possedimenti da elargire.»

«Quei signori hanno solo paura che una grande ombra cada di nuovo su di loro. Abbiamo cercato di colpire

Edward di York e il fortunato figlio di una stramaledetta prostituta ha schivato il colpo e si è dileguato. Come per re Artù, stanno aspettando che torni a casa quest'estate. Tutta la benedetta Inghilterra prevede che ritornerà.» Derry approfittò di quella pessimistica dichiarazione per trangugiare metà della pinta che gli era stata versata, leccandosi le labbra soddisfatto.

«Questo è il nocciolo del problema» disse Warwick abbassando la voce. «Ma io sono pronto a riceverlo.»

Derry grugnì nella birra, spruzzando schiuma.

«Non potete tenere un esercito accampato a Londra per tutto l'inverno, milord. Fatevi dare altri prestiti dalla Chiesa per costruire le vostre caserme. Il mio consiglio è questo. Le ruote del parlamento girano lentamente. Alla fine approveranno le vostre spese, ma non potete restare a secco, non ora.»

«Perdio, ero l'uomo più ricco d'Inghilterra un tempo!»

«Sì, milord, il mio vecchio cuore soffre al pensiero dei rovesci che avete subito» disse Derry adocchiando gli anelli d'oro sulle dita di Warwick. «Sono sicuro che è soltanto un pettegolezzo maligno quello che ho sentito, che voi avete autorizzato i vostri capitani a catturare e a tenersi le navi mercantili straniere come pagamento, tutto con il sigillo di re Enrico. Qualcuno potrebbe chiamarla pirateria, milord, ma io non sono uno di quegli uomini che credono immediatamente alle accuse o che se ne curano particolarmente, finché non sono costretti a stare a sentire le lamentele. Se non guadagnate una fortuna grazie alla vostra quota su quelle catture, allora fate come vi ho detto, parlate con chi può prestarvi denaro per farvi superare l'inverno. Sarete di nuovo ricco fra un anno o due, quando si vedrà che la pace fa prosperare l'Inghilterra. L'unica cosa che quei mercanti odiano è la guerra. I loro carichi e le loro navi rubati da pirati senza scrupoli, eserciti che divorano tutti i loro viveri. No, figliolo, è la pace che crea denaro. Le guerre interrompono i commerci e i commerci sono la nostra fonte di vita. Dicono che Enrico V abbia preso in prestito tanto di quel denaro che per poco non ha mandato Londra a gambe all'aria. Se non avesse vinto e non si fosse impadronito di ogni sorta di ricchezze, forse noi adesso parleremmo francese molto, molto male, *monsieur.*»

«E nel frattempo io devo semplicemente stare ai comodi di quelle donnicciole del parlamento, non è così?» Il tono di Warwick era pungente, la faccia e il collo scarlatti ora che si era reso conto di quante cose sapesse Derry Brewer sui suoi affari. «Proprio come dipendo da voi, Brewer, per essere informato su dove si sono nascosti York e Gloucester, così da poterli raggiungere e colpire.»

Derry usava il suo unico occhio buono in modo da impressionare gli altri e fissò Warwick fino a costringerlo ad abbassare lo sguardo nelle profondità del suo boccale.

«Voi siete sempre stato molto... discreto per quanto riguarda questo genere di argomenti, milord. Un contegno che ammiravo.»

«Sì? Be', sono stato spogliato dei beni e dei titoli, mio padre è stato ucciso, Brewer, non sono più così discreto o paziente. Voglio vedere la fine di questa vicenda e non m'importa in che modo sarà fermato per sempre Edward di York, se cadendo da cavallo o pugnalato dall'amante. Per me andrà bene in ogni caso. Fate come volete. Se dovesse tornare in Inghilterra, niente sarà più al sicuro, capite? Ho combattuto al suo fianco a Towton, Brewer, conosco quell'uomo. Se non riusciamo a fermarlo prima che pianti il suo vessillo sul suolo inglese, tutto quello che abbiamo ottenuto potrà esserci tolto. Tutto.»

Derry Brewer fece una smorfia, vuotando un altro boccale dell'ottima birra scura, ormai leggermente intontito. I suoi uomini in Francia e nelle Fiandre stavano cercando qualche traccia dei due fratelli York. Le voci che correvano erano molte ma tutti i piccioni inviati avevano dovuto essere rimandati sul continente; occorreva tempo e Derry non riusciva a sfuggire alla sensazione che la clessidra fosse già stata scagliata contro la parete. Il mare era grande, tanto che intere flotte non erano che schegge di legno sparpagliate su quell'abisso d'acqua, il continente era oscuro e immenso, anche se le spie andavano e venivano per riferire a re Luigi oltre che a lui. Con un rutto Derry posò il boccale e, salutato Warwick con un cenno, si alzò e si allontanò verso il buio e la pioggia.

Daw guardava il mare grigio, il sole al tramonto alle sue spalle. Era quello il momento che preferiva nella giornata, quando l'oro e l'ardesia si alternavano in grandi fasce sulle onde, un disegno che si propagava lontano sull'acqua punteggiata di creste bianche. Come sempre era solo sul suo colle. Per un po' aveva avuto la compagnia di un cane cieco da un occhio ma il macellaio del paese aveva detto a tutti che non ci si poteva fidare di lui come vedetta perché si sarebbe messo a giocare con l'animale. Lo avevano obbligato a lasciarlo a casa e naturalmente ora non c'era più, dileguato come la rugiada del mattino. La mamma gli aveva detto che aveva infilato la porta, era scappato e non era più tornato ma Daw si era fatto l'idea che il macellaio lo avesse acchiappato per fare quelle disgustose polpette che vendeva nel giorno di mercato. Quell'uomo lo chiamava Jack Daw* e rideva ogni volta come se fosse una gran spiritosaggine. Daw era un diminutivo di David, tutto qui. A lui piaceva Daw e forse gli sarebbe piaciuto anche Jack Daw se non fosse stato il macellaio a trovare quel soprannome.

Sospirò tra sé. Aveva quattordici anni e una gamba così storta che non poteva fare nessun lavoro da uomo per guadagnarsi il pane, glielo avevano detto tutti; l'unica cosa che poteva fare era stare fermo a guardare lontano finché qualcuno non gli dava una pacca sulla schiena costringendolo

* *Jackdaw*, cornacchia.

a riscuotersi; e così gli avevano mostrato il posto di vedetta in cima al colle e la minuscola capanna per ripararsi dalla pioggia. Si vuotava la vescica tra le felci e le budella in una fossa non lontana da lì, con un bel ramo di frassino per attaccarsi. A mezzogiorno la mamma gli portava qualche uovo sodo o un pezzo di carne e pane, qualsiasi cosa da mangiare le fosse rimasta, e alla fine del mese i mercanti locali la pagavano per il lavoro di suo figlio. Non era poi una vita tanto brutta e Daw vi si era adattato. Nelle belle giornate d'estate veniva altra gente sul colle per godersi il sole e il panorama, ma lui detestava quei momenti e quelle persone, non voleva il loro fiato sul collo, come borbottava tra sé. Era già abbastanza spiacevole quando la vedova Jenkins saliva fin lassù zoppicando per fare il turno di notte sul colle, ma loro si limitavano a scambiarsi un cenno di saluto; in due anni lei non gli aveva detto una parola e a Daw andava bene così. Era talmente abituato a stare da solo che non sapeva più vivere con gli altri.

La mamma gli diceva che di guardia sulle alture lungo la costa c'erano altri ragazzi o gli scemi dei villaggi, giù fin dove non si riusciva più a vedere. Daw non era sicuro di poterle credere davvero quando gli sciorinava i nomi di città che non aveva mai sentito nominare e che non avrebbe mai visto. Erano posti lontani e Daw non sapeva nemmeno immaginare come fosse la gente fine che abitava nelle città in case di pietra e con le belle strade ampie. Qualche volta sognava di andare a sud per vedere le altre vedette come lui: si figurava se stesso, sano e robusto per l'aria aperta e il sole, avvicinarsi e scambiare un cenno di saluto con loro, come si faceva tra uguali. Una fantasticheria che lo faceva sempre sorridere di contentezza, anche se sapeva che non lo avrebbe mai fatto. No, lui avrebbe trascorso tutta la vita là fuori con ogni tempo a osservare le foglie passare dal verde all'oro ogni anno. Nessuno conosceva quel colle meglio di lui. Lo amava come amava il mare laggiù con il suo umore mutevole e i suoi colori.

Con cura infilò un pezzettino di grasso di maiale su un ramoscello, allontanandosi poi senza fare il minimo rumore, e alzò gli occhi sul castagno in cerca dello scoiattolo che si era fatto la tana lassù fra i rami. Ogni giorno cercava di attirare sempre di più l'animaletto, provando con le noci e con il miele, con qualsiasi cosa fosse riuscito a rubacchiare nella cucina di sua madre. Sperava molto nel pezzetto di grasso, il grasso di maiale piaceva a tutti.

Fece un passo indietro, si voltò per far scorrere lo sguardo sul mare fino all'orizzonte... e si immobilizzò. In un attimo lo scoiattolo fu dimenticato. Corse verso la scogliera fin sull'orlo del precipizio, facendosi schermo agli occhi sebbene il sole avesse perso la sua forza.

Navi. Laggiù sull'acqua plumbea, ognuna non più grande del suo dito. Per due anni era stato di vedetta su quell'altura d'inverno e d'estate, senza contare i due anni precedenti, quando era stato apprendista con Jim Saddler. Il vecchio cominciava a non vederci più tanto bene e la cosa non gli piaceva affatto, come non gli piaceva affatto il ragazzo che lo avrebbe sostituito. Daw non ricordava quante botte avesse preso da lui, ma Jim Saddler lo aveva istruito sui segnali, le bandierine rosse e i vessilli, gli aveva spiegato come erano fatte le navi vichinghe e come venivano manovrate, con i remi o con le vele, e gli aveva insegnato a riconoscere le navi francesi e quali colori issassero in testa agli alberi. Il vecchio Jim era sottoterra già da un anno, ma Daw cercò di ricordare tutti i suoi insegnamenti mentre scrutava lontano contando e rammentando. Non erano mercantili che navigavano uniti per sicurezza. Non erano navi inglesi. E non erano una o due ma una vera flotta, più di trenta erano, ci poteva scommettere.

Daw gettò uno sguardo alla colossale catasta di legna a una quarantina di iarde dalla sua capanna. Faceva parte del suo lavoro tirare giù i ceppi e accatastarli di nuovo per mantenerli asciutti. Aveva dei teloni cerati per coprirla durante i temporali, assicurando bene tutto quanto. Sapeva che avrebbe dovuto appiccare il fuoco alla catasta e che doveva fare presto, ma si sentiva come imbambolato.

Si riscosse, imprecando sottovoce. La lampada a olio era accesa nella capanna, grazie a Dio! Il primo compito della giornata che non aveva scordato in quella mattina fredda, quando faceva piacere scaldarsi le mani sul vetro finché non scottava troppo. La tirò giù dallo scaffale con i ceri che vi erano posati e tornò di corsa alla catasta, si mise carponi per infilarvi i sottili ceri accesi, soffiando sulle fiammelle e aggiungendo muschio secco finché il fuoco non ebbe preso e le fiamme non ebbero avvolto i legnetti più piccoli, come nastri rossi intorno a un albero della cuccagna, facendoli crepitare e facendo sfrigolare la linfa ancora presente nel cuore dei tronchi. Quando Daw fu certo che il fuoco avesse preso bene, tornò di corsa alla capanna e afferrò un fascio di grandi felci verdi per gettarle su quell'inferno di fiamme, creando un'alta spirale di fumo grigio che s'innalzò fino a centinaia di piedi al di sopra della sua testa.

Rimase là fermo, le mani sui fianchi, rendendosi conto che stava ansimando mentre guardava la flotta nemica attraversare il Mare del Nord e scendere lungo la costa inglese. Non si girò quando dal villaggio sottostante si levò il suono di un corno, anche se riusciva a vedere con l'immaginazione le guance del macellaio farsi paonazze mentre soffiava nello strumento; Daw sorrise al pensiero, poi si accorse di un'altra luce che brillava.

Si girò, spalancando gli occhi. Lungo la costa, più lontano di quanto fosse mai andato, era stato acceso un altro falò. Stava ancora guardando quando scorse un altro punto luminoso ancora più distante. Si girò di nuovo e rimase a bocca aperta alla vista di una nuova luce che brillava a una dozzina di miglia di distanza: uomini e ragazzi di vedetta sulle alture stavano rispondendo all'allarme dato da lui e lo trasmettevano sempre più lontano. Vedeva solo un piccolo numero di quei punti luminosi, ma dentro di sé aveva davanti agli occhi tutti i falò accesi lungo la costa che diffondevano il suo messaggio. Per un istante ebbe paura, ma l'orgoglio lo indusse a reagire. Sorrise, desiderando che il suo cane fosse lì.

Edward aveva osservato con una sorta di struggimento la costa scivolare via sul bordo di sinistra, lontana miglia. Aveva cercato di non pensare all'Inghilterra durante quei mesi di esilio, non riusciva a farlo finché era bandito dalla sua patria senza potervi tornare. Ma ora, con le falesie dove il bianco si mutava in marrone e in verde, le grandi scogliere che dialogavano con qualcosa che era nel suo sangue, riusciva soltanto a guardare e a sperare.

In alto, a picco su un'alta falesia di calcare, comparve una piccola luce, a quella distanza non più luminosa di una torcia. Tuttavia, mentre la osservava vide accendersi l'una dopo l'altra una fila di quelle luci simili a brillanti in una collana. Era strano immaginare le vedette che accendevano i falò per avvertire della comparsa di navi che minacciavano la costa. Edward intravedeva il tramonto alle spalle di quelle luci, che tra poco sarebbero state piccole gocce di ambra su velluto nero. Alzò lo sguardo sulla coffa.

«Capitano! Alzate i miei colori! Il sole fiammeggiante, prego, lasciamo che sappiano del mio ritorno.»

Occorse un po' di tempo per trovare l'enorme stendardo nella cassa delle bandiere di segnalazione, ma il duca Charles lo conosceva bene e quello stendardo non mancava. Il rotolo di stoffa ricamata venne fissato alle cime di segnalazione e salì a riva, sventolando sempre più gagliardamente. Edward udì le acclamazioni levarsi dalle navi vicine e propagarsi man mano che i suoi colori venivano avvistati. Sorrise quando Richard sbucò dal boccaporto con fracasso, rischiando di fare un capitombolo sul ponte per la fretta.

«Ora sanno che siamo qui» gli annunciò Edward indicando col dito la linea di luci. «Fin dove arriveranno a sud prima che i messaggeri portino la notizia nell'entroterra? O forse qualcuno di loro sta già galoppando nelle viuzze di Londra per arrivare per primo da re Enrico?»

Richard alzò lo sguardo sul sole fiammeggiante e rise.

«Bene! Lasciamo che abbiano paura! Ci hanno cacciato dalla nostra terra, ma questo disonore non durerà, fratello. Nessun disonore per i figli di York. Che i fuochi ardano, noi non ci fermeremo finché non sarà rimasta che la cenere.»

X

Quella sera calarono le ancore al largo di Cromer, sulla costa orientale dell'Inghilterra, e inviarono subito a terra le scialuppe, incaricando gli equipaggi di cercare dei cavalli e avvertire gli amici. Edward e Richard aspettarono notizie cenando con Rivers e il barone Say a bordo della *Mark Antony*. Per la prima volta da mesi potevano ricevere notizie dei loro sostenitori senza avere la sensazione di essere superati dagli eventi o, peggio ancora, che qualcun altro potesse intercettare i loro messaggi. Nel loro volo dalle Fiandre i piccioni viaggiatori non avevano vita facile, la falconeria e il tiro con l'arco erano molto praticati nella maggior parte dei villaggi inglesi e i codici potevano essere decifrati. Talvolta il modo più sicuro di apprendere qualcosa era fare domande dirette a chi sapeva.

L'alba del giorno seguente fu un momento di apprensione per l'intera flotta. Poche navi soltanto avevano osato avvicinarsi, perciò tutte le altre bordeggiavano avanti e indietro laboriosamente, sempre all'erta, in attesa di essere chiamate ad accostare o di qualche segno di una flotta inseguitrice che avanzasse da sud nella Manica. Non era d'aiuto che i fuochi sulle alture all'alba fumassero ancora, ravvivati e riaccesi lungo la costa fin dove arrivava lo sguardo in quella foschia. A migliaia erano accorsi sulle spiagge a tremare di freddo e a guardare attoniti gli stendardi di

York, certi ormai che il re Edoardo non se ne era andato tranquillamente in esilio.

Qualche ora dopo mezzogiorno, il capitano fiammingo riferì che era stata avvistata una bandiera di segnalazione e di aver mandato in tutta fretta una scialuppa prima che il messaggero fosse ucciso sulla spiaggia da quelli che lo avevano visto fare segnali alle navi. L'uomo aveva corso un brutto rischio e si presentò davanti a Edward e a Richard di Gloucester con un occhio nero e un labbro spaccato.

Edward scostò il piatto e gli offrì una coppa di vino perché si riprendesse.

«Che cosa avete saputo, sir Gilbert?» Soltanto le dita grosse che cincischiavano la tovaglia rivelavano quanto aspettasse con ansia una risposta.

«Maestà, io reco un messaggio di Thomas Rotheram, vescovo di Rochester.» Il cavaliere porse un nastro sigillato che conteneva un nome scarabocchiato nel sigillo come prova. «Vi giura fedeltà, ma dice che vostra maestà non deve sbarcare a Cromer. I duchi di Norfolk e di Suffolk sono stati imprigionati per ordine di Warwick perché non hanno voluto giurare fedeltà a... Enrico di Lancaster.» Sir Gilbert Debenham fece molta attenzione a non dire «re Enrico» in quella compagnia.

Edward trasalì, tormentando con la lingua il punto dove gli avevano cavato un molare, ricordo di un dolore fortissimo seguito da due giorni di febbre da cavallo. Aveva pensato a Norfolk in particolare come porta d'ingresso nel paese.

«Che altro?» gli domandò Edward. Il cavaliere era chiaramente riluttante a continuare, ma Edward, pensieroso, fece un gesto impaziente con la mano distogliendo lo sguardo mentre sir Gilbert riprendeva a parlare: «Il conte di Oxford si è dichiarato per i Lancaster, milord. Ha bande di uomini in tutta questa parte del paese pronti a unirsi e a combattere, così mi ha detto il vescovo. Se farete venire sir William, milord, vi dirà che ha sentito dire la stessa cosa anche da bocche diverse. Stando così le cose Cromer non è il posto adatto, maestà.»

«Potete andare, sir Gilbert. E dite al mio paggio di mettervi una moneta d'oro su quell'occhio gonfio. Mi dicono che operi meraviglie.»

Il sorriso del cavaliere si allargò, poi sir Gilbert si inchinò profondamente e uscì.

«Un brutto colpo» borbottò Edward. «Norfolk era il posto giusto per sbarcare... Londra facilmente raggiungibile con bravi combattenti sotto le mie bandiere. Com'è strano, Richard! Be', conosci de Vere, il conte di Oxford?»

«Be', abbastanza da sapere che non ci sarà amico, non importa ciò che potremmo offrirgli. Suo padre era stato giustiziato per tradimento, non è vero? È lui l'uomo di cui stiamo parlando?»

«Sì, è lui. Anche il fratello maggiore non penso che mi sia grato per avergli assicurato il titolo!» Edward scosse la testa. Aveva conservato i capelli lunghi, che ora gli scendevano sulla faccia come un cappuccio. «Se non gli avessero tagliato la testa, avrei fatto frustare Worcester per la sua dannata crudeltà. Te lo giuro, Richard, se i nemici che si è fatto mi attaccassero in ogni porto... che fine faremmo? Non avrei mai dovuto farlo gran connestabile d'Inghilterra.»

«Però Worcester ti è stato fedele, fratello. La vista dei sostenitori di Lancaster lo faceva infuriare, così ho sentito dire, e non poteva permettere che restassero in vita. Non puoi preoccuparti per ogni processo, per ogni ammenda o per ogni criminale decapitato! Le decisioni le aveva prese lui.»

«Non le prenderà più, allora. Richard, se sopravviveremo sarai tu gran connestabile e avrai uno stipendio annuale e le belle residenze di Londra. Niente più follie.»

Richard di Gloucester sorrise, sorpreso e sinceramente compiaciuto.

«Se sopravviveremo, credo che quell'incarico mi piacerà. Tu mi onori, Edward» disse e il fratello si strinse nelle spalle.

«Non significherà nulla se non riusciremo a sbarcare. Se non a Cromer, allora dove? Il Sud è una terra ostile. Nel Kent no e nemmeno nel Sussex, nel Devon, nella Cornovaglia o a Bristol: tutte roccaforti dei Lancaster. La mia vita non varrebbe un solo penny se prendessimo terra più a sud di così.»

«Sembra che la città di York stessa sia contro di noi, dicono,» osservò Richard cupo «anche se il Northumberland certamente starà con te, se Dio e l'onore dei Percy lo vorranno. L'erede di Percy ha troppa paura del fratello di Warwick, Montagu, che ha messo i suoi occhi avidi sul suo antico titolo.»

«Forse non sono troppo amato a York, anche se mi devono lealtà, non amore! Oh, al diavolo tutti quanti! Io volevo tornare allo stesso luogo dal quale sono partito, volevo che mi vedessero risorgere.»

«Ma quella porta è chiusa. A Nord, allora? In qualche posto dobbiamo sbarcare e il nostro primo compito sarà di dirigerci nell'entroterra e di farci vedere. Tu lo sai. Almeno una dozzina di lord starà dalla tua parte se vedrà che non sei una causa persa. Se crederanno che puoi vincere, si azzufferanno tra loro pur di stare al tuo fianco. Sbarca e mettiti in marcia, Edward! Hai con te milleseicento uomini.»

«Fiamminghi» borbottò Edward.

«Gli altri accorreranno.»

«Oppure staranno a guardare mentre mi dirigo verso le spade dei Neville» disse Edward.

«Be', sì. Ma cerca di evitarle» ribatté il fratello e Edward sorrise, lo sguardo fisso sulla sua coppa, diviso tra una cupa rabbia e il divertimento.

«Henry di Bolingbroke era tornato dall'esilio» disse dopo un po'. Richard comprese immediatamente e alzò la testa.

«E aveva riconquistato il trono» disse.

«Era sbarcato a Ravenspur, sul fiume Humber, lo sapevi?» soggiunse Edward, guardando nel vuoto.

«Sarebbe come suonare le campane a stormo.» Richard incontrò lo sguardo del fratello e annuirono entrambi; si erano compresi e la disperazione poteva aspettare. Edward si alzò e aprì la porta della cabina, rivolgendosi all'uomo in attesa all'esterno.

«Che il capitano segnali al resto della flotta. Facciamo vela a nord, per Ravenspur. Pianterò là il mio stendardo.»

Warwick saggiò di nuovo il peso dell'armatura. Indossarla gli riportava alla mente molti ricordi, pochi dei quali graditi. St Albans, con suo padre, Northampton dove avevano catturato re Enrico per la prima volta; St Albans di nuovo, dove lo avevano perduto, Towton, soprattutto, il terrore e il massacro di Towton. Negli anni successivi alcune parti della sua armatura erano state sostituite, mentre alcune altre recavano ancora i segni di quelle battaglie, ridotti a ombre grazie alle continue lucidature. Guardò il cuoio macchiato di sudore del rivestimento dell'elmo e non provò nessun desiderio di indossarlo.

Suo fratello John lo aveva preceduto, partendo non appena giunta a Londra la notizia della flotta. Derry Brewer era diventato un fantasma, intravisto per pochi momenti prima che sparisse di nuovo rapidamente, picchiando il bastone sul selciato. Il capo delle spie aveva l'aspetto di chi non dorme mai e pareva invecchiato di un'altra dozzina d'anni. Aveva detto a Warwick di aver esposto la vita segreta di uomini che erano stati leali per decenni solo per poterli sguinzagliare a cercare notizie: le spie di Derry non portavano l'armatura, ma continuavano a essere di vitale importanza per la causa. Era stato dato l'ordine di riferire su uno sbarco ovunque in Inghilterra, non una sola imbarcazione avrebbe potuto dare fondo all'ancora sulle coste inglesi senza che lo sceriffo locale ne fosse informato dopo poche ore.

Warwick sfoderò la spada per ispezionarne la lama, anche se gli scudieri e i servi avevano controllato ogni pezzo del suo equipaggiamento una dozzina di volte. Il cavallo aspettava nelle scuderie che facevano parte di Westminster Hall, pronto a portarlo verso ovest e poi verso nord: era il Warwickshire la sede del suo potere e il suo feudo primario, indipendentemente da tutti gli altri titoli che il parlamento ancora non gli aveva restituito. Quegli individui meschini e le loro dispute avrebbero dovuto aspettare finché non fosse tornato. Era nel castello di Warwick che aveva tenuto prigioniero York e in quel momento desiderava soltanto di averlo ucciso allora, risparmiando a tutti anni di sofferenze e di paura. Gli faceva male vedere così chiaramente la via che avrebbe dovuto imboccare, come ora vedeva davanti a sé la strada per il Warwickshire. Sospirò a quel pensiero, domandandosi se un giorno non avrebbe ripensato a quel momento sapendo che avrebbe dovuto prendere un'altra direzione.

Intravedendo la sua espressione cupa nel vetro scuro della finestra gli venne da ridere: non avrebbe mai preso nessuna direzione se si fosse fatto intrappolare dai ma e dai se. Tutto ciò che poteva fare era agire sapendo che in qualche momento avrebbe certamente sbagliato, ma se non avesse agito sarebbe stato solo un burattino manovrato da altri, una pedina che sarebbe rimasta ferma a tremare senza osare muoversi finché non fosse stata spazzata via.

La spada rientrò nel fodero con uno scatto metallico, uno spadone da cavaliere dalla lama larga tre dita alla base e solida tanto da poter tranciare una piastra di ferro. Ricordò quel che si raccontava di re Riccardo I, l'uomo che avevano soprannominato «Cuor di leone» per il suo valore e che aveva usato una spada simile per tagliare in due l'impugnatura di una mazza di acciaio. Sì, la spada poteva andare bene.

A quel punto Richard Neville recitò una preghiera per suo padre, il conte di Salisbury, e per sua madre sepolta a Bisham Abbey, per i suoi fratelli e per sé. Se Edward di York aveva una flotta, voleva dire che aveva anche un esercito e allora nessuno, né uomini, né angeli poteva impedirgli di sbarcare. Erano passati solo cinque mesi da quando lo stesso Warwick era tornato a casa e poteva dirsi soddisfatto. Fatta eccezione per il colpo di sfortuna che aveva permesso a Edward e a Richard di Gloucester di fuggire, aveva raggiunto tutti i suoi scopi. Un anno prima gli sarebbe stato sufficiente sapere che re Enrico sarebbe stato rimesso sul trono e l'Inghilterra sarebbe stata in pace di nuovo. Forse.

Sorrise ironico, sapendo di avere paura e che stava cercando di negarlo. Se Edward fosse sbarcato, Warwick avrebbe dovuto affrontarlo in battaglia e il solo pensiero era una mano gelida che gli strizzava le viscere. Ma sarebbe stato così per chiunque avesse visto Edward sul campo. Warwick però lo avrebbe affrontato, perché aveva rinnovato il suo giuramento e scelto da quale parte stare. E perché aveva una figlia che aveva sposato il principe di Galles Lancaster.

Si passò le dita tra i capelli, vedendo forza e determinazione nell'immagine riflessa che lo guardava dalla vetrata. Non poteva rimanere a Londra mentre Edward sbarcava nel Nord, in un momento simile doveva percorrere l'Inghilterra raccogliendo intorno a sé tutti gli uomini che stavano aspettando di essere guidati da lui. Temeva Edward, naturalmente, ma ricordava che il coraggio aveva bisogno della paura: se non si riusciva a vedere la minaccia, non si poteva nemmeno resisterle. Ancora una volta le labbra di Warwick si piegarono in un sorrisetto ironico, perché in quel caso Edward lo aveva reso l'uomo più coraggioso del mondo visto che Richard Neville, conte di Warwick, era semplicemente terrorizzato all'idea di affrontarlo in battaglia.

La vetrata tremò al respiro di una raffica di vento, spruzzata all'improvviso dalla pioggia mentre le nuvole si spandevano sulla città. Warwick alzò lo sguardo, stringendo forte il pugno fino a far cigolare il cuoio e il metallo. Sperò che Edward fosse là nel mare in tempesta. Le coste erano crudeli con le navi, che potevano essere sbattute contro gli scogli o fatte affondare da marosi alti quanto le guglie di una cattedrale. Warwick sperò che Dio lo aiutasse, che lo facesse quest'unica volta e che le navi si fracassassero contro le rocce affondando con loro tutti i sogni di York.

«Se sarà così, Signore, io farò costruire cappelle per la Tua gloria» borbottò ad alta voce facendosi il segno della croce e chinando il capo. Fuori il vento parve rafforzarsi, scrosci di pioggia batterono contro i vetri. Warwick aveva passato molto tempo sul mare e suo malgrado rabbrividì al pensiero degli uomini che lottavano sulle acque nere in una notte come quella.

Edward sentì la paura montargli nel petto come un'onda che stesse per travolgerlo. Non riusciva a vedere quasi niente con la luna e le stelle nascoste dalle nuvole, il mondo intero trasformato in una follia di sommovimenti che lanciavano e tiravano la nave in ogni direzione. Si era abituato al lento alzarsi e abbassarsi della prua, ma questo era diverso, ora a quel moto si aggiungeva il caos dei marosi che investivano la nave sui lati. Suo fratello Richard era diventato pallido e quasi verdognolo, ma non poteva sporgersi dall'impavesata con quel mare infuriato, sarebbe stato subito spazzato via dalle onde. Il capitano lo aveva fatto legare all'albero con nodi sicuri e là si vomitava addosso, gemendo e imprecando.

Nel buio il capitano della *Mark Antony* non riusciva più a scorgere la costa e da quel momento, senza uno spicchio di luna o di cielo stellato per navigare, la grande paura era di essere trascinati verso terra e fracassati sugli scogli. Edward non riusciva a credere che dei marinai fossero ancora sulle sartie in quell'inferno gelido, senza nessun riparo dagli spruzzi e dalla violenza del vento. La loro salvezza, la loro vita stava tutta nella capacità di quegli uomini di avvistare la costa prima di farvi naufragio e quegli uomini mezzi morti di freddo restavano lassù senza lamentarsi, scrutando nel buio, girando la testa da ogni lato per riuscire a distinguere nelle tenebre ululanti qualcosa che poteva essere la terra.

Edward detestava essere impotente, ma aveva capito, così come Richard, che la cosa migliore che potevano fare per l'equipaggio era di non stare tra i piedi. La vela era stata ammainata e un'ancora di mare lanciata a poppa, una zattera di tavole e vecchie vele assicurata a una gomena grossa come il braccio di un uomo per avere un minimo di presa su quel mare impazzito intorno a loro. Edward e Richard credevano di aver già visto delle tempeste, ma non era così, a quanto pareva. I marosi s'innalzavano, s'innalzavano fra tuoni e lampi che crepitavano sopra le loro teste, lasciandosi dietro silenzio e buio assoluto finché una metà dell'oceano non si rovesciava sui ponti in torrenti d'acqua e di spuma che facevano precipitare gli uomini fuoribordo. Nell'ultimo bagliore di luce i figli di York si guardavano inorriditi, aspettando che quella tempesta terrificante passasse, intontiti e inutili a sé e agli altri, pregando e sperando che la nave restasse a galla, che riuscisse a navigare comunque e non si frantumasse sugli scogli, lasciando tutti loro cadaveri sulle spiagge da nord a sud, solo cose da raccogliere o derubare.

«Terra! Laggiù a sinistra!» giunse una voce dall'alto, semisoffocata dal fragore del vento e del mare. Edward guardò in alto e poi davanti a sé, sforzandosi di scorgere quello che aveva intravisto la vedetta. Anche il capitano guardò in alto, reggendo con tutte le sue forze il timone, aiutato da altri due uomini; strinse fino a farsi male le maniglie di quercia, puntando i piedi sul ponte e ruggendo frustrato mentre lottava contro marosi più alti e grandi della nave stessa.

«Terra a sinistra! Poggia!» avvertì di nuovo la voce solitaria.

Per un istante a Edward parve di aver visto una luce che

si alzava e si abbassava nel buio, anche se ovviamente tutto il moto era nella nave che aveva in ostaggio la sua vita. Aveva sentito parlare di località che vivevano sui naufragi e accendevano delle luci sulle alture nelle notti di tempesta per guidare i capitani disperati sugli scogli più pericolosi, in modo da potersi appropriare di ciò che restava del carico. Non sapeva se dovesse fare menzione di quella luce, inghiottita dal buio non appena intravista.

A un tratto la rivide all'altezza della sua spalla sinistra e i marinai esultarono.

«Perché stanno acclamando?» gridò a un uomo dell'equipaggio lì vicino.

«Perché la luce è lontana!» Gli gridò di rimando il marinaio. Stava trasportando un enorme rotolo di cime e barcollò a un movimento brusco della nave, rischiando di cadere in mare, trattenuto però dal braccio di Edward. «Grazie» borbottò l'uomo, rendendosi conto di chi lo aveva salvato e scrutando nel buio più attentamente.

«Significa che non ci sfracelleremo sugli scogli» spiegò. «Il capitano ci farà virare e ci porterà a est o a nord-est per correre davanti alla tempesta. E ci riporterà qui domattina.»

«Non potremo raggiungere la costa?» Edward si sentiva ingenuo come un bambino. Agognava di poter posare di nuovo il piede su un terreno stabile. Il mare era un mondo diverso, un mondo che non gli piaceva. Quasi a rafforzare la sua sensazione di essere fuori posto, il marinaio rise di quel suggerimento: «Durante una tempesta non ci riusciremmo mai. Perfino il migliore porto d'Inghilterra sarebbe la morte per noi se cercassimo di entrarvi con le vele a riva. E senza vele non possiamo manovrare, capite? Perciò tentare di trovare un riparo sarebbe una trappola mortale. No, l'unica speranza è di fuggire davanti alla tempesta sperando che si esaurisca.»

«E se non lo farà?»

«A nord farà molto freddo, al di là delle isole Shetland, tanto da coprire di ghiaccio le cime se saremo trascinati molto a nord, ma se la tempesta non si sarà esaurita prima, i legni ormai saranno sfasciati, non possono resistere molto a lungo a questo sconquasso, no davvero, perciò saremmo già annegati quando comincerà a far freddo sul serio, quindi tanto vale non preoccuparci di questo.»

Con sorpresa di Edward il marinaio gli batté la mano sulla spalla e se ne andò con il suo rotolo di cordame per portarlo dove era necessario, scomparendo nel buio. Con enorme cautela Edward si portò verso l'albero al quale suo fratello era stato legato e abbandonato e dove ora stava con la testa affondata sul petto, i capelli ridotti a cernecchi infradiciati, il vero ritratto dell'infelicità.

«Sei vivo?» domandò Edward, scuotendolo. Un gemito fu l'unica risposta, il che lo fece ridere. «Richard, abbiamo visto una luce sulla costa a ovest. Hai capito? Non può essere un falò in una notte come questa, la bufera e la pioggia l'avrebbero spento. E c'è un solo faro nel raggio di cento miglia, a Grimsby, sull'Humber. Credo che abbiamo appena superato Ravenspur, Richard. A Dio piacendo la flotta sopravviverà alla tempesta e potremo tornare indietro. Che ne pensi?»

Richard non dormiva, ma stava così male che si era ritirato dal mondo, come un uomo che avesse perso conoscenza a causa di un pugno micidiale. Con un grande sforzo di volontà alzò la testa e disse al fratello di andare a farsi fottere. Edward rise forte.

La tempesta si esaurì nel corso della nottata, poco prima dell'alba, anche se ben poco si poté fare finché il sole non fu sorto. Era vero che la *Mark Antony* era stata trascinata a nord, ma l'albero maestro era intatto e il livello dell'acqua nella sentina non destava preoccupazioni, anche se aveva raggiunto una tacca sui legni, mai toccata da una generazione. Il capitano in persona era sceso per controllare e Edward l'aveva accompagnato, osservando attentamente la sua espressione e non vedendovi niente di confortante.

Il mare era ancora grosso, creste bianche coronavano i marosi, trasformandosi in spruzzi di spuma sotto le raffiche. Ma si potevano alzare le vele e fare rotta a sud, bordeggiando contro vento per dirigersi su quello sputo di terra che faceva di Grimsby uno dei porti di pesca più riparato al mondo.

A ogni virata l'equipaggio era indaffarato nelle manovre mentre il resto dell'equipaggio era impegnato a controllare ogni comento, riparando e aggiustando tutto ciò che si era allentato o rotto durante la tempesta. Parte dei candelieri dell'impavesata dovevano essere sostituiti e il carpentiere con il suo aiutante lavorava indefessamente con seghe e pialle, producendo un rumore riconfortante.

A mezzogiorno Richard aveva perduto un po' del suo colorito verdognolo e fu possibile lasciarlo a gemere all'impavesata di poppa. I marinai sogghignavano ai versi che faceva, ma Richard non vi vedeva niente di umoristico. Non si interessò affatto alle segnalazioni alla flotta, anche se il capitano osservava con la massima diffidenza il primo paio di navi in avvicinamento, pronto ad aumentare la velatura e ad allontanarsi rapidamente se avesse attirato l'attenzione di chi non doveva; in quei mari non mancavano i pirati pronti a impadronirsi senza pensarci due volte di bastimenti malridotti da una tempesta e non era improbabile che qualcuna di quelle navi avesse già preso il largo nella speranza di avvistare proprio una nave in simili condizioni. Eppure la flotta ricomparve, per lo più da nord e da est dove si era sparpagliata. Edward volle salire sulla coffa più alta dell'albero per contare le navi personalmente, imprimendosi nella mente una vista che non avrebbe mai dimenticato. Trentadue navi si radunarono intorno alla *Mark Antony* e si disposero in formazione, abbastanza distanziate per evitare collisioni, mentre le ore passavano e il mare si ingrossava di nuovo.

Il capitano dell'ammiraglia aspettò fino all'ultimo, perché era ovvio che Edward non avrebbe rinunciato alla ricerca delle navi perdute, ma alla fine salì lui stesso sull'albero e quando ridiscese in coperta chiese il permesso di portare la flotta in porto. In realtà erano stati fortunati, avendo perso soltanto quattro navi e all'incirca duecento uomini e quaranta cavalli, trascinati sul fondo o portati via da naviglio armato. Ma il sole stava scendendo di nuovo verso l'orizzonte e Edward dovette rassegnarsi e acconsentire.

I capitani della flotta non avevano aspettato altro e con tutte le vele che potevano essere alzate fecero rotta velocemente verso l'Humber, il grande estuario largo due miglia da un banco di sabbia all'altro. Per sicurezza si avvicinarono allineate in una formazione di tre navi affiancate alla volta, ogni equipaggio attento alla brusca caduta del vento e al cambiamento nel moto ondoso, che significava la presenza di terra fra la loro nave e i grandi marosi del mare aperto. Quanti erano stati male si sentirono subito meglio quando laggiù, dorata nel tramonto, videro Ravenspur, simile a un braccio che li circondasse per proteggerli tutti dal mare aperto, anche se il gruppetto di case visibile all'estremità dava l'impressione di poter essere spazzato via da un momento all'altro da un'altra tempesta.

Trentadue navi calarono le ancore e cominciarono a mandare scialuppe a terra per stabilire un punto di sbarco sicuro per i cavalli e gli uomini. Qualcuno cominciò a guardare a sud, dall'altra parte dell'estuario, dove si vedevano moli e banchine, ma era a Ravenspur che un tempo aveva preso terra un re e Edward si limitò a ridere e a scuotere la testa quando il fratello gli indicò senza parlare Grimsby all'altra estremità dell'estuario, uno dei più bei porti di pesca del Nord. Ma non si cominciava una rivoluzione da Grimsby, questa era la verità.

Prima che il buio si impadronisse della lingua di terra, Edward sbarcò con il fratello e i nobili che lo accompagnavano, il conte di Rivers e il barone Say come suoi scudieri e rappresentanti. Intorno a loro si radunarono altri duecento uomini tra quanti erano sbarcati. Non era una coincidenza che quei pochi nati in Inghilterra e nel Galles fossero stati anche i primi a mettere piede sul suolo che un tempo chiamavano patria. Erano stati anche i primi a offrirsi volontari quando Charles le Téméraire aveva arruolato le truppe per lui. Molti di loro non avevano più visto l'Inghilterra da quando erano bambini, altri se ne erano dovuti allontanare per qualche crimine che avevano commesso quando erano giovani e senza testa; i loro sorrisi di felicità rallegrarono Edward, che sorrise a sua volta. Tutti gli altri sarebbero sbarcati il giorno seguente per non rischiare di affogare in quei fondali bassi e melmosi. Edward si guardò intorno raggiante, sentendo la gioia intorno a sé.

«Portatemi i miei stendardi!» Suo fratello era pronto a porgerglieli, fissati ai pali di quercia lucida alti otto o dieci piedi. Edward li prese con reverenza appoggiandoseli a una spalla e avanzando tra i suoi uomini muniti di fiaccole, seguito dal fratello e accompagnato dalla folla degli altri, contagiati dall'atmosfera solenne.

A un centinaio di iarde di distanza dalla spiaggia Edward trovò un terreno elevato e vi salì, con il sole che tramontava alla sua destra. Nel punto più alto piantò i puntali, affondando i pali in profondità nel terreno. Sapeva molto bene quale funesto presagio sarebbe stato per la maggior parte di quei soldati se uno dei pali fosse caduto, perciò usò tutta la sua forza. La rosa bianca per suo padre, il sole fiammeggiante per sé, i tre leoni per la corona d'Inghilterra. Poi si inginocchiò in silenzio e quando si fu rialzato e si fu fatto il segno della croce era buio. Ed era a casa.

XI

Occorse un altro giorno per sbarcare il resto delle forze di Edward dalla piccola flotta maltrattata dalla tempesta. Alcuni capitani trovarono fondali sabbiosi dove le imbarcazioni avevano acqua sufficiente per raggiungere il terreno solido, ma gli uomini di altre navi furono costretti a sbarcare dalle scialuppe per avanzare faticosamente nell'erba e nel fango vischioso. Nonostante le precauzioni alcuni affogarono nella propria armatura, risucchiati sotto l'acqua salmastra prima che qualcuno potesse gettar loro una corda o trascinarli in salvo. Fu un duro lavoro e gli uomini ansimavano sfiniti quando il sole ebbe raggiunto lo zenit.

Oltre alla *Mark Antony*, altre sei navi avevano trasportato i cavalli in recinti che potevano essere smontati velocemente; due erano state costruite appositamente con imbragature speciali per calare in acqua gli animali che nuotavano fino al bagnasciuga con i mozzi di stalla che li accudivano. Altre quattro, comuni cocche con stive profonde adattate rozzamente allo scopo, furono fatte avanzare il più rapidamente possibile fin sul litorale, dove si arenarono con grandi cigolii e gemiti dei legni, sbandando sulla sabbia tra i nitriti di terrore degli animali chiusi nella stiva, vere urla di paura che arrivarono lontano nel freddo del mattino. Quei bastimenti non avrebbero più navigato e i marinai li trattavano come scafi ormai inutili. Squadre di uomini si accanirono con i martelli contro il fasciame creando delle aperture dalle quali venivano fatti uscire i poveri animali, che scalpitavano e battevano gli zoccoli sul terreno coperto da bassi cespugli, sofferenti per la traversata sul mare in burrasca. Parecchi di loro erano morti nel caos creato dai colossali marosi o erano stati uccisi dalle stesse martellate che avevano abbattuto i recinti e fracassato le navi stesse, i loro corpi neri e lustri lasciati nell'acqua di sentina dove la luce del giorno penetrava per la prima volta.

Forse perché era cessata la tempesta, ma quella giornata di marzo sembrava contenere un tocco di primavera, anche se l'armata che si era radunata su quei terreni pianeggianti era miserevole nell'aspetto. Le barche continuavano a fare la spola con le navi in attesa all'ancora, trasportando armi e attrezzi e pezzi di armatura ritrovati sparsi sui ponti dopo la tempesta. Come una fine polvere bianca il sale si era attaccato alle vesti e alla pelle degli uomini, che ora bevevano ingordamente da fiasche e bariletti di acqua potabile, che non bastava tuttavia a placare la sete; per due giorni nessuno di loro aveva mangiato qualcosa di più della magra razione di pesce e carne fatti seccare.

Edward fece scorrere lo sguardo sui soldati che avrebbero riconquistato il regno per lui: il loro atteggiamento era già quello di uomini sconfitti, sfiniti e affamati, simili a mendicanti. Suo fratello sembrava abbastanza spavaldo, come lord Rivers con il barone Say lì vicino: quei tre lo avrebbero seguito fino alla fine, ne era certo. Ma, guardandosi intorno, gli altri si sarebbero resi conto del loro misero stato e avrebbero cominciato a dubitare e ad avere paura.

«Lord Rivers!» chiamò. «Fate prendere i miei stendardi su quell'altura e fateli portare a tre dei vostri uomini. Cominciamo con fierezza. La città di Hull è a non più di dodici miglia da qui, troveremo là cibo e riposo. Poi c'è York. Raduneremo altri uomini sotto i miei colori. Questo è solo il primo passo, signori! Capitani! Fate avanzare i vostri soldati in colonna.» I suoi ordini furono ripetuti dai venti ufficiali che avevano autorità sulla massa riluttante di armati, facendoli disporre in formazione e abbaiando ordini ai ragazzi che correvano lungo le linee con corni, pifferi e tamburi. Il rumore cadenzato della marcia cominciò a riecheggiare sulla piana e coloro che avevano già udito quel genere di rimbombo sentirono il loro sangue rispondervi e alzarono la testa fiutando l'aria. Il piccolo esercito voltò le spalle al mare e si avviò verso l'interno, lasciando i marinai della flotta a raddobbare le navi per fare ritorno nelle Fiandre. I capitani di mare sapevano che non sarebbero stati più necessari, Edward di York non avrebbe ritentato l'impresa una seconda volta, qualsiasi cosa stesse per affrontare.

Warwick non aveva congedato l'esercito nei mesi invernali, anche se tenere ventimila uomini lontani dal loro lavoro per un intero inverno lo aveva quasi ridotto alla mendicità. Il nocciolo di tutta la faccenda era la questione dei suoi titoli, perché per la legge semplicemente non esisteva un meccanismo per reintegrare nei suoi possedimenti e onori un uomo che ne fosse stato spogliato per decreto. Privato delle sue rendite, Warwick era stato costretto a vendere delle piccole proprietà; non gli era possibile fare diversamente, l'esercito doveva essere pagato, nutrito, vestito e fornito di armi. A quell'esercito era necessario in realtà un altro esercito di mercanti perché potesse scendere in campo, dai fabbri ai conciatori di pelli, dai ciabattini ai tessitori, ai sarti, ai medici... troppi per poterli contare. E tutto ciò significava che occorreva trovare un torrente d'argento e oro, non importava che Warwick pagasse i conti il più tardi possibile e fosse sempre un mese o due in ritardo. Gli sembrava di trascorrere intere giornate rinchiuso con scrivani tra mucchi di scartoffie finché gli faceva male la testa e gli si confondeva la vista.

Sebbene non fosse ancora rientrato in possesso dei suoi possedimenti del Warwickshire, per lui era come tornare a casa. Coventry era il cuore della sua Inghilterra, la grande città a nord della contea, non ricca come Londra, anche se là aveva avuto prestiti da tutte le abbazie della regione, qualsiasi fossero i termini imposti. In un modo o nell'altro avrebbe riavuto tutto ciò che era stato suo, mentre, se fosse morto, dei debiti non si sarebbe curato più; un curioso senso di libertà per un uomo che non aveva figli maschi. Le sue figlie sarebbero state protette dal duca di Clarence o dal principe di Galles. Un giorno o l'altro, la sua fortuna sarebbe stata di nuovo sua... e avrebbe potuto spenderla come meglio credeva.

L'ultimo dei religiosi uscì con i suoi libri mastri, curvo per il peso della responsabilità e degli anni. Solo per la prima volta in sei giorni, Warwick provava un senso di stordimento. Da quando la flotta era stata avvistata, non aveva fatto che lavorare e pianificare mille dettagli; e tutto per la minaccia di un solo uomo.

In fondo alla sala si aprì la porta e Warwick, alzando lo sguardo a quella interruzione, si scoprì a sorridere vedendosi davanti Derry Brewer. Non era un'amicizia che si sarebbe mai aspettato di stringere e in effetti i due erano stati su fronti opposti più di una volta. A suo fratello John Neville quell'uomo non piaceva affatto, anche se era arrivato a provare una specie di rispetto scontroso per la fedeltà di Brewer. Se però Richard Neville riusciva a perdonare la regina che aveva ucciso suo padre, poteva certamente perdonare anche i servitori di lei; Warwick provava un certo compiacimento per questo, come se avesse raggiunto una sorta di saggezza superiore che gli altri non potevano comprendere.

«Credevo che steste tornando a Londra, mastro Brewer» gli disse mentre Derry si avvicinava appoggiandosi al suo bastone. Strano, ma nonostante il nuovo sentimento di simpatia per quell'uomo, in sua presenza Warwick non dimenticava mai il pugnale che aveva al fianco e anche questa volta portò la mano più vicina all'impugnatura, sentendosi un po' cinico oltre che stanco ma pensando che la vita si era rivelata piena di insidie, costellata di tradimenti e di uccisioni brutali. Mai più si sarebbe fatto cogliere impreparato.

«Lo farò questo pomeriggio» gli rispose Derry. «Mentre radunavo le mie piccole api ronzanti, ho pensato che avrei trovato un momento per farvi visita.»

«Le vostre "api ronzanti", Derry? I bisbigli degli uomini e delle donne al vostro servizio, suppongo?»

«Mi piace quest'immagine, Richard. I bisbigli della gente che se ne va qua e là senza farsi notare mentre ascolta. O forse è perché le notizie che mi portano sono miele per le mie orecchie.»

«Avete saputo qualcosa?» disse Warwick raddrizzandosi.

«Come mi avete detto, Londra è troppo lontana dal nord dell'Inghilterra per esserci di qualche utilità. Le notizie sono sempre superate. Coventry, però, in queste terre interne, è un cuore pulsante e possiede un paio di miglia di solide mura. Col tempo ho imparato ad apprezzare le mura e mi piace Coventry. Forse mi prenderò una casa qui quando mi ritirerò. Se avessi un protettore disposto a lasciarmi usare una sua proprietà a condizioni accettabili, forse.»

Warwick si grattò il lobo dell'orecchio.

«Immagino che un uomo che abbia informazioni utili possa concludere ogni sorta di accordo, mastro Brewer. Dipenderebbe da che cosa ha saputo.»

«Sì, sono sicuro che sarebbe così» convenne Derry. In verità egli possedeva una casetta nei quartieri popolari di Londra e una residenza in campagna a nome di un arciere suo vecchio amico. Nel decennio precedente non aveva trascorso più di un mese laggiù ma sognava ancora di dedicarsi alle sue api, vere api, e di coltivare i suoi meli quando il figlio di Enrico fosse insediato saldamente sul trono e York fosse solo un marchio nero su una pergamena. Sorrise a Warwick, vedendo davanti a sé con il suo unico occhio un uomo più giovane di lui ma molto stanco, una stanchezza che comprendeva anche troppo bene. Nessuno di loro due sarebbe mai sopravvissuto se a Edward fosse stato permesso di vincere, questo era più che certo.

«In effetti ho saputo che Edward e suo fratello hanno lasciato le coste delle Fiandre con più di mille uomini. Secondo un ragazzo affidabile che ho laggiù sono mercenari borgognoni, anche se questo lo avremmo indovinato anche da soli. Quel ragazzo però merita di avere un protettore e io gli ho assicurato che gli avreste trovato un posto nelle vostre fila.»

Warwick fece un gesto d'impazienza con la mano.

«Che importanza può avere uno in più sul mio libro mastro? Qui ho mille uomini che dormono nella piazza del mercato, lo avrete notato. E molti altri marciano su e giù nel castello di Warwick. Tutte le mattine ricevo la visita del sindaco di Coventry e dei notabili che si presentano con il cappello in mano a chiedermi se mi dispiacerebbe troppo impedire al mio esercito di rubare i viveri e dare fastidio alle giovani donne. Ho dovuto far impiccare un grosso bestione che aveva ammazzato un uomo, ci credereste? Lo devo uccidere perché fa quello che ho bisogno che faccia! Mi ritrovo a fare la balia a tutti o a fare il precettore o... il contabile! E nel frattempo ogni giorno che passa la morsa si stringe sempre di più, *di più...*»

«Calmatevi, Richard. Abbiamo avvistato una flotta, ecco tutto. Sì, il periodo dell'attesa è il peggiore. Ma non ci sentiremmo degli stupidi se una tempesta distruggesse la flotta? Pensate a questo! E se dovessero sbarcare nei pressi di York, ricordatevi tutto ciò che abbiamo fatto in questi mesi per ricordare Towton alla gente. Lancaster sul trono significa pace, figliolo! E la pace significa commerci e i commerci significano ricchezza. È questo che noi dobbiamo sostenere quando ci fanno delle domande. Con cortesia e fermezza dite loro quel che vogliono sentirsi dire. Le città del Nord non vogliono le guerre di Edward, ricordano bene l'ultima.» Derry fu contento di constatare che Warwick finalmente lo stava ascoltando.

«Appena sbarcheranno, le mie piccole api ronzanti ce lo faranno sapere e allora piomberemo sugli York da grande altezza. Al vostro fianco avete il conte di Oxford, il duca di Exeter, il conte di Essex e di Devon, Somerset sulla costa per aspettare Margherita. Avete con voi vostro fratello John... e immagino che su nel Nord abbiate uomini di fiducia con i piccioni per avvertirvi non appena avranno avvistato il nostro giovanottone...»

Derry tacque finché Warwick non ebbe fatto segno di sì. I piccioni erano stati portati a York mesi prima, pronti a riprendere il volo per Londra; Derry si morse un labbro imprecando tra sé al pensiero che gli uccelli avrebbero sorvolato Coventry sulla via del ritorno verso vicoli di Westminster dove erano nati e cresciuti. Ecco un ennesimo problema da considerare e risolvere.

Sembrava che Derry Brewer si fosse distratto, ma Warwick sapeva per esperienza che raramente a quell'uomo sfuggivano le reazioni di qualsiasi genere alle sue parole, anche ora che aveva un occhio solo. Sotto quell'unico aspetto Derry gli ricordava il re francese, un altro che scrutava gli altri più di quanto avrebbero permesso le buone maniere.

«Edward ha con sé il fratello, Richard, e lord Rivers, fedeli a lui come vecchi cani: anche il barone Say probabilmente è ancora al suo fianco, per raccogliere le briciole che cadono dalle sue colossali mandibole.» Derry sorrise divertito all'immagine prima di farsi serio. «In momenti come questo non mi fido di certi uomini, Richard. Il conte di Percy su al Nord, per fare un esempio. Voi lo conoscevate fin da quando era un ragazzo, perciò potrei escluderlo, ma vostro fratello John non fa che dire a chiunque glielo chieda che si riprenderà quel titolo e quindi Percy potrebbe benissimo passare dalla parte di York, mentre se vostro fratello sapesse tenere la bocca chiusa, potrebbe restare completamente neutrale.»

«Parlerò con John» assicurò Warwick, ma Derry fece

spallucce: «Troppo tardi, ormai! Tutta l'Inghilterra sa che vostro fratello ha dei motivi per pretendere quel titolo o crede di averli. E Clarence? Potete fidarvi di lui?».

Warwick rifletté un momento sul genero, poi annuì.

«Sì. Ero presente quando sua figlia è nata ed è morta in mare. Non ha ancora perdonato Edward, non ancora.»

«Mi sembra che chieda molto per uno che ha solo motivi personali per volere la vendetta, però. Erede al trono? Ha già saputo del matrimonio di vostra figlia con Edward di Lancaster? Questo non lo allontana ancora di più dalla corona? Che cosa significherebbe allora "secondo nella linea di successione"?»

Warwick sbuffò.

«Soprattutto vuole il ducato di York... e York reclamerà quello prima di ogni altra cosa. No, mi fido di mio genero proprio per la sua ambizione, anche se dovesse raffreddarsi nei miei confronti.»

«Voi avete perdonato Margherita d'Angiò» gli rammentò Derry, stuzzicando vecchie ferite. Warwick gli lanciò un'occhiata penetrante.

«L'ho fatto perché era il modo di tornare in possesso dei miei titoli. Ne ho avuto abbastanza di essere dalla parte sbagliata.»

«Vi capisco. Ma Clarence potrebbe cominciare a pensarla come voi. Io non mi fiderei di lui sul campo di battaglia se le cose si mettessero male per me, non so se mi sono spiegato. Lui, Edward e Richard, quei tre hanno sofferto insieme per la morte del padre. Dovreste stare attento a tutti e tre i figli di York, ecco tutto. Pensate ai vostri fratelli: perfino John, con i suoi rancori meschini e l'idea che il mondo intero ce l'abbia con lui, se foste minacciato starebbe al vostro fianco.»

A un tratto Warwick si mise a ridere.

«Non vorrei mai che John sentisse quel che dite di lui, allora sì che vedreste rancore e disprezzo. È stato proprio John a mettermi in guardia contro Clarence. Voi e lui siete più simili di quanto vi piaccia riconoscere. Gemelli nella diffidenza! Vi dico che non ha importanza, Brewer. Ho radunato e mantenuto più di ventimila uomini quest'inverno, pensate a questo per un momento: sessantamila pasti al giorno per mesi e mesi. Pensate all'equipaggiamento, ai cavalli, alle armi, alla terra. Ho pagato perché rimanessero nel Warwickshire, nel cuore dell'Inghilterra, per essere addestrati, per esercitarsi. E quando Edward marcerà contro di noi, e lo farà, questi ventimila circonderanno i suoi pochi uomini e li faranno a pezzi.» Warwick si lasciò andare contro lo schienale della sedia con un lungo sospiro. «Io ho paura di quell'uomo, Derry, non mi vergogno di ammetterlo, non è una vergogna per chi ha combattuto a Towton. Per questo i miei arcieri si preparano a mirare dritto dalle mura di Coventry, per questo ho diecimila uomini che marciano per migliorare il fiato e i muscoli e si addestrano nei combattimenti corpo a corpo intorno al castello di Warwick. E altri qui a Coventry. E altri pronti a unirsi a noi se Edward sarà avvistato!»

Derry spostò il peso del corpo, alleggerendo la gamba destra.

«Mi fa piacere sentirlo, Richard. Vorrei proprio vedere la fine di tutta questa storia... e voi sapete che Edward deve morire perché si ci sia una fine. Non ha nemmeno trent'anni! Voi avete visto cosa succederebbe se rimanesse vivo, giornate trascorse ad aspettare il suono dei corni e che tutta l'Inghilterra ci salti al collo e ci finisca. Cinque mesi di questa vita sono stati già troppi per me. Riuscite a immaginare cinque anni così?»

«No. E sono d'accordo con voi, Derry. Qualsiasi cosa succeda non li lascerò in vita, ho fatto questo errore una volta, quando Edward era mio prigioniero nel castello di Warwick. Questa è la mia occasione di rimediare. La mia unica occasione.»

«Non aspettate. Edward diventerà ogni giorno più forte una volta sbarcato, voi sapete in quanti accorreranno per unirsi a lui, tutti quelli che sono stati espropriati, tutti gli indignati, tutti i cavalieri e i nobili che non vedono un futuro per le loro famiglie sotto Lancaster: saranno tutti per lui. Perciò dovrete colpire subito non appena avrete avuto la notizia. Avete stabilito il vostro accampamento qui, lontano da Londra, e questa è stata una buona mossa. Da qui potrete radunare le vostre armate e lanciarvi in ogni direzione. Dio sia con voi, figliolo. Badate a non fare castronerie.»

«Non vi fermerete qui allora?» gli domandò Warwick, pur conoscendo già la risposta. Derry scosse il capo, un sorrisetto sulle labbra.

«Farò compagnia a re Enrico a Westminster, dove è al sicuro. Sono troppo vecchio per marciare e ho sempre detto che la mia opera finisce dove cominciano le armi. Tutto ciò che voglio ora è ritirarmi in un posto tranquillo... e vedere la testa di Edward esposta sul ponte di Londra. A quel punto sarò pronto a fare la pace con lui, ma non prima.»

«Andate, Brewer, avete la mia benedizione. Spero che vorrete bere una pinta insieme a me quando ci rivedremo. E dite a re Enrico che pregherò per lui.»

«Oh, sua maestà non capirà, Richard. Non più. Ma io berrò una pinta o due di birra scura di Londra con voi, questo ve lo prometto. Quando ci rivedremo, figliolo.»

Le mura di Hull erano di mattoni rosso scuro, alte quaranta piedi nel punto più basso, con torri che si innalzavano lungo il fiume e nella cerchia intorno alla città. La doppia colonna di Edward aveva marciato su un terreno acquitrinoso per almeno sedici miglia e ora gli uomini aspettavano pazientemente di essere lasciati entrare dalla porta più vicina, mentre gli abitanti si affollavano in ogni spazio libero per guardare dall'alto dei camminamenti, affascinati e attoniti.

Gli stendardi di Edward sventolavano orgogliosamente davanti alle porte della città che però rimanevano chiuse. Edward sapeva che tutti lo avevano visto arrivare, naturalmente; le guardie su quelle mura non avrebbero potuto non avvistare tutti quegli armati che si stavano avvicinando. Eppure, a quanto pareva, gli avrebbero negato l'ingresso. Mentre scambiava occhiate furibonde con suo fratello Richard un araldo venne calato con una piattaforma sospesa manovrata per mezzo di un verricello. Non appena ebbe messo piede a terra l'uomo si allontanò frettolosamente dalla piattaforma, che fu ritirata subito.

«Non penso che questo individuo porti buone notizie» borbottò Richard. «Sembra che Hull si dichiari per Lancaster. Chi lo avrebbe mai detto?»

Quando fu davanti a loro, l'araldo si inchinò profondamente; indossava la livrea della città e pareva un uomo senza segni particolari, anche se si intravedevano sul suo collo delle crosticine biancastre, una specie di sfogo. Se lo grattava parlando, dando ai due fratelli il desiderio di allontanarsi da lui per non essere contagiati dalla sua malattia, qualunque essa fosse.

«Miei signori, la città desidera rimanere al di fuori di qualsiasi conflitto.»

«Rifiutandomi l'ingresso vi schierate con i Lancaster» affermò Edward seccamene. L'uomo deglutì e si grattò di nuovo, gli occhi spalancati per la paura.

«Io sono un semplice messaggero, vostra altezza, non ho intenzione di recarvi offesa. Abbiamo tutti paura e le porte rimarranno chiuse. Questo è tutto quanto sono stato incaricato di dirvi.»

«Tornate là, dunque. Dite al vostro Consiglio che non dimenticherò. Quando avrò finito tornerò qui e allora dovranno rispondere delle loro decisioni. È tutto quanto ho da dirvi.»

Edward fece voltare la sua cavalcatura, facendo un brusco cenno col capo al fratello.

«Andiamocene, non pregherò questa gente di aiutarmi. Sono il re d'Inghilterra e loro sono miei sudditi. Ho piantato i miei fottuti colori. Non ho bisogno di fare altro.»

Senza un'altra occhiata all'araldo tremebondo, Richard spronò il cavallo e tornò con Edward dai soldati fiamminghi, che li fissavano stupefatti. Suo fratello li superò e continuò a cavalcare immerso nella sua furia finché non si fu allontanato di un altro miglio, poi smontò di sella.

Anche se privi di viveri, Richard dette ordine di accamparsi per la notte e di mandare i più esperti in quel genere di cose a cercare qualche gregge o a catturare prede vive, mentre gli altri si sarebbero sistemati meglio che potevano sul terreno umido, dove solo i cavalli avrebbero potuto saziarsi con l'erbetta primaverile. Se non avessero scovato qualche pecora o qualche mucca, l'armata avrebbe dovuto restare a digiuno, con la prospettiva di una marcia di trenta miglia il giorno seguente. Richard mandò i capitani a riprendere gli stendardi e mentre dava l'ordine si fece pensieroso. Si allontanò a cavallo verso ovest su una pista ampia, migliore di quella che li aveva condotti lì dalla costa.

«Be', che cosa avrei dovuto dire, Richard?» gli domandò Edward bruscamente quando il fratello fu tornato. «Dovevo implorare che mi lasciassero entrare, io il loro sovrano consacrato?»

«Non credo che lo avrebbero fatto comunque. Però questa cosa mi ha fatto riflettere di nuovo su Henry di Bolingbroke. Non era stato accolto nel Nord, aveva dovuto evitare di reclamare la corona.»

«Ma non era re, vero? Allora non lo era ancora. Sei mesi fa questa gente si sarebbe gettata ai miei piedi e adesso mi dicono che non mi apriranno le porte? Non lo scorderò, Richard. Me ne ricorderò!»

«Stammi a sentire, fratello. Il nostro vecchio Henry di Bolingbroke ha detto a tutti che non gli interessava la corona d'Inghilterra, ma che era là per riprendersi i suoi titoli personali. Le città e i villaggi non potevano rifiutarglieli. È *questa* la tua porta d'ingresso. Domani, quando saremo davanti a York, spiega lo stendardo degli York e il sole fiammeggiante, lascia arrotolati i tre leoni e forse ti apriranno le porte. Tu sei il figlio maggiore di Riccardo di York, nessuno può contestarti questo titolo.»

«Di cui il parlamento mi ha spogliato» obiettò Edward, più calmo però. Il fratello sbuffò: «Il parlamento è distante centinaia di miglia. Siamo nello Yorkshire, fratello, un mondo diverso da tutti gli intrighi di laggiù. Alza lo stendardo degli York e il tuo personale domani. E prega».

XII

Edward sentì Micklegate Bar farsi più vicina. Suo fratello aveva spiegato ai capitani che si sarebbero avvicinati alla città di York da sud perché così voleva la tradizione e là avrebbero chiesto al sindaco il permesso di entrare, una cosa da non prendere alla leggera dopo che le porte di Hull erano rimaste chiuse. Ma la verità era più inquietante e complessa. Era su Micklegate Bar, era su quella porta che le teste del precedente duca di York e di suo figlio Edmund erano rimaste a decomporsi sulle picche. Per anni Edward aveva sognato di tirarle giù e la prima mattina dopo Towton, ancora sporco di sangue e di fango, era venuto là per cancellare l'umiliazione della sua famiglia.

Il conte di Warwick era stato al suo fianco quel giorno per riprendersi la testa del padre e non sembrava possibile che Edward potesse trovarsi ora schierato contro quell'uomo, il suo vero nemico adesso, dopo che avevano condiviso un momento della vita come quello. Edward lo rivedeva come se fosse ancora là, dieci anni prima, gli bastava chiudere gli occhi e lasciar avanzare il cavallo allentando le redini. Suo fratello Richard lo guardò preoccupato, ma non poteva capire, era solo un bambino quando Edward aveva sconfitto, Lancaster e vendicato il padre e il fratello.

Edward riaprì gli occhi. La città di York aveva un legame particolarmente intimo con la sua famiglia, più di ogni altro luogo in Inghilterra, perciò avvicinarsi alle sue mura era come far riaffiorare i suoi passati trionfi e disastri in un grandioso tumulto interiore, tanto che si scoprì quasi ad ansimare, provando caldo anche se la giornata era fredda.

La porta era chiusa, ma la cosa non doveva sorprendere: le mura erano là proprio per questo scopo, per proteggere uomini, donne e bambini dall'essere calpestati e uccisi da bande di soldati che predavano le campagne. Le massicce torri di pietra e le porte permettevano alle città di prosperare e svilupparsi, mentre un tempo la gente viveva nel terrore delle incursioni vichinghe o degli eserciti privati dei nobili che si combattevano fra loro. Le mura di York davano fiducia e un senso di orgoglio agli abitanti che in quel momento stavano guardando dall'alto lo stemma della rosa bianca e dietro di esso il sole fiammeggiante di Edward.

Richard di Gloucester alzò il pugno destro per dare l'alt e l'ordine fu ripetuto lungo le colonne. I due fratelli si scambiarono un'occhiata e si avvicinarono alla porta da soli, facendo rimbombare lo scalpitio degli zoccoli dei loro cavalli. Il torrione di Micklegate Bar incombeva sulla porta sottostante perforato da finestre e camminamenti, simbolo del potere, annunciando al mondo esterno che York era centro di commerci... e di forza.

I figli di York si fermarono davanti alla porta tirando le redini e aspettarono che l'uomo impettito in alto sopra le loro teste si affacciasse dalla loggia. Il sindaco Holbeck appariva congestionato, stringendo nella mano fasci di carte come se queste potessero proteggerlo. Fece per parlare ma Edward lo precedette: «Non sono qui come re d'Inghilterra ma come duca di York. Avete visto i miei stendardi. I possedimenti della mia famiglia sono qui vicino e io chiedo soltanto di entrare tra queste mura in pace, forse per comprare cibo e riposo per i miei uomini prima di ripartire. A parte questo non pretendo nulla da voi, sebbene la città porti il mio nome e abbia tenuto inchiodate le teste di mio padre e di mio fratello su questa porta. Dove siete voi, signore!».

Il sindaco Holbeck non era uno stupido e nemmeno un pusillanime. Sussultò a quelle ultime parole, stringendo con forza ancora maggiore le sue carte. Guardò i due fratelli giù in basso e si rese conto di tutta la loro determinazione. A una certa distanza il piccolo esercito aspettava come un branco di lupi affamati, guardando bramoso la città che avrebbero certo spogliato di viveri e di birra. Holbeck scosse la testa a quella prospettiva, pensando alle sue figlie.

«Milord, vi conosco come un uomo d'onore e so che la vostra parola ha un valore. Se mi date la vostra parola che passerete senza fare danni ordinerò di aprirvi le porte. Scegliete... una dozzina di uomini che entreranno con voi per raccogliere tutte le provviste che vi servono. Non mi è lecito permettere che ne entrino di più senza venir meno al giuramento fatto a Lancaster. Non posso fare altro, milord, per quanto io possa desiderarlo.» Il sindaco Holbeck chiuse la bocca e rimase a capo chino mentre Edward guardava il fratello.

«Meglio di niente» gli mormorò Richard. Edward annuì e trasse un lunghissimo respiro mentre elaborava la sua risposta.

«Molto bene, sindaco Holbeck. Avete la mia parola, per me e per tutti coloro che mi seguono. Non saranno usate le armi e non ci saranno offese o azioni violente. Con il vostro permesso entrerò con mio fratello e una dozzina di altri uomini e raccoglierò viveri e acqua per quanti amano ancora il nome di York.» Si riempì di nuovo i polmoni per far arrivare più lontano la sua voce, fino alle centinaia di persone che certamente erano ammassate dietro le mura e tendevano l'orecchio per non perdere nemmeno una parola. «Se qualche giovane di questa città vorrà unirsi a me, io lo accoglierò! E se nessuno lo vorrà, me ne ricorderò quando sarò tornato! Io sono il duca di York, ho il titolo che apparteneva a mio padre. Sono Edward Plantagenet, il capo del mio casato e vi ho dato la mia parola nel nome di Cristo.»

Il sindaco fece segno agli uomini sotto di lui e la porta si aprì, sbarre e catene rimosse. Edward aspettò finché non ebbe una dozzina di uomini dietro di sé, poi passò a cavallo sotto la torre, restando impassibile quando la sua ombra lo coprì, ma fermandosi nel cortile interno, dove fece voltare la sua cavalcatura per guardare la fila di picche di ferro inserite nella pietra.

«Là, Richard, là la lupa angioina ha fatto infilzare la testa di nostro padre dopo averla immersa nella pece per esporla alla vista della gente... e con una corona di carta.»

Richard guardò il fratello maggiore e i suoi occhi scintillanti, domandandosi in quel momento se la parola data che aveva permesso di entrare nella città non sarebbe stata infranta. Tutto intorno a loro le guardie li tenevano d'occhio, alcune ancora con la balestra puntata eppure sconcertati dallo spettacolo di un uomo che era stato re e che indicava il punto dove era stata appesa la testa del padre.

«Vorrei averla vista» disse Richard. «Ero troppo piccolo quando hai vinto a Towton. Darei qualsiasi cosa per essere stato con te quel giorno!»

Edward rabbrividì. «No, se tu fossi stato là, non ne parleresti con tanto desiderio. Quel giorno...» Si batté la mano sul capo. «... quel giorno è rimasto qui, chiarissimo e terribile.» Alzò di nuovo lo sguardo su Micklegate Bar. «E quando sorse il sole io scalai le mura e tirai giù le teste di mio padre e di mio fratello Edmund. Annerite dalla pece le facce erano irriconoscibili, anche se nostro padre aveva ancora i capelli...» Edward si interruppe, soffocato dal dolore, poi riprese: «Quella donna aveva considerato un insulto che un uomo come lui volesse aspirare alla corona d'Inghilterra, mentre era degno solo di una corona di carta. Eppure io, suo figlio, sono stato incoronato con la corona d'oro, Richard! Mi sono seduto sul trono e ho dato battaglia sventolando i vessilli reali». Cercò di respirare lentamente per ritrovare la calma e riuscire a guardare Richard e le guardie dall'aria atterrita, nonché il sindaco, che aspettava di sentirsi rivolgere la parola. Edward li ignorò tutti.

«E quella donna è ancora viva, Richard, con suo figlio che ormai è un uomo, ha l'età che aveva Edmund quando lo hanno ammazzato. Non è strano? Mi capita di pensare che non si possa avere sulla nostra vita maggiore controllo di quanto ne avessimo tu e io su quella nave durante la tempesta. Siamo semplicemente scaraventati di qua e di là. Qualcuno cade in mare e affoga, qualcun altro viene innalzato sulla cresta dell'onda senza nessun merito né colpa.» La sua voce era aumentata di forza, tanto che ora riempiva tutto lo spazio dentro le mura e gli sguardi di ogni uomo e ogni donna presenti erano incollati su di lui.

«Ma io sono uno che resta in piedi davanti all'onda che sta per travolgerlo e non ha paura! Io sono la casa di York, fratello, io sono l'antico lignaggio. Io non volto le spalle alla tempesta nemmeno quando mi è addosso. E se mi getterà a terra, io mi rialzerò!»

In quella città non tutti avevano perso il loro amore verso il re Edoardo e questi applaudirono alle sue parole, dalle finestre e nelle strade che portavano al centro dell'abitato. Richard si unì a loro, alzando le braccia e ruggendo insieme con loro.

Con un duro impegno e soffrendo, suo fratello aveva ricostruito e trasformato il cumulo di rovine che era diventato; quello fu un momento di pura gioia e Richard stava ancora ridendo quando smontò di sella e batté una gran pacca sulle spalle del sindaco stupefatto e allibito.

«Suvvia, signore! Abbiamo una leale armata di York che ha bisogno di un pasto caldo... e di birra anche. Andiamo, scoperchiate le pentole e stappate i barilotti, da bravo!»

Il sindaco sobbalzò per il colpo sulla schiena, continuando a guardare la gente che acclamava Edward di York e accorgendosi che stava arrossendo suo malgrado. Aveva dato la sua parola formale all'araldo che portava lo stemma di Lancaster, era sembrata proprio la cosa giusta da fare qualche mese prima, anche se allora non poteva prevedere che Edward di York in persona sarebbe venuto a mettere alla prova la sua lealtà, lo stesso Edward che ora stava davanti a lui con l'aria di non essersene mai andato. Be', avrebbe fatto quel che poteva.

«Seguitemi, milord, farò portare dei carri di viveri e dei quarti di bue, vedrete. Stasera i vostri uomini mangeranno bene.»

La piccola armata di York aveva marciato per trenta miglia quel giorno e tutti avevano i piedi doloranti e morivano di fame. Lanciarono grida di giubilo quando la porta si aprì di nuovo mentre il sole tramontava, rivelando una fila di carri e di calderoni fumanti. I capitani ebbero il loro da fare per impedire un assalto generale a furia di urla e di bastonate. Chi di loro era nato in Inghilterra provava un certo piacere nel fermare gli altri costringendoli a stare indietro e a mettersi in coda; altrimenti sarebbe stato un "caos sanguinoso" come spiegavano parlando lentamente e ad alta voce ai borgognoni e ai fiamminghi.

Cibo e bevande bastarono per tutti, avanzarono, anzi, tanto da riempire fiasche e una dozzina di carri che si aggiunsero ai loro carriaggi, sufficienti per pasti futuri. Alcune donne della città accompagnarono l'armata accordandosi con i capitani o i lord per il pagamento; in verità gli uomini furono molto contenti della loro presenza e nessuna di quelle donne rispettabili fu insultata o trattata male. Cucinavano e rammendavano per tutti e se qualcuno fosse stato tanto sciocco da dire loro qualche brutta parola probabilmente avrebbe dovuto vedersela con i suoi compagni.

La colonna fu ingrossata da un centinaio di quelle donne di York che montavano sui carri e prendevano le redini dei vecchi pony sonnolenti, le maniche rimboccate fino ai gomiti, cuffie e scialli legati strettamente. L'insieme cominciò ad assumere l'aspetto di un vero esercito anziché di una colonna di profughi come era stato fino a quel momento.

Non era possibile una chiamata alle armi generale, dato

che Edward aveva preferito non presentarsi come re d'Inghilterra e tuttavia molti si unirono a loro. Quando scese il buio si fecero avanti in due o in tre o in piccoli gruppi, in cotta di maglia e con le armi che avevano a disposizione, marciando con fierezza. Furono accolti con allegria e soddisfazione, invitati a bere birra fresca. Furono assegnati ai capitani che li avrebbero comandati e qualcuno fra i nati sul suolo inglese venne promosso seduta stante. Era vero che la mattina dopo risultò che i nuovi venuti erano solo trecento, mentre gli altri erano rimasti al sicuro dietro le mura, ma era comunque un principio. Edward fece buon viso a cattivo gioco e al sorgere del sole condusse la sua armata a sud al suono dei tamburi e dei corni. Aveva bisogno di farsi vedere.

Dietro di loro numerosi piccioni, liberati da qualche vicolo della città, si orientarono volando in grandi cerchi al di sopra delle mura, poi, rispondendo a un qualche antico istinto, si allontanarono verso sud portando la notizia che Edward di York era di nuovo sul suolo inglese. Con un'espressione cupa Edward e Richard li osservarono volare, troppo in alto perfino per gli arcieri, e sentirono una stretta allo stomaco pensando al messaggio che stava viaggiando verso Warwick e Londra.

Da York seguirono per un tratto la strada verso sud, passando da Towton a capo chino in memoria di quanti avevano lasciato le loro ossa laggiù, e quando ebbero raggiunto Ferrybridge, Edward attraversò il ponte che aveva visto distrutto e ricostruito, un ricordo solenne sepolto nella memoria.

La strada lastricata era buona una volta arrivati a Pontefract. Richard aveva già mandato uomini in perlustrazione in un raggio di molte miglia al di là della colonna in marcia e furono questi esploratori a riferire che i vessilli di Montagu sventolavano sulle mura del castello di Pontefract.

Edward non sapeva quanti uomini fossero al sicuro dentro quelle mura, ciò nonostante si avvicinò fino al limite della gittata delle frecce e sfidò Montagu a uscire. Non ebbe risposta. Alcuni soldati di Edward mostrarono le natiche nude alle mura, un gesto che divertì Richard, anche se il sorriso di suo fratello era forzato mentre dava l'ordine di riprendere la marcia. John Neville, lord Montagu, aveva avuto una parte nell'umiliazione dell'anno precedente e sarebbe stato un magnifico inizio stanare il fratello di Warwick e appenderlo per le viscere alle sue proprie mura. Sarebbe stato il genere di campana che Edward voleva suonare per annunciare il suo arrivo, ma per il momento non poteva fare altro che andarsene sfilando sotto quelle stesse mura e voltandosi indietro per vedere i vessilli ancora sventolanti in alto, quasi a deridere le sue ambizioni.

Il castello di Sandal costituiva un luogo speciale di pellegrinaggio per i figli di York, il luogo dove il loro padre e il loro fratello erano stati uccisi da una regina francese che combatteva con gli scozzesi contro uomini migliori di loro. Edward e Richard si inginocchiarono sui mantelli stesi a terra e pregarono per le anime perdute di quel luogo e per essere guidati nella loro vendetta. Non era chiedere troppo, non a Sandal, vicino alla città di Wakefield, perché là, così vicini alle terre del loro padre, non fu loro negato l'ingresso dentro le mura. Edward sigillò con il suo anello un prestito di mille monete d'oro che cambiò in argento per pagare i suoi uomini.

Altri ottanta uomini si unirono a lui dopo quel gesto generoso, tra i quali dieci cavalieri e una dozzina di fabbri e maniscalchi forniti di ferro da forgiare, ma era un esercito così piccolo che Edward giunse quasi alla disperazione, pur accogliendo i nuovi arrivati fraternamente e parlando con quanti poté. In privato disse a Richard di avere una paura terribile di vedere le prime schiere di armati venire avanti contro le sue misere forze. Li avrebbero sopraffatti e distrutti. L'Inghilterra stava sonnecchiando e lui non sapeva come svegliarla.

Ogni giorno che passava la primavera si faceva sentire di più. Richard inviò degli uomini a diffondere la notizia del loro arrivo, ma la gente era fredda e dura di cuore, pochi risposero all'appello e pareva che il popolo si fosse allontanato dalla casa di York.

Intanto la notizia si diffondeva e ogni paese e ogni città dove arrivavano sapevano già che York era ritornato. Qualcuno si mostrava ostile, schernendoli al loro passaggio o lanciando sassi con le fionde contro le armature dei cavalieri. Edward resistette al desiderio di lasciarsi alle spalle villaggi e città incendiati: lui era il re che aveva fatto ritorno, non un brutale usurpatore qualsiasi. Quell'accoglienza lo feriva più di quanto sapesse esprimere, ma si limitava unicamente ad assumere un'espressione severa e dignitosa, senza prendere quella gente per il collo come avrebbe voluto.

Si sentivano soli i due fratelli la sera, sebbene l'armata stesse crescendo intorno a loro, dieci, venti uomini alla volta. A Doncaster un vecchio compagno di caccia si presentò con duecento armati ben equipaggiati. William Dudley portò anche un'enorme quantità di chiaretto, anche se restò senza parole nell'apprendere che Edward non ne avrebbe assaggiato nemmeno un goccio; il suo voto di astinenza durava ancora, anche se Richard lo scopriva a leccarsi le labbra asciutte alla vista di quegli otri e di quelle fiasche ma, forse perché si sentiva addosso gli occhi di Richard, Edward resisteva.

A Nottingham due uomini che Edward aveva fatto cavalieri anni prima raggiunsero la colonna con ben seicento armati, stanchi e coperti di polvere quanto era possibile esserlo dopo cento miglia di marcia sulle loro tracce. Il morale di Edward cominciò a rialzarsi pensando a quanti gli dovessero i mezzi per vivere e le proprietà, dai piccoli proprietari e commercianti a baroni e conti a decine. Solo cinque mesi prima era stato il loro signore e sovrano, e non tutti avevano dimenticato il giuramento prestato.

A Leicester il primo dei grandi nobili, il barone Hastings, dette dimostrazione della sua fedeltà piegando il ginocchio davanti a lui e rinnovando il giuramento al "legittimo figlio di York e re d'Inghilterra". Edward lo abbracciò, felice per quella dimostrazione di lealtà ma soprattutto per i tremila uomini in colonne ordinate che aveva condotto sulla strada per Londra. Ormai seimila armati seguivano i due figli di York e lo stendardo con i tre leoni, alto fra la rosa di York e il sole fiammeggiante. Nessuna ambizione aveva più bisogno di essere tenuta nascosta mentre Edward cavalcava alla testa delle sue truppe, rispondendo a chiunque glielo chiedesse che, sì, era tornato per riprendersi la corona.

Quella sera Richard e Edward cenarono con lord Hastings e il suo capitano, sir William Stanley, e anche in questa occasione Edward non toccò né vino, né birra. Chi lo conosceva era addirittura commosso dal cambiamento che si era operato in lui: mangiava poco, respingendo il piatto senza averlo ripulito del tutto e guardava gli altri con occhi limpidi e un viso dal bel colorito, il ritratto della salute.

«Maestà,» si congratulò lord Hastings raggiante «sono felicissimo di trovarvi così sano e forte. Vorrei soltanto che tutti in Inghilterra potessero vedervi in questo momento, non fosse che per paragonarvi alla creatura malaticcia e alla sua moglie francese che sono l'alternativa.»

«E a uomini come Warwick, maestà» soggiunse sir William Stanley alzando la coppa. «Morte e dannazione a lui!» A differenza di altri del suo rango, Stanley portava una barba lustra tagliata con precisione intorno al mento e che si arricciava in due baffoni; Edward lo avrebbe considerato solo un damerino, ma suo fratello, lord Stanley, era stato un suo grande sostenitore e William era ritenuto un esperto nell'arte della guerra non meno di altri che avevano dedicato a questo la vita. Richard si associò al brindisi di Stanley senza esitazione: non potevano esserci accomodamenti con Warwick, mai più. Gli uomini come lui tradivano continuamente e non ci si poteva fidare di loro, dovevano essere abbattuti come cani rabbiosi.

«I vostri tremila uomini sono più che benvenuti, lord Hastings,» ringraziò Edward, sedendosi comodamente «e saprò farne buon uso. Ditemi, che notizie avete di Warwick? Del conte di Oxford? Di tutti quei bastardi traditori che pensavano di potermi cacciare dall'Inghilterra senza pagarne il prezzo? Parlatemi di loro.»

Hastings scoppiò in una gran risata nel sentire Edward così combattivo.

«A Newark hanno seimila uomini, milord. Sotto de Vere, conte di Oxford, e forze molto maggiori sono con Warwick a Coventry, a sud. Qualcuno dice che siano ventimila e anche di più.» Per un istante Hastings parve a disagio, ma si costrinse a continuare: «Vostro... vostro fratello George è a sud-ovest rispetto a noi, milord. Ha con sé tremila uomini e si dice che sia fedele a Warwick, che è suo suocero.»

«Sì, lord Hastings, così dicono» confermò Edward con un'occhiata a Richard. «Mio fratello è stato contagiato da Warwick, c'è del vero in questo. Io non sono certissimo di lui, ma farò appello al sangue al di sopra del matrimonio e vediamo da che parte spiccherà il salto.»

Con un gesto della mano Edward scacciò quei brutti pensieri: «Ho la strada tracciata, dunque, o quanto meno il primo passo. Newark, se è là che si stanno radunando. Diciamo un giorno di marcia a nord? Non vorrei mai lasciarmi alle spalle quei seimila, forse perché si uniscano a Montagu quando troverà finalmente il coraggio di uscire dal castello di Pontefract. No, è quello che mi ci vuole, anche per darmi modo di creare un forte legame fra i miei uomini. Ho scoperto che essere stati insieme in battaglia unisce potentemente, Hastings. Forse io ne ho viste troppe, ma non sono ancora finito. Dite ai vostri di tenersi pronti a partire prima dell'alba. Stanerò quel cane di Oxford e gli ricaccerò in gola i suoi denti sleali. E non mi fermerò, non finché non avrò completato l'opera».

I lord e i capitani non risparmiarono le urla e le minacce, dato che Edward fu visto completamente vestito e perfettamente sveglio ancor prima che sorgesse il sole. Con il re ad aspettare i loro comodi, si dettero un gran da fare a mettere in riga i loro uomini a furia di calci. Non c'era tempo per una vera colazione e tutti bevvero acqua e trangugiarono i piccoli pasticci di carne che venivano distribuiti quando i soldati passavano davanti ai carri delle cucine.

Il destriero di Edward scalpitava e sbuffava, influenzato dall'umore dell'uomo che attendeva sulla sella, un'impazienza contagiosa, al punto che dopo poche miglia di marcia veloce gli uomini erano già tutti sudati; ma la strada era buona e non mancavano i corsi d'acqua dove abbeverarsi. Newark distava una ventina di miglia dal loro accampamento, ma i soldati di Edward raggiunsero gli uomini mandati da Oxford in perlustrazione molto prima di mezzogiorno, facendoli scappare via di gran carriera per riferire sul loro arrivo.

A quel punto Edward rallentò il passo, così da permettere ai suoi capitani di far schierare gli uomini per la battaglia. Fece mandare nelle prime file i bombardieri fiamminghi, desideroso di sapere che cosa avrebbero fatto delle pesanti bombarde che portavano in spalla; aveva già visto in azione quegli arnesi, ma gli era sempre parso che producessero più rumore e fumo che altro.

I bombardieri furono delusi quando dovettero spegnere le micce fumanti poco dopo mezzogiorno, ma davanti a loro erano visibili le tracce lasciate da migliaia di uomini che si stavano ritirando verso sud, tracce sempre presenti dopo che era passato un esercito: cinghie di sandali rotti, bottoni, cibo avariato, pali spezzati e armi arrugginite. Edward ne fu deluso, sebbene i suoi uomini sembrassero contenti di non doversi battere quel giorno. Anche suo fratello pareva allegro e quando Edward gliene chiese la ragione, si mise a ridere: «Non opporranno resistenza, fratello! Non capisci? Prima Montagu rintanato dietro le sue mura, ora Oxford e i suoi capitani che corrono dalla mamma appena vedono la nostra armata reale in marcia. La fama che ti precede ha l'effetto di diecimila uomini. Hanno terrore di te!».

«E fanno bene!» Edward si era rallegrato e, messo da parte il desiderio di sferrare il primo colpo, accettò semplicemente il fatto che un nemico che fuggiva davanti a lui terrorizzato andava altrettanto bene, forse perfino meglio quando si trattava di far sapere a tutti che York era tornato.

«Fate accampare qui gli uomini!» ordinò a gran voce a Anthony Woodville quando questi smontò di sella. «Ma gli uomini in perlustrazione devono coprire un ampio terreno, non voglio essere colto di sorpresa da qualche mascalzone. Accertatevi che li vediamo arrivare.»

Lord Rivers si inchinò prima di allontanarsi per ripetere gli ordini; il cognato del re sorrideva davanti al rinnovato vigore di Edward, così diverso dall'uomo che era stato nei mesi ormai alle loro spalle. Tutti avvertivano il cambiamento. L'esercito era piccolo, Dio sa se era vero, ma era sempre meglio avanzare che restare fermi in un posto.

Occorse qualche ora per radunare nell'accampamento anche quanti erano rimasti indietro con i carriaggi e, sebbene il giorno non fosse avanzato, Edward dette ordine di far riposare gli uomini che avrebbero passato il pomeriggio a controllare le armi, a medicare escoriazioni e tagli nonché a mangiare le grandi quantità di cibo necessario a individui sani che dovevano marciare e combattere. Furono sguinzagliati nei boschi uomini esperti nel tendere trappole e altri a comprare o rubare del bestiame grasso. Rivers ridacchiava mentre impastoiava il cavallo e lo liberava della sella, ricordando l'obeso Edward sempre ubriaco: vedere quel gran falcone tornare da loro, asciutto e feroce come una volta, era una gioia.

Gli uomini inviati in perlustrazione andavano e venivano dall'accampamento di York a ogni ora, lavorando a turni di mezza giornata, così da essere sempre freschi e con la vista acuta per non farsi sfuggire nessuno che si aggirasse tra quelle colline. All'alba del giorno seguente uno di loro tornò correndo da nord, soffiando nel corno per dare l'allarme. L'intero accampamento prese vita quando seimila uomini gettarono via le coperte e afferrarono spade e armature. Rapidamente quanto era possibile per mezzo della voce, si diffuse la notizia che erano stati avvistati i vessilli di Montagu alla testa di migliaia di uomini. A quanto pareva, John Neville era uscito dalla tana alle loro spalle.

Edward sbadigliò quando venne svegliato. Dormiva d'abitudine all'aria aperta, supino, sdraiato su una coperta e avvolto in due o tre mantelli, la faccia rivolta al cielo e all'umidità. Si alzò e cominciò a vestirsi mentre il giovane esploratore emozionato stava in piedi al suo fianco e gli riferiva le notizie, fiero come un galletto per essere stato utile.

«Grazie, figliolo.» Edward allungò la mano verso un sacchetto di monete in cerca di un penny d'argento e si trovò in mano una moneta d'oro. Gli occhi del ragazzo si spalancarono e Edward ridacchiò. Cercò per un momento una moneta diversa, ma rinunciò presto, sentendosi l'animo stranamente leggero ora che la sua campagna aveva per così dire preso vita. Gettò la moneta al ragazzo, che l'afferrò estasiato. Quando Edward alzò lo sguardo vide che Richard lo stava osservando divertito.

«Perché sorridi, fratello?» gli domandò Richard. «Ho forse capito male o Montagu si sta muovendo alle nostre spalle?»

«Sì, è così. Non capisci? Warwick ci sta davanti con il suo esercito, con le sue schiere. John Neville calpesta le nostre ombre dietro di noi, perciò siamo costretti a marciare verso sud. Proprio come l'anno scorso, quando fuggivamo verso la costa.»

«Non vedo come questo possa essere motivo dell'allegria che ti brilla negli occhi...» ribatté Richard, cominciando a temere che il fratello fosse diventato matto.

«Perché la situazione non è la stessa! Io avevo con me ottocento uomini quest'inverno. Ora, in primavera, ne ho seimila. E, sai, non sono quello che ero. Io ti dico, fratello, che me li mangerò vivi quando arriveranno. Rinfaccerò a quei cani il loro tradimento e la loro codardia e sputerò le loro ossa!»

Derry Brewer sollevò la forchetta d'argento con la quale aveva infilzato un pezzetto di arrosto di maiale. Quel lucido arnese era un dono di un ambasciatore italiano, un uomo di cui Derry amava la compagnia sebbene non si fidasse affatto di lui. L'ambasciatore D'Urso era chiaramente una spia, pur sembrando sinceramente felice che Lancaster fosse di nuovo sul trono. Gli antichi stati preferivano la stabilità, presumeva Derry, non amavano re usurpatori o rivolte paesane, cose che facevano tremare le loro fondamenta. Prima di accomiatarsi, l'ambasciatore aveva detto che Edward era uscito dalla porta e avrebbe trovato difficoltà a rientrare dalla finestra: ci avrebbe certamente lasciato la pelle. Derry ridacchiò. Quegli stranieri erano divertenti nelle loro espressioni.

«Ancora uno, Harry» disse. «Andiamo.» Re Enrico aggrottò leggermente la fronte senza guardarlo in faccia, ma aprì la bocca e Derry vi poté infilare il boccone di carne nella sua salsa, restando a osservarlo mentre masticava.

Qualcuno bussò alla porta e Derry sistemò la tavola in modo che il piatto e la forchetta fossero davanti al re e non restasse traccia del fatto che il sovrano era stato imboccato come un bambino piccolo, poi invitò il visitatore a entrare, perfettamente consapevole che soltanto le notizie più importanti potevano aver superato le guardie davanti a tutte le porte e allo scalone del palazzo di Westminster.

L'uomo gli porse un piccione grigio tenuto a testa in giù e apparentemente tranquillo. L'interesse di Derry fu risvegliato dal tubicino di rame assicurato a una zampetta. Controllò che nessuno lo avesse manomesso prima di restituire il volatile all'uomo, che si ritirò camminando a ritroso e lanciando un'occhiata al re, che non aveva mostrato nessuna reazione.

Derry svolse un minuscolo rotolino di carta e si avvicinò alla finestra per avere più luce, poi lo bruciò alla fiammella di una lampada a olio e sedette di nuovo accanto al sovrano, prendendo in mano la forchetta e la scodella ormai fredda.

«Edward di York è sbarcato, maestà» disse a bassa voce. «Si sta dirigendo a sud, dove lo stiamo attendendo.»

Non si era aspettato una risposta e trasalì quando re Enrico parlò: «Il cugino York è un uomo buono, Derry».

«Certamente, maestà. Certamente. Su, ora, per cortesia, un altro pezzetto. Dovete mangiare per essere forte.»

XIII

Brillava il sole quando Edward ispezionò il suo nuovo cavallo, dono di un cavaliere che allevava quei possenti destrieri sauri e che evidentemente voleva impressionarlo. Sir James Harrington aveva portato con sé anche quaranta giovanotti dai suoi possedimenti nei pressi di Leicester, tra i quali una dozzina di arcieri; nell'insieme un dono principesco e, se fossero sopravvissuti, Edward sapeva di dover trovare una ricompensa adeguata per quell'uomo, corrispondente a una nomina a decano della cappella reale o a una delle centinaia di posizioni che un re poteva distribuire, ognuna delle quali comportava ricchezze e onori.

«Lo proverò oggi stesso, sir James. E mi farebbe piacere se mi accompagnaste.» Il cavaliere piegò il ginocchio a terra, sopraffatto da tanta benevolenza. Mentre Edward si voltava, sir James tornò dal gruppo vociante dei familiari e servitori, compiaciuto come non mai per aver parlato al re.

Edward si rivolse al fratello, che lo stava osservando di sottecchi, e sorrise davanti all'espressione di Richard.

«Dovevo forse licenziarlo o deriderlo dopo quei doni, fratello? L'Inghilterra è fatta di gente così, bravi uomini, che sanno fare affari e lavorano dalla mattina alla sera, che baciano la moglie alla fine della giornata e contano i loro quattrini. Uomini di retto giudizio e vista buona, difficili da ingannare e che piegano il ginocchio davanti a me solamente se pensano che io sia un uomo degno di essere seguito.»

«Allora sono contento che tu sia un uomo così. Anche se non vorrei che la loro ammirazione ti stesse dando alla testa.»

Edward ridacchiò, accarezzando il muso del cavallo con la sua manona: l'animale, di robustezza e dimensioni straordinarie, sovrastava perfino lui e tuttavia se ne stava lì docile, ben addestrato e attento.

«Sei tu che mi hai aperto gli occhi, Richard. Montagu non osa farsi avanti, Oxford se ne scappa con la coda tra le gambe non appena avvista i miei stendardi. Mi temono... e io ne sono contento. Ho detto che non mi fermerò, metterò in fuga perfino il demonio. In caso contrario, come potrei portare alla vittoria questa piccola armata? Tu sai che Warwick ha un esercito enorme con sé...» Si interruppe, stringendo i pugni nell'accorgersi che stava gridando. Con un fischio chiamò un servitore e gli porse le redini del cavallo, poi si avvicinò al fratello: «Richard, io non ho abbastanza uomini. Se Warwick avesse il buon senso... no, la mentalità di un uomo d'armi e muovesse contro di me, ci ingoierebbe tutti. Io sono un uomo che deve scagliare la sua spada! Se il colpo andrà a segno, tutto sarà finito, ma se non ci proverò nemmeno finirò deriso da tutti e senza possibilità di difendermi. Mi capisci? Per questo io faccio marciare i miei uomini e li voglio muscolosi e scattanti: dobbiamo colpire Warwick prima che capisca di avere le forze sufficienti a schiacciarci. Perfino con così pochi uomini io posso sfidarlo, posso sfidarlo personalmente. Chissà, potrebbe perfino accettare di battersi con me.»

Richard si passò le mani sulle labbra, all'improvviso voglioso di bere per liberarsi dalle tensioni. Non lo aveva mai detto, ma aveva imitato Edward nell'astinenza; i suoi appetiti non erano certo pari a quelli del fratello, ma aveva scoperto che privandosi del vino e della birra la sua mente si era fatta più affilata, al punto da poter ferire come una lama. Provava voglia di bere specialmente quando la collera e la frustrazione lo sopraffacevano, era in quei momenti che la birra scura e il chiaretto avrebbero potuto dare un sollievo meraviglioso al suo animo sconvolto, il mondo altrimenti era solo punture di spilli e irritazione.

«Io resto al tuo fianco, Edward, e ci resterò fino alla fine, anche se tu dovessi lanciare la tua spada. Lo giuro, non ti deluderò. E non lo faranno nemmeno quelli che si sono uniti a te, forse ognuno di loro vale due o tre di quanti sono contro di noi per via della loro lealtà. Perlomeno lo spero.»

«Monta in sella, fratello!» lo esortò Edward con una risatina. «Tu pensi troppo, su tutto, ma in certi momenti si deve solo dare di sprone... e al diavolo tutti quelli che vorrebbero fermarci!»

Il nuovo cavallo da guerra era un bel destriero, ma, temendo che potesse innervosirsi durante la battaglia, Edward si era accertato di avere il suo vecchio castrone nelle vicinanze. Come per gli uomini, anche in un cavallo i nervi saldi erano importanti come la forza fisica o perfino come l'addestramento. Batté affettuosamente la mano sulla seta rossa e blu che copriva la groppa del destriero, salendo sul blocco di legno per montare in sella. Gli uomini lo guardavano, pronti e calmi. Edward sorrise, alzando la mano aperta. Gli armati acclamarono come lui si aspettava, risollevati e addirittura esaltati dal suo potente carisma. La città di Leicester si allontanò e mentre marciavano altri duecento si unirono a loro.

La strada era pianeggiante e asciutta, il sole che s'innalzava in un cielo punteggiato di bianco scaldava gli uomini in marcia. Coventry era a sole quindici miglia dal luogo dove si erano accampati e circolava la voce nella truppa che Edward li avrebbe fatti marciare dritti in gola a Warwick e quel giorno stesso, per giunta. Ma prima di mezzogiorno gli esploratori tornarono di corsa su cavalli ancora freschi. Gli uomini che calpestavano le pietre romane si guardarono l'un l'altro e non furono sorpresi quando venne dato l'alt. I capitani si portarono avanti per ricevere gli ordini e al loro ritorno fu dato il comando di schierarsi per la battaglia.

Richard di Gloucester era al comando di duemila uomini sull'ala destra, i suoi stendardi personali tenuti alti da cavalieri in armatura. Edward comandava il centro e l'ala sinistra, arretrata, era sotto il conte di Rivers con Hastings e Stanley come suoi aiutanti, tutti e tre in attesa paziente che i loro capitani finissero di schierare i ranghi, un'operazione non facile per uomini che un mese prima non si conoscevano nemmeno e che si svolse tra molte imprecazioni, spinte e urla; ma quando tutti ebbero trovato il posto giusto, impugnarono saldamente roncole e picche, asce e accette, con l'aria di saperle usare a dovere. Gli arcieri si radunarono all'esterno delle ali al comando dei loro capitani, mentre in prima fila al centro erano schierati i bombardieri, un centinaio di uomini con le micce accese che mandavano esili fili di fumo verso il cielo. Due cani avevano seguito l'armata da Leicester e ora correvano su e giù lungo la prima linea in preda a un'eccitazione sfrenata, abbaiando agli uomini schierati che guardavano lontano davanti a sé. Dai ranghi si levavano risatine nervose e scambi di battute tra compagni che si prendevano in giro a vicenda per alleggerire la tensione. Molti si facevano il segno della croce e toccavano le reliquie nascoste sotto le camicie, alzando gli occhi al cielo e muovendo le labbra.

Alla fine cadde il silenzio, un silenzio assoluto mentre tutto lo schieramento scrutava il nemico ormai visibile e che avanzava verso di loro attraverso i campi, una vista che gelò per un attimo gli animi; un uomo tirò un calcio a un cane che gli aveva abbaiato contro e l'animale fuggì via guaendo, al che qualcuno disse una battuta e si sentirono delle risa in quella parte dello schieramento. I più lontani non avevano udito e restavano in attesa silenziosa.

Soltanto gli esploratori sapevano quanto fossero ingenti

le forze nemiche e anche così si trattava di congetture di ragazzi inesperti. L'unica realtà che contava era ciò che si vedeva in quel momento, mentre i ranghi si andavano formando, allargandosi a ogni passo. Meno male che la giornata era limpida; con la nebbia o la luce scarsa non c'era modo di capire quale esercito si stesse per affrontare. Uomini come Edward, che avevano combattuto di notte e nella neve a Towton ne ricordavano l'orrore, la sensazione di orde infinite di nemici che continuavano ad avanzare contro di loro senza mai vacillare, senza mai fermarsi, mentre le forze e la volontà di resistere venivano a mancare a ogni passo. Era un ricordo che suscitava una tale paura e disperazione che preferivano non pensarci, anche se era quasi impossibile.

«Tenete la posizione!» ruggì Edward, che aveva portato il suo nuovo destriero davanti alla prima linea del centro, la spada sguainata e alta. «Milord Gloucester, portatevi qui!»

I ranghi attesero confusi mentre gli ordini venivano ripetuti lungo le linee e Richard Plantagenet cavalcava verso il fratello dall'ala destra. I due chiamarono uno degli esploratori e gli parlarono animatamente; il ragazzo faceva ripetutamente segno di sì con la testa come se stesse confermando quanto aveva visto. Una volta di più tra i ranghi gli uomini che si conoscevano si scambiarono occhiate e si strinsero nelle spalle: erano pronti a battersi, il cuore martellava nel petto, non sentivano più né male, né fatica. Rimasero a guardare una dozzina di capitani di grado più elevato radunarsi e mettere i cavalli al trotto nello stesso istante: la scena aveva tutta l'aria di una richiesta di incontro per parlamentare. Non aveva senso per chi era venuto a combattere per York.

Chi aveva la vista buona riusciva ormai a distinguere a un miglio... un po' di più, forse milleottocento iarde di distanza, i vessilli del nemico che si stava schierando su un'estensione pari alla loro, anche se nessuno era in grado di dire esattamente quanti ranghi avessero di fronte, di quante file fossero formati i quadrati e le compagnie. Gli stendardi che si potevano vedere erano suddivisi in campi, proprio come lo scudo di Edward, due con i tre leoni e due con i gigli di Francia; ma quelli che venivano portati attraverso il campo e che stavano ancora avanzando erano attraversati da una striscia d'argento. George di Clarence, duca della casa di York, era sceso in campo. Mentre gli uomini continuavano a guardare, le formazioni nemiche si arrestarono a circa ottocento iarde di distanza, abbastanza vicine da costituire una minaccia, e tutti strinsero con più forza il manico delle asce, si aggiustarono le cinture e fissarono i pezzi allentati del loro equipaggiamento, consapevoli che la pace di quella giornata poteva andare in frantumi da un momento all'altro tra grida selvagge e suoni di corni. Ai due eserciti occorrevano soltanto due minuti per superare la distanza che li separava e scontrarsi, due minuti di corsa terrorizzante che nessuno di quanti ne aveva avuto esperienza avrebbe mai potuto dimenticare.

L'ordine di attaccare non venne dato e quelli delle prime file videro i capitani e i cavalieri che uscivano dai ranghi di Clarence e venivano verso di loro per incontrarsi a metà campo con la controparte, uomini gravi e dall'aria cupa, che scrutavano gli altri per capire le loro intenzioni. Avrebbero parlato tra loro più a lungo se Edward con Richard e il conte di Rivers non avessero portato i cavalli fino a quel punto centrale, scortati da una mezza dozzina di guardie. La baldanza di Edward traspariva dal suo portamento, sembrava non pensare affatto a un eventuale pericolo.

Alcuni fra gli uomini di Clarence si allontanarono al trotto per portare la promessa di salvacondotto di Edward e fu a quel punto che George di Clarence uscì dal suo schieramento e cavalcò a capo scoperto verso il gruppetto fermo tra le due formazioni. Sorrise nervosamente tirando le redini rivolto verso i suoi due fratelli.

«Accetto il salvacondotto e lo garantisco!» gridò Edward agli armati che lo avevano accompagnato. «Vi ringrazio, signori. Potete allontanarvi ora, in modo che i miei fratelli e io possiamo parlare da soli.»

George di Clarence fece eco alle parole del fratello e tutti gli altri si allontanarono senza aprire bocca e tornarono tra i ranghi al piccolo trotto, lasciando i tre fratelli a guardarsi in faccia.

«Il mio irlandese ti ha trovato?» domandò Richard dopo un po'. George fece segno di sì, la lingua spessa in bocca e incapace di parlare: sentivano tutti e tre che una parola sbagliata avrebbe significato litigare e il silenzio sembrava la soluzione migliore.

«Ebbene, George?» Edward non portava l'elmo, ma aveva conservato tutto il suo atteggiamento guerresco, seduto dritto sulla sella, le mani nei guanti di ferro appoggiate con tranquillità sulle redini raccolte davanti a sé. «Ti aspetti che io ti renda facili le cose?»

George di Clarence fece una smorfia scuotendo la testa. Con calma smontò da cavallo e si avvicinò; il solo fatto che indossasse l'armatura e le armi mentre camminava verso di loro indusse i fratelli a raddrizzarsi e a tenersi pronti. Avvertendo la reazione, Clarence si slacciò il cinturone e tenne fodero e spada distanti da sé; era più un gesto che un effettivo disarmarsi, notò Richard. Avrebbe dovuto ricordarlo.

Il duca di Clarence salutò Richard con un cenno, poi rivolse lo sguardo al fratello maggiore, che aveva tradito.

«Sono addolorato, Edward, ho mancato alla mia parola, al mio giuramento di fedeltà a te. Stavo perdendo la mia bambina, nel mio dolore...»

«Tutti perdiamo qualcuno che amiamo, George» lo interruppe Edward parlando a bassa voce ma in un tono che fece alzare la testa a Richard, sorpreso; credeva di conoscere bene l'animo del fratello, ma c'era qualcosa di minaccioso nel modo in cui ora stava guardando il duca di

Clarence, come se non volesse perdonarlo affatto. Per un istante Richard si domandò se potesse – o volesse – impedire a Edward di colpire il loro fratello. Gli uomini scesi in campo per Clarence avrebbero potuto passare facilmente sotto i vessilli del fratello maggiore. La testa di Edward si abbassò di nuovo quasi impercettibilmente verso il duca di Clarence, fissando l'uomo che aveva preferito Warwick alla sua famiglia.

George sussultò quando Edward passò dall'immobilità a un movimento improvviso: smontò con un salto nel fango e in due passi fu vicino al fratello, gli afferrò la mano e lo strinse in un forte abbraccio. George di Clarence scoppiò a ridere sollevato.

«Ero così preoccupato! Pensavo che mi avresti perdonato vedendo che portavo tremila uomini a combattere per te, ma non ne ero sicuro. Edward, ho dormito così poco in questi ultimi giorni! Da quando si è saputo del tuo sbarco...»

Richard smontò a sua volta e ascoltò il balbettio confuso del fratello. George aveva avuto più paura di quanto volesse ammettere, lo si capiva chiaramente dal torrente di parole che pareva non voler finire mai. Edward si era scostato da lui e lo stava ancora soppesando, con quell'espressione curiosa che Richard aveva già notato.

«Ci getteremo alle spalle il passato, George» lo interruppe. «È quello il posto giusto per il passato, non credi?»

«Rimedierò a tutto, fratello, lo giuro. Warwick si è preso gioco di me, mi ha ingannato con promesse e menzogne. Ha ingannato tutti noi! È una vipera, Edward. Quei Neville... te lo giuro, tua moglie aveva ragione, hanno il cuore marcio, corrompono tutto quello che toccano. Ma noi rimedieremo, fratello. Io rimedierò.»

«D'accordo, George. Adesso fai venire qui i tuoi capitani e mettili ai miei comandi, così non ci saranno più equivoci.»

«Fratello, sono uomini leali, lo giuro! Mi hanno seguito

fin dalla Cornovaglia, qualcuno di loro, almeno. Gente di Kernow che quasi non parla inglese, ma che sa come si usa un'ascia.»

«Bene. George, falli venire qui come ti ho già chiesto una volta. Se me lo farai ripetere una terza, ti ucciderò sul posto. Devi riconquistare la mia fiducia, *fratello*. Per il momento non ce l'hai.»

Rosso in viso, George balbettò qualcosa, poi annuì e si allontanò facendo un segno ai suoi capitani, che avanzarono guardinghi e ai quali Edward rivolse parole chiare: «Metterò un migliaio di vostri uomini alle due ali, il resto mi darà manforte al centro. Mi aspetto che eseguiate gli ordini dei miei lord come se fossero i miei, come se fossero ordini di vostro padre o di Dio Onnipotente venuto a dirvi di battervi per me. Ricompenserò il vostro valore e i vostri atti di eroismo senza limiti di nessun genere. Vi piacerebbe conquistarvi una dimora nobiliare o un titolo di cavaliere, di barone o addirittura di conte? Allora farete bene a seguire me oggi. Sappiate che il mio nemico è il conte di Warwick e che il conte di Warwick è l'uomo più ricco d'Inghilterra. Quando cadrà ci sarà una parte equa anche per voi. Avete capito bene?»

Negli occhi di alcuni di quei capitani si vedeva brillare la cupidigia, ma Richard vi scorse anche una traccia dell'antica magia: quegli uomini, gente dura e ricca di esperienza, stavano dicendo a se stessi che, sì, si sarebbero distinti agli occhi di quel gigante dall'armatura lucente, avrebbero compiuto atti di valore che lo avrebbero impressionato. Edward tirava fuori il meglio dai soldati al suo comando, era questa la verità. E non era per quello che diceva, ma per il modo in cui li guardava.

Quando i capitani di Clarence furono tornati alle loro linee, vi fu un cambiamento improvviso nei ranghi, le armi rivolte verso l'alto e non puntate contro le schiere di fronte a loro.

Edward vide che suo fratello George stava lì fermo con

aria sconsolata, privato del comando e ancora incerto su quale fosse il suo posto accanto al fratello, re d'Inghilterra. Con uno sforzo visibile, Edward gli parlò di nuovo, cercando di contenere il disprezzo che provava per lui.

«Darai buona prova di te, George, non ne dubito. Sei figlio di nostro padre, proprio come me. Proprio come Richard. Non dimenticarlo.»

«Non lo dimenticherò» assicurò George e, con stupore di Richard, scoppiò in singhiozzi, nascondendosi la faccia con il braccio per non farsi vedere. Edward lo guardava immobile e Richard gli parlò per coprire i suoni soffocati del dolore: «Su, fratello, monta a cavallo prima che i tuoi uomini ti vedano... Forse ci fermeremo qui a mangiare...». Si interruppe quando Edward scosse la testa in risposta.

«No. Coventry dista soltanto cinque o sei miglia e abbiamo ancora Montagu che ci segue come un'ombra. Quando i nuovi arrivati si saranno sistemati in colonna, ci metteremo in marcia, oggi stesso. Tu stai vicino a me, George, d'accordo? Potrai dirmi tutto ciò che vorrai prima della battaglia.»

George batté le palpebre, interrogandosi sulla fiducia spavalda nelle proprie forze che traspariva dall'atteggiamento di Edward. Sapeva che quelle di Warwick erano molto superiori, tre volte più numerose, un esercito quale non si era più visto dai tempi di Towton. Si era aspettato che Edward fosse al comando di una forza di pari potenza, come era stato in passato, ma la realtà era così diversa da farlo sudare freddo.

Dopo un momento di silenzio George ricordò chi era, mandò giù la paura, chinò il capo e accettò l'autorità del fratello su di lui senza aprire bocca.

Warwick sentì improvvisamente il gelo della tristezza mentre stava in piedi nel sole di primavera. Era una bella giornata, gli ultimi brandelli dell'inverno volati via; il tepore dell'aria scaldava una terra già verde, comunicando un fremito di vitalità e di desiderio, facendo scorrere più veloce il sangue e rendendo belle tutte le cose.

Si sporse in avanti, curvandosi sulle mura di Coventry. Una torre incombeva sulla sua destra e Warwick si domandò se dovesse salire quell'ultima rampa di scale per avere una vista più ampia possibile. I mattoni all'ombra della torre erano ancora umidi al tatto, ma si sarebbero asciugati con il passare delle ore prima che il giorno finisse. Una parte di lui, non sapeva quale, osservava le sue reazioni e si sorprendeva che potesse pensare alla durezza della pietra sotto le sue mani mentre vedeva i vessilli di York sventolare alla testa di un esercito. Warwick lo aveva creduto a un centinaio di miglia più a nord, intento a mettere insieme la grande armata di cui Edward aveva certamente bisogno per reclamare tutto ciò che aveva perduto. Era pura follia per i fratelli York alzare i loro stendardi di guerra e pretendere la restituzione dei titoli e dei beni prima di avere le forze necessarie a riconquistarli. Tuttavia Warwick avvertiva una morsa gelida nelle viscere.

I vessilli di Clarence erano accanto a quelli di York e di Gloucester: tre fratelli riuniti... e un'altra pugnalata nel fianco di Warwick a farlo soffrire. Mentre guardava lontano dall'alto delle mura di Coventry, pensava alla reazione di sua figlia quando lo avrebbe saputo e provava dolore per lei come padre.

Era stato lo stesso Warwick a chiedere a Edward il permesso per quel matrimonio, era stato lui a consigliare alla giovane coppia perdutamente innamorata di fuggire in Francia e ad accompagnarla. Era stato Warwick a correre in aiuto di George e di Isabel per salvarli dall'ira di Edward che li aveva costretti a fuggire.

Lassù in alto, al di sopra delle viuzze della città e dei fumi delle cucine, appoggiato saldamente alle pietre delle mura, Warwick trasse lunghi respiri profondi riempiendosi i polmoni di aria pura. Era stato con i due sposi e aveva visto la loro figlia, la sua nipotina nata sul mare morire tra i marosi senza essere stata battezzata. Erano stati gli ordini di Edward a impedire alla loro piccola imbarcazione di entrare a Calais, era stata la flotta di lord Rivers a inseguirli lungo la costa meridionale dell'Inghilterra e a cacciarli da lì.

Warwick fece scorrere avanti e indietro sui mattoni il pugno chiuso nel guanto di ferro, graffiandoli sempre più profondamente senza accorgersene. Aveva conosciuto Edward nella guarnigione di Calais quando era soltanto un grosso giovane torello che amava battersi, bere e andare con le sgualdrine. Edward di March si chiamava allora e aveva accettato subito la guida di Warwick, abbastanza intelligente da capire che avrebbe potuto imparare qualcosa di utile da lui. Perlomeno così era sembrato. Warwick era stato il maestro di Edward, la sua guida, e sapeva di essere in parte responsabile dell'uomo che Edward era diventato. Ma non del tutto responsabile. Il giovane re non aveva fatto un buon matrimonio, forse in lui c'erano sempre stati dei punti deboli come poteva accadere per il marmo, blocchi che sembravano durissimi ma che si frantumavano al tocco di un cesello. O forse quei punti deboli non sarebbero mai venuti alla luce, se Warwick non lo avesse aiutato a conquistare il trono, ad allungare la mano su una corona che Edward non si era guadagnata e che certamente non meritava. Avevano deposto un santo e Edward era diventato re nel sangue e nella vendetta. Forse i suoi peccati lo avevano corrotto. O il suo orgoglio.

Warwick incise ancor più profondamente la pietra con il guanto di ferro, preso dalla voglia di distruggere qualcosa, di lasciare un marchio. Avrebbe voluto avere Derry Brewer lì a consigliarlo, ormai si era abituato al cinismo di quell'uomo e lo trovava curiosamente rassicurante.

Edward Plantagenet era sceso in campo di nuovo. Chiunque ricordasse Towton o fosse sopravvissuto a Mortimer's Cross avrebbe avvertito la morsa della paura a quella notizia. Warwick non poteva negare di avvertirla anche in quel momento, mentre osservava l'esercito di York avanzare in ranghi ben distanziati, allargandosi quanto le mura della città. Più di mille iarde la prima linea e solo Dio sapeva quante dietro di questa.

D'impulso Warwick si girò verso la torre di guardia, salì rapidamente i gradini all'interno e pochi momenti dopo era sulla sommità ottagonale, da dove poteva vedere molte miglia della vasta pianura nel cuore dell'Inghilterra, un luogo che lo stesso Cesare avrebbe riconosciuto come adatto a dare battaglia. Il cuore di Warwick accelerò i battiti. Si rendeva conto che Edward non aveva radunato intorno a sé le folte schiere che Warwick aveva paventato, Clarence gli aveva portato tremila uomini... togliendoli a Warwick con quel tradimento. Anche così, però, l'esercito di Edward non poteva superare i dieci, forse gli undicimila uomini.

Warwick ricordava il giorno in cui si era fermato davanti al colle di St Albans per osservare le strade bloccate con barricate di rovi e mobilia fatta a pezzi. Lui e suo padre erano stati con Richard, duca di York, e fra tutti loro non avevano che tremila uomini, una forza insignificante rispetto a quelle dei giorni futuri. Warwick sapeva che le corporazioni dei mercanti si lamentavano per lo stato del commercio, affermando che l'Inghilterra era diventata più povera, che si fabbricavano armi e si tiravano su i figli maschi solo per mandarli al massacro invece di produrre utili oggetti di ferro e peltro e di allevare montoni, manzi e maiali. La guerra aveva sempre fatto male a tutti e mentre guardava dall'alto i ranghi ordinati pensò a suo padre e fu contento che il vento gli asciugasse gli occhi lucidi. Erano uomini di valore quelli che se ne erano andati, migliori di tutti quei poveri bastardi che si erano lasciati dietro.

Continuò a guardare e a graffiare la pietra con lo stesso guanto mentre Edward di York cavalcava con i suoi due fratelli e una mezza dozzina di cavalieri in armatura, i vessilli al vento. Edward e Richard indossavano lunghe tuniche sopra le armature, i cinturoni della spada allacciati su campi di colori gloriosi: rosso, blu e oro, leoni e gigli. Gli stendardi erano quelli di York, di Gloucester, di Clarence, una bella parata, un effetto calcolato: la casa di York riunita e unita contro di lui. Per molti aspetti era intesa più per chi affollava i cammini di ronda del castello che per lui personalmente.

I vessilli di Warwick sventolavano alti sulla torre di fronte a quelli dei suoi nemici. Warwick lanciò un'occhiata ai colori sul suo scudo pensando quanto fosse strano che tutti gli uomini al comando quel giorno appartenessero allo stesso ordine cavalleresco. York, Gloucester, Clarence, Hastings, lo stesso Warwick e suo fratello Montagu che stava scendendo da Nord, tutti erano membri dell'Ordine della Giarrettiera, con il motto ricamato intorno allo stemma di famiglia: «*Honi soit qui mal y pense*», «Sia male a chi pensa male».

Warwick sentì di avere gli occhi umidi e batté le palpebre, contento che nessuno potesse vederlo e giudicarlo un debole. Da ragazzi Edward e Richard erano stati entrambi affidati a lui, Richard era vissuto nel castello di Middleham; erano stati suoi grandi amici un tempo ed era doloroso, adesso, vederli come suoi nemici. Clarence lo faceva soffrire di più, una ferita così recente che gli rendeva doloroso ogni respiro. Nell'insieme si sentiva come un padre che fosse stato rifiutato dai figli, una sofferenza che lo colpiva dritto al cuore.

XIV

Da quando aveva memoria era la prima volta nella sua vita che Derry Brewer prendeva seriamente in considerazione la possibilità di sferrare un pugno sui denti a un arcivescovo. Sentiva quasi il fremito dei muscoli che si contraevano nelle braccia e nel torace. Un diretto sinistro ben assestato, poi via il bastone e un bel dritto a segno. George Neville però non era certamente un ecclesiastico molle e privo di fegato, ma un uomo robusto che non sopportava di essere contraddetto, furioso quasi quanto Derry e il capo delle spie del re sapeva che, se gli avesse tirato un pugno, dopo un momento sarebbero stati tutte due sul pavimento ad azzuffarsi come scolari, colletti strappati e labbra sanguinanti. Peccato, ma era troppo vecchio per certe cose.

«Vostra grazia,» ricominciò con pazienza esagerata «io sono in una posizione migliore di voi per poter giudicare su una questione del genere. Re Enrico non sta abbastanza bene per poter fare ciò che chiedete. Se lo fosse, state certo che gli farei indossare un bel mantello e farei coprire le strade con le stuoie proprio come chiedete voi. Ma non è così. Non capirebbe che cosa si vuole da lui, potrebbe cadere, potrebbe perfino mettersi a piangere e a gridare, mi spiego? Non è bene per lui farsi vedere così debole!»

«Dov'è Beaufort, il duca di Somerset? Sono stanco della

vostra opposizione. Mandate qualcuno a chiamare Somerset per parlare a mio nome.»

«Milord Somerset non è a Londra, vostra grazia» gli disse Derry per la seconda volta, facendo mostra di una pazienza deliberatamente gelida. Non disse che Margaret e suo figlio, Edward di Lancaster, erano attesi da un giorno all'altro e che Somerset era andato sulla costa per accoglierli. Una notizia che era forse il segreto meglio conservato di tutta l'Inghilterra.

L'assenza di una spiegazione in proposito rese il colorito dell'arcivescovo Neville acceso come un vecchio vino di Bordeaux.

«Mio fratello Warwick si fida di voi, mastro Brewer, e questa è l'unica ragione per cui non ho chiamato le guardie per farvi allontanare. Sono un principe della Chiesa, signore! Sono venuto qui con un serio avvertimento in un funesto tempo di guerra e mi ritrovo a discutere con un lacché come se stessi chiedendo la carità? Lasciate allora che dica questo, signore! È mio ponderato parere che Londra stessa sia in pericolo e con essa il re Enrico. Il sovrano deve farsi vedere, mastro Brewer! Almeno questo lo capite? La gente di Londra non sa niente dei più importanti avvenimenti in Inghilterra, niente. Sentono soltanto voci allarmistiche di invasioni, di flotte avvistate. Il re è morto? York è di nuovo qui? Margherita d'Angiò sta marciando sulla città che non l'aveva voluta per *darla alle fiamme*? Non più tardi di stamani ho dovuto ascoltare una dozzina di congetture del genere, mastro Brewer, e nemmeno un'oncia di verità. Io devo mostrare il re al suo popolo, per tranquillizzare i londinesi e, sì, per mostrare loro per chi combattono. Il re è un simbolo, Brewer, non solo un uomo.»

«Vostra grazia, re Enrico è... assente. Finché non lo avete visto...» Derry tacque, riflettendo. Non aveva nessuna veste ufficiale come guardiano della porta reale, ma la sua figura era associata da tanto tempo a quella di re Enrico e godeva di tanta fiducia che era lui ad avere l'ultima parola su chi potesse avere accesso al sovrano. L'arcivescovo di York probabilmente avrebbe avuto diritto di chiamare le guardie del re, ma Derry sapeva in anticipo se avrebbero obbedito a quell'ordine o no. Si sentiva sicuro che all'occorrenza avrebbe potuto far buttare fuori l'arcivescovo, un'azione tuttavia che si sarebbe ritorta contro di lui e forse anche su Margherita e suo figlio quando si fossero degnati di salire su una nave e fare ritorno a casa per davvero. Nessuno si metteva contro la Chiesa senza pensarci due volte. La via più facile era dare a quell'ecclesiastico Neville ciò che voleva e lasciare che vedesse da sé che era venuto a Londra per niente.

Con un cambiamento di espressione disarmante, Derry si inchinò davanti all'uomo più giovane di lui: «Vostra grazia, forse ho travalicato i miei limiti. Se volete seguirmi, vi introdurrò alla presenza del re».

L'arcivescovo Neville non perse altro tempo in chiacchiere e seguì Derry e il suo bastone lungo il corridoio fino agli appartamenti reali. Fu Derry a dare la parola d'ordine alle guardie, che avrebbero respinto anche lui se la parola non fosse stata corretta. Il capo delle spie reali attraversò una sala delle udienze dove quattro armigeri stavano sull'attenti lungo le pareti.

«Riposo, riposo, signori» li invitò Derry con disinvoltura passando. Gli armigeri lo ignorarono come sempre.

Superate le sale pubbliche giunsero a un'ultima porta, piccola e custodita da un vecchio che aveva le stesse possibilità di fermare un intruso di un bambino in fasce.

«Il nostro vecchio Cecil, qui, è stato di guardia davanti a questa porta per quarant'anni o quasi» spiegò Derry.

«Quarantadue, Brewer» lo rimbeccò l'uomo guardandolo dall'alto in basso: a quanto pareva non aveva un affetto eccessivo per il capo delle spie. Derry sospirò: «Un'opera preziosa la sua, certamente. Non esiste porta meglio custodita in tutto il regno».

«Aspettate qui» disse arcigno il vecchio. Bussò, entrò e Derry lo seguì immediatamente, facendo inviperire il custode, che protestò tra spruzzi di saliva. Derry alzò le mani.

«Ne abbiamo già discusso, mastro Fosden. Il re non è in buona salute. Se aspettassi di essere chiamato resterei qui tutta la notte e dove andrebbe a finire il regno allora?»

«Andrebbe meglio di sicuro» tagliò corto il vecchio. Accennando a un inchino e borbottando «Vostra grazia» all'arcivescovo Neville, si ritirò tirandosi dietro il battente.

«Vecchio farabutto rabbioso!» esclamò Derry ad alta voce, abbastanza vicino alla porta da essere udito dall'altra parte. «Dovrei fargli ridurre la paga.»

L'arcivescovo Neville si stava già dirigendo verso l'altra estremità della stanza al letto dove il re giaceva con i lunghi capelli sciolti sparsi come un'aureola scura sul cuscino. Era bianco più di un cadavere ma, sebbene gli occhi fossero aperti, in essi c'era ben poca vita.

Mentre Derry stava a guardare, l'arcivescovo piegò il ginocchio a terra e allungò la mano sul copriletto; ma il re non fece nessuna mossa per stringergliela.

«Sono George Neville, maestà, arcivescovo di York. Io prego ogni giorno per la vostra salute,» borbottò «prego perché possiate percorrere di nuovo le vie di Londra e mostrare ai vostri sudditi che siete vivo. Temo che altrimenti possano volgersi verso York, nella loro soggezione infantile. Non sanno come comportarsi, maestà.»

Henry si tirò su a sedere, apparentemente attento mentre si legava i capelli in una lunga coda, lasciandoli poi ricadere. Negli ultimi mesi aveva mangiato di più e meglio che durante la prigionia nella Torre, ma era ancora spaventosamente magro, simile alle raffigurazioni della morte sulle lapidi e sulle tombe. Si vedevano tutte le ossa e Derry vide che il vescovo stava lentamente perdendo ogni speranza.

«Se voi dite che devo farlo, vostra grazia,» disse il re all'improvviso «sono servo di Cristo e del mio popolo. Mi alzerò, se devo.»

Derry si schiarì la voce.
«Sua maestà tende a dire di sì quando qualcuno gli dice con molta serietà di aver bisogno della sua firma o del sigillo o gli chiedono di acconsentire a qualcosa di così importante da non poter aspettare. Sarebbe crudele approfittare della sua naturale disposizione d'animo, vostra grazia.»
L'arcivescovo Neville guardò Derry, poi il re e infine il suo sguardo si soffermò sulla fragile figura che lo guardava seduta sul letto. Sentiva anche lui la mancanza di una reale presenza negli occhi del sovrano, perché quando parlò lo fece per Derry quanto per il re: «Tuttavia devo chiederlo. Siamo a un bivio, maestà. York è tornato in Inghilterra e abbatterà mura e torrioni se non sarà fermato. La popolazione di Londra ha paura... e con ragione! Se potessero vedere re Enrico camminare tra loro con gli stendardi dei Lancaster al vento saprebbero che in città batte ancora un cuore.»
Derry vide il re annuire ripetutamente e trasalì quando il suo sguardo lo cercò in fondo alla vasta camera.
«Mi piacerebbe farlo, Derry.»
Brewer si sorprese a respirare a fatica, colto di sorpresa da una pena che non riuscì a nascondere e fece segno di sì, dominandosi troppo tardi.
«Allora lo farete, maestà. Io camminerò con voi.» L'occhiataccia che Derry rivolse al prelato rivelava una furia gelida che fece tremare l'arcivescovo.

Dall'alto del torrione nord Warwick osservò sempre più incredulo un uomo che indossava la livrea reale uscire dai ranghi di York, reggendo un corno lungo come il suo braccio. Controllò le mura che si stendevano ai due lati: il suo araldo era in attesa ai piedi del torrione per portare un messaggio, nel caso Warwick avesse voluto rispondere.
Un rumore di ferraglia annunciò l'arrivo del duca di Exeter sulla cima della torre e Warwick lo salutò con un cenno, anche se avrebbe preferito essere solo in un mo-

mento come quello. Sfortunatamente Henry Holland non era un uomo di grande intelligenza e proprio quando Warwick avrebbe avuto bisogno di un bravo tattico, c'era solo Exeter con lui a guardare la scena dall'alto, simile a un bulldog dalla vista corta. E in verità la mandibola di quell'uomo era sporgente, il che conferiva un'aria aggressiva al viso cosparso di venuzze, effetto di anni di bevute.

A una sessantina di piedi sotto di loro la voce dell'araldo di York risuonava con tutta la potenza necessaria al suo mestiere. Warwick sospirò, grattandosi il capo.

«...una sfida personale da parte di sua maestà il re Edoardo di York in risposta alle offese e gli insulti contro la sua reale persona e la sua stirpe.»

L'elenco delle colpe di Warwick fu abbastanza breve e Warwick notò quante volte l'araldo usasse i titoli e gli appellativi reali. Quell'uomo non faceva menzione del fatto che Edward aveva perso la corona, come se la casa di York volesse far finta che non fosse mai successo.

«Bastardo impudente» borbottò Exeter guardando in basso. Warwick fu sul punto di mandarlo via e non perché non avesse bisogno di consigli. Davanti a lui stava una decisione da prendere che lo scuoteva nel più profondo dell'animo, ma non poteva farsi consigliare dal duca di Exeter.

«De Vere e io abbiamo seimila uomini qualche miglio a est» stava continuando Exeter. «Vostro fratello Montagu è a poca distanza alle loro spalle, ho saputo. A ovest avevamo Clarence, anche se ora non c'è più, naturalmente.»

«So molto bene come e dove stiamo noi, milord» gli fece notare Warwick alquanto seccamente. Exeter si accorse della fredda ironia di Warwick e se possibile si fece ancora più rosso in viso mentre muoveva un dito in aria per sottolineare la sua posizione.

«Prendereste in considerazione di accettare la sfida e mandare un vostro campione? O forse vorreste andare voi stesso, Neville?»

Warwick controllò una smorfia di antipatia. Per quasi due decenni aveva combattuto in entrambi gli schieramenti di una brutale guerra civile ed era inevitabile per lui trovarsi dalla stessa parte con uomini che aveva affrontato come nemici in battaglia. Alcuni di questi uomini, come Somerset, li rispettava. Henry Holland, duca di Exeter, no. Quell'uomo era un tiranno con quanti avevano la sfortuna di essere in suo potere e un leccapiedi con chi riteneva superiore a sé. Uomini come Warwick appartenevano a una casta per così dire di mezzo, non ben definita. Possedeva più terre e potere di Exeter, era più ricco e aveva più esperienza di lui, ma era pur sempre consapevole che un duca poteva dare ordini a un conte; Exeter dal canto suo era più che attento a simili sottigliezze, mentre Warwick aveva visto così tante cose nella sua vita che non badava affatto alle questioni di rango, a meno che non si trovasse, come in quel momento, davanti a un imbecille dalla faccia paonazza.

«Dopo di voi, milord, prego» disse indicando l'araldo di York. «Io ho un paio d'anni più di voi... e voi non sareste in grado di affrontarlo, Edward è al massimo delle sue forze. Non credo di avere tra gli uomini al mio comando qualcuno in grado di difendere i miei colori contro di lui e vincere. No, non regalerò una vita a York solo per gonfiare il suo mito. Però, milord, sono certo che doveri impellenti vi aspettano, dovreste tenere pronti i vostri capitani alla porta settentrionale.»

«C'è chi vi darà del pusillanime se non lo affronterete in duello, Neville.»

«Be', non mi preoccupano le chiacchiere degli stolti, Holland» lo zittì Warwick seccamente. Continuava a voltargli le spalle, ma capiva che stava concentrando la sua collera su Exeter anziché sul nemico che lo sfidava a scendere in campo. Era da idioti litigare con uno dei suoi in un momento così delicato.

«Avete forse diecimila uomini in città,» continuò il duca

cocciuto «ma almeno altrettanti a poche miglia da qui, a sud, al castello di Warwick. Avete mandato un messaggero a chiamarli? A oriente ho de Vere, conte di Oxford, con i nostri seimila uomini, pronti a colpire al fianco i bastardi. Perciò, chiamateli, Neville: ordinate alle vostre armate di attaccare!»

«Vi farò avere i miei ordini quando sarò pronto, milord» gli disse calmo Warwick. «Non prima che abbiate ripreso il vostro posto alla porta nord. Credo di avere io il comando dell'esercito, un esercito che ho radunato, pagato e mantenuto durante tutto l'inverno, mentre voi siete qui con le vostre poche migliaia di uomini per farne che? Per riprendervi le proprietà che avevate perduto quando Edward sedeva sul trono. Avete spossessato vostra moglie che ne aveva conservate una parte per voi e avete regolato una dozzina di vecchi conti assassinando e torturando finché avete potuto. Sono certo che i risultati vi avranno soddisfatto, Holland. Sarebbe piaciuto farlo anche a me, invece di contrarre prestiti da ogni ordine monastico e da ogni banchiere per sostenere il re!»

La voce di Warwick si era fatta sempre più alta e più dura. Si avvicinò a Exeter quasi minacciandolo.

«Mi avete capito, Holland? Voi avete colto l'occasione di vendicarvi causando odio e rovina, io ho colto l'occasione di ottenere la pace.»

«Oh, certo, voi siete un uomo ammirevole, Neville» disse Exeter, sarcastico. «E vi è servito a molto. Non avrete nessuna gratitudine dal rudere che se ne sta seduto a Westminster.»

«Tornate dai vostri uomini, milord» lo invitò di nuovo Warwick cercando di dominare la collera che minacciava di soffocarlo. «Deciderò io se fare una sortita o rimanere qui.»

«Vi daranno del codardo se non risponderete alla sfida di York» ripeté Henry Holland.

«*Codardo?*» Warwick perse completamente le staffe.

«Io ho combattuto a Towton, *poppante*! Io sono stato al fianco di Edward e ho ucciso uomini appiedato, nella neve, con il sangue che mi colava sulla faccia e gli amici che cadevano alla mia destra e alla mia sinistra! E mi sono battuto anche quando non riuscivo più a *stare in piedi* e con il buio. E continuavamo a combattere! Anche quando Norfolk è piombato sulla nostra ala e tutto non era più che urla e morte!» Si batté sulla fronte due dita d'acciaio lasciandovi un segno. «Io vedo ancora *tutto*! Ah, che cosa volete sapere voi!»

Exeter era impallidito durante la sfuriata di Warwick, così vicino a lui da fargli arrivare spruzzi di saliva sulla faccia.

«So che io ero dall'altra parte,» disse alla fine Exeter a voce bassa «e so di aver visto morire quel giorno amici e seguaci uccisi da voi e da York, perdite molto più gravi di quelle che credete di aver subito. So che l'uomo che seguivate allora mi ha negato le mie proprietà, le mie case, i miei contadini, i miei servi. E so che quell'uomo è là fuori con un esercito grande la metà del vostro... eppure è lui che vi sfida, mentre voi vi nascondete dietro le mura. Vi dico che tutto questo non mi piace affatto.»

«Tornate dai vostri uomini. Aspettate i miei comandi» gli ordinò una volta di più Warwick. Henry Holland lo fissò a lungo, mordendosi il labbro inferiore riflettendo. Warwick attese, sapendo di avere ancora una possibilità, sguainare la spada... e quasi ne sarebbe stato contento. Ma Exeter alla fine si limitò a sbuffare con disprezzo e si girò verso la scala senza un'altra parola.

Warwick trasse un lento respiro. Udiva ancora i passi del duca sui gradini quando tornò a osservare le armate di York... di Edward, di Richard e di George. Il pensiero lo addolorava ancora: per essere il vincitore avrebbe dovuto far morire tre ragazzi che aveva aiutato a diventare uomini. Sapeva che sarebbero rimasti insieme fino alla fine, come aveva fatto lui con i suoi fratelli. Scosse la testa. Aveva quarantadue anni e aveva combattuto per oltre sedici di quegli anni, aveva commesso dei peccati e aveva perduto degli amici e il padre. Era stato testimone di atti di valore compiuti in punto di morte, aveva conosciuto l'amarezza dell'esilio, l'omicidio e la grande vittoria, e tutto questo aveva lasciato un segno che non poteva essere cancellato, né lavato. E non aveva figli maschi. Cominciò a ridere e rise, rise nel vento, anche se era una risata molto simile a un singhiozzo.

Derry si morse il labbro quando il re fece i primi passi sulla strada ampia. Enrico indossava una semplice corona d'oro per la sua passeggiata per le vie di Londra, anche se il metallo giallo come burro rancido valeva forse più di quanto chiunque nella folla avrebbe mai immaginato. Il re era vestito di lana marrone, con tunica, calzabrache e mantello. Sembrava che Enrico avesse capito che cosa si voleva da lui, anche se gli occhi erano vitrei. Aveva annuito quando Derry gli aveva chiesto se desiderasse cominciare.

Il percorso che avevano predisposto era in vie ampie e asciutte, con la guardia del re schierata ai lati per impedire che venissero rubate le stuoie per farle ricomparire poi in qualche taverna. I londinesi andavano matti per quelle acquisizioni e sorvegliare le strade fin dall'alba e anche prima era stata un'impresa. Il percorso del sovrano seguiva Cannon Street fino alla cattedrale di St Paul, passando davanti alla Pietra di Londra, che tanti anni prima il ribelle Jack Cade aveva scalfito con il suo ferro, un percorso di meno di un miglio attraverso il centro della città, ripeté Derry a se stesso. Il re non avrebbe impiegato molto tempo anche con il suo passo esitante.

I tamburi cominciarono a rullare lontano davanti a loro, stabilendo un ritmo di marcia ben più lento di quello che si usava sul campo di battaglia, poi suonarono i corni e Derry rammentò a se stesso che questi strumenti venivano utilizzati non solo per infiammare gli animi dei soldati durante un assalto, ma anche per soffocare le urla di panico di quanti volevano darsi alla fuga.

Alla fine del percorso l'arcivescovo Neville aveva una carrozza pronta ad accogliere il re se fosse stato troppo esausto. Il principe della Chiesa aveva ignorato tutte le infinite obiezioni di Derry, aiutato in questo dal fatto che lo stesso re Enrico sembrava contento di essere lì. Derry non era certo che il re capisse veramente tutto, ma esisteva una probabilità che fosse così; gli era stato affidato un compito e gli era stato detto che se lo avesse assolto avrebbe contribuito a salvare il trono, un'idea semplice e convincente dalla quale non poté più essere distolto.

Avanzando dietro il sovrano, Derry Brewer fece scorrere lo sguardo sulle file di londinesi accorsi fin dall'alba per essere certi di veder passare il re, domandandosi se la gente ricordasse di averlo visto sfilare quasi come un prigioniero, quando il padre degli attuali York era re di fatto, al di sopra della regina, la moglie di Enrico. Ricordi sgradevoli che però il re pareva ignorare, sorridendo alla gente che lo salutava con la mano e chiamava il suo nome.

L'arcivescovo Neville si accostò a Derry, rosso in viso e preoccupatissimo. Ne aveva ben donde, pensò Derry: se il sovrano fosse caduto la colpa sarebbe stata sua e solo sua, Derry si sarebbe accertato che fosse così.

Dietro e davanti a loro, quasi cento uomini e cavalieri nelle loro armature rilucenti marciavano a passo lento, i grandi stendardi reali mossi dalla brezza come vele di una nave. Guardando la lunga strada ancora da percorrere, Derry non osava sperare che tutto andasse bene. Purché Henry non inciampasse o non svenisse o non si spaventasse... Cercò di scacciare le sue paure, ma temeva la mezz'ora che aveva davanti a sé.

«Volete darmi il braccio, Derry?» disse il re a un tratto, gli occhi lustri come quelli di un bambino. «Ho il passo incerto, arcivescovo Neville? Andate avanti, per favore, io vi seguirò.»

Derry si appoggiò al bastone, avvicinandosi al re per tenergli stretto il gomito con la mano libera. Sudava per lo sforzo e la preoccupazione, domandandosi se potesse segnalare ai tamburi di rallentare ulteriormente la colonna ma, a parte le acclamazioni, tutto quanto sembrava già un funerale. Il passo del re si fece più sicuro e Derry scacciò quel pensiero.

Il frastuono ormai era tale che nessuno avrebbe potuto sentire i suoi ordini: ai due lati della strada i londinesi non deludevano certo in quanto a entusiasmo. La folla si sforzava in tutti i modi di vedere anche per un solo attimo Enrico di Lancaster, l'Innocente. Quanti avevano sostenuto che il re era morto da anni erano cupi in volto, mentre gli altri applaudivano e gridavano felici, facendo tesoro di quel momento, imprimendolo nella memoria come facevano sempre quando vedevano un santo o un re. Jasper Tudor era in prima fila, in piedi su una panca di legno che aveva noleggiato per qualche penny. Suo nipote Henry gli stava accanto guardando il punto dove i cavalieri nelle armature argentee si stavano radunando e gli stendardi si muovevano avanti e indietro. Il ragazzo stava masticando una focaccia con aria dubbiosa, avendo trovato la crosta assai più gustosa di un ripieno che aveva visto tempi migliori. Jasper cercò di capire se il figlio di suo fratello si stesse divertendo, ma era sempre difficile indovinarlo.

Guardarono il re Enrico avvicinarsi a loro e tutti e due, Henry Tudor e suo zio, lo acclamarono insieme agli altri. Jasper credette di vedere lo sguardo di Derry Brewer soffermarsi su di lui. A quell'uomo non sfuggiva nulla, perciò Jasper fece un cenno di saluto col capo mentre il gruppetto al centro del corteo li superava. A quel punto avrebbe voluto andare via, ma il nipote lo tirò per la manica e così rimasero tutti e due a guardare i soldati e i cavalieri sfilare con le visiere alzate sorridendo alla folla e ai loro compagni allineati lungo la strada. L'atmosfera era quella di una fiera o di un giorno di mercato pieno di rumore e di confusione ma Jasper aveva visto quanto fosse fragile il re e aggrottò la fronte pensieroso quando il nipote finalmente si girò verso di lui.

«Dobbiamo proprio andare?» lo pregò Henry Tudor. Jasper glielo aveva spiegato una dozzina di volte e si accigliò.

«Sì, Harry. Te l'ho già detto. Però c'è qualcun altro che devi conoscere, qualcuno che ha chiesto di vederti.» Proseguirono lungo la strada verso est, evitando la gente che raccoglieva i giunchi, il primo strato ancora abbastanza pulito per poter essere usato o venduto. Jasper fece cenno di no a una donna che ne aveva due ceste piene e che si rivolse subito a un gentiluomo, il quale forse avrebbe gradito avere il pavimento della cucina pulito al costo di un penny. La strada si sgombrò rapidamente davanti a loro e Jasper si diresse con il nipote verso la Torre e il fiume.

«Non avrei dovuto rimandare tanto» disse Jasper a bassa voce. «Appena arrivata la notizia dello sbarco di York avremmo dovuto partire subito per la Francia.»

«Si chiama fuga, zio» borbottò Henry e Jasper strinse le labbra.

«Chiamala come vuoi, figliolo. In battaglia io ci sono già stato e tu sei ancora troppo giovane. E poi sei il figlio di mio fratello e, sì, sei affidato a me e alla mia tutela. Non sono riuscito a proteggere tuo padre, Harry, perciò proteggerò te finché non ci sarà più pericolo.» Durante i mesi trascorsi a Londra Jasper aveva imparato a conoscere l'espressione determinata che ora vedeva sul viso del nipote.

«Senti, figliolo, se Warwick riuscirà a vincere, noi saremo appena al di là della Manica dove le notizie arriveranno presto. Re Luigi sarà felicissimo e noi torneremo in Inghilterra, io riavrò il mio Pembroke e tu erediterai i possedimenti di tuo padre come conte di Richmond.»

«E se dovesse vincere re Edoardo?» domandò Henry, che non si accontentava mai della prima risposta. Jasper sospirò.

«Allora non ritorneremo e Lancaster sarà distrutto. Io non credo che a quel povero re che abbiamo visto ora sarà permesso di vivere se Edward di York riconquisterà il trono. Anche se tu non dovresti chiamare Edward «re», Harry. La sua non era una linea diretta, non ha mai avuto diritto alla corona se non conquistandolo con il terrore e con la forza.»

«Che però gli son serviti bene» borbottò Henry.

«Gli son serviti così bene che non ha potuto regnare un solo anno in pace!» ribatté Jasper esasperato. «Io la pace non me la ricordo, ragazzo! Proprio qui in questa strada c'erano ribelli, cannonate e fuoco greco e si combatteva in ogni vicolo. Ho visto uomini morire infilzati e...» scosse il capo rifiutandosi di continuare, sebbene il nipote lo guardasse con grande interesse. Quando Henry capì che non avrebbe proseguito su quell'argomento l'attenzione svanì e il ragazzo si richiuse di nuovo in se stesso camminando senza fretta verso il fiume.

«Tu sei mio nipote, Harry e mi ubbidirai finché potremo tornare senza pericolo. Forse ci vorrà un mese, forse sarà quest'estate! Rifletti un po', ragazzo! Hai voluto vedere re Enrico e io ho trattenuto la barca per permetterti di guardare il corteo. Ora però c'è un'altra persona che vorrei vedere... ah, eccola qua, la cara signora!» Jasper salutò con la mano una donna minuta che li stava aspettando sulla riva del Tamigi. Harry guardò lo zio con aria sinceramente perplessa quando Jasper le fece il baciamano.

«Lady Margaret, questo è Henry Tudor, vostro figlio.»

Henry sgranò gli occhi e il suo sguardo passò dallo zio alla donna che lo fissava affascinata, senza perdere un suo solo movimento.

«Benvenuto, ragazzo mio» disse la donna, sorridendo timidamente. «Spero che tuo zio Jasper possa avere ancora cura di te.»

Henry se ne stava lì immobile, incapace di parlare, a bocca aperta. Margaret Beaufort allungò la mano e gliela chiuse con gentilezza. Era la prima volta che toccava suo figlio da quando aveva dovuto lasciarlo nel castello di Pembroke quattordici anni prima. Il ragazzo sentiva quel tocco sulla pelle come un marchio incandescente.

«Ora so dove si trova la proprietà di tuo zio in Bretagna. Ti scriverò se a te farà piacere.»

«Mi farà piacere» le fece eco Henry debolmente. Guardò di nuovo lo zio, cercando di capire se i due si stessero prendendo gioco di lui.

«State... bene?» disse poi alla donna. «Non vi serve niente?»

Chissà perché la domanda fece ridere sua madre che lo guardò con il divertimento negli occhi, ansimando leggermente anche se sembrava in buona salute.

«No, mio caro. Sono cameriera personale della figlia di milord Warwick, Anne. È meglio essere occupati che oziosi e io... a me piace essere vicina al centro degli avvenimenti. Tu sei cresciuto bene, Henry, sei ben fatto come tuo padre. Tuo zio mi dice che sei intelligente e tranquillo, senza tutte quelle spacconerie dei ragazzi. Mi ha fatto molto piacere saperlo.»

«Dovrei... dovrei rimanere con te?» le domandò Henry, ma sua madre scosse la testa con decisione.

«No. Tuo zio e io ne abbiamo discusso e abbiamo deciso che Londra è un posto troppo pericoloso per te, almeno per il momento. Stiamo a vedere come si mettono le cose. Se milord Warwick avrà la meglio, forse potrai tornare prima della fine dell'anno. Ti piacerebbe?»

«Sì, madre.» Gli occhi di Henry si erano riempiti di lacrime e il ragazzo se le asciugò con il dorso della mano, imbarazzato davanti allo zio. Margaret Beaufort batté qualche colpetto affettuoso sul braccio del ragazzo.

«Sii forte, Henry. Vedremo tempi migliori di questi, te lo prometto. Ora vai, avevo solo poco tempo per questo incontro e ormai è finito. Ubbidisci a tuo zio, prega ogni giorno e resisti alle tentazioni. Che Dio ti accompagni.»

Per poco Henry non cadde in acqua calandosi nella barca senza lasciare con gli occhi la donna che non aveva mai visto prima; e quasi non si accorse che lo zio si sedeva sul banco accanto a lui. Quando furono tutti e due sull'imbarcazione, la piccola signora si voltò, allontanandosi con passo sicuro senza voltarsi indietro.

«Formidabile, tua madre» disse Jasper in un tono leggermente malinconico. «Se l'avessi incontrata io anziché tuo padre, be', le nostre vite forse sarebbero state molto diverse. Su, remate, figlioli.»

I sei uomini ai remi li portarono nel mezzo della corrente, avanzando velocemente verso la *Pembroke* in attesa.

Henry Tudor si girò a guardare la città di cui si era ormai innamorato, magnifica e sconvolgente con il suo chiasso e i suoi colori, con i suoi odori e le sue sorprese a ogni angolo. Aveva passato a Londra soltanto un Natale e una primavera, ma erano stati più ricchi di eventi e di esperienze di una mezza dozzina di anni a Pembroke.

Disse a se stesso in silenzio che sarebbe tornato, ora che aveva scoperto quanto potesse essere meravigliosa la vita in una grande città, ora che aveva conosciuto la donna che nella sua immaginazione lo aveva cullato quando aveva il mal di denti o la febbre, mentre nella realtà non aveva avuto altro che le sue proprie braccia a stringerlo. Non fece trapelare nulla all'esterno, preferiva tenere tutto chiuso dentro di sé, dove nessuno poteva fargli male. Quando Jasper lo guardò di nuovo, Henry annuì educatamente, i pensieri molto lontani da lì.

XV

L'araldo di York aspettò un tempo lunghissimo prima di fare ritorno dai tre fratelli, che rimasero a guardare le mura della città immobili e silenziosi. Nel tardo pomeriggio, quando il sole aveva già allungato le ombre dietro di loro, si voltarono, allontanandosi di due miglia fino a un punto dove fu possibile piantare le tende secondo le regole. I loro uomini trascorsero le restanti ore del giorno a liberare il terreno dai rovi in un vasto perimetro per essere pronti a respingere ogni eventuale attacco notturno. Warwick quasi non li distingueva più, gli uomini erano solo figure minuscole al lavoro. Vide gruppi allontanarsi nei boschi per tagliare alberelli e trascinarli nel luogo dell'accampamento e una parte di sé provava piacere nel constatare come tutto fosse fatto per bene. Era stato presente durante il loro addestramento, dopotutto, con Edward e Richard più che con George, e si sentiva orgoglioso quando dimostravano di non essere dei buoni a niente.

Ciò nonostante sapeva di poterli battere... ne aveva quasi la certezza. Sì, la perdita di Clarence era stata un duro colpo per lui. Il genero aveva certamente informato i fratelli sulla consistenza delle sue forze e sui lord al suo comando, eppure l'orgoglio di Edward non gli permetteva di ritirarsi. Quel giovane gigante contava sullo slancio nell'attacco, ma l'errore di quella tattica appariva chiaro se si teneva ferma la lancia e si lasciava che l'avversario vi finisse contro.

A qualche miglio di distanza John Neville, lord Montagu, doveva aver già schierato i suoi tremila uomini bloccando il passo a nord, mentre de Vere, conte di Oxford, ne comandava seimila a est e Warwick poteva farne uscire diecimila dalla città e aggiungerne altri diecimila dal Warwickshire dietro di loro. I figli di York erano venuti nel cuore delle sue terre, a casa sua. E lui li teneva in ceppi, con un'unica via di fuga a ovest.

La notte scendeva silenziosa sul paesaggio, ma Warwick continuava guardare mentre le torce venivano accese lungo tutto l'accampamento di York e lo stesso si faceva sulle mura di Coventry, così che si formarono due lunghe linee di olio e di fiamme che si fronteggiavano per un'ampiezza di mille iarde.

Il duca di Exeter aveva mandato numerosi messaggi durante il giorno finché non aveva cercato di salire di nuovo sulla torre solo per essere respinto dalle guardie personali di Warwick. Allora Holland gli aveva gridato dai merli delle mura che avrebbe fatto meglio a stare attento, ma Warwick si era rifiutato di rispondergli e alla fine il nobile furibondo aveva alzato le mani in segno di rinuncia e si era allontanato per andare a ubriacarsi. Peccato che Exeter non lo avesse chiamato codardo davanti ad altri, perché Warwick avrebbe potuto farlo decapitare per aver interferito con il comando in tempo di guerra e nessuno avrebbe osato dire una parola in sua difesa. Sfortunatamente Henry Holland lo sapeva bene quanto Warwick e si era fermato un attimo prima di mettere la testa sul ceppo.

Warwick dormì male, gettando via le coperte per il caldo. Avrebbe dovuto chiudere la trappola che aveva teso non appena Edward vi aveva messo il piede. Poteva immaginare le reazioni di Derry Brewer e la sua diffidenza nell'apprendere che non aveva stretto il cappio. Tre lati sarebbero stati sufficienti a schiacciare quel piccolo esercito e a mettere fine a tutto. Warwick non riusciva a spiegare ciò che stava accadendo nel suo animo.

Si alzò da un letto bagnato di sudore e si avvolse in un mantello, assalito da uno strano senso di minaccia. Uscì sulle mura e attraverso le nebbioline del mattino guardò la linea scura all'orizzonte. Le torce si erano spente o non mostravano che le braci, un cupo baluginio che scompariva non appena visto.

Niente si muoveva nell'accampamento di York, non si vedevano uomini mandati a perlustrare i campi all'intorno. Warwick ne ebbe la certezza, ma dette ugualmente gli ordini, rimanendo a osservare dall'alto i suoi esploratori andare rapidamente e tornare al galoppo ancora più rapidamente, agitando le braccia e scuotendo la testa. L'accampamento di York era stato abbandonato. L'esercito si era dileguato silenziosamente durante la notte ed era stato Warwick a lasciarlo fuggire.

Edward tirò le redini per trattenere il cavallo. Non avrebbe desiderato altro che lanciarsi al galoppo sulla strada ma gli uomini dietro di lui non avrebbero potuto marciare più in fretta di così. Nel suo esercito soltanto ottocento erano a cavallo, con pochi animali nelle retrovie, ma il resto doveva percorrere ogni miglio a piedi... e poi combattere, se fosse stato necessario.

La notte precedente erano sgusciati via dall'accampamento non appena era stato abbastanza buio, in modo che nessuno potesse vedere i loro movimenti. Edward e Richard avevano affidato il compito ai loro capitani, i quali avevano imposto il silenzio assoluto con le buone e le cattive maniere, sussurrando minacce da far sussultare anche i più forti. Eppure ben pochi avevano dovuto essere costretti al silenzio; la maggior parte di loro, perfino quelli arrivati con Clarence, erano stati conquistati alla causa e la difficoltà stava piuttosto nel calmare la loro eccitazione e impedire che si chiamassero a vicenda e ridessero forte.

Prepararsi a levare le tende era stato un duro lavoro di qualche ora, ma erano stati ben contenti di allontanarsi senza far rumore nella campagna immersa nelle tenebre. La mezza luna andava e veniva tra le nuvole, non un cielo ideale sotto il quale marciare, ma si erano incamminati lo stesso.

La notte era stata buia, tanto da portarli fino all'accampamento di Oxford senza essere stati avvistati. Avevano assalito le guardie e attraversato un prato e un ruscello colpendo selvaggiamente tra le tende con le accette e le asce. Per un po' il caos fu terrificante, gli uomini svegliati dal suono strangolato dei corni fuggivano lasciando armi e armature, diffondendo il panico e correndo come lepri su per le colline, quasi avessero avuto alle calcagna schiere di diavoli e non di uomini.

A quel punto Edward avrebbe potuto dare respiro ai suoi uomini e lasciare che la mattina dopo Warwick scoprisse che il suo nemico aveva spezzato le catene, ma non lo fece, guardando a sud e riflettendo. Londra si trovava a ottanta miglia da lì. Su una buona strada perfino uomini già stanchi potevano marciare per tre, quattro miglia all'ora: una notte e un giorno di marcia, naturalmente a condizione di poter nutrire la sua truppa. Da quando era sbarcato aveva temprato quegli uomini con lunghe marce attraverso le campagne e, cosa più importante, adesso essi comprendevano ciò che il loro condottiero voleva fare. Londra significava il parlamento e il potere. La città proteggeva re Enrico, era il cuore dei Lancaster, ma soprattutto Londra teneva dentro le sue mura la moglie di Edward, le sue figlie e... suo figlio.

Marciarono sulla famosa strada di Londra che conduceva a sud, il morale ancora alto dopo aver messo in fuga il nemico, alto come pane lievitato. La loro baldanza andò scemando di ora in ora finché, giunti alla periferia di Northampton, si lasciarono cadere a terra, vinti dalla stanchezza. Edward avvertiva lo stesso bisogno di dormire che lo rendeva intontito e lento. Gli uomini e le donne dei carriaggi furono mandati in città con i borsellini pieni di monete d'argento per tornare con pane e brodo, e tutto quanto riuscirono a comprare. Soldati dagli occhi rossi sorrisero quando furono svegliati, trovandosi davanti una scodella fumante e un terzo di pagnotta; una volta trangugiato il tutto fu la volta di salsicce portate da garzoni dei macellai, che facevano a gara nel passare i vassoi e mostrarli vuoti ai sergenti. L'argento affluì in città alla stessa velocità con cui il cibo spariva nelle bocche di uomini affamati e in piena salute, ma il sole brillava già quando Edward radunò i ranghi intorno a sé. Si vedevano qua e là sbadigli, ma fino a quel momento i figli di York si erano dimostrati condottieri che valeva la pena di seguire e le facce erano sorridenti. Edward annuì soddisfatto.

«*Milord*, capitani, signori... e signore.» Pronunciando quest'ultima parola abbozzò un inchino in direzione delle donne che avevano accompagnato i combattenti. Una risata si levò dai ranghi alle reazioni di queste, un suono piacevole mentre alcune arrossivano e altre facevano la riverenza o chinavano il capo, felici di essere state nominate.

«Da questa mattina,» riprese Edward «dovremo accelerare la marcia, saremo rapidi come e più delle legioni romane prima di noi. La strada che abbiamo davanti si stende ininterrotta, larga e asciutta, per ottanta miglia fino a Londra. Questo vi chiedo. Mi avete già dato prova della vostra forza e della vostra lealtà. Ma io devo chiedervi di più, devo chiedervi fiducia e sopportazione. Vedete, io sono venuto qui per riprendermi la corona. E la corona è a Londra!»

Un'acclamazione fece seguito alle sue parole e Edward ne fu sorpreso e contento, tanto che si voltò verso i fratelli ridendo felice.

«Carriaggi alla retroguardia! Capitani, uomini in riga per sei! Che Dio vi benedica tutti per la vostra fedeltà. Vi parlerò di nuovo quando saremo dentro le mura di Londra.»

Dalla truppa si levò un'altra acclamazione, anche se

fiamminghi e inglesi si stavano già muovendo, pensando a raccogliere armi e arnesi e a mettersi in riga. Occorse un'altra ora alla colonna per formarsi, con gli esploratori e i bombardieri che gareggiavano per stare nelle prime linee e dare il passo. Le donne, i vecchi e i ragazzi sui carri aspettarono pazientemente di unirsi alla retroguardia e ai carriaggi con tutti i viveri e le provviste che erano riusciti a procurarsi in città. Tra loro vi erano donne che sapevano creare un banchetto con una manciata di erbe e poco più, tutte ben consce del proprio valore; sedute a cassetta con le redini in mano, salutavano con parole scherzose i loro giovanotti preferiti, facendoli sogghignare divertiti o arrossire. Era una bella giornata di aprile e tutto l'esercito si mise in movimento nel sole di primavera a piedi o a cavallo, liberandosi definitivamente dal senso di imprigionamento che era stato avvertito davanti a Coventry e marciando con le armi in spalla e la fierezza in ogni passo.

Edward e i suoi fratelli erano in testa, i cavalli affiancati e al trotto, mentre gli esploratori partivano in ogni direzione per perlustrare il terreno davanti a loro.

«Quaranta miglia oggi e lo stesso domani» disse Edward. «Si può fare. Ci basterà vedere le mura di Londra prima del tramonto.» Sorrideva parlando, pur sapendo che per gli uomini sarebbe stata una dura prova. Gli tornò alla mente all'improvviso Warwick che a Towton uccideva il suo cavallo e marciava e combatteva appiedato con il resto dell'esercito, per mostrare che sarebbe rimasto con loro fino alla fine, qualunque fosse stato l'esito della battaglia. Era stata un'azione di grande valore e in quel momento il ricordo metteva a disagio Edward. Aveva ammirato molto Warwick allora.

Faceva uno strano effetto pensare che quello stesso uomo proprio ora lo inseguisse infuriato. Pazienza, pensò Edward, sarebbe stato lui a raggiungere Londra per primo e a chiuderne le porte dietro di sé.

Quel pensiero gli suscitò un altro ricordo molto inquietante che gli fece sollevare la testa. Si sporse verso il fratello Richard, che cavalcava al centro della linea.

« E se rifiutassero di lasciarci entrare? Come a Hull o a York? E se le porte fossero chiuse, Richard?»

Il fratello rifletté per un momento, lo sguardo perso in lontananza, come se già vedesse la città.

«Quando saremo più vicini, forse domani o addirittura stanotte, manderò avanti dei gruppetti di esploratori o di uomini senza armature.» Richard rifletté ancora per qualche istante, poi annuì. «Potrebbero riunirsi davanti a una porta, diciamo Moorgate sulle mura a nord. Una ventina di uomini potrebbero bastare per tenere la porta fino al nostro arrivo, ma per essere sicuro ne manderò, diciamo, sessanta, forse di più. È una buona idea, fratello, di vitale importanza. Quando saremo vicini a Londra, dentro le mura ci saranno già dei nostri per tenere la porta aperta per noi. Il sindaco e i suoi consiglieri non ci fermeranno come hanno fatto con Enrico e Margherita. Quello è stato un atto blasfemo e io non ne permetterò un altro.»

Edward sorrise alla spavalderia del fratello mentre Clarence guardava davanti a sé, non ancora incluso nel legame di fiducia e di simpatia che univa gli altri due.

«Devo assolutamente entrare a Londra, fratello» continuò Edward. «Elizabeth è là. E anche mio figlio.»

«E sua madre, Jacquetta.» Richard si stava divertendo.

«Sì, be', non mi preoccupo tanto per lei. Mi stai prendendo in giro, Richard?»

«Mi dispiace.»

Edward ridacchiò, divertito suo malgrado.

«A Londra sono stato incoronato una volta. Londra mi ha fatto re e può farmi re di nuovo, se non dovrò grattare sulle sue porte chiuse come un cane randagio.»

«Hanno respinto i Lancaster» disse Richard con disprezzo. «Una regina francese, un re malato e la canaglia scozzese. Noi siamo gli York, fratello! Siamo i figli di nostro padre tornati a casa, non oseranno respingerci.»

Edward gli sorrise, contento che l'umore di Richard contribuisse a migliorare il suo. La colonna si allungava dietro di loro un miglio dopo l'altro, migliaia di uomini là dove, all'inizio, erano stati centinaia. Clarence però aveva descritto le schiere che Warwick aveva radunato contro di lui. Forse l'essere latore di tali brutte notizie aveva abbattuto ancor di più il loro fratello George, anche se il suo aspetto così infelice non era molto spiegabile, dato che aveva portato con sé una parte vitale delle loro armate. Eppure dopo la contentezza iniziale per essersi riunito ai suoi fratelli il duca sembrava un corvo spennato, la sua figura a cavallo un triste presagio.

Edward rialzò il capo respirando l'aria che andava lentamente intiepidendosi. Ancora ottanta miglia, questo solo contava in quel momento, non poteva vincere tutte le battaglie in un solo giorno. Non sapeva ancora nemmeno se sua moglie fosse ancora viva o se suo figlio fosse già morto, il figlio che forse non avrebbe mai aperto gli occhi per vedere accanto a sé il padre nella sua armatura. Edward scacciò tutti quei pensieri e si raddrizzò nella persona, alto e forte, lo sguardo fisso sulla strada.

Margherita d'Angiò lasciò scorrere lo sguardo lungo la banchina ricordando ciò che le aveva detto Derry Brewer: qualsiasi cosa fosse successa lei avrebbe dovuto muoversi con «senno», anzi, con «Senna». Il capo delle spie reali, rosso in faccia, le aveva spiegato la sua modesta battuta scoppiando in una gran risata e asciugandosi gli occhi. Sentiva la mancanza di quell'uomo. Alle sue spalle s'innalzava il palazzo del Louvre e gli appartamenti che erano diventati per lei una casa. Certamente l'unica casa che suo figlio ricordava, anche se il giovane principe Edward ancora sognava l'Inghilterra come Avalon, l'isola leggendaria, una terra fredda e nebbiosa nonché brillante gioiello di un diritto di nascita a lungo negato. Non lontano da Margherita, Edward di Lancaster indossava una bella armatura, dritto, lo scudo assicurato alla schiena e due giovani scudieri orgogliosi carichi delle sue armi e del suo equipaggiamento.

La piccola nave da guerra che aspettava madre e figlio era ormeggiata lungo la sponda del fiume, il ponte a una ventina di piedi al di sopra della banchina e della stiva. Mentre Margherita guardava, cavalli bendati venivano guidati sulla rampa fino al madiere per scendere poi lungo un'altra rampa nei recinti bui della stiva. Re Luigi non aveva lesinato il denaro necessario a un'impresa del genere. Se non avesse saputo molto bene quali vantaggi avrebbe avuto il re aiutandola, Margherita sarebbe rimasta sbalordita dai fiumi d'argento e di oro che il sovrano aveva elargito al suo piccolo gruppo. Avevano un nemico comune in Edward di York, questa era la spiegazione. La restaurazione dei Lancaster sarebbe stata un bene per entrambi.

Margherita si guardò indietro, come se avesse potuto vedere Luigi osservare la scena. Le dimensioni stesse del palazzo del Louvre talvolta la sorprendevano facendola sorridere. Certamente il re era là, le sue speranze li avrebbero accompagnati e, in effetti, era stato a causa della determinazione assoluta del sovrano francese, unita alla sua, a farla partire quel giorno. La notizia arrivata con i piccioni viaggiatori a Parigi che York era sbarcato e stava radunando un esercito aveva sconvolto tutti i piani già fatti.

Margherita seguì con lo sguardo il suo unico figlio salire a bordo, camminando con passo deciso sullo scalandrone per prendere posto all'impavesata e contemplare con orgoglio la città che li aveva accolti, la stessa emozione che provava lei guardando il figlio, l'unica cosa buona che le fosse venuta dalla sua giovinezza e da tutte le speranze che aveva avuto quando era giunta in Inghilterra la prima volta. Buon Dio, ricordava ancora la spuma che volava intorno a lei mentre attraversava il canale della Manica al fianco di William de la Pole, duca di Suffolk. Si premette un fazzoletto di seta sulle palpebre, non volendo che le lacrime le sciupassero il trucco intorno agli occhi. L'acqua della Senna era limpida in primavera. Bambini e ragazzi nuotavano o pescavano lungo le sponde, gridando e agitando le braccia eccitati nel vedere quei preparativi, divertenti ai loro occhi come uno spettacolo messo in scena apposta per loro. Il principe Edward alzò una mano, sua madre non sapeva se per salutarli o dire loro addio. Margherita non riusciva a credere che quella parte della sua vita fosse giunta alla fine e si scoprì a cercare di fissare quelle immagini nella mente, i colori, la miriade di fiori, rendendosi conto all'improvviso che forse non avrebbe rivisto Parigi per anni o forse mai.

Aveva protetto suo figlio da tutti i pericoli della vita, aspettando il momento in cui la marea degli York fosse calata e il giovane principe potesse attraversare la Manica. Soltanto una madre avrebbe potuto capire quale raffinata tortura fosse per lei quel giorno di primavera sul fiume, con tutta la Francia che guardava suo figlio partire per riprendersi la corona che gli apparteneva da sempre. Si premette la mano sulle labbra per darsi conforto. Erano tanti i nemici che a suo figlio avrebbero negato quella corona, che gli avrebbero tolto la vita senza esitazione; eppure il suo Edward era l'unico discendente maschio della più antica stirpe di re. Nessun altro aveva diritto al trono, secondo il sangue e secondo la legge... e secondo il diritto delle armi, se fosse stato necessario.

Richard Neville, conte di Warwick: un nome che aveva gridato con rabbia e con dolore mille volte durante gli anni del suo esilio e ora, chissà per quale follia, aveva affidato tutte le sue speranze proprio a quell'uomo, lei, che aveva fatto tagliare la testa del padre di Warwick e l'aveva esposta sulle mura di una città. Margherita era vissuta così a lungo nelle tensioni e nelle preoccupazioni che la bellezza della sua figura dalla vita sottile era svanita come la sua giovinezza, lei lo sapeva bene. Era impossibile vivere ogni giorno come un bicchiere lanciato in aria senza mai sapere se si sarebbe rotto in mille pezzi o no. Con un senso di sciagura sempre presente nell'animo Margherita era diventata più astuta e più fredda.

«Vostra Altezza mi farebbe l'onore di accettare il mio braccio?» chiese una voce accanto a lei. Margherita si voltò lentamente, come se si stesse svegliando da un sonno. Re Luigi era sceso ad accompagnarla e le dava i titoli e gli onori che le erano stati negati così a lungo. Il sovrano francese piegò leggermente la testa di lato, sorridendo nel vederla così contenta della sua presenza; le porse la mano e Margherita vi posò delicatamente la sua.

«Credo che il vostro amico lord Somerset sarà a Weymouth per darvi il benvenuto, milady. Così mi ha fatto sapere. Io vi affido alle sue mani sicure, che vi accoglieranno nel regno di vostro marito e a casa vostra, dopo tanto tempo. So che vorrete considerarmi un amico anche negli anni a venire. Io controllerò che voi vi troviate bene tra quei freddi contadini inglesi. Mostrate loro un po' di colore, Margherita, quei poveretti vivrebbero in un grigiore perenne senza il nostro esempio.»

«Cercherò, maestà. E vi sono grata di tutto ciò che avete fatto. Se esiste un modo per dimostrarvi la mia riconoscenza sia pure in minima parte, ne farò lo scopo della mia vita per quanto pochi siano gli anni che mi restano.»

Luigi rise guidandola fino al tavolato di quercia del ponte perfettamente lavato e si guardò intorno con non poca soddisfazione.

«Vi auguro molti anni belli, Margherita, quando tutto questo sarà solo un ricordo. Vi auguro delle estati belle, mia signora d'Inghilterra. E a voi, principe Edward? A voi auguro buona caccia: che possiate centrare il bersaglio.»

Il principe era molto più alto del francese, come alti erano molti nella sua stirpe, e sembrava che non sentisse affatto il peso dell'armatura mentre si inchinava a re Luigi, felice.

«Lo centrerò, maestà, nel nome di Nostro Signore Gesù Cristo!»

«Amen!» risposero insieme Margherita e il re.

«Mi dicono che il mare è un po' mosso oggi,» continuò Luigi «ma non dubito che i marosi si placheranno quando arriverete là, forse per timore reverenziale.» Margherita sorrise come il re aveva sperato. Indossava un bell'abito di seta, le labbra e le guance truccate solo leggermente e, nonostante i segni delle sue sofferenze sul volto, Luigi non ricordava di averla mai vista così bella.

«Sarete a Londra fra cinque o sei giorni, Margherita, e, a Dio piacendo, a quest'ora Warwick avrà già sferrato il colpo... e avrà la testa dell'uomo che è una minaccia per noi tutti.»

«Prego affinché sia così, maestà. E i vostri piccioni sono a bordo. Li libererò non appena avrò avuto notizie.»

Luigi le dette un bacio per l'ultima volta e strinse la mano del figlio, attento a evitare che il ragazzo gli stritolasse la sua. Poi il re di Francia ridiscese lo scalandrone e rimase a guardare mentre veniva ritirato e i marinai mollavano gli ormeggi. Rimase sulla banchina con poche guardie a tenere lontana la folla plaudente mentre la piccola nave veniva rimorchiata da due barche fino al centro del fiume e gocce brillanti ricadevano dalle cime tese. Luigi sapeva benissimo di essere soprannominato «il Ragno universale» e mentre contemplava quelle corde sempre più sottili le immaginò come fili di una ragnatela, sorridendo all'immagine e all'idea che rappresentavano. Quella era una fine... e forse un principio. Una volta sul mare sarebbero stati alzati i vessilli di Lancaster da poco finiti di ricamare, ma per il momento, a Parigi, la nave portava solo il giglio di Francia, azzurro e oro.

XVI

Il capitano di servizio alla porta spedì un altro garzone a prendere gli ordini del sindaco, John Stockton. Era certo che le vie di Londra erano tranquillissime e, da quanto il capitano Seward poteva capire, l'intera città stava trattenendo il fiato o quasi. Conosceva bene gli umori di Londra, essendo cresciuto in Wych Street, figlio di un mercante di spezie. La metà dei suoi uomini veniva dai quartieri poveri, ma il capitano Seward era un uomo ricco, anche se non lo si sarebbe detto dal cuoio stinto e dal metallo malandato che aveva addosso; aveva trovato un posto che gli andava molto bene, a Moorgate, la porta sulle mura. Tornando a casa trovava una tavola ben apparecchiata e la servitù ad accoglierlo, ma non importava, o perlomeno lui credeva che non importasse. Trattava i suoi uomini come un padre e in effetti due di loro erano figli suoi.

Seward aveva mandato subito il primo messaggero quando era stato chiamato sulle mura dalla notizia che uomini in armi stavano marciando verso la città. Le porte di Londra non erano lì per bellezza, una volta chiuse e sbarrate avrebbero protetto gli abitanti da qualsiasi forza nemica. Londra non poteva nemmeno essere assediata, non con il grande fiume che scorreva verso sud.

Chiuso fuori dalle mura, un eventuale nemico avrebbe potuto negoziare con i nobili e con il sindaco, ma la cosa non riguardava Seward: ciò che lo riguardava era la porta, la porta era il suo mondo e la sua unica responsabilità.

Si era trovato presente quando, anni prima, era stato dato l'ordine di chiuderla in faccia ai Lancaster. Allora Seward aveva guardato dall'alto il grande esercito malridotto che si stendeva per miglia all'intorno, ma la porta era rimasta chiusa. Non era stato d'accordo col vecchio sindaco, ma aveva eseguito lo stesso i suoi ordini. Aveva fatto il suo dovere e solo questo contava, come diceva sempre ai suoi figli.

Nel frattempo i capelli del capitano Seward erano diventati grigi, quelli che gli erano rimasti, perché sulla sommità del capo, lustra come cuoio, non ne aveva più. Suo padre gli aveva lasciato soltanto la bella casa in Wych Street senza nessun altro reddito e Seward aveva dato da mangiare e aveva vestito la sua famiglia grazie all'incarico di capitano della porta e tenendo ben aperti gli occhi sulla strada che l'attraversava.

Ormai si riuscivano a distinguere gli stendardi, anche se Seward continuava a girarsi per vedere se il figlio minore fosse di ritorno. Occorreva tempo per chiudere una porta delle mura, dovevano essere portati dei buoi per fare forza sulle enormi travi. Seward li aveva già pronti nella strada sottostante con sei dei suoi uomini migliori, persone affidabili che non si sarebbero fatte prendere dal panico nemmeno se avessero visto dei soldati marciare su di loro mentre stavano chiudendo i battenti e riducendo la striscia di luce fino a cancellarla del tutto.

Naturalmente i mercanti avrebbero strillato e pianto, lo facevano sempre, specialmente quando Seward faceva esercitare i suoi uomini all'inizio di ogni stagione, cioè solo quattro volte all'anno; eppure quella gente reagiva come se fossero stati tutti borseggiati o le loro mogli prese a schiaffi. A Seward venne da ridere al pensiero di che cosa avrebbero detto quel giorno, ma forse non avrebbero protestato tanto vedendo che la sua porta impediva a uomini violenti di addentrarsi nelle vie della città.

Fu con sollievo che vide finalmente tornare di corsa il figlio. Il posto di guardia della torre sulla porta era a una quarantina di piedi al di sopra del selciato, la strada già affollata di curiosi accorsi quando si era sparsa la notizia, ma Seward non aveva tempo per quella gente. Osservò il bambinetto, che aveva perennemente il moccolo al naso anche se si leccava di continuo, salire i gradini senza rallentare. Il capitano Seward annuì orgoglioso al figlio arrivato all'ultimo scalino, voltandosi però a guardare un'altra volta al di là delle mura la colonna in marcia ormai a non più di seicento iarde, forse anche meno. Avevano fatto molto presto davvero.

«Allora, Luke? Parla! Qual è l'ordine?» Il bricconcello sbuffava come un mantice e Seward cominciò a perdere la sua proverbiale calma. Afferrò il figlio e lo sollevò in aria: «Luke! Aperta o chiusa?».

«Il sindaco è andato casa, papà, capitano Seward!» ansimò il bambino. «È a letto e non si alzerà!»

Seward rimise il bambino per terra. Il sindaco Stockton non era mai stato famoso per le decisioni rapide, Seward lo sapeva bene e non era una sorpresa che si fosse rintanato anche questa volta. Be', Seward aveva combattuto per Lancaster a Towton e *lui* sapeva decidere in fretta. Re Enrico era stato mostrato al popolo il giorno precedente come un vitello al mercato e sebbene Seward non avesse idea di dove fosse in quel momento, il primo dovere dei capitani delle porte era di proteggere il sovrano che sedeva sul trono, di proteggerlo dai pericoli di qualsiasi genere e specie. Si sporse dalle mura per impartire l'ordine alle squadre; avrebbe significato chiudere la porta proprio all'ultimo momento, ma c'era ancora il tempo per farlo, se agiva in fretta.

Si sentì tirare indietro da un braccio che gli stringeva il collo, udì suo figlio gridare allarmato e mentre lottava per liberarsi dalla stretta vide i suoi uomini circondati da dozzine di mercanti e di curiosi che all'improvviso avevano tirato fuori i coltelli.

«Lascerai aperta quella porta» gli disse una voce all'orecchio in una zaffata di aglio e di violenza. «York è tornato a casa.»

Il capitano Seward non mancava certo di coraggio. Lottò per qualche istante finché non si sentì spinto con forza da dietro. Urlò mentre volava cercando di aggrapparsi all'aria e sfracellandosi sui ciottoli della strada quaranta piedi più in basso.

Edward e Richard di York si avvicinarono affiancati, entrambi con i segni della tensione sul volto mentre attraversavano la porta ed entravano nella città di Londra. Passarono davanti alle squadre pronte con i buoi e alle guardie in piedi a capo chino. Balestre e archi erano stati portati via dai finti mercanti e oziosi che ora salutavano con un cenno o s'inchinavano ai figli di York. Avevano liberato la strada e tenuto aperta la porta per loro.

Si vedevano dei cadaveri qua e là a dimostrazione del breve episodio di violenza di poco prima. Edward serrò la mascella lasciandoseli alle spalle. Non aveva chiesto lui che Warwick in combutta con il re di Francia si ribellasse e lo cacciasse fuori dal paese; non aveva chiesto lui a quei traditori di creare il caos nel suo regno ma adesso era tornato ed era passato come una furia attraverso le terre settentrionali per raggiungere Londra. Pur con pochissimi uomini ora aveva la capitale in mano.

Giunti nel cortile Edward e Richard fecero segno a Clarence di raggiungerli e tutti e tre portarono le loro cavalcature fino al punto in cui il corpo di un capitano della porta giaceva sfracellato. Intorno a lui quattro o cinque suoi compagni in piedi a capo scoperto torcevano i berretti che tenevano in mano, accanto a un bambino che piangeva. Furono loro a portare via il corpo del capitano Seward mentre l'esercito di York entrava in città.

«Diecimila uomini,» mormorò Richard «non sembrano tanti, a meno che non debbano passare per una porta perché così pare che non finiscano mai, come le schiere celesti.»

«Credo che possiamo affidare a George il compito di chiuderla quando saranno entrati tutti» disse Edward. Era un ramo di olivo offerto al fratello e George annuì, contento di essere incluso nel sentimento di amicizia che esisteva fra i due, ma il suo sorriso svanì quando Edward e Richard si allontanarono insieme mettendo al trotto i cavalli nel fango vischioso.

Entrambi preferivano guidare piuttosto che seguire. George di Clarence si domandò se un giorno sarebbe stato come loro: forse quando l'età lo avesse reso più capace di dominarsi. Seguendoli con lo sguardo, però, non ne fu tanto sicuro. Richard era il più giovane, ma aveva trascorso gli anni cruciali dell'infanzia e dell'adolescenza lontano dall'ombra dei fratelli; era per questa ragione che i figli cadetti venivano affidati ad altre famiglie, per imparare a dominare anziché essere dominati in ogni occasione dal fratello maggiore del loro lignaggio.

George continuò a guardare nella direzione in cui si erano allontanati i fratelli finché l'ultimo dei loro uomini non fu passato, lasciandolo solo fra gli esploratori in attesa di comandi. Alzò la testa, cercando di grattarsi un punto che gli prudeva nell'orecchio.

«Molto bene, signori. Chiudete la porta» ordinò alla fine. «Poi chiudete tutte le altre.»

Clarence portò il cavallo al centro della strada e rimase a guardare il riquadro luminoso della porta restringersi sempre di più e la coppia di buoi neri che sbuffava per lo sforzo accanto a lui. L'ultima fessura di luce svanì in un tonfo sonoro, poi gli uomini si fecero avanti per fissare i pali di ferro che bloccavano la parte inferiore del battente. Non era un'impresa semplice chiudere le porte di Londra. Né tenerle aperte.

Adesso era quasi buio all'interno delle mura. Clarence avvertì di nuovo il prurito nell'orecchio e spinse il dito più in profondità, aprendo e chiudendo la bocca prima di far voltare il cavallo e seguire i fratelli all'interno della città.

«Dove andiamo adesso, maestà?» gridò Richard al fratello, la voce acuta. La folla sembrava aumentare di momento in momento, riempiendo le stradine laterali e accalcandosi contro le mura. Molti si lanciavano pericolosamente tra gli uomini in marcia, rischiando di essere travolti e calpestati. Non stavano applaudendo, notò Richard. Il brusio e quei movimenti improvvisi stavano innervosendo le guardie di York, sebbene quella gente non avesse un'aria ostile e nemmeno preoccupata, ma si limitasse per la maggior parte a guardare i fratelli York. Alcuni tra la folla si toccavano la fronte o il cappello in segno di rispetto, altri invece li fissavano con occhi scintillanti o si giravano verso i vicini ridendo e parlottando.

La via che si allontanava da Moorgate e attraversava il centro della città era appiccicosa sotto i piedi, un misto di fango, di sangue dei maiali proveniente dalle botteghe dei macellai, di liquidi di vario genere dall'odore pungente e naturalmente di rifiuti di uomini e bestie ammucchiati e lasciati dove li avevano depositati i rispettivi proprietari. Là dove esistevano, i canali di scolo lasciavano traboccare in alcuni tratti il loro contenuto e il fetore era tale da far lacrimare gli occhi. Edward si scoprì a trattenere il respiro man mano che si addentrava nella città, sperando che i polmoni si abituassero a quell'aria greve che però si diceva facesse bene alla salute.

Stava riflettendo seriamente alla domanda del fratello. Entrando a Londra aveva provato un'esaltante sicurezza di sé, una sensazione inebriante quasi di reverenza, perché in realtà non avrebbe mai osato immaginare che un giorno avrebbe davvero rivisto Londra e comunque non certo di entrarvi in testa alle sue armate per riprendersi il trono; ma quell'esaltazione folle si era andata via via esaurendo sotto gli sguardi delle migliaia di uomini e donne che avevano interrotto il loro lavoro quotidiano per vederlo passare.

Controllare Londra voleva dire controllare la Torre e la zecca reale, St Paul, il fiume stesso e la Guildhall, dove il sindaco si era ritirato nei suoi appartamenti rifiutandosi di uscire. Voleva dire i nobili e le ricchezze della città, gli uni e le altre di vitale importanza per lui. Eppure, quel primo giorno tra le mura di Londra sembrava che a Edward non mancasse niente di tutto questo.

Già mentre il figlio di York avanzava mettendo il cavallo al passo, inviati e messaggeri andavano e venivano, qualcuno anche accettando del denaro. Richard ascoltava con alterigia promesse e giuramenti, assicurazioni di fedeltà di uomini che non perdevano tempo nel reclamare le terre e i titoli che avevano perduto. Riferì a Edward soltanto qualche particolare che riteneva potesse interessare al fratello; appresero in quel modo che re Enrico giaceva prostrato negli appartamenti reali di Westminster, ridotto quasi al collasso dopo la farsa di un corteo attraverso la città il giorno precedente.

A un buon miglio di distanza lungo il fiume, lontano dai miasmi della città vera e propria, il palazzo di Westminster, con il parlamento e l'abbazia, il Tesoro e Westminster Hall, racchiudeva tutto ciò che era necessario a Edward, che però era incredibilmente stanco e quindi dispostissimo a lasciarli aspettare i suoi comodi. Sulla sponda del fiume il castello di Baynard era una fortezza degli York e il pensiero di poter riposare là in tutta sicurezza lo faceva sbadigliare fino a slogarsi la mandibola.

«Gli uomini sono esausti» disse, facendo segno al fratello di avvicinarsi. «E sono stanco e indolenzito anch'io. Quaranta miglia oggi, mi pare che basti come passeggiata. Passa parola ai capitani di cercare magazzini, taverne, case vuote, qualsiasi posto dove gli uomini possano riposare e trovare da mangiare. Per una notte o due Londra dovrà occuparsi dei nostri bravi giovanotti.»

Si guardò intorno in cerca di qualche segno di entusiasmo, ma non ne vide: la folla lo guardava con occhi stolidi e facce lugubri mentre cessavano del tutto movimenti e parlottii.

Edward rialzò la testa. Capiva bene che nel corso di quegli anni il popolo di Londra era stato sbatacchiato di qua e di là. Solo qualche mese prima si era preteso che i cittadini applaudissero e pagassero le tasse quali fedelissimi sostenitori di York, con Edward seduto sul trono; poi Edward era stato mandato via e ai Lancaster era stata messa di nuovo la corona sul capo, Enrico era tornato a essere sovrano d'Inghilterra, accolto dall'abbraccio affettuoso e sconcertato dei londinesi.

Guardandosi intorno con distacco regale, Edward rispose al loro esame gonfiando il petto e dominandoli con lo sguardo. Anche se poteva comprendere un certo risentimento, si sarebbe dannato piuttosto che riconoscerlo: Londra apparteneva a lui, era la capitale del suo regno, quegli uomini e quelle donne erano suoi sudditi, tanto valeva che mandassero giù il rospo o che ci si strozzassero. Sentì la collera ridare vigore ai muscoli e si raddrizzò ancora di più sul suo destriero.

«Richard, credo che dopotutto non riposerò, non ancora. Fai venire una ventina di uomini che mi facciano da scorta fino a Westminster, vuoi?»

Richard di Gloucester fece voltare il cavallo, uscì dai ranghi e attese che lord Rivers gli si affiancasse. Il conte di Woodville fu contento di sentirsi chiamare anche se il suo compiacimento fu di breve durata.

«Mio fratello e io proseguiamo, milord» gli disse Richard. «Affido a voi Londra e l'esercito, tranne... ottanta dei vostri uomini migliori che faranno da scorta a sua maestà.»

«Sarei onorato di unirmi a loro» si affrettò a dire lord Rivers, che preferiva restare vicino al cognato e si adombrava subito quando veniva escluso dai conciliaboli dei due fratelli York. Richard trovava quell'uomo insopportabile e fu esattamente per questa ragione che raffreddò immediatamente i suoi entusiasmi: «No, non lo credo possibile. Lord Rivers, vi ho riferito l'ordine di mio fratello. Edward e io arriveremo a Westminster e torneremo stasera o domani. Immagino che ci sarà una cerimonia d'incoronazione, a St Paul forse, dove potrà essere ricordato alla città che York è tornato, gloria a noi e via discorrendo. Ora sono stanco, lord Rivers. Avete capito ciò che ho detto?».

«Credo di sì, milord.» I muscoli sulle guance di Rivers si contraevano minacciosamente, ma Richard lo rimandò ai suoi uomini e gli voltò le spalle, già pensando alla notte che lo aspettava. Era stanco, sì, però aveva diciotto anni e poteva restare sveglio per due notti di fila se necessario; ma vedendo l'enorme sbadiglio di Eward non fu tanto sicuro che fosse così anche per lui.

«Per le ossa dell'Onnipotente, noi sappiamo dov'è ora!» ruggì Exeter, la voce tagliente come un'arma. «È a Londra a rimpinzarsi di carne di maiale e ad assassinare re Enrico! Non è affatto un mistero, Neville! York e i suoi traditori bastardi se la sono svignata sotto i nostri occhi perché pensavamo che volesse sfidarci o assediarci. Non ho mai visto in tutta la mia vita un esempio più schifoso di battaglia offerta e respinta. Io vi dico, Neville...»

La voce aspra e acuta si strozzò nella gola di Exeter all'ingresso di lord Montagu, che si intromise tra lui e Warwick.

«Voi continuate a usare il mio nome di famiglia» disse John Neville. «Vi state rivolgendo a mio fratello, il conte di Warwick, oppure a me? Non riesco a capire se questo eccesso di confidenza sia solo maleducazione o se parla un uomo che non sa tenere a freno la lingua. Questo lo posso fare io per voi, se volete.» Si sporse ancora di più finché Exeter non sentì sulle gote la sua barba ispida. «Posso frenarla io la vostra lingua.»

Exeter, paonazzo in viso, scrutò le cicatrici sul volto del Neville più giovane.

«Non ho detto niente di sbagliato, milord, Abbiamo perso l'occasione di rompere il collo a Edward, sì, e anche ai suoi fratelli. Avevamo forze sufficienti, avevamo la posizione, eppure lui se la svigna e ci lascia qui a grattarci i coglioni.» Si guardò intorno quasi in cerca di un appoggio, ma il conte di Oxford abbassò la testa e la rialzò deliberatamente, Montagu e Warwick sembravano due statue e non gli concessero nulla; Exeter tuttavia continuò con una certa spavalderia: «Miei signori, io non grido all'inganno o al tradimento, anche se qualcuno potrebbe domandarsi perché non abbiamo schiacciato i figli di York quando li avevamo in nostro potere, quando erano sopraffatti dal numero. Stabilirlo sarà compito dei giudici o del parlamento, su questo non ci sono dubbi». Lanciò un'occhiata a Warwick a quel punto, promessa di futura malevolenza.

Oxford si schiarì la voce: «Qualsiasi sia la verità, mi sembra chiaro che ora il comando spetta a *Exeter*. Possiede il rango e l'autorità necessari e non è... compromesso in questo disastro. Nessun sospetto grava su di lui e perciò...». Warwick si agitò come se volesse intervenire ma il conte di Oxford lo fermò con un gesto di avvertimento, «... perciò dovrebbe alzare i suoi vessilli su tutti gli altri. Gli uomini si fideranno di un duca e noi non possiamo più indugiare. In verità dovremmo già essere in marcia verso Londra.»

«E lo saremmo se non fosse stato per la vostra richiesta di questa riunione straordinaria» ribatté Warwick, il quale, pur riconoscendo che era stata la sua esitazione fatale a permettere a York di salvarsi, non avrebbe alzato un dito per un idiota come Exeter o per il suo amico dal mento sfuggente.

«Credo di essere ancora io al comando, miei signori,» continuò «nel bene e nel male, la mia autorità garantita dal sigillo di re Enrico e dall'approvazione del parlamento. Non vedo qui nessun potere costituito che possa rimuovermi dai miei incarichi. Sbaglio, forse? Stando così le cose non mi resta che andare avanti. Niente mugugni, Oxford!» Al borbottio del conte di Oxford, Warwick aveva alzato la voce; fissò il conte per qualche istante fulminandolo con lo sguardo finché non apparve chiaro che non si sarebbe levata nessuna voce di dissenso.

«In mancanza di un'autorità legale che possa sollevarmi dall'incarico, continuerò ad alzare i miei vessilli.»

«Potreste fare voi spontaneamente un passo indietro» disse Exeter, il gelo negli occhi. Warwick scosse la testa.

«Ho prestato giuramento! Non lo romperò solo perché c'è chi critica il mio operato! Sono forse una servetta che corre via piangendo quando viene sgridata? No, signori miei, io resto al comando, con la benedizione di re Enrico. Non posso deporre il fardello e al tempo stesso salvare l'anima. Non c'è altro da dire e voi potete fare ciò che credete.»

«Mi state sollevando dal *mio* incarico, dal *mio* giuramento?» domandò subito Exeter.

Warwick sorrise.

«Oh, no, Holland. Avete dato la vostra parola di seguire chiunque il re avesse messo al comando. E rischiate la dannazione eterna anche solo con la vostra domanda, come se esistesse una possibile interpretazione che vi permettesse di ritirarvi. Non esiste. Sono stato chiaro, Holland? Perfettamente chiaro, milord Exeter?»

Exeter guardò di nuovo Oxford in cerca di un supporto, ma questi continuava a tenere china la testa, rifiutandosi di alzare lo sguardo. Le labbra di Henry Holland si strinsero, i lineamenti del viso tirati.

«Non mi lasciate scelta, milord» disse alla fine.

«Come osate, Holland?» lo investì Warwick cogliendo di sorpresa tutti quanti. «Non dovete preoccuparvi di ciò che io vi lascio, la vostra unica preoccupazione è il *giuramento* che avete prestato! Non assumete quel tono risentito con me! Se volete restare, restate, o andatevene se volete bruciare all'inferno. È *questa* la scelta che avete.»

Warwick attese e dopo qualche momento l'espressione dell'uomo più giovane perdette in parte la sua pervicacia e Henry Holland parve rilassarsi mentre si inchinava a Warwick: «Rimango al vostro comando, milord Warwick» disse in tono pacato. Con sua sorpresa Warwick gli si avvicinò e gli dette una gran pacca sulle spalle facendo sobbalzare tutti quanti.

«Bravo, Henry, la vostra parola ha un valore indipendentemente dalle nostre differenze. Il mio errore riguarda solo me, sono io che ne risponderò, ma sono sollevato al pensiero che non avete violato il giuramento dannandovi per sempre.» Ancora una volta batté la mano sulla spalla del duca come avrebbe fatto con il suo cane preferito.

«Per dire la verità sono d'accordo con voi» disse Warwick sorprendendo ancora di più Exeter. «Noi abbiamo ventiquattromila uomini già pronti a marciare. Londra e re Enrico sono minacciati da un usurpatore e perciò dovremmo già essere in marcia, non qui a rischiare le nostre anime. Miei signori, vi giuro adesso su Maria, madre di Dio, e sull'onore della mia stirpe che combatterò York quando ci incontreremo di nuovo. Se in passato ho commesso un errore saprò porvi rimedio. Lo prometto solennemente per Cristo nostro Signore, amen! Amen!» Quest'ultima parola fu quasi un ruggito che fece sobbalzare Exeter, ancora in preda a un alternarsi di emozioni, ma che gli dette speranza. Si illuminò in viso: «A Londra, allora?».

«Con tutte le forze che abbiamo, milord» confermò Warwick mostrando i denti in un sorriso. «Là finiremo l'opera sotto gli occhi del mondo intero.»

Edward di York spinse il battente della porta che immetteva negli appartamenti reali del sovrano a Westminster. Fuori le luci di Londra brillavano nel buio mentre con Richard introduceva in quell'ambiente ovattato l'odore del ferro e il suono metallico delle cotte di maglia.

Re Enrico giaceva pallido sul letto, il lenzuolo spostato

così che si intravedevano le vene azzurre delle costole sul torace, i capelli intrisi di sudore, gli occhi semiaperti e arrossati. Quando un soffio di aria fresca lo raggiunse il re si sforzò di tirarsi su a sedere.

Quel rumore svegliò l'unico altro occupante della stanza che fino a quel momento aveva russato, allungato comodamente su una sedia ampia e imbottita. Derry Brewer si destò di soprassalto e guardò con gli occhi cisposi i due uomini in piedi nel vano della porta. Un'ombra gli attraversò la fronte e Derry allungò la mano verso il bastone, una mano dalle dita storte e dalle articolazioni ingrossate. Il capo delle spie reali aveva sessantatré anni e faceva fatica a raddrizzarsi sulla sedia anche con l'aiuto del bastone.

Edward attraversò la stanza con passo agile, seguito immediatamente dal fratello e Derry li osservò con aria torva.

«Non sta bene e non può essere mosso.» Derry sapeva che la sua voce avrebbe attirato l'attenzione dei due figli di York, che si girarono verso di lui come lupi verso la preda. Prima che potessero aprire bocca, il re parlò, la voce debole e acuta come quella di un bambino.

«Cugino York! Grazie a Dio siete venuto. Ora so che andrà tutto bene.»

Derry si premette la mano sulla bocca, addolorato nel sentire quanto Enrico fosse fiducioso, e pensò alla lama nascosta nel bastone mentre Edward, chinandosi per prendere la mano del re tra le sue, lasciò scoperto il collo. Stava per muoversi, ma Richard di Gloucester lo stava tenendo d'occhio: gli bloccò la mano e lo sollevò di peso dalla sedia come se fosse una piuma. Derry si sentì stringere con tale forza che a malapena riuscì a respirare mentre veniva trasportato fuori dalla stanza. La porta si richiuse dietro di lui.

Si scoprì a parlare con la voce resa aspra dal dolore: «Non avete bisogno di ucciderlo. Lasciatelo vivere, per favore, figliolo, mettetelo in un monastero lontano da qui. Non vi darà più nessun fastidio».

«Ah» disse Richard, una certa gentilezza nella voce. «Voi gli volete bene.» Per un attimo distolse lo sguardo da Derry, poi si strinse nelle spalle: «Non dovete temere per Enrico di Lancaster, mastro Brewer. Non lo uccideremo mentre suo figlio forse sta sbarcando in Inghilterra. Mio fratello e io siamo venuti per mettere la parola fine a questa vicenda, non per creare un altro re sulla costa. E c'è anche il conte di Warwick con il suo immenso esercito. Potremmo avere bisogno di un ostaggio per assicurarci un salvacondotto. No, mastro Brewer, stanotte Enrico non ha niente da temere da mio fratello o da me. Voi però, voi siete finito.»

Stringendo ancora il capo delle spie reali con le sue braccia giovani e forti Richard di Gloucestar lo spinse giù dalla rampa di scale nel cortile deserto. Il palazzo di Westminster aveva un numero di lanterne accese sufficiente a illuminare di un baluginio dorato una parte della piazza, mentre la grande abbazia incombeva nel buio.

Derry si guardò intorno, vide le guardie in attesa silenziosa osservarlo con fredda indifferenza. Non avrebbe potuto sperare in un aiuto da loro. Incespicò, appoggiandosi al bastone.

«Quando ero molto giovane ho perso una figlia e una moglie,» disse alzando lo sguardo sul limpido cielo notturno «e anche qualche buon amico. Spero di rivederli, ragazzo.» Per un istante fissò su Richard il suo unico occhio e sorrise, un'espressione quasi allegra sul viso. «Mi ricordo di tuo padre. Era un arrogante figlio di sgualdrina ma tu non hai nemmeno la metà della sua grandezza. Spero che avrai quello che meriti, gobbetto.»

Richard di Gloucester fece un segno al suo capitano, accompagnato da un gesto brusco. L'uomo si fece avanti e Derry alzò gli occhi al buio in alto, contemplando stupito il magnifico spettacolo del cielo stellato. Cadde con un grugnito sommesso quando l'uomo lo colpì, tossì una volta e morì. Il bastone gli cadde dalle mani e rotolò con un rumore sordo che fu l'unico suono nel cortile.

XVII

Elizabeth fu presa dal terrore nell'udire il rumore di uomini in armi che si avvicinavano. Per mesi era stato quello il suo incubo, come un lampo bianco e scintillante che gli perforava il petto ogni volta che un droghiere o un prete venivano all'asilo, ogni volta che udiva una voce sconosciuta o suonava una campanella. Ogni volta l'assaliva l'enorme paura oscura che fosse Lancaster o uno dei suoi lord venuti a massacrare i suoi figli e lei. Nei suoi sogni vedeva il sangue scorrere nero sul pavimento.

Questa volta udì davvero il clangore del ferro e si rizzò a sedere di colpo, con il cuore che le batteva all'impazzata nel buio. Nelle minuscole celle dell'asilo erano presenti sempre uno o due monaci. In quei mesi di soggiorno obbligato aveva imparato a conoscerli tutti e ora riconobbe la voce di frate Paul, seguita da un grido e da uno schianto che le fecero afferrare la vestaglia e cercare freneticamente di allacciarla nel buio.

Dormiva sola e sentiva la balia, Jenny, muoversi nella stanza accanto lungo il corridoio. Sua madre, Jacquetta, era già alzata e le comparve davanti con una lampada in mano, i capelli una massa di riccioli scompigliati dal sonno.

Senza aprire bocca Elizabeth le mostrò il lungo coltello che aveva afferrato e Jacquetta sparì di nuovo nella sua camera uscendone subito dopo con un attizzatoio in mano.

Le due donne si avvicinarono alla scala zittendo Jenny, che si era affacciata sulla soglia, e respingendola nella stanza. Più in giù lungo il corridoio una bambina cominciò a piangere, un pianto che avrebbe certamente svegliato la vecchia governante che si occupava di loro nonostante fosse sorda, perciò al primo strillo si svegliò tutta la casa. Elizabeth si morse il labbro piena di paura mentre raggiungeva il primo gradino e si curvava per scrutare in basso il minuscolo ingresso.

Frate Paul giaceva rannicchiato contro la parete, non si capiva se privo di sensi o morto. Elizabeth cercò di ritrovare il respiro, poi si rese conto confusamente che conosceva l'uomo che in quel momento le voltava le spalle, chino sul frate. Quando Edward si voltò, le parve che si girasse verso di lei senza produrre nessun rumore, anche se certamente non era così.

Suo marito alzò lo sguardo verso il punto dove lei lo stava guardando attraverso la balaustra e lanciò un grido, il viso illuminato da un immenso sorriso. Elizabeth gridò a sua volta per l'enorme sollievo, anche se le sembrava di essere sul punto di svenire e di rotolare giù dalle scale. Barcollò quando si rimise in piedi e sentì le mani della madre sostenerla e guidarla per evitarle di cadere.

Edward salì la scala in pochi balzi, guardando la moglie con orgoglio.

«Ti ho svegliato!» esclamò ridendo. Elizabeth cercò freneticamente di capire, di ragionare: «Edward, io non... È tutto finito allora?» .Confusa, vide il suo gigantesco marito scuotere la testa, pur continuando a sorridere allegramente.

«No, amor mio. Anche se in parte sì. Però Londra è mia e posso portarti via da qui. È abbastanza per stanotte, no? Allora, dov'è mio figlio, Elizabeth?»

«L'ho chiamato Edward» disse Elizabeth. «Jenny! Portami il bambino. E l'ho fatto battezzare a Westminster Abbey.»

La balia uscì trionfante dalla camera, il principino infagottato tra le braccia. A suo onore, la giovane donna guardò prima Elizabeth per chiederle il permesso. Elizabeth annuì, cercando di reprimere il dispiacere al pensiero che suo marito non l'avesse nemmeno abbracciata ma avesse pensato solo al figlio maschio.

Inconsapevole della sua delusione, Edward sollevò il neonato in aria, contemplando il visetto grinzoso con un'espressione di felicità o forse di reverenza. Era la prima volta che lo vedeva.

«Luce, ragazza!» ordinò alla balia. «Avvicina quella lanterna, voglio più luce per vedere mio figlio. Edward, principe di Galles, tu sarai re d'Inghilterra. Perdio, Elizabeth, come sono contento di vederlo sano e salvo! Re Enrico è tornato nella Torre e io ho mia moglie e mio figlio!»

«E le bambine» gli ricordò Elizabeth. «Le tue tre figlie.»

«Naturalmente, amor mio. Falle venire qui, voglio abbracciarle così strette da farle diventare tutte rosse e dirò a tutte quanto mi sono mancate.» Edward si era accorto della crescente irritazione della moglie e cercò di non farsi irritare a sua volta. Ma ormai lei era già riuscita a farlo, con quell'espressione rigida sul viso e quegli occhi sgranati che significavano discussioni, Edward lo sapeva bene. Lanciò un'occhiata a Richard, che lo stava aspettando nell'ingresso e osservava la lieta riunione con la faccia scura. I due fratelli non ricordavano l'ultima volta in cui avevano potuto dormire, l'alba era vicina e Richard ne aveva abbastanza di violenze e di lotte, per un po', almeno. Voleva dormire.

«Verrai con me nel palazzo di fronte,» disse Edward alla moglie «ho fatto sloggiare Enrico dai suoi appartamenti.»

«Sei andato prima da lui? Con me ancora prigioniera in questo luogo orribile?» lo interrogò Elizabeth. Edward perdette immediatamente la calma, troppo stanco per fare delle moine alla moglie. Gli occhi all'improvviso di ghiaccio, restituì il bambino alla balia in attesa accanto a lui.

«Elizabeth, ho fatto quel che ho ritenuto giusto fare! Perdio, devi proprio...? No, sono troppo stanco per discutere con te. Fai venire le bambine e poi i miei uomini ti accompagneranno fino al palazzo. Stanotte dormirai in un letto più comodo.»

Non disse che l'avrebbe raggiunta, lasciando Elizabeth furiosa per ragioni che non avrebbe saputo esprimere in parole. Lo aspettava da un'eternità e ora eccolo lì, di nuovo snello e giovane, ma desideroso di vedere soltanto il figlio, come se non avesse mai sentito la mancanza della moglie. Non aveva mai pensato che lui potesse ferirla così profondamente.

Le tre bambine arrivarono di corsa e gli abbracciarono le gambe, alzando verso di lui i visetti adoranti, e a quella vista Edward si rasserenò un po'; ma si sentiva quasi male dalla stanchezza e sbadigliò, sul punto di lasciarsi cadere per terra e perdere i sensi.

«Sì, sì, sono contento anch'io di vedervi, sì, tutte quante, certo. Come siete diventate carine! Ora, però, io vado avanti...»

Le due più piccole cominciarono a frignare alla sola idea che il papà non restasse con loro, ma Edward chiamò con un cenno brusco la governante, che sorrideva beatamente alle piccole; ma, incrociando il suo sguardo, richiuse la bocca sdentata e le radunò intorno a sé.

«Andiamo, mie care» disse con voce gorgogliante mentre Jenny, la balia, faceva la riverenza e si allontanava col principe di Galles in braccio.

Edward rimase solo con la moglie, a disagio ora che il trambusto del suo arrivo si era calmato. Al piano di sotto, accanto alla porta, frate Paul si mosse, un livido nero dove aveva ricevuto il colpo che lo aveva stordito. Edward guardò in giù senza scusarsi con il frate che stava cercando di rialzarsi.

«Vi ringrazio» disse brusco, gettandogli dall'alto delle scale una moneta d'oro che frate Paul seguì con lo guardo nella sua traiettoria finché il dischetto di metallo non colpì il pavimento con un tintinnio sordo.

Edward sbuffò esasperato, non riuscendo quasi a tenersi dritto.

«Lascerò qui una dozzina di guardie, raggiungimi quando i bambini saranno pronti.»

«Va bene, Edward. Ti raggiungerò nelle tue stanze.»

Edward ridiscese la scala con passo più pesante di quando l'aveva salita. Dovette abbassare la testa per passare sotto l'architrave e forse quel movimento lo fece fermare un attimo. Tornò indietro da solo, salì di nuovo la scala e abbracciò la moglie, stringendola al petto tanto da soffocarla. Elizabeth si sorprese a piangere, ma Eward sorrideva, staccandosi da lei per baciarla. Si tolse il guanto di ferro, scoprendo una mano sporca di olio e di sudiciume, una mano che sembrava adatta soltanto a uccidere; ma Elizabeth non si scostò quando quelle dita le asciugarono una lacrima sulla guancia.

«Ecco, amor mio, sono tornato e tutto va bene ora, non è vero?»

«No, se dovrai combattere ancora, Edward.» L'uomo distolse lo sguardo da lei.

«Sì, ancora per un po' dovrò essere una spada fiammeggiante, poi ci sarà la pace, te lo prometto.»

Elizabeth lo guardò negli occhi e vi scorse una volontà ferrea; suo malgrado e malgrado sapesse che tanta ostilità non era diretta a lei, rabbrividì.

Edward si svegliò da sogni oscuri, madido di sudore come se avesse combattuto o corso per un'ora intera. Sapeva di essere sdraiato sul letto dove la sera prima aveva parlato con Enrico, ma non ricordava di esservi crollato sopra senza togliersi completamente l'armatura che ora gli affondava nella carne. Non sapeva se il sole stesse tramontando o sorgendo, ma non sarebbe stato sorpreso nell'apprendere che aveva dormito tutto il giorno, tanto si era sentito stanco.

Ma si sentiva ancora così. Si grattò e, accorgendosi che puzzava, cominciò a pensare di farsi preparare un bagno.

Alzò la testa al rumore di passi felpati e intravide un servo che si ritirò immediatamente. Con un gemito si abbandonò di nuovo sul letto. Si era forse preso qualche malattia? Aveva la testa sgombra, lo stomaco vuoto. Non toccava un goccio di vino, di birra o di acquavite da quando lo aveva giurato al fratello durante il suo esilio e, come per Sansone la lunga capigliatura, quel giuramento era diventato un talismano per lui. Certamente non lo avrebbe rotto ora, con Warwick e Montagu, Oxford ed Exeter ancora da affrontare, tutti assetati del suo sangue. Si rizzò a sedere ricordando all'improvviso che aveva il parlamento in suo potere. Poteva dare l'ordine di liberare Norfolk e Suffolk, ogni giorno che passava la sua posizione si sarebbe fatta più sicura e quella di Warwick meno... tranne per un punto.

Margherita d'Angiò sarebbe tornata con il figlio. Tutta l'Inghilterra sembrava averne la certezza anche se nessuno sapeva quando o dove il suo piedino delicato avrebbe toccato il suolo inglese. Edward sapeva di non poter ignorare né madre, né figlio. Non sarebbe stata la prima volta che Margherita salvava il marito e con l'appoggio dell'armata di Warwick; il suo sbarco avrebbe potuto provocare una grande ribellione del Sud, grande abbastanza da distruggere anche le mura di Londra.

Alzò la testa nell'udire un rumore di passi e un maggiordomo, appena entrato, piegò il ginocchio a terra e chinò il capo.

«Vostra maestà, lord Gloucester e lord Clarence vi aspettano nella sala delle udienze.»

«Sarebbe meglio dire che sono troppo impazienti per aspettare» disse Richard dietro di lui. Il maggiordomo si rialzò confuso, ma Edward lo allontanò con un cenno.

«È mattina o sera? O forse è la mattina del giorno dopo ancora?» domandò, intontito.

«È la mattina di venerdì santo, fratello, è passata qualche ora da quando ci siamo visti. Stavi sognando? Spero che tu abbia potuto riposare un po' per riprendere le forze, perché ci sono notizie.»

«Ho fame, di questo sono certo» gli rispose Edward sbadigliando. «Ci sono delle cucine qui, fammi portare qualcosa prima che io sia ridotto a un'ombra.»

Sorrise ai fratelli, poi si alzò dal letto e si stirò, simile a un mastino, strappandosi via lo spallaccio che non si era tolto la sera precedente.

«Questo dannato arnese mi si conficcava nella carne. Ho sognato che una lancia mi colpiva proprio lì.»

Richard scosse la testa.

«Non dire cose del genere, fratello. Non oggi, il giorno in cui a Cristo è stata inferta la stessa ferita. Devo aspettare che tu ti sia vestito e rifocillato?»

Edward sospirò.

«No. Va bene, dimmi tutto. Re Enrico è morto nel sonno?»

Richard inarcò le sopracciglia e Edward ridacchiò.

«Che altro potrebbe farti precipitare a svegliarmi?» Lo sguardo di Edward passò da un fratello all'altro. «Allora?»

«È stato avvistato l'esercito di Warwick diretto a sud. Raggiungerà Londra domani sera tardi.»

Edward abbassò lo sguardo un momento, riflettendo.

«Sta andando piano. Mi domando se non si sia fermato a prendere cannoni d'assedio. Deve essere così. Il mio vecchio amico ha sempre amato i cannoni d'assedio, ricordi? Ha sempre riposto troppa fiducia in quelle armi invece che negli uomini al suo comando. Si aspetta che io mi rintani dietro le mura di questa bella città.»

Rialzò la testa, gli occhi limpidi e un gran sorriso sulla faccia e Richard sorrise a sua volta all'uomo che suo fratello era tornato a essere, tanto più temibile dell'enorme budino di grasso di un tempo.

«E tu non lo farai!»

«No, fratello. *Non lo farò. Io gli andrò incontro.* Tu comanderai la mia ala destra, l'avanguardia, io terrò il centro e tu, George...» A questo punto si sporse verso il fratello: «Se vuoi, tu comanderai la mia ala sinistra. È un onore, George. Ti senti di farlo?».

«Quanti uomini hai, diecimila?» domandò con voce fioca George. Edward vedeva il sudore imperlargli la fronte all'attaccatura dei capelli e avrebbe voluto provare compassione per lui, ma non riusciva ancora a sopportare del tutto quel povero meschino di suo fratello: il suo tradimento era stata per lui una ferita bruciante, che lo aveva colpito più profondamente di quello di Warwick.

«Prima di partire da Londra troverò qualche altro giovanotto coraggioso, non preoccuparti, George! Mi farò incoronare un'altra volta a St Paul, dove tutta la città potrà vedermi, e allora avrai altri bravi compagni per darti una mano.»

George di Clarence si sforzò di deglutire e alzò una mano come in segno di benedizione, ma la mano era tremante; vedeva nei fratelli un'esaltazione selvaggia, folle, e in quell'istante fu certo che quella follia li avrebbe portati tutti alla distruzione.

«Edward, te l'ho detto, Warwick ne ha due, tre volte tanti, nessuno sa esattamente quanti a parte il suo ufficiale pagatore e lo stesso Warwick. È...» Un pensiero orribile lo colpì e quando riprese a parlare lo fece con voce strozzata. «È perché non credi alle cifre che ti ho dato? Io ti ho chiesto perdono per aver mancato alla mia parola e saprò redimermi, vedrai, te l'ho promesso. E ho già cominciato unendomi a te a Coventry. Ti ho portato tremila uomini presi dai *miei* villaggi e città, equipaggiati e nutriti con i *miei* fondi. A questo credi, non è vero?»

Edward lo guardava impassibile e George non riuscì a sopportare quell'esame gelido.

«Se non riesci a fidarti di me, fidati almeno di quello che ti ho detto! Non è un'esagerazione! Lo giuro per la croce di Cristo, Warwick ha con sé le forze che ti ho detto. Una moltitudine, Edward, una schiera *immensa*, ben armata e addestrata...»

«Fratello, io ti credo,» lo interruppe Edward «non ho mai pensato che tu potessi mentire su questo. Come avresti potuto dire il falso sulle forze dei nostri nemici quando saresti stato smentito non appena fossero scese in campo contro di noi? No, io credo che Warwick e i suoi alleati abbiano forze superiori alle nostre.» Edward scambiò un'occhiata con Richard e Gloucester annuì. Gli occhi di Clarence saettavano dall'uno all'altro. Sentiva una volta di più di aver perso chissà quale intesa precedente fra i due fratelli.

«Che cosa c'è?» domandò. Edward si strinse nelle spalle.

«George, io non nego che Warwick abbia la superiorità numerica, ma ho deciso di attaccarlo lo stesso. Lo assalirò alla gola. E vincerò... o perderò.»

«Contro forze tanto superiori?» replicò George. «Non puoi vincere!»

«Lo vedremo, fratello» disse cupo Edward, cominciando ad arrabbiarsi. «In ogni caso porterò i miei uomini contro i suoi, mi metterò di traverso sulla strada di Warwick.»

Raddrizzò le spalle e chiamò i servi per farsi preparare il bagno e portare la colazione, battendo le mani per farli correre come lepri. Guardò i fratelli, George ancora vivamente impressionato, Richard con un'espressione di oscura soddisfazione sul viso, che Edward non si prese la briga di interpretare.

«Darò l'ala sinistra a lord Hastings, George. È meglio che tu stia al centro con me. Ti va bene così?» George fece segno di sì come uno scolaretto; sapevano tutti e tre che esisteva un'altra soluzione e cioè che il duca di Clarence restasse a Londra, ma Edward non gliela offrì e George non poteva proporla. Dopo un po' Edward ritrovò il buonumore e sorrise.

«Credo che dormirò ancora un po' o forse per tutto il

resto della giornata. Ci incontreremo a mezzogiorno di domani sulla scalinata di St Paul per l'incoronazione. Fate venire... il vescovo di Londra, Kempe, non quel Neville che mi aveva incoronato l'altra volta. A parecchio mi è servito. No, oggi voglio presagi molto diversi. Portatemi il buon vescovo Kempe e una corona semplice dalla Torre, una fascia d'oro senza nessun ornamento. Tenete pronto il mio esercito e spargete la voce per far accorrere uomini coraggiosi che vogliano combattere per la loro libertà e non farla dipendere dagli altri.»

Edward guardò fuori dalla finestra dai vetri piombati e lasciò scorrere lo sguardo sulla città, illuminata via via più vivamente mentre i tre fratelli parlavano tra loro. Gli facevano ancora male le articolazioni, aveva dormito troppo poco; però sorrise ai servi che stavano entrando con una grande vasca di rame e cominciavano a riempirla davanti al fuoco acceso nel camino. Forse avrebbe sonnecchiato per un po' nell'acqua calda prima di alzarsi e partire alla riconquista del suo regno, mettendo in palio la vita di tutti coloro che amava.

Un tempo Weymouth era stato un grande porto, quando la peste nera non aveva ancora infierito sulla città; metà della popolazione era finita nei pozzi di calce e il porto non aveva ripreso in pieno la sua attività. Era uno dei motivi che avevano indotto Edmond Beaufort, duca di Somerset, a sceglierlo per lo sbarco di Margherita in terra inglese. Così lontano da Londra non c'erano spie o, se c'erano, Somerset aveva disposto degli uomini sull'unica strada diretta a est per intercettarle, uomini armati di balestre e dalla faccia nascosta da sciarpe nere. Perfettamente consapevole dell'importanza del suo compito, non aveva nessuna esitazione nel chiedere a uomini del genere di usare tutti i mezzi necessari. Come faceva da una settimana, in piedi sulla banchina di Weymouth osservava il mare scuro in cerca di una vela che cercasse di entrare in porto ma ogni giorno terminava con una delusione e Somerset cominciava a disperare.

In quella parte del mondo così lontana dalle città del Nord le notizie scarseggiavano. Somerset aveva con sé soltanto milleduecento uomini, sufficienti tuttavia a proteggere Margherita d'Angiò e suo figlio. Giorni prima, però, era giunto da Londra un cavaliere solitario per annunciare che York era sbarcato. Aveva riconosciuto la mano di Derry Brewer nella ridicola richiesta di scambiare parole d'ordine, ma la notizia che portava quel corriere gli aveva fatto dimenticare presto la sua irritazione. Edward di York e Richard di Gloucester di nuovo in Inghilterra, quasi Dio stesso li avesse portati via e poi riportati a casa un'ultima volta.

Il padre di Somerset era stato fatto a pezzi a St Albans, davanti alla Locanda del Castello, combattendo fino al suo ultimo respiro per re Enrico e i Lancaster. Il titolo era passato al fratello maggiore, un uomo probo che aveva cercato di rimanere fedele ai Lancaster. Era stato giustiziato dagli York, da un uomo che Somerset aveva imparato a evitare per poi trovarselo come alleato: John Neville, lord Montagu, fratello di Warwick. L'idea che un giorno Edmund Beaufort sarebbe stato dalla stessa parte di quei due borsaioli figli di una fottuta sgualdrina era una follia, una cosa impossibile. Eppure era così e lui era duca perché suo fratello e suo padre erano stati assassinati combattendo per una causa perduta. Provò una punta di rimpianto per aver lasciato la Francia: a quell'ora sarebbe stato là in pace se non fosse stato attirato dalla notizia che York era stato finalmente cacciato dall'Inghilterra, costretto a fuggire con il fratello, il duca di Gloucester. Somerset aveva pianto nel rimettere piede sul suolo inglese, sicuro che un periodo terribile e tragico della sua vita fosse ormai passato. E invece eccolo lì ad aspettare una nave e le sue ultime speranze.

Fissò lo sguardo sul mare che si faceva sempre più scuro, con il sole che tramontava dorato alla sua sinistra, muovendo la testa per cercare di capire se vi fosse qualcosa di anomalo sul mare lontano. Quando successe, se ne accorse immediatamente: un bagliore di metallo colpito dagli ultimi raggi del sole, qualcosa sul ponte o forse una lampada di vetro soffiato, non lo sapeva. Edmund Beaufort si fece il segno della croce e si portò alle labbra la medaglia che portava al collo, attaccata a una catenella. Era appartenuta a suo padre e poi a suo fratello e così facendo li sentiva vicini.

«Accendete» ordinò ai suoi uomini. A un palo di quercia aveva fatto assicurare un recipiente di ferro riempito di paglia e di olio. Uno straccio incendiato venne issato sul recipiente e l'olio prese fuoco innalzando una fiamma alta sei piedi. Chi era stato tanto sciocco da fissarla rimase abbagliato per un po', ma Somerset aveva continuato a guardare il mare e sorrise nel vedere una nave da guerra cambiare di bordo e fare rotta verso terra: avevano visto il segnale ed erano pronti. Doveva essere stato un grande sollievo, dato che stavano navigando così vicino a una costa molto pericolosa.

Somerset chiamò i suoi capitani, che fecero schierare i loro uomini in ranghi perfetti lungo la banchina. Aveva una compagnia di quaranta arcieri pronti con i loro archi, in piedi sull'attenti, mentre gli altri erano soldati ben addestrati, non giovani contadini ai quali veniva messa in mano un'asta di metallo affilato. Costituivano la guardia d'onore che avrebbe fatto da scorta alla regina Margherita e al principe di Galles fino a Londra. Il loro compito era di proteggere quelle due vite a costo della propria, se fosse stato necessario.

Somerset si accorse che stava stringendo i pugni a quel pensiero. La sua famiglia aveva già pagato abbastanza, ammesso che certe cose si potessero misurare. Non aveva figli maschi, un punto dolente per lui, e se fosse morto la stirpe di suo padre si sarebbe estinta per sempre. Odiava gli

York, che avevano distrutto e depredato per soddisfare la propria ambizione, essi stessi figure di nessun conto, ben al di sotto di tutti coloro che avevano rovinato. Era una cosa che Edmund Beaufort non riusciva a sopportare.

Mentre osservava il mare, la nave da guerra francese mostrò i colori dei Lancaster, poi ammainò le vele a meno di mezzo miglio dalla costa. Il sole era tramontato e cominciò a farsi buio. Beaufort allungò il collo per vedere meglio e si lasciò sfuggire un gran sospiro di sollievo intravedendo una barca che veniva calata in mare e le macchie bianche dei remi all'opera.

Il mare stava montando e la spuma bianca volava nel vento che stava rinfrescando. A quel punto la costa doveva apparire nera come la pece al di là della fiamma che era stata accesa e che forse era solo una scintilla nel buio. Somerset pensò che probabilmente il capitano francese preferiva avere la nave al sicuro all'ancora piuttosto che metterla in pericolo avvicinandosi ulteriormente. Una decisione saggia, forse, visto chi aveva a bordo. Somerset attese finché non fu sicuro che l'imbarcazione trasportava un'ancora e non le persone alle quali lui avrebbe dovuto fare da scorta. Tese l'orecchio per udire il grande tonfo nell'acqua dell'ancora, ma il suono si perse nell'ululato del vento.

«Potete andare a riposare, signori,» disse ai capitani «lasciate qui un paio di uomini, ma io ritorno alla locanda, non credo che caleranno in mare una scialuppa con questo mare. Ritornate prima dell'alba, se volete. Scenderanno a terra domani.»

Voltandosi, rabbrividì e si fece il segno della croce. Il mare poteva infuriarsi in un attimo, le brezze gentili e le onde leggere trasformate in una terrificante distesa di ferro contorto da una furia rabbiosa tale da troncare il respiro nel petto.

Il sabato santo Edward fu incoronato per la seconda volta con una cerimonia molto breve, anche se i banchi erano gremiti nella cattedrale di St Paul. Accettò la piccola fascia d'oro che gli fu premuta sulla fronte da un vescovo Kempe piuttosto agitato ma dall'aria abbastanza rispettabile. La Chiesa aveva già appoggiato gli York in passato e difficilmente poteva rifiutarsi di farlo di nuovo solo pochi mesi dopo che Edward aveva regnato in pace ed era stato spodestato da traditori.

Re Edoardo uscì dalla cattedrale per farsi vedere dal popolo di Londra, contento nel constatare che le vie all'intorno erano affollate. Molti erano suoi uomini, naturalmente, ma Richard notò con piacere facce nuove di giovani che chiedevano un'arma e un posto dove schierarsi.

Mentre il pomeriggio avanzava tutti furono contagiati dalla fretta di Edward, che controllava armatura, armi, scudieri, muovendosi e parlando come se non potesse attendere un momento di più per mettersi in marcia. La moglie, il figlio e le bambine erano stati scortati fuori dall'asilo sani e salvi, Enrico era tornato nella sua cella della Torre e Edward aveva di nuovo la corona sulla testa. Tutto sommato era stata una buona giornata.

Ora non restava che stanare coloro che gli si erano rivoltati contro e che ancora vagavano nel suo regno con il ferro in pugno e che non avevano il diritto nemmeno di camminare sulle strade del re. Fu con voce severa che dette l'ordine di mettersi in marcia, il comando gridato fra i ranghi e riecheggiato dagli emozionatissimi giovani di Londra finché parve che la città intera si scuotesse per le vibrazioni delle loro voci.

Quando il re montò in sella al suo destriero, il sole stava tramontando a occidente. Edward vide i suoi fratelli montare a cavallo a loro volta, sistemarsi sulla sella e aggiustarsi il mantello e il fodero della spada. Era un conforto averli entrambi accanto a sé.

«Quanta strada abbiamo fatto!» disse a Richard. «Non credo che questa sia la fine, ma se lo fosse, so che nostro padre sarebbe orgoglioso di te. Io lo sono.»

Richard di Gloucester si sporse verso di lui e Edward gli strinse il guantone di ferro in una morsa.

«Dio ama i grandi gesti, Edward.»

«Spero che sia così.» Il re si girò a guardare il suo esercito. Le ombre si allungavano dietro le file di uomini in attesa paziente davanti a Moorgate.

«Aprite la porta!» gridò Edward. «Alzate i miei vessilli! Per York!»

XVIII

Presa la decisione cruciale, Warwick si era sentito libero di forzare la marcia lungo la Grande strada del Nord per Londra. Se mai aveva dovuto un briciolo di lealtà a Edward di York o a Richard di Gloucester o perfino a quel povero idiota di suo genero, George di Clarence, li aveva ripagati fino all'ultimo centesimo, lasciandoli passare davanti a Coventry. Si sentiva la testa sgombra, il passato non esisteva più e tutto ciò che restava lo aveva davanti a sé. Una bella sensazione, come di una nave che avesse tagliato la gomena dell'ancora e si allontanasse libera sul mare. Tutto il passato era solo cenere, finalmente lo capiva.

Soltanto uno sciocco avrebbe fatto dei piani prima di affrontare Edward di York sul campo di battaglia, perciò non ne fece. Aveva una forza preponderante e aveva con sé l'artiglieria, prodotto delle fonderie di Coventry, che in quel momento veniva trainata a un buon passo da coppie di pony. I suoi comandanti, Exeter, Oxford e Montagu, erano tutti uomini esperti nella guerra e Warwick sapeva che non avrebbero risparmiato il nemico, se lui lo avesse voluto.

Ma da quell'unico ordine intendeva astenersi. A Towton Edward aveva proibito di fare prigionieri, condannando a essere massacrati in quella colossale macelleria migliaia di uomini che avrebbero potuto continuare a vivere e il ricordo di quel terreno sconvolto, coperto di sangue e di neve a perdita d'occhio tormentava ancora Warwick, che qualche volta, dopo averlo sognato, si svegliava di soprassalto protendendo le mani come per difendersi. Se avesse dato quel comando, sapeva che gli uomini non avrebbero esitato, per loro era facile uccidere selvaggiamente, molto più facile che ragionare e cercare di controllare la propria furia. Avrebbe potuto ordinare di lanciare i cavalli a briglia sciolta, senza imporre alcun freno: quell'ordine sarebbe stato gradito.

D'altronde, quando si era comportato con bontà e misericordia era stato ripagato con il male anziché con il bene. Quando era stato al fianco di Edward e gli aveva fermato la mano, impedendogli di uccidere re Enrico, Margherita aveva fatto di quell'uomo un simbolo, sollevando l'intera Inghilterra contro di loro. Quando Warwick aveva imprigionato Edward e non aveva voluto farlo decapitare, la sua ricompensa era stata la restaurazione di Edward e Warwick in esilio. Si raccontava che il vecchio duca di York avesse fatto una sortita dal suo castello di Sandal per salvare il padre di Warwick e che quell'atto di coraggio e di amicizia gli fosse costata la vita... e le teste di entrambi sulle picche. Per quasi vent'anni essere clemente e tener fede alla parola data gli aveva provocato solo disastri, mentre chi non accettava riscatti, assassinava prigionieri incatenati e godeva nel macellare gli altri passava da una vittoria all'altra.

Warwick non poteva cancellare il momento di follia che gli aveva fermato la mano a Coventry. Lo considerava il risarcimento di vecchi debiti e doveri di amicizia... ma ora tutto era stato pagato: se l'ombra di suo padre ancora lo guardava, e Warwick sperava che non fosse così, sarebbe stato soddisfatto. Ora la Grande strada del Nord si allungava, nuova, davanti a Warwick che respirava l'aria buona a pieni polmoni mettendo il cavallo al trotto. Si sentiva rinato. Aveva guerreggiato per metà della sua vita e la guerra lo aveva consumato, sminuito. Non ne poteva più della guerra.

In un primo momento era stato sorpreso di non aver già raggiunto i figli di York in marcia verso Londra su quella stessa strada, ma alla fine aveva capito che Edward non aveva desiderato altro che raggiungere la capitale e aveva fatto marciare i suoi uomini fino all'esaurimento, solo per arrivare a destinazione il prima possibile. Exeter aveva ormai un atteggiamento di fredda antipatia nei suoi confronti, sempre più convinto che per colpa di Warwick avessero perso la loro grande occasione. Senza affrontare direttamente Warwick, il giovane duca aveva reso di dominio pubblico quell'antipatia e quel disprezzo, tanto che metà degli uomini già mormorava sull'errore del loro comandante, che avrebbe dovuto fermare York a Coventry. Mai avrebbe dovuto lasciarselo sfuggire.

Warwick augurò buona fortuna a tutti loro, così bravi nel guardarsi indietro e a capire esattamente quali passi avrebbero dovuto fare e quali no. Pur perfettamente consapevole dei propri errori, sapeva però che comandare era muovere un primo passo in una stanza buia e reagire a tutto ciò che vi accadeva. Essere responsabile della vita di migliaia di uomini era sperimentare una combinazione di timore reverenziale, di orgoglio e di cupo rimpianto, il tutto mescolato insieme. Le vittorie erano sue, ma erano sue anche le sconfitte. Eppure non avrebbe rinunciato a un solo momento di quella parte della sua vita, nemmeno a uno.

Il sole stava tramontando lentamente, annunciando una dolce primavera gentile, le dure prove del gelo invernale completamente dimenticate, come se non fossero mai esistite; tuttavia per i soldati e per coloro che li comandavano la primavera era sempre accompagnata da un senso di pericolo, perché era la stagione della guerra, quando gli eserciti si destavano dal sonno e smaltivano il grasso accumulato durante l'inverno scambiandosi duri colpi e marciando per miglia e miglia. Il buio li avrebbe sorpresi sotto le mura di Londra, perciò Warwick dovette far suonare il corno per dare il segnale alla colonna di fermarsi. Si accamparono appena a nord della cittadina di Barnet, così che gli uomini potessero trovare da mangiare a sazietà e qualcuno degli ufficiali potesse perfino dormire in un vero letto anziché sul duro terreno. Exeter, però, inviò esploratori in perlustrazione e stabilì turni di guardia per la notte: Londra era a sole otto miglia di distanza, abbastanza vicina per una marcia forzata e un attacco di sorpresa. Ma non si sarebbero fatti trovare impreparati.

Quando fu scesa la notte, le stelle cominciarono a brillare in un cielo di una purezza quasi dolorosa, di un nero assoluto, non essendo ancora sorta la luna. Le prime compagnie avevano ritirato la loro razione di viveri dai carri delle cucine e gli uomini delle altre, con lo stomaco che brontolava, si stavano mettendo in fila con i loro recipienti di stagno. Si voltarono nell'udire delle grida provenienti dal limitare dell'accampamento verso sud, lanciando occhiate piene di desiderio ai calderoni di stufato e ai mucchi di pane alti come un uomo. Le grida crebbero di intensità e chi stava aspettando il cibo vi rinunciò imprecando e si precipitò a prendere le armi dove le aveva lasciate. Capitani e sergenti stavano già correndo lungo le linee gridando i comandi: «Formazione in quadrato! Formazione in quadrato!».

Mentre montava sul destriero nel buio, mormorando un ringraziamento al suo scudiero che teneva il cavallo e guidava il piede del suo signore nella staffa, Warwick rabbrividì, forse perché non gli piaceva l'idea di doversi fidare degli altri. Avendo tanti uomini era in grado di tenere una riserva dietro i tre quadrati principali, perché, essendo stato a Towton, aveva potuto vedere il duca di Norfolk attaccare sul fianco al momento giusto e sapeva che una riserva da lanciare contro il nemico là dove serviva era una cosa di vitale importanza, se si avevano uomini a sufficienza. Warwick ne aveva. Si mise dunque alla testa dei suoi seimila uomini mentre Montagu, Exeter e Oxford si schieravano in formazione attraverso la Grande strada del Nord in tre enormi compagnie, ognuna grande come la sua. Warwick rabbrividì di nuovo ai ricordi che continuavano a presentarglisi come lampi alla mente. Nel corso degli anni aveva dimenticato quelle immagini, o così aveva creduto, ma erano ancora tutte là per riaffiorare e terrorizzarlo. Grandi armate che si scontravano nelle tenebre, terrore assoluto nella notte che si riempiva di frecce, di fumo, di lampi metallici; e in quel buio la bravura nell'uso delle armi non contava più. Con la gola asciutta, prese l'elmo dalle mani dello scudiero e se lo allacciò stretto sotto il mento, in modo che restasse ben fermo. Era pronto. Sebbene fosse già buio e avesse portato il cavallo dietro le prime linee, Warwick fece alzare i suoi vessilli. Li udiva sventolare alle sue spalle con un fruscio di ali.

Edward non si era aspettato di scorgere l'avanguardia di Warwick all'altezza di Barnet, così vicino a Londra, quando lui si era allontanato dalle mura della città di appena cinque miglia. Aveva avuto l'impressione che le ultime file non fossero ancora uscite dalla porta quando gli uomini mandati in perlustrazione erano tornati di corsa per riferire di aver avvistato un enorme esercito. Erano partiti al tramonto e Edward aveva avuto l'intenzione di marciare per dieci o quindici miglia, poi di accamparsi e di fare un buon pasto. Stava riflettendo in silenzio, lasciando trottare il cavallo e non alzò quasi lo sguardo quando fu raggiunto dagli araldi di Richard, che comandava l'avanguardia e da quelli di lord Hastings alla retroguardia. I due cavalieri rimasero pazientemente in attesa degli ordini del loro re.

Era una follia attaccare al buio, specialmente un uomo con una storia di trincee difensive come quelle di St Albans. Quanto tempo aveva avuto Warwick per preparare il terreno? Perfino poche ore gli sarebbero state sufficienti a far scavare una trincea o due per contrastare la cavalleria oltre alle rampe e ai monticelli per mettere gli arcieri al riparo dai tiri nemici. Edward infilò le dita sotto l'elmo per grattarsi il mento: sentiva prurito quando era sotto pressione, disse a se stesso, domandandosi se fosse sempre stato così. In ogni caso non si sarebbe ritirato. Era uscito da Londra per dare battaglia e aveva trovato il nemico ad aspettarlo pazientemente.

Chiamò gli araldi. «Ecco i miei comandi, signori.» Ogni uomo nelle prime file tese l'orecchio e molti uscirono dai ranghi per sentire meglio.

«Non darò battaglia col buio, ma dite agli uomini di tenersi pronti ad alzarsi prima dell'alba e ad attaccare. Formerò dei quadrati più ravvicinati possibile per piombare su di loro non appena ci sarà luce sufficiente. Nel frattempo niente torce. Niente rumori. Non voglio che puntino i loro cannoni su di noi mentre riposiamo. Quando daremo battaglia sarà senza quartiere, nessun riscatto sarà accettato. *Non* voglio dover affrontare mai più quei bastardi!»

Intorno a lui alcuni dei soldati più induriti ridacchiarono o bisbigliarono tra loro soddisfatti nel sentire quelle parole, gli altri le ripeterono a quanti non ne avevano ben compreso il significato, così che i comandi si propagarono fra i ranghi senza che la marcia fosse interrotta. Gli esploratori erano stati mandati in perlustrazione a tre miglia dalla città per tornare al galoppo sfrenato non appena avevano avvistato l'esercito nemico; Edward aveva preso la sua decisione e impartito gli ordini quando le due armate erano separate soltanto da una distanza percorribile in mezz'ora. Le forze di York, rassegnate ma di buon umore, marciarono attraverso le tranquille stradine di Barnet e quando si diffuse la notizia che un grande esercito li stava aspettando e che certamente avrebbero combattuto di prima mattina, le risate si spensero e il chiacchiericcio si mutò in borbottio sommesso e in preghiere bisbigliate.

L'esercito di Warwick era stato avvistato fuori dalla cittadina, delineato attraverso la Grande strada del Nord dalla luce delle torce, forse a dimostrazione che i loro comandanti non avevano nessun timore del nemico uscito da Londra; oppure, essendo uomini esperti, non volevano che le forze di York piombassero su di loro nell'oscurità. La notte era buia, il terreno intorno completamente spoglio, a parte alcuni alberi e qualche cespuglio. Edward avanzò sul tratto di strada in lievi salite e discese, studiando la posizione e decidendo che un miglio di distanza era sufficiente. Dette il comando e sussultò nel sentirlo ripetere a gran voce lungo tutta la colonna. Gli uomini si misero rumorosamente in formazione, ogni sergente e ogni capitano occupato a richiamare con urla furibonde i soldati che si cercavano a vicenda con gran chiasso. Era un caos completo e Edward non riusciva a vedere quasi niente, ma udiva il trambusto intorno a sé. Fu sollevato al pensiero che Warwick non aveva osato sferrare un attacco a quell'ora, anche se la luna si stava mostrando per cominciare la sua arrampicata nel cielo e quella minuscola falce rendeva già più sopportabili le tenebre della notte.

Quando il primo cannone fece fuoco, uno schianto e un lampo di luce lontano un miglio, Edward fu contento di aver proibito ai suoi capitani di accendere le torce. Non vide la palla e non la udì colpire il terreno, ma all'improvviso il pensiero di trascorrere la notte sotto una pioggia di ferro e di fuoco divenne insopportabile.

«Fate venire i miei capitani... *in silenzio*» disse ai suoi araldi. «Cercateli tra i loro uomini e conduceteli tutti da me.»

Ogni uomo lo disse a una dozzina di altri che si mossero a turno, così che non passò molto tempo prima che un centinaio di capitani dai capelli brizzolati si radunassero intorno al destriero di Edward in attesa di ordini. A nord altri tre cannoni sputarono fiamme e vicino a Edward tutti sussultarono o si fecero il segno della croce. A un centinaio di iarde di distanza si levarono simultaneamente schianti e grida di paura o di dolore subito soffocate. Edward abbassò la testa infuriato, quasi volesse partire alla carica in quello stesso istante.

«Non possiamo restare qui» disse, senza poter vedere se vi fossero cenni di assenso o no; ma in quella notte nera come la pece sarebbe stata una follia accendere una torcia e offrire così un bersaglio al nemico, perciò Edward parlò all'aria intorno a sé. «Potremmo ritirarci, ma preferirei avanzare verso le loro linee. Se riusciremo a farlo in silenzio, non sapranno dove siamo finché non farà giorno. Noi dormiremo come bambini nella culla e i loro tiri ci passeranno tutti sopra la testa.» Attese e qualcuno dei capitani rispose con un coro di assenso, rendendosi conto che Edward non poteva vederli annuire.

«Deve essere fatto in silenzio, ragazzi. Se scopriranno dove siamo aggiusteranno il tiro. Se tutto vi è chiaro andate a riferirlo ai vostri uomini, ma ricordate loro che farò spellare vivo chiunque faccia rumore. Ancora mezzo miglio, signori, poi potranno sdraiarsi a dormire. Mantenete la formazione in quadrato in modo da essere pronti ad attaccare all'alba. Il comando ora è "in silenzio e lentamente". In silenzio e lentamente.»

Nessuno di quegli uomini esperti commentò l'ordine e qualcuno ridacchiò divertito all'idea di starsene a dormire al sicuro sotto l'ala del nemico che sparava al di sopra delle loro teste. Ma era una posizione difficile da tenere e probabilmente nessuno di loro avrebbe dormito molto.

«Attaccheremo alle prime luci dell'alba» promise Edward.

Far muovere diecimila uomini al buio era di per sé una sfida, anche se perlomeno non vi fu resistenza all'idea, dato che a nessuno andava a genio stare ad aspettare che una palla di pietra o di ferro si abbattesse sui loro ranghi facendo una strage. Così avanzarono, una linea alla volta, facendo affidamento su quanti li precedevano per contare ottocentottanta iarde; alla fine Richard di Gloucester trovò una cresta nel terreno a circa cinquecento passi dalla linea di torce di Warwick, appena fuori dalla portata delle sue frecce: era poco più di un lievissimo rilievo che non avrebbe rallentato la loro marcia, ma che permise agli uomini di sdraiarsi sull'erbetta primaverile che cresceva a ciuffi e trovarsi un posto per dormire, con gli insetti che strisciavano su di loro nel buio.

Il cannoneggiamento durò tutta la notte, i tiri alti sopra di loro, e l'esercito di York giacque a terra in tre grandi quadrati aspettando il mattino.

Margherita non si curava del mare grosso e anzi aveva provato piacere nel sentire ancora una volta che non c'era niente che le facesse paura nel mare; ed era così anche per suo figlio che non soffriva affatto per il vento furioso o per i movimenti disordinati dei marosi. La sera prima Margherita aveva visto la torcia accesa per guidarla e il cuore le era balzato nel petto per l'emozione. Eppure il capitano, trattandosi della sua nave, si era rifiutato di accettare l'autorità della regina e Margherita, frustrata, era stata costretta a starlo a guardare mentre cercava un ancoraggio sicuro. Il litorale era là! Lo si sarebbe potuto raggiungere anche a nuoto. Margherita aveva sopportato anni di esilio, aveva mandato giù mille piccoli fastidi e vere e proprie umiliazioni, aveva conosciuto la povertà e i debiti e la vergogna di dover dipendere completamente dalla generosità di un uomo che poteva smettere da un momento all'altro di curarsi se fosse viva o morta. Eppure quell'ultima notte era stata la peggiore di tutte, con la costa inglese laggiù nel buio, quella viva fiamma tenuta alta per lei... e un capitano francese che non dava ascolto alle sue suppliche, deciso ad aspettare il giorno.

Era stata una notte di sonno agitato e di brutti sogni. Suo figlio, Edward, l'aveva trascorsa quasi tutta in piedi, duellando perfino un po' con uno dei cavalieri che re Luigi aveva mandato ad accompagnarli. Il rumore di ferraglia delle loro calzature sul ponte svegliò del tutto Margherita, che si alzò a sedere, ancora con il vestito dalla sera prima, nella minuscola e fetida cabina. Si intravedeva una vaga luce biancastra, un pallido annuncio dell'alba, che le fece accelerare i battiti del cuore mentre chiamava una servetta per farsi aiutare a infilare gli stivali. Quando uscì in coperta era accaldata, ma rabbrividì, subito investita dalla brezza. Durante la notte il mare si era calmato, il capitano sorrideva e un'imbarcazione veniva portata sottobordo.

A quell'ora mattutina il litorale era nascosto da una nebbia che a tratti si diradava lasciando apparire di quando in quando qualche sbavatura di verde e di bianco, come una donna che muovesse la gonna per far intravedere le gambe. Margherita sorrise. Come era giovane quando aveva visto per la prima volta quel litorale, il primo di una terra che non fosse la Francia!

«Prendete la mia mano, madre» suggerì Edward al suo fianco porgendogliela. «C'è ancora un po' di vita nelle onde, dice il capitano Cerce.» Lei lasciò che il suo forte e giovane figlio la guidasse sul ponte fino al punto in cui l'impavesata si interrompeva e giù in basso beccheggiava la barca, una vista non proprio rassicurante, anche se Margherita si costrinse a sorridere e a salutare con un cenno cortese del capo il capitano, che pur considerava un omuncolo pieno di sé.

Edward scese per primo e dalla scialuppa aiutò Margherita a fare altrettanto con grande premura, assicurandosi che fosse ben sistemata prima di occuparsi delle cassette di re Luigi, un'offerta per la loro causa. Una o due erano piene di sacchetti di monete, Margherita lo sapeva, sebbene sperasse di non doverle usare; ma era stata abbastanza povera nella sua vita da trarre conforto dal loro peso.

Finalmente suo figlio sedette sul banco. Quel giorno l'andirivieni con la nave sarebbe stato frequente, era necessario trasportare a terra il resto del loro bagaglio e gli scudieri che ora lo sorvegliavano sul ponte, guardando sperduti il principe di Galles come se fossero stati abbandonati da lui. Ma per ora bastava che sbarcasse sua madre. Margherita scrutava i moli che andavano ingrandendosi sempre di più dietro il velo di foschia. Si vedevano degli uomini armati e il cuore cominciò a batterle forte per l'apprensione, anche se Somerset aveva fatto alzare i suoi stendardi proprio sul fronte mare per rassicurarla. Beaufort era un uomo perbene, ricordò Margherita, come il padre e il fratello prima di lui. Sì, la guerra si era portata via troppe vite, aveva distrutto troppe famiglie. La sua unica speranza era di essere tornata in patria per vederne la fine.

Margherita guardò il figlio salire agilmente i gradini di pietra della banchina e poi girarsi per aiutare lei mentre i marinai francesi alzavano i remi e riprendevano fiato dopo la fatica. Margherita si portò a prua dell'imbarcazione e alzando lo sguardo vide il duca di Somerset che l'aspettava, bello nella sua armatura.

«Benvenuta a casa, mia signora» la salutò Edmund Beaufort piegando il ginocchio a terra e chinando il capo nel momento in cui Margherita raggiungeva il molo e calpestava il suolo inglese, che aveva lasciato quasi esattamente dieci anni prima.

XIX

Durante la notte, sui prati scese una fitta nebbia che si depositava a tratti come neve. Gli uomini inviati in perlustrazione si perdevano di vista a dieci passi di distanza l'uno dall'altro e riferirono doverosamente su quel pericolo ai loro sergenti. Le stelle svanirono e il buio divenne assoluto, come se fossero tutti caduti in un pozzo. Soltanto il lampo dei cannoni di Warwick che continuavano a ruggire squarciava le tenebre, lasciandosi dietro vaghe macchie di luce danzante verde e oro. Le squadre ai cannoni sprecarono polvere e proiettili per tutte quelle ore prima dell'alba senza mai sapere che il nemico era vicino come la loro ombra.

Edward aveva cercato di dormire, o perlomeno aveva passato un po' di tempo facendo finta di dormire, in modo che gli uomini intorno a lui lo vedessero calmo e senza nessuna preoccupazione, ma quando finalmente balzò in piedi fu un sollievo, dopo essere rimasto a lungo immobile. Il sole, il suo simbolo personale, era assolutamente nascosto, nemmeno un baluginio giallastro in quella nebbia mattutina, solo un eterno biancore umido e freddo.

Vederlo in piedi ridette la vita alla sua armata. Gli uomini si alzarono da dove si erano coricati, qualcuno dovette essere scosso dai compagni, ma per la maggior parte tutti furono pronti quanto era possibile esserlo in quelle condizioni. Sapevano che cosa li aspettava ed erano consapevoli del vantaggio che si erano procurati strisciando così vicino all'accampamento nemico.

Quando uomini e cavalli si preparavano alla battaglia era impossibile non fare rumore. Gli animali sbuffavano, le teste tenute basse da mani forti perché non si chiamassero a vicenda nitrendo; gli uomini scivolavano e si lasciavano sfuggire imprecazioni ad alta voce, mentre armature e cotte di maglia facevano baccano come campane che suonassero. Alla fine, comunque, emozionati ma risoluti, tutti attesero il suono dei corni fermi in piedi, un'espressione dura sul viso. Poi si fecero il segno della croce e alzarono gli occhi a un cielo che non potevano vedere.

I corni avevano suonato e da entrambe le ali dell'armata di York volarono le frecce, sei al minuto con una buona mira, dieci senza. Gli arcieri erano solo qualche centinaio ma rovesciarono ugualmente migliaia di frecce nella nebbia, alle quali risposero urla di dolore e clangore di armature.

A quel punto gli armati di Warwick sapevano dove fosse il nemico... era molto vicino. Una grandine di aste sbucò dalla nebbia in direzione dello schieramento di York facendo cadere gli uomini che avevano cominciato a muoversi in quell'istante. Punte di ferro risuonarono contro le corazze o si conficcarono con un tonfo sordo negli scudi tenuti alti per offrire un bersaglio minimo. Qualcuno trovò dei varchi e cavalieri si afflosciarono sulla sella o zampe anteriori di cavalli cedettero, facendo cadere lentamente in avanti gli animali. Ma per lo più le raffiche erano mal dirette e quasi tutte troppo alte. La risposta venne dai cento bombardieri fiamminghi schierati davanti a Edward, una massiccia scarica che spedì palle di piombo nel biancore, al quale si aggiunse una nube più spessa, punteggiata di grigio, una scarica che suscitò urla di agonia prolungate.

Gli arcieri di York tennero soltanto poche frecce di riserva e si ritirarono alla retroguardia lanciando grida di giubilo e di scherno per i bombardieri stranieri che avevano concluso così poco. Mentre gli arcieri indietreggiavano, tre grandi quadrati si precipitarono in avanti, ogni uomo attento a non cadere e farsi calpestare.

All'inizio infatti la più grande paura degli uomini in marcia nella nebbia era di inciampare, cadere ed essere travolti da tutti quelli che li seguivano, perciò stavano attenti a dove mettevano i piedi, stringendo con forza roncole e asce, accette e spade. Soltanto le prime file guardavano avanti e, quando videro altri uomini avanzare contro di loro, lanciarono un ringhio cupo e impressionante, un suono di violenza e di minaccia e di sfida animalesca che fece balzare il cuore nel petto dei compagni. Tutto venne dimenticato, ogni regola della vita normale fu abbandonata; quegli uomini avevano un'arma in mano e avrebbero ucciso chiunque si sarebbe mosso contro di loro. Molti sarebbero stati ridotti in condizioni da non poter più fare ritorno a casa, altri avrebbero trovato un motivo di orgoglio personale di cui avrebbero sempre conservato il ricordo, altri ancora sarebbero stati lasciati cadaveri sul campo di battaglia.

Il ruggito possente che si era levato dalle loro schiere ebbe una risposta. Esasperati e sanguinanti a causa della pioggia di frecce, le schiere di Warwick erano là tra le volute di nebbia, le armi in pugno, pronte a riceverli.

Richard di Gloucester era in sella al suo cavallo da guerra nella terza fila dell'ala destra di suo fratello. La sua compagnia era la prima a raggiungere il nemico, precedendo tutte le altre, con i cavalieri più forti e quasi tutti i capitani più esperti. Soltanto gli arcieri li avevano sopravanzati e ormai, scoccate le loro frecce contro nemici invisibili, stavano tornando di corsa.

Ora toccava a lui. L'ala al comando di Richard di Gloucester era il martello di York che ora si doveva abbattere sul nemico. Diciottenne, nella sua armatura splendente, vedendo solo ciò che l'elmo gli permetteva di vedere, Richard esultava, conscio del compito che lo aspettava. La nebbia era tutto intorno a loro in volute simili a liquido bianco, quando a un tratto il nemico apparve e i suoi ranghi si precipitarono contro le schiere di Warwick. Ma Richard non poteva alzare la visiera, sarebbe bastata una sola freccia, un solo colpo di lancia per farlo cadere nella sua prima battaglia. Al contrario spronò il cavallo e avanzò, avvertendo l'impatto della corazza contro le armature degli uomini che faceva cadere di sella, urtandoli o trapassandoli con la punta della spada. Gli bruciava orribilmente la spalla e il collo gli si contraeva in lampi di agonia come se fosse in fiamme, ma Richard continuava a uccidere e a colpire sentendosi forte, forte come non aveva creduto di poter essere.

Era intoccabile. Non era possibile disarcionarlo. Tranciava le gambe degli uomini appiedati e urlanti e quando si trovò davanti, in sella a un destriero possente come il suo, un cavaliere chiuso nell'armatura che teneva alta una mazza di ferro destinata a fracassare elmi e teste, lo colpì sotto uno spallaccio spezzandogli l'articolazione, così che il braccio dell'uomo ricadde privo di forze; poi la punta della sua spada trovò il collo del cavaliere, che agitò le braccia per un attimo e cadde da cavallo, ferito a morte, per sparire sotto i piedi dei soldati in marcia.

Gloucester dette di sprone, costringendo il destriero a superare quello senza cavaliere. Non riusciva a capacitarsi del grande movimento lì intorno. Aveva visto per un istante i vessilli di Exeter venire verso di lui e sapeva che Henry Holland non gli avrebbe mai ceduto il passo e tuttavia l'ala al suo comando continuava ad avanzare passo dopo passo come se non ci fosse niente a fermarla. Richard continuava a non capire ma a un tratto la nebbia si dissolse davanti a lui, permettendogli di vedere che la sua formidabile compagnia aveva superato le linee di Exeter; per pura fortuna il loro schieramento si era trovato al di là del limite estremo dell'ala di Warwick.

Con la prima avanzata avevano aggirato senza volerlo le forze di Exeter, trasformando l'assalto frontale in un attacco al fianco, con il terrore degli uomini che si vedevano assaliti da due direzioni, come se fossero caduti in un'imboscata. Il merito era della nebbia e Richard, giubilante, affondò gli speroni nei fianchi del cavallo. Lanciò un ruggito di sfida e abbatté un altro soldato che stava alzando l'ascia per colpirlo alla coscia.

«Avanti! Avanti!» sbraitò ai suoi capitani. «Voltarsi! Attaccarli al fianco!»

Niente faceva più spavento ai combattenti che sentire l'intero quadrato spinto all'indietro e il dover mantenere la formazione arretrando. Ogni passo nel fallimento e nella ritirata abbatteva sempre di più il morale degli uomini, al punto che da un momento all'altro potevano voltare le spalle al nemico... per essere massacrati mentre fuggivano. Solo questo li faceva resistere, sapere che scappando, cedendo al terrore che li assaliva nel sentire che il loro esercito cominciava a cedere, avrebbe significato morire. E tuttavia la paura li attanagliava, si vedeva il bianco degli occhi dei fanti costretti ad arretrare passo dopo passo.

«Avanti!» gridarono a loro volta i capitani di Gloucester scoprendo i denti in un sorriso estasiato. Sapevano di aver sfondato e, una volta diradata la nebbia, avrebbero capito come stava andando il resto del loro esercito; ma fino a quel momento erano i soli protagonisti nella battaglia e combattevano perdutamente con rabbia, paura e trionfo.

La bruma aveva ricordato Towton a Edward fin dai primi momenti, la terrificante vicinanza di quell'umidità bianca che sembrava premersi sulla faccia e sulla gola. Non riuscendo a respirare bene con la visiera abbassata, l'alzò, inspirando grandi boccate d'aria che sapeva di ferro. Dall'altezza del suo destriero avrebbe dovuto potersi fare un'idea di come stesse andando la battaglia, ma la spessa foschia lo rendeva cieco e il panico cominciava a montare dentro di lui. Ruggiva i comandi lungo la linea, gridando «Avanti!» ai capitani e ai sergenti che a loro volta incitavano gli uomini. Edward aveva avvertito la carica degli uomini di Richard nella pressione che questa aveva esercitato contro il quadrato al suo comando e nei rari momenti in cui la visibilità era migliore li aveva visti sfondare la formazione nemica, penetrandovi come un colpo di lancia, trascinando in avanti anche il centro dello schieramento.

Alla sua sinistra, però, lord Hastings era stato costretto a ritirarsi quasi con la stessa rapidità; Edward aveva perfino intravisto al posto della sua ala sinistra gli stendardi di Oxford avanzare trionfanti, alti sopra i ranghi. Si sentì aggirato, divenuto il centro del campo di battaglia, trascinato a sud da un lato e a nord dall'altro. L'intero quadrato centrale doveva ruotare su se stesso se non voleva perdere ogni contatto con entrambe le ali e rimanere isolato.

«Ruotare a sinistra!» gridò alla fine. «Formazione centrale! Capitani di York! Ruotare a sinistra sul posto! Lentamente!» Sarebbe stata una manovra difficile anche sul terreno di parata; cercare di far girare tremila uomini nello stesso momento mentre combattevano contro i nemici era un'operazione che lo costrinse a mordersi il labbro per la tensione fino a farlo sanguinare. Fin dall'inizio Edward era stato in condizioni di inferiorità numerica e ora la sua ala sinistra aveva ceduto, stava ancora cedendo, con le truppe di Oxford che avanzavano esultanti e Hastings che si ritirava.

I messaggeri tornarono di corsa verso la terza fila del quadrato centrale dove Edward era in sella al suo destriero, ansanti e cercando di disegnare in aria con le mani ciò che avevano visto. Edward tirò le redini e si girò a destra e a sinistra mentre si faceva strada in lui la comprensione di quanto era successo sul campo di battaglia fino a quel momento. Nel buio della notte i suoi uomini si erano fermati per dormire dove la sua ala destra non aveva nessuno davanti a sé. In una giornata di tempo bello le forze avrebbero modificato lo schieramento attaccando, ma le nebbie avevano reso la cosa impossibile. Entrambe le ali destre avevano descritto un mezzo cerchio nel loro assalto e il risultato era una ruota gigantesca, con i due eserciti che giravano in tondo, stritolandosi a vicenda mentre avanzavano.

Era troppo tardi per usare la situazione a proprio vantaggio. Edward vide la sua ala sinistra sfondata e gli uomini di Oxford, gli stessi che aveva visto fuggire davanti a sé pochi giorni prima, precipitarsi in avanti ululando come lupi che inseguissero un cervo, perduti nella loro furia, bramosi solo di uccidere senza fermarsi mai. Non esisteva libertà sfrenata più terribile di quella, né più sfibrante. Edward, che ne ricordava tutto l'orrore e la delizia, si sentì fremere e rabbrividire al tempo stesso.

Vide un'inondazione, un torrente di uomini in rotta, ogni coraggio perduto. Muggì nuovi comandi ai capitani più vicini a lui, che tuttavia non riuscirono a contenere quella marea e due o tremila fanti si dettero alla fuga tutti insieme, correndo come lepri e inseguiti dalla cavalleria di Oxford, una quarantina di cavalieri con le lunghe spade sguainate per colpire e falciare, passando. Stava cominciando il massacro e Edward di nuovo ricordò Towton. Non riuscì a sopportarlo e la sua reazione fu di puntellare con le lance ciò che restava dell'ala sinistra, per poi muovere in aiuto di suo fratello Richard. L'ala sinistra di Edward era in rotta e sarebbe stata fatta a pezzi, non c'era più niente che si potesse fare se non allontanarsi nella nebbia.

«Avanti!» gridò, la voce tuono di cannone. «Avanti! Li teniamo in pugno!» Era una follia e una menzogna ma quanti vedevano in lui il loro condottiero raddoppiarono lo sforzo, colpendo a destra e a sinistra fino allo sfinimento. Si incunearono nel varco che si erano aperti e videro l'ala destra di Richard di Gloucester procedere rapidamente in formazione ordinata. Era difficile non perderli di vista.

Gli uomini di Exeter non si erano dati alla fuga, ma erano stati decimati una fila dopo l'altra, sopraffatti dall'attacco sul fianco e di fronte: era un brutto lavoro, crudele, estenuante, ma Richard aveva visto cadere lo stesso Exeter, i suoi vessilli sul punto di sparire, una vista che rincuorò gli uomini di Gloucester, tanto che la ruota umana girò con maggiore impeto. Le folate di nebbia rendevano tutto caotico e non era possibile fare altro che colpire con le picche e con le spade le facce di quanti si paravano davanti, guardarli cadere e calpestarli in modo che non si rialzassero più.

John de Vere, conte di Oxford, si considerava un cavaliere combattente che uccideva sempre i suoi nemici. Sentì ardere in sé il freddo fuoco dell'orgoglio quando vide i suoi uomini respingere e distruggere l'intera ala sinistra di York. Tutto ciò che riuscì a distinguere nella bruma fu motivo di allegrezza per lui: il nemico costretto a fuggire, le sue truppe trionfanti che lo inseguivano e lo facevano a pezzi. Mise al passo il cavallo sul terreno insanguinato e perfino la nebbia gli sembrava tinta di rosso. Quando l'ala di York si dette alla fuga lanciò un ululato da lupo, facendosi portavoce con le mani e imitando il richiamo del branco mentre affondava gli speroni nel fianco del destriero. Era un antico richiamo di caccia e quanti provenivano dai suoi domini personali, lo ripeterono con gioia selvaggia inseguendo il nemico vinto.

Le truppe di York al comando di lord Hastings passarono in un istante dal contendere strenuamente ogni passo al nemico alla rotta più completa, ridotte a prede alle quali dare la caccia, inseguite da soldati di Oxford che lanciavano urla terrorizzanti e maneggiavano le armi come mietitori in un campo di grano.

Oxford cavalcava in mezzo alla sua armata lanciata

all'inseguimento, tra risate e ululati di scherno, affondando la spada nel collo dei soldati in fuga come usava fare con i cinghiali, che cacciava con abilità e divertimento. I fuggitivi si gettavano di lato alzando le mani, dandogli una preziosa occasione di mettere alla prova la sua abilità: gridava di giubilo quando li faceva rotolare per terra uccisi con un solo colpo preciso, ma aggrottava la fronte quando la lama scivolava e affettava la carne come in una macelleria. Allora lasciava che fossero altri a finire l'opera, giudicandola poco sportiva.

Era così preso da quella sfida che non si era accorto di quanto si fosse allontanato dalla battaglia. Alzò gli occhi nella grigia foschia soltanto quando gli zoccoli del cavallo incontrarono i ciottoli di una strada. Sibilò un'imprecazione contro se stesso: aveva inseguito il nemico in fuga fino a Barnet, una cittadina tutta vicoli e viuzze che avrebbero richiesto un'eternità per essere perlustrate: era come tirar fuori il mollusco dalle chiocciole di mare.

Il conte udiva calpestio di stivali tutto intorno a lui, perfino qualche grido strozzato di uomini che lottavano. Era impossibile distinguere l'amico dal nemico e Oxford si immaginò circondato e colpito a morte, una visione che lo fece rabbrividire. Anche se non gli piaceva lasciarsi alle spalle una forza nemica, sapeva di averla realmente messa in fuga e che almeno metà di quegli uomini erano morti o feriti, il conte ne era certo. Strinse le labbra irritato mentre cercava senza successo di pulire la spada incrostata di sangue rappreso, poi si girò e cominciò a gridare comandi nella fitta foschia che lo circondava.

«Per Oxford! In formazione intorno a me in buon ordine! Capitani e sergenti, a me! Radunate i vostri uomini! Per Oxford!»

Vi furono risposte tutto intorno a lui e gli uomini si fermarono, ansanti per lo sforzo, molti con gli occhi sgranati, sporchi di sangue, allibiti per ciò che avevano fatto; altri sorridevano o ridacchiavano contenti di essere vivi e di aver ucciso. Lentamente i ranghi si riformarono, con qualche faccia scura alla prospettiva di dover tornare nel pericolo. Una o due voci si levarono per dire a Oxford che cosa poteva fare di se stesso, il che ebbe come risultato capitani e sergenti inferociti che andavano su e giù lungo le file incerte, pronti a rompere la testa a chiunque osasse insultare il loro signore, condottiero di quasi tutti gli ufficiali presenti, uomini dai capelli brizzolati che lo avrebbero difeso a qualsiasi costo e che disprezzavano cordialmente chi insultava nascondendosi tra i compagni.

Si era levata un lieve brezza che fece sperare, una volta dispersa la nebbia, di poter vedere il campo di battaglia verso il quale si stavano dirigendo, perché la sensazione di soffocamento era aumentata e rendeva difficile respirare normalmente, tanto che gli uomini ansimavano a mo' di mantici, come se stessero correndo anziché marciando.

Oxford cavalcava fieramente nella seconda fila fra una dozzina di altri, congratulandosi con quelli che conosceva; e in verità aveva motivo di sentirsi fiero. Quella mattina non desiderava altro che imbattersi in uno dei figli di York o, in mancanza di questo, nei carriaggi o nelle eventuali riserve del re usurpatore. Ma la cosa migliore sarebbe stata uno scontro con la retroguardia del centro al comando di Edward. Quella sarebbe stata la risposta alle sue preghiere e le possibilità che fosse proprio così erano buone. Oxford sapeva che i suoi uomini erano a un miglio dal campo di battaglia e dovette tenere saldamente le redini del suo destriero, che sentiva l'eccitazione generale.

«Cercate il sole fiammeggiante!» gridò ai suoi uomini. «Passaparola quando il nemico è in vista!» Il suo stemma di famiglia era una "*estoile*", una stella d'oro con sei raggi ondulati, lo stemma che in peltro adornava gli scudi dei suoi uomini ed era ricamato sugli orgogliosi stendardi ondeggianti sui pali al di sopra delle loro teste. Uno stemma molto simile a quello di Edward, rifletté Oxford: sia le fiamme sia i raggi di luce potevano bruciare.

A un tratto udì a una certa distanza davanti a sé delle grida acute di paura e un trambusto, ma non riuscì a capirne subito la ragione. Il suo dovere era di tornare sul campo di battaglia e non si sarebbe tirato indietro dopo un'unica azione vittoriosa; incitò dunque i suoi uomini ad avanzare anche quando l'aria lì intorno si riempì di frecce e alcuni accanto a lui caddero a terra con gran fragore di metallo.

«Tradimento!» si udì gridare, un grido riecheggiato da voci spaventate. Oxford dette di sprone, facendo sanguinare di nuovo il fianco del cavallo, che si lanciò in avanti investendo uomini di Oxford nella sua furia.

«Che cos'è questo grido? Quale tradimento?» gridò il conte ai suoi capitani, i quali non poterono che alzare le spalle nella foschia mentre il grido continuava, alto e ripetuto. «Tradimento! Traditori!»

«Ma chi è quell'uomo? Chi sta gridando? Oxford, a me! Per Oxford!» I capitani gridarono il suo nome più e più volte, ma il tumulto cresceva mentre i fanti di Oxford non potevano fare altro che spingersi in avanti.

La pioggia di frecce stava cessando e Oxford vide i suoi massacrare una fila di arcieri.

«Dio, fa che siano le riserve di York!» disse tra i denti. Quel giorno aveva fatto meraviglie e avrebbe potute farne ancora. Ma non comprendeva che cosa volessero dire quelle grida di «Tradimento!» che si facevano più forti di minuto in minuto. Si sforzò in tutti i modi di vedere qualcosa nella nebbia, poi si lasciò ricadere inorridito sulla sella.

Mentre i suoi ranghi si stavano riformando alla periferia di Barnet, le forze schierate sul campo di battaglia avevano ruotato lentamente e faticosamente, perciò invece della retroguardia di York, gli uomini di Oxford stavano attaccando il centro delle armate di Warwick, uomini della loro stessa parte. Oxford vide lo stendardo di Montagu cadere, ma i suoi continuavano ad avanzare combattendo nella nebbia, incapaci di fermarsi sebbene molti gridassero e agitassero le braccia per costringerli a farlo.

L'effetto del cedimento di Montagu fu che l'intero centro dell'esercito di Warwick perse la sua compattezza... e Edward di York poté penetrare con decisione fino al cuore della sua armata: gli era stata data un'unica occasione e non se la lasciò sfuggire. I suoi uomini si disposero in una formazione a punta di lancia e avanzarono facendo a pezzi le truppe di Oxford e di Montagu, già in preda al panico non sapendo come o dove liberarsi dall'abbraccio assassino dei loro propri compagni.

Warwick udì un prolungato ruggito rauco in un punto imprecisato davanti a sé, simile alla risacca su una spiaggia ghiaiosa. La maledetta nebbia impediva di capire dove avrebbe dovuto colpire con le proprie riserve, ma certamente era giunto il momento. Aveva seimila uomini, forze fresche e intatte, pronte a intervenire al suo comando.

«Avanti al centro» gridò. Questo era il suo comando e il suo esercito. Non poteva dedicare nemmeno un pensiero a suo fratello John, che si trovava nel punto in cui la mischia sembrava più fitta. Ogni volta che la nebbia si sollevava Warwick si voltava cercando di guardare il più lontano possibile prima che quel biancore spesso non scendesse di nuovo, lasciandolo a ricordare ciò che aveva intravisto. La sua ala destra era stata fatta a pezzi e si riuscivano a vedere ranghi di Gloucester che si muovevano in fretta per riunirsi e concentrare l'attacco sul fianco di Warwick, che stava intanto cercando di rafforzare il centro. Era una decisione brutale, ma i suoi uomini avrebbero dovuto affrontare un doppio attacco.

«Lance sul fianco! Respingere... l'attacco sul fianco! Picche e lance là!» Dette il comando ai suoi sergenti. Era tutto ciò che poteva fare, presentare uno sbarramento di picche a coloro che potevano cercare di sfondare da quel lato.

Sguainò la spada e sentì un fremito percorrere i ranghi davanti a sé: nonostante fossero forze fresche, sapere che il nemico li attaccava sul fianco e che tra non molto sarebbero stati aggirati alle spalle non era una prospettiva che potesse giungere gradita, ma continuarono lo stesso ad avanzare, non potevano fuggire quando il quadrato di Montagu veniva fatto a pezzi davanti a loro.

Una linea dopo l'altra la riserva di Warwick si aprì la strada fino al centro, superando morenti e feriti, così gravi da avere il colore bianco della morte sulla faccia, sostenuti dai compagni. L'ala di Gloucester aveva finito di distruggere quella di Exeter e si gettava trionfante sulla riserva. In quel momento Warwick vide Edward, alto sul suo destriero, l'armatura ammaccata, la visiera alzata e il vessillo con il sole fiammeggiante che sventolava alle sue spalle. Non gli parve che il giovane re avesse riconosciuto il suo vecchio amico.

Warwick colpì selvaggiamente qualsiasi cosa si muovesse e lentamente avanzò, seguito da una fila di cavalieri, facendosi strada solo con la potenza e la ferocia del suo attacco. Alcuni di coloro che venivano abbattuti alzavano gli occhi e vedendo il ventre di un cavallo che passava su di loro cercavano di affondarvi la lama pur essendo in punto di morte: non c'era limite all'odio e alla furia che si erano scatenati su quel campo di battaglia.

Il cavallo di Warwick fece un balzo e cominciò a cedere sotto di lui. Warwick smontò di sella rapidamente, prima che l'animale cadesse a terra intrappolandolo. Barcollando andò a sbattere contro uno sconosciuto armato di una lama di roncola fissata al manico di un'ascia e gli sferrò un pugno chiuso nel guanto di ferro, ma l'altro lo schivò e lo colpì con forza selvaggia al fianco con la roncola, rigirandola con tale ferocia che Warwick si lasciò sfuggire un gemito. Incapace di trovare la spada, Warwick continuò a colpire con il guanto di metallo la faccia dell'uomo fino a ridurla in poltiglia, poi piegò il ginocchio a terra, ansante, faticando a ritrovare il respiro.

Tutto intorno a lui la battaglia continuava in un clamore di urla e di metallo. Scosse la testa e vide il sangue colargli dalla bocca. Capì allora che la morte era vicina e con uno sforzo immenso cercò di rimettersi in piedi.

Si premette la mano sul fianco insanguinato. Il dolore stava aumentando e gli penetrava dentro come un acido o una fiamma. Tossì, spruzzando sangue sul guanto e, sentendosi soffocare, di colpo fu preso dalla paura mentre si guardava intorno. Lo sguardo gli cadde sulla spada là dove era rotolata e riuscì a fare un passo per raccoglierla. Le forze gli diminuivano rapidamente ma con uno sforzo enorme la piantò nel terreno davanti a sé e si appoggiò sull'elsa, poi si inginocchiò, cercando di respirare, senza riuscirci. Vide Edward cavalcare trionfante mettendo in fuga il resto delle sue armate. Era magnifico. La mano scivolò dall'elsa e Warwick cadde.

Quando i combattimenti cessarono del tutto e ciò che restava dell'esercito di Warwick si fu dato alla fuga, Edward di York percorse il campo di battaglia con i due fratelli per vedere di persona la storia che avevano scritto sulla Grande strada del Nord e quale ne era stato il costo. Finalmente le ultime nebbie si erano dissolte sotto i raggi del sole nascente e alcuni dei suoi uomini alzarono gli occhi al cielo per rendersi conto se veramente il sole danzasse come dicevano le loro madri. Era la domenica di Pasqua e da Barnet giungeva il suono delle campane, prolungato e sonoro.

Edward aveva gli occhi asciutti e rossi quando si imbatté nel corpo di Warwick. Si inginocchiò accanto a lui, imitato da Richard e da George, per dirgli addio e recitare una preghiera per un uomo che era stato come un padre per loro in molti modi; ma Richard Neville aveva scelto di stare dall'altra parte del campo di battaglia e ciò che aveva ottenuto era una morte dolorosa. Dopo qualche momento Edward si rialzò, lo sguardo rivolto in basso, sul cadavere.

«Non me ne pento» disse a Richard. «Io sarò per tutti

una spada fiammeggiante, come ho giurato. Mi è sfuggito Oxford, questo è il mio unico rammarico.»

«E ora?» domandò George, guardando il cadavere del padre di sua moglie.

«Farò esporre Warwick e Montagu a Londra sorvegliati dalle mie guardie, non voglio che circoli la voce che sono ancora vivi e che restaureranno Lancaster. Sapete com'è fatta la gente.»

«Allora li farai trascinare e squartare come traditori?» volle sapere Richard guardandolo in faccia. Suo fratello scosse il capo.

«No. Potrei farlo con Montagu, ma non con Warwick. Era... un uomo buono. Rimanderò il corpo ai Neville perché gli diano sepoltura.» Per qualche momento rimase in silenzio e nessuno degli altri due osò interromperlo.

«Ho detto che avrei messo la parola fine a questa storia» mormorò Edward, rialzando la fronte, gli occhi brillanti. «E lo farò. Mi avevano cacciato e io non mi tratterrò più, chiunque mi mandino contro.»

XX

Massaggiandosi la fronte Margherita sentì sotto le dita l'essenza di rose. Si guardò i polpastrelli e vide una lieve macchia bianca. Al tempo della sua gioventù era stata capace di una disciplina fisica che ora, quarantenne, non riusciva nemmeno a ricordare; mai si sarebbe toccata il viso per liberarsi da un prurito o da un fastidio correndo il rischio di sciuparsi il trucco. Non che allora avesse avuto bisogno di olii o di polveri per nascondere i difetti della pelle, pensò mestamente; aveva creduto che sarebbe sempre stato così, ma l'età si era portata via anche quello e il corpo cominciava a tradirla.

Era crudele chiederle di affrontare un uomo come Edward di York, non ancora trentenne, ancora nell'ultimo fiore della giovinezza. Margherita aveva avuto la forza di sconfiggere il padre, ma i figli avevano cancellato quella straordinaria vittoria, riducendola a brandelli con le spade e con i denti. Sentì male al palmo della mano e si accorse che vi stava conficcando le unghie lasciandovi un segno rosso che si andava sbiadendo.

«Siamo certi che non sia un'astuzia di guerra?» domandò Somerset. «Una... una storia inventata per spaventare quanti ancora ci sostengono? Perdio, Warwick aveva *ventimila uomini*!»

Il duca non pareva convinto, si rese conto Margherita:

tutti i suoi piani erano andati in frantumi prima ancora di essere cominciati. Suo figlio fissava il vuoto davanti a sé e lo sconosciuto che si era presentato davanti a lei stava immobile in piedi aspettando ordini.

Margherita si sentiva a disagio in presenza di quell'individuo dall'aspetto cadaverico che non aveva mai visto, anche se si era presentato con una parola d'ordine segreta che Derry Brewer le aveva dato anni prima. Leo di Aldwych le stava davanti con un'aria molto più solenne del suo predecessore e certamente le aveva portato notizie terribili: la morte di Warwick e di Montagu proprio quando Margherita e suo figlio avevano più bisogno di una loro vittoria.

Margherita non osava ancora pensare a tutte le implicazioni della presenza di quell'uomo. Già una volta aveva creduto morto Derry Brewer e non poteva sopportare l'idea che fosse vero, ma se Derry aveva fatto la fine di Warwick e di Montagu, forse lei avrebbe fatto bene a rimandare a Parigi uno dei suoi preziosi piccioni per chiedere un'altra nave che la riportasse via.

Se Margherita fosse tornata in Inghilterra da sola, sinceramente pensava che lo avrebbe fatto. Ovunque fosse suo marito, poteva restare là dove si trovava dopo dieci anni che vivevano lontani l'uno dall'altra; con tutti i cambiamenti che aveva dovuto sopportare ormai le era estraneo quanto l'uomo di Derry Brewer. Ma suo figlio meritava una possibilità... e una vita che non fosse solo frustrazione e fallimento. Dopotutto lei gli aveva promesso il mondo.

Margherita si sentiva a disagio anche con Somerset, un uomo che aveva perso il padre e il fratello maggiore per difendere re Enrico e la casa dei Lancaster e che ora camminava avanti e indietro, le mani allacciate dietro la schiena. A dir la verità sembrava che Somerset covasse dentro di sé un desiderio di vendetta personale tale da eclissare quello di Margherita. Somerset voleva veder bruciare vivo Edward di York e, secondo lei, chi si sarebbe seduto sul trono in seguito non lo interessava molto.

«Se la notizia è vera, milord,» azzardò Margherita «possiamo andare avanti?»

Somerset smise il suo andirivieni e le venne vicino, gli occhi freddi come le mani che stinsero le sue.

«Mia signora, Londra è molto lontana da qui. Le notizie di Warwick sono già di tre giorni fa e sono state portate da un uomo che ha ucciso i cavalli sotto di sé per arrivare più in fretta. Non raggiungeranno la Cornovaglia e il Devon o il Dorset e l'Hampshire, il Sussex perfino, anche se è più vicino a Londra, ancora per vari giorni. Nel nome di vostro figlio io posso radunare un esercito. L'armata di York deve aver subito gravi perdite quando ha affrontato Warwick a Barnet. Non può avere ai suoi comandi una grande forza, per un po', almeno.» Somerset parlava più rapidamente ora, sempre più eccitato. «Devono avere dei feriti che non possono combattere e altri meno gravi ma non in buone condizioni, ciò che resta di un esercito. Se ci muoviamo subito, vostra altezza, se non abbiamo scrupoli, credo che potremmo onorare la memoria di Warwick portando a termine la sua opera.»

Con sorpresa di Margherita la spia si fece avanti e si inchinò: «Quando si tratta di grandi numeri, mia signora, difficilmente il conto è preciso, non è come se un esercito sfilasse davanti a uno dei miei ragazzi che segna i dati su una tavola o mette sassolini in un vaso. Però io credo all'uomo che mi ha riferito che Edward di York ha perso duemila uomini o forse di più a Barnet. York deve essere più debole ora: nonostante la sua vittoria, non può avere sotto i suoi stendardi più di ottomila armati al massimo. Se poteste radunarne altrettanti in breve tempo, credo che quanto ha detto milord Somerset sia corretto. Potreste ancora sconfiggerlo.»

«Al momento dispongo all'incirca di milleduecento uomini» affermò Somerset. «Ne aspetto altri duecento con il barone Wenlock, forse addirittura domani. Il barone non ci deluderà.»

«Credete che io possa trovare gli altri uomini di cui ho bisogno qui nel Sud?» domandò Margherita con un sorrisetto. «Dovrei mandare i sergenti reclutatori con un ragazzo che suona il tamburo in ogni città e villaggio della costa mentre Edward marcia contro di me con il sangue ancora rosso sulle mani?» Prese una decisione nel momento in cui il figlio si girò a guardarla; a tempo debito sarebbe toccato a lui dare simili ordini, ma non ancora, non quel giorno.

«Mi sento il mare alle spalle, milord Somerset: prendete gli uomini che avete a disposizione e preparatevi a marciare verso nord. Quanto dista da qui il Galles? Ho già trovato là un esercito una volta, anche se Dio sa che non sono più ciò che erano un tempo.»

«Il Galles, mia signora?» Somerset si stropicciò il mento e prese anche lui una decisione rapida, annuendo con fermezza: «Per vostro figlio, naturalmente».

«Per mio figlio che è il principe di Galles, sì, milord» confermò Margherita con fredda calma. «Principe fra coloro che hanno sempre appoggiato i Lancaster contro gli York. È nel Galles che troveremo il nostro esercito. Lasciamo che vedano mio figlio, alto e forte, e si raduneranno di nuovo sotto i nostri vessilli.»

«Anche Bristol aveva respinto York, mia signora» intervenne Leo di Aldwych. «È a sole sessanta miglia dalla costa o giù di lì, non sarebbe male far rullare il tamburo là... e nemmeno a Yeovil e a Bath, se è per questo. Potreste poi imbarcarvi su una nave a Bristol e recarvi in Galles via mare.»

«Per quel giorno io avrò un esercito per marciare al vostro fianco, mia signora, lo giuro» affermò Somerset, guardando con cipiglio l'uomo di cui non aveva intenzione di fidarsi. «Avrete bisogno di centinaia di navi, non solo dei pescherecci che trovereste laggiù. No, dovrete spingervi fino a uno dei grandi punti di attraversamento del fiume Severn, fino al ponte a pedaggio di Gloucester forse o a Tewkesbury.»

«Se riuscirò a raggiungere il Galles,» disse Margherita

«trascorrerò una lunga estate tra quelle montagne per radunare un grande esercito che mio figlio comanderà. Questa è la mia strada... e la tua, Edward. Se sarai vincitore, potrai rimettere i Lancaster sul trono sopra le ossa degli York. Come per il Principe nero prima di te, tutto il Galles ti riconoscerà come legittimo erede al trono. Non più ribellioni, tradimenti e usurpatori. Non più le marce improvvise e le battaglie che ci hanno afflitto per tanto tempo. Soltanto pace, signori, con i contadini e le loro donzelle, con le città piene di traffico e i preti, i mercanti, i marinai, i nobili, tutti in pace, senza più teste abbassate e cicatrici!»

«È... è un grande sogno, madre!» commentò il figlio dubbioso. Aveva diciassette anni e da tutta la vita si preparava a quella guerra e sentire sua madre sperare che tutto finisse presto e sognare birra e mele ancor prima che lui avesse messo piede sul campo di battaglia era piuttosto disturbante.

«Il Galles, allora» disse con un sorriso. «Mi farebbe piacere visitare la terra che mi chiama suo principe.»

«Molto bene» affermò Somerset, rasserenato. «Yeovil, Bath e Bristol sono sulla nostra strada e nel frattempo manderò a chiamare tutti gli uomini fedeli a re Enrico. "Lancaster è in campo e chiama l'Inghilterra", questa è la parola d'ordine, il grido da lanciare. Mia signora, io non credo che quei giovani contadini si lasceranno battere dai gallesi in quanto a fedeltà. Vedrete, lo giuro.»

«Oh, milord, di giuramenti ne ho sentiti *tanti*. Conoscevo vostro padre e vostro fratello, erano uomini d'onore e la loro parola era sacra. Ma non è bastato, alla fine. Credo di averne avuto abbastanza di giuramenti, milord: mi piacerebbe vedere dei fatti.»

Seduto nel sole di primavera, Edward stava rimuginando. Il castello di Windsor era al suo meglio in quel tepore sonnolento e i ricordi di cacce reali e di grandi banchetti erano memorie felici. Forse per questa ragione Edward si leccava le labbra asciutte mentre rifletteva sui giuramenti e le promesse che aveva fatto. Warwick era caduto. Non riusciva ancora a credere che un uomo di tale intelligenza non respirasse più. Come era possibile? Il pensiero lo assillava, aveva la sensazione di aver dimenticato qualcosa e che, se avesse ritrovato la parola giusta, avrebbe potuto riportare tutti indietro. Sentiva ancora la mancanza di suo padre come sentiva quella del fratello Edmund, più piccolo di lui, assurto a figura angelica grazie al ferro da stiro della memoria. Non poteva farli ritornare in vita, nonostante il rimpianto che sentiva, doloroso e lancinante.

Fino a quel giorno Edward non si era concesso una sola coppa di birra, nonostante spasimasse dalla voglia di bere; era di cattivo umore però, trattava male chi gli stava intorno, tanto che suo fratello Richard se ne era andato a Middleham per dare la notizia della morte del marito alla moglie di Warwick, mentre Clarence era tornato a casa, dove lo aspettava chissà quale accoglienza da parte della figlia di Warwick. Edward augurò buona fortuna a entrambi. In quanto alla sua, di moglie, Elizabeth era stata piuttosto fredda con lui, molto probabilmente perché non le aveva dato la pace e la calma che lui stesso aveva creduto di poter avere. Forse si era aspettato troppo da un'unica vittoria, anche se, per tutti i santi del paradiso, era sempre meglio di una sconfitta, no? Si sentiva ancora inquieto e, pur essendo madido di sudore per l'esercizio fisico sul campo di addestramento, questo non gli aveva dato il senso di benessere e di allegria che immaginava gli avrebbe assicurato un bel boccale di birra. Si leccò di nuovo le labbra screpolate e dolenti.

Però dormiva senza incubi, ricordò a se stesso, e lo stomaco non lo costringeva più a cercare in tutta fretta il vaso da notte sotto il letto. Fisicamente non era mai stato così bene in tutta la sua vita, eppure... le sue sensazioni erano troppo acute, gli sembrava che la sua mente fosse come un pezzo di stoffa dove un gatto avesse piantato gli unghioli. Non era detto che una vita sana fosse necessariamente una vita felice, ecco la verità pura e semplice, perlomeno non per un uomo con il suo sangue e la sua ambizione. Edward sapeva di non essere fatto per seguire e nemmeno per condurre una vita tranquilla, era un uomo ingombrante e forte, con un aspetto che faceva desiderare agli altri cavalieri di abbassare gli occhi e studiare attentamente il terreno intorno ai loro piedi. Alcune donne si arrabbiavano non appena lo vedevano, altre... be', l'essere fatto così aveva i suoi vantaggi.

Ma non poteva venir meno al giuramento. Naturalmente dopo la battaglia i suoi uomini avevano bevuto fino a instupidirsi; Edward non aveva potuto impedirlo, altrimenti avrebbe fatto la figura dell'idiota o del brontolone. Lord Rivers aveva appeso in alto un grosso otre di birra e se ne era rovesciata addosso più di quanta se ne fosse versata in gola. Poco dopo aveva vomitato ed era rimasto disteso a terra completamente ubriaco.

Edward si accorse di essersi morso il labbro fino a farlo sanguinare e continuò a stuzzicarsi la piccola ferita, contento di avere qualcosa che lo distraesse dai soliti pensieri. Non era un debole, questo lo sapeva, l'idea che qualcosa o qualcuno potesse dominarlo lo faceva innervosire, ma il pericolo stava in lui stesso, quando alzava le mani e decideva di non essere forte, di non voler resistere più.

Si concentrò sulla notizia dello sbarco di Margherita con suo figlio, ma questa preoccupazione accrebbe la sua sete. Di tutte le bevande offerte dall'Onnipotente, dal vino che aiutava a dormire alla birra che gli faceva venir voglia di ridere, quella che gli mancava di più era la grappa. I romani la chiamavano *aqua vitae*, gli scozzesi *uisge beatha*, l'acqua di vita; ma qualsiasi nome si usasse, a Edward dava capacità di concentrazione e chiarezza di idee, gli permetteva di parlare per ore di seguito e quando era ora di dormire lo faceva dormire. Sì, il giorno dopo non era piacevole, ma lui era abituato a soffrire, come diceva suo fratello Richard: una vita senza sofferenza era come un arrosto di manzo senza sale, non aveva sapore.

Si domandò come fosse diventato il figlio di Margherita dopo dieci anni. L'ultima volta in cui quel ragazzo aveva messo piede in Inghilterra re Edoardo di York era il semplice conte di March.

Edward sapeva di averne fatte di cotte e di crude dopo la morte del padre e non gli piaceva parlare di quell'anno, nemmeno con i suoi fratelli. Allora Warwick era suo amico, un periodo in cui Edward aveva bevuto tanto vino e tanto whisky da uccidere qualsiasi altro uomo. Non pochi eventi di quel tempo erano scomparsi dalla sua memoria come se fosse stato qualcun altro a viverli.

Si sorprese a indugiare troppo col pensiero sull'intontimento violento di quei mesi e si rivedeva in piedi, con l'armatura sporca di sangue che non si prendeva nemmeno la briga di lavare. Alla fine le croste di sangue si erano staccate da sole, come una pittura.

Il sole di primavera entrava a fiotti dalle grandi vetrate e Edward passeggiava avanti e indietro. Alzò la testa solo quando udì il pianto di un bambino non lontano da lì. Suo figlio. Il suo erede. Sorrise, facendosi il segno della croce in una preghiera silenziosa per la salute del piccolo, sperando che potesse regnare in pace quando il suo momento fosse venuto. Una dinastia cominciata con la guerra poteva finire per diventare una casa regnante, era già successo in passato e il suo non era un casato minore, non più, comunque.

Mentre camminava su e giù nella stanza, gli parve di vedere davanti a sé l'immagine dell'enorme fiasca di vino rosso che si trovava sulla credenza della cucina al piano di sotto, la vedeva distintamente e, cosa stranissima, pur sapendo che si trattava di un vinaccio, aceto quasi, usato per cucinare, il solo pensiero di quel vino gli faceva venire l'acquolina in bocca e lo avrebbe preferito a qualsiasi altro vino pregiato.

Si arrestò, guardando la porta che conduceva alla scala delle cucine. Non avrebbe avuto una grande importanza se avesse passato una giornata ad affogare i pensieri in quel vino da poco, nessuno gliene avrebbe fatto una colpa. Avrebbe potuto cominciare con qualche sorso, tanto per vedere se lo stomaco si ribellava; se non fosse stato così perlomeno gli sarebbe stato più facile aspettare. Margherita avrebbe marciato su Londra? Non aveva modo di saperlo. Le sue spie erano state sguinzagliate, con i piccioni nelle loro gabbie di vimini. Quei piccioni sarebbero tornati a casa e allora lui sarebbe ripartito di nuovo all'attacco, ma per l'ultima volta, contro un nemico vecchio quanto quelle guerre stesse, contro la donna che aveva ucciso suo padre e suo fratello, la donna che aveva lacerato l'Inghilterra per un sovrano debole e malato. La donna il cui figlio reclamava un titolo che spettava a Edward concedere. Se doveva esserci un principe di Galles, questi sarebbe stato il figlio di Edward.

Non avrebbe permesso a madre e figlio di sopravvivere. Dio lo sapeva, Edward aveva già pagato un prezzo molto alto. Avrebbe messo la parola fine a tutto.

Aveva dimenticato il vino rosso della cucina, si rese conto, congratulandosi con se stesso proprio nel momento in cui ricominciava a pensarci.

Le contee della Cornovaglia e del Somerset erano lontane da Londra in un modo che non aveva niente a che vedere con le strade o le mappe, anche se queste erano in verità troppo poche. La costa era ben conosciuta, ma in certe aree dell'ovest gli uomini dello sceriffo non si sarebbero avventurati senza una scorta di ragazzotti robusti armati di clave e qualche volta nemmeno così. Le tasse, sommamente sgradite alla brava gente, uomini e donne, venivano condannate nelle chiese insieme a tutti gli altri peccati. Nei villaggi si ubbidiva a una legge più vecchia di quelle promulgate da Londra e probabilmente gli abitanti dei villaggi erano già antichi e austeri quando i romani erano approdati sulle coste inglesi con le loro navi e si erano costruiti ville sontuose. Londra era un luogo diverso, con mode, costumi e usanze che non raggiungevano mai le regioni occidentali.

Margherita scoprì che la sua causa era viva nel cuore della gente di Yeovil, di Evercreech e di Westholme; in ogni paesino o villaggio uomini robusti deponevano gli arnesi di lavoro e baciavano moglie e figli per dire addio. Quando vedevano gli stendardi dei Lancaster, si toglievano il cappello davanti a lei e a Margherita salirono le lacrime agli occhi alla vista di una fila di uomini dai capelli ricci che aspettavano di prestare giuramento a un sergente di Somerset. Pronunciavano il loro nome con lentezza e arrossivano intimiditi dalla presenza di una regina. Mettevano da parte ogni giudizio su di lei come donna e gran dama, e dama francese, per giunta. Margherita era una figura straordinariamente esotica per uomini che si aspettavano di morire non più lontano di tre miglia dal luogo dove erano nati come avevano fatto cento generazioni prima di loro. Conoscevano a fondo la loro terra, ogni campo, ogni albero, ogni usanza e confine; andavano a messa e facevano battezzare i loro figli e non avevano mai dedicato molti pensieri a ciò che accadeva a Londra e al re che stava là fino a quando lei non era venuta a chiedere loro di farlo.

Non guastava che suo figlio avesse un così bell'aspetto in sella a un destriero: il principe Edward avrebbe potuto apparire rimpicciolito in groppa a una bestia grossa come quella, ma aveva le gambe lunghe ed era a un tempo snello e robusto come un qualsiasi ragazzo di campagna. Aveva lottato con i ragazzi di un villaggio finendo a mollo in uno stagno: tutti si erano immobilizzati, sicuri che sarebbero stati puniti, ma il principe Edward era saltato allegramente su dall'acqua e aveva tenuto sotto l'altro finché il ragazzo non aveva smesso di dibattersi. Anche quel ragazzo si era unito alle schiere di Lancaster, dopo che si era ridestato a furia di schiaffi: era stato affidato agli scudieri del principe Edward per imparare tutto ciò che era necessario per tenere un cavaliere sul campo di battaglia.

Ogni giorno di quella primavera trascorse marciando in una campagna piena di fiori e di raccolti, l'aria sempre più dolce e profumata, con la promessa dell'estate ancora da venire e con ogni cosa che invitava a vivere e ad andare avanti.

A Bath ammirarono stupefatti le rovine romane e il principe Edward nuotò nelle acque solforose arricciando il naso e chiamando la madre perché lo imitasse. Margherita preferì non farlo, ma il piccolo consiglio cittadino era stato felice della presenza pacifica del duca di Somerset loro signore, forse più di quella di Margherita e del principe. Folle di gente erano accorse per vederli e con la gente i mercanti e chi prestava denaro aveva subito sistemato i suoi banchi. Somerset si era assicurato nuovi prestiti e viveri, oltre a seicento uomini che si arruolarono tutti insieme; la metà di quegli uomini lavoravano nella stessa miniera e il loro padrone era fuori di sé, ma fu costretto a fare buon viso a cattivo gioco per amore della causa. Ogni nuovo acquisto era importante, anche se Margherita temeva che l'esercito di cui aveva bisogno stesse crescendo troppo lentamente. Lasciò i dettagli a Somerset e al conte di Devon, al suo arrivo. John Courtenay, che doveva il titolo al ritorno di suo marito e non vi avrebbe rinunciato senza resistenza, aveva portato con sé dalle sue città e dai suoi possedimenti ottocento uomini ben addestrati che fecero una bella figura marciando con indosso tuniche uguali e con gli stendardi di Devon in giallo e rosso, accompagnati da tamburi e trombettieri. Altri duecento arrivarono con il barone Wenlock, un cavaliere di sessant'anni dichiarati, di gran lunga il più vecchio di tutti, che scrutava gli altri con un occhio semichiuso e l'altro oscurato da enormi sopracciglia. Era canuto, dai lunghi baffi ai peli arricciati che spuntavano dalla camicia. I suoi uomini, però, erano giovanottoni robusti, armati di mazzapicchi e con le cotte di maglia nuove.

Ma nonostante tutti i recenti acquisti, erano solo poco più di tremila quando arrivarono alla periferia di Bristol. Erano stati inviati dei messaggeri e, vicini com'erano al Galles, Margherita non avrebbe dovuto essere sorpresa dalla reazione: tuttavia si commosse fino alle lacrime nel vedere le ragazze lanciare fiori sui soldati che marciavano impettiti entrando dalle porte della città e sfilando lungo le vie.

In testa cavalcava il principe Edward con Wenlock e Devon ai lati, mentre Margherita avanzava qualche rango più indietro affiancata a Somerset, senza preoccuparsi di mostrare apertamente la sua emozione e il suo orgoglio. I Lancaster avevano conosciuto tanti anni di pena e di perdite e forse era arrivato il momento di riequilibrare la bilancia.

Mentre le folle applaudivano si scoprì a immaginare anni futuri senza l'ombra cupa di York. Aveva pagato abbastanza nella sua vita, qualsiasi fossero stati i suoi peccati. Prima di salire a bordo della nave francese che l'aveva portata in Inghilterra si era confessata con un giovane prete: le navi potevano affondare e lei non voleva morire affogata con l'anima macchiata dal peccato. Non si confessava da dieci anni e si era sentita subito più leggera e ancora si sentiva così: aveva la sensazione che la lieve brezza che le sfiorava i capelli potesse sollevarla e portarla in alto, sempre più su, al di sopra delle vie di Bristol. Aveva amato Parigi, ma l'Inghilterra in primavera era... Chiuse gli occhi. Era la perfezione.

Quando Margherita fu pronta a partire da Bristol, il suo esercito aveva millecinquecento uomini in più. Forse alcuni si sarebbero pentiti una volta smaltita la sbornia, ma intere strade della città si erano unite alla causa, appuntandosi al petto i distintivi di peltro con il cigno di Margherita o con le piume di Edward principe di Galles, ritenuti preziosi entrambi. I suoi uomini avevano mangiato bene e avevano raccolto altre armi, forgiate da ogni fabbro della città o staccate dal muro dove erano state appese una generazione prima. I suoi lord e capitani erano stati trattati con rispetto dalle autorità cittadine e dal popolo, anche se Margherita non poté fare a meno di provare una certa apprensione mentre la gente di Bristol le diceva addio, salutandola con la mano e acclamandola. Se fosse stata sola con suo figlio, avrebbe potuto raggiungere il Galles su una barca di pescatori partendo in quello stesso momento, ma con più di quattromila uomini a sollevare la polvere sulla strada, avrebbero potuto attraversare il turbinoso Severn per entrare nel Galles soltanto sul ponte a pedaggio di Gloucester. La costa del Galles era visibile a poche miglia di distanza via mare, ma erano trenta miglia di marcia per arrivarvi via terra.

Margherita si domandò di nuovo se avrebbe perso qualcuno degli uomini che si erano uniti a loro con i fiori ancora all'occhiello e le brocche di sidro e di birra sotto il braccio. O forse ne avrebbe guadagnati altri, chissà; il pensiero le dette un poco di speranza e le fece rialzare la fronte. L'Inghilterra era stata per lei un luogo ostile, ma non poteva certo ignorare l'accoglienza calorosa che le aveva fatto quell'anno.

Dopo un giorno di marcia lungo strade e sentieri, quella sera si accamparono sulle sponde di un piccolo corso d'acqua e, nel corso normale degli eventi, tutti gli uomini sarebbero scesi in campo per dare battaglia; ma ora nobili cavalieri e uomini comuni sedettero insieme sull'erba asciutta all'ombra di alberi da frutto in fiore e i cuochi e i carrettieri servirono un ottimo pasto grazie ai viveri acquistati a Bristol, con pesce e focacce, porri e cipolle conservati al buio in sacchi scuri e asciutti. Il risultato fu uno stufato più che decente e tutti avevano la pancia piena e l'aria soddisfatta quando il sole tramontò in un corteo di rosso e di oro, il cielo così limpido che si riusciva a vedere per miglia tutto intorno.

Margherita notò che suo figlio aveva un'espressione preoccupata mentre si avvicinava al punto dove si era sistemata per dormire, all'aperto: non aveva voluto farsi montare un padiglione o una tenda, visto che la pioggia era un'eventualità remota. Il viso di suo figlio le comunicò un senso di gelo.

«Gli uomini dicono di aver visto dei corrieri galoppare per le strade tutto intorno, troppo lontani per essere inseguiti e io credo che sia vero. Dicono che uno di loro forse indossava i colori degli araldi... di York.»

«Hai mandato degli arcieri a tendere un'imboscata per catturarne uno?» domandò Margherita con aria tranquilla. Suo figlio voleva comandare, ma aveva ancora abbastanza umiltà per domandare il suo parere; e lei ringraziava Dio per questo.

«Ne ho mandati una dozzina, più o meno, ma non sono ancora tornati. Non ero sicuro di dovermi preoccupare.»

«Quanto tempo fa li hai mandati?» si informò Margherita con meno placidità ora. Il figlio si piegò su di lei: «Da un po', prima che fosse servito il pasto... non lo so. Non ho detto agli arcieri che dovevano tornare di corsa».

«E forse non è niente, Edward. O forse ci sono in giro corrieri e soldati che tagliano la gola a chiunque scoprano nei campi per tenerci all'oscuro delle mosse di Edward di York. Io preferirei essere troppo cauta piuttosto che colta di sorpresa e uccisa, mi capisci?»

«Certo. Allora non possiamo restare qui. Gli uomini protesteranno, lo sai, quando ordinerò di muoversi, specialmente se sarò stato solo troppo cauto, come dici tu.»

«Non ho detto questo. Ancora non so cosa dire di questi strani araldi e uomini che non ritornano. Ma non scusarti di fare quel che devi fare. Non è ancora buio e il ponte di Gloucester è a poche miglia soltanto. Sarebbe meglio per noi riposare nel Galles, con il fiume alle nostre spalle. I tuoi uomini comprenderanno la saggezza del tuo ordine quando dormiranno senza la paura di essere svegliati da grida di allarme.»

Il cielo era un trionfo di violetto quando i capitani di Somerset, Devon e Wenlock fecero levare le tende e rimisero in marcia più di quattromila uomini, ma non ci furono troppi brontolii, visto che c'erano tanti combattenti esperti nei ranghi accanto alle nuove reclute; e quelli che si lamentavano per essersi dovuti alzare troppo presto venivano rimessi in riga rapidamente dai compagni che indicavano il barone Wenlock, un uomo utile da avere intorno in quei casi, dicendo: «Se ce la fa quel vecchio diavolaccio, ce la puoi fare anche tu, amico». D'altronde non si faceva muovere un esercito di notte senza una buona ragione e la maggior parte degli uomini seguivano ancora volentieri gli stendardi dei Lancaster che sventolavano nel tramonto.

Trascorse forse un'altra ora sulla strada dal buon selciato prima che si avvistassero le mura di Gloucester, con le torce già accese sulla grande porta. Margherita allentò le briglie sul collo della sua puledra e superò i ranghi degli uomini appesantiti dal sonno e dal bisogno di riposo; quel giorno avevano marciato per ventisei miglia e lei era fierissima della lealtà che constatava in loro.

Le porte di Gloucester rimasero chiuse. Un vecchio in ricche vesti si affacciò in alto per scacciarla con un gesto della mano prima di scomparire, come se lei volesse far entrare un esercito di mendicanti in città, e Margherita venne lasciata a guardare la fila di torce scoppiettanti. Il ponte sul fiume non poteva essere attraversato dall'esterno, occorreva avere l'autorizzazione a entrare in città e per un po' Margherita non seppe che cosa fare.

Il Galles significava la sicurezza con Edward di York sul trono, ma nel Galles si ricordavano ancora dei Lancaster, ancor più che tra la brava gente di Bristol. Suo figlio si sarebbe trovato a casa sua e gli uomini sarebbero accorsi per unirsi a lui.

Le tremavano le mani sulle redini, aveva visto troppi uomini buoni uccisi, troppi disastri e non credeva di poterne sopportare un altro. Avrebbe voluto urlare la sua rabbia contro quelle mura e fu soltanto il braccio gentile del figlio intorno alle spalle a tenere a freno la sua collera selvaggia.

«Questa è opera di York o di suo fratello, lo sai, vero?» gli sibilò. «Quei cavalieri che sono stati avvistati, hanno mandato ad avvertire questi codardi, traditori...» Serrò le labbra su altre ingiurie terribili e si arrovellò per ricordare che cosa aveva detto il duca di Somerset quando avevano stabilito la via da percorrere. Aveva parlato del ponte di Gloucester e poi... di un guado attraverso il fiume. Mandò un messaggero da Somerset, che arrivò dignitoso e rigido, inchinandosi sulla sella.

«Avete parlato di un guado, milord.»

«Sì, vicino alle rovine di Tewkesbury, vostra altezza. Il guado stesso si chiama Lower Lode. Conosco bene il posto, ho attraversato là il fiume solo l'anno scorso.» Tacque, battendosi il dito sulle labbra, pensieroso. Comprendeva l'ansietà di Margherita e ammirava la sua capacità di dominarsi: la sua autorità non si spingeva fino al punto di dare ordini a lui. Avrebbe potuto farlo il principe, nel nome di suo padre, ma Somerset aveva il doppio dei suoi anni e non avrebbe certo commesso errori solo perché Edward di Lancaster gli diceva di farlo.

Nella penombra della sera inoltrata Somerset si sentì addosso gli occhi di Margherita e capì che anche lei aveva ragionato nello stesso modo, decidendo di restare in silenzio, ragion per cui fu disposto a concederle una piccola vittoria.

«Mi chiedo, mia signora, se siate d'accordo con me sul fatto che sarebbe meglio far marciare le truppe fino a Tewkesbury questa notte stessa.»

«Era questo appunto il mio pensiero, milord, ammesso che sia possibile.»

«Oh, certamente. Il guado è... diciamo a otto o dieci miglia da qui. Domani gli uomini saranno davvero stanchi, ma l'acqua è bassa là e sull'altra sponda c'è un bel prato pianeggiante dove potranno sdraiarsi a russare come bufali.»

Margherita posò la mano sul braccio del duca, contenta di avere l'appoggio di un uomo del genere e si sentì sollevata quando vennero dati i comandi, sia pure fra brontolii e voci irritate. Quando il suo esercito fu di nuovo in piedi Margherita constatò che era ormai buio. Sarebbero entrati nel Galles sotto le stelle nel punto dove l'acqua scorreva rapida e bassa; e nessuno, né Edward di York, né i suoi avrebbero potuto impedirlo.

XXI

Quando scendeva in campo Edward poteva lasciarsi alle spalle tutti i suoi diavoli, lo aveva capito nel momento stesso in cui i messaggeri erano tornati e lui aveva lasciato Windsor per dirigersi a occidente. Margherita stava andando nel Galles e forse un altro uomo avrebbe provato un guizzo di paura a quella notizia, ma Edward aveva sperimentato qualcosa di simile alla gioia. Avrebbe potuto dimenticare gli sguardi di rimprovero della moglie, anche se con lei aveva fatto il suo dovere in camera da letto, per quanto fredda e poco accogliente fosse stata e per quanto esercitare i suoi diritti di marito senza un goccetto per rendere tutto più facile lo avesse innervosito, ma ora parte della nube nera che era gravata su di lui si era sollevata, perlomeno per un po' di tempo. Aveva perfino trovato un momento per dire addio alle figlie, anche se il loro baccano gli aveva fatto scoppiare i timpani. Una spada puntata contro la testa non avrebbe fatto battere ciglio a Edward, ma gli strilli delle tre bambine lo avevano fatto battere in ritirata rapidamente per richiudersi la porta alle spalle.

All'aperto, invece, con i fratelli Richard e George di Clarence, il sole un globo di fiamme dorate, non avvertiva affatto la pressione silenziosa che a Windsor e a Londra gli faceva scoppiare la testa. Riusciva a respirare a pieni polmoni l'aria tiepida della campagna e le sensazioni erano più acute, come se tutti i suoi sensi avessero ripreso vita. Osservando il roteare di uno stormo in alto nel cielo capiva immediatamente in quale punto il falco sarebbe piombato in picchiata, ma in città e nei palazzi pareva che le sue facoltà si ottenebrassero, tanto da farlo sentire ottuso o cieco.

Quasi tutti i lord e i capitani che erano stati con lui a Barnet erano tornati, soltanto Clarence aveva cercato di ritirarsi. Edward non riusciva ancora a credere all'egoismo del fratello, ma d'altronde George di Clarence non avrebbe mai potuto essere il figlio di York degno di essere re d'Inghilterra. La morte di Warwick, senza eredi maschi, aveva voluto dire un gran numero di possedimenti e proprietà contesi, alcuni dei quali non sarebbero mai tornati alla corona, perché Edward ne avrebbe fatto dono a qualcuno o li avrebbe venduti per distribuire somme di denaro ai suoi, come aveva promesso. Altre proprietà erano troppo impantanate in ricorsi legali dei numerosi proprietari per poterle riprendere, ma la stragrande maggioranza sarebbe toccata a George di Clarence ed era questa la ragione per cui quest'ultimo gli aveva chiesto di restare a Londra, richiesta respinta da un Edward furibondo.

Trasse un profondo respiro e mise da parte la rabbia che il fratello minore riusciva a far affiorare in lui e che non serviva a niente se non a farlo stare male, per lasciarsi confortare invece dalla presenza di Richard, che era riuscito a superare il disagio della sua schiena ed era diventato un eccellente cavaliere e un duca di stirpe reale. Edward era fiero di lui mentre guardava con un sorriso sulla faccia gli stendardi di Gloucester alla sua destra; Clarence era un bastardo debole e inutile, questa era la verità. Richard di Gloucester, al contrario, avrebbe reso orgoglioso suo padre.

Date le perdite che avevano subito in battaglia e in seguito alle ferite riportate dagli uomini, soltanto cinquemila soldati erano schierati davanti al castello di Windsor e

Edward sentiva molto la mancanza degli altri che avevano combattuto con loro.

Sapeva molto bene di poter essere avventato, come nel caso del suo matrimonio con una donna maggiore di lui per età e che aveva già dei figli. Si era proclamato re d'Inghilterra quando Enrico VI era ancora in vita e lo stava affrontando in battaglia. Però la sua tendenza ad agire precipitosamente gli era stata molto utile contro Warwick e, se agire precipitosamente comportava dei pericoli, era anche vero che ogni giorno che passava Margherita poteva reclutare altri armati sotto i suoi stendardi.

Non bisognava permetterle di raggiungere il Galles, era questo il punto. Erano in troppi là a ricordare i Tudor, a sentirsi ancora leali nei confronti di una stirpe che lui aveva schiacciato a Mortimer's Cross. Ricordare quella battaglia, combattuta ancor prima di Towton, era come ricordare eventi che riguardavano un altro uomo. Rammentava soltanto follia, una follia alla quale Owen Tudor non era sopravvissuto.

Il lato positivo era che cinquemila uomini potevano muoversi più rapidamente sul terreno, pensò Edward. Quegli uomini erano i vincitori di Barnet, e lui li aveva ricompensati bene per quel servizio; quell'anno in Inghilterra non esisteva un lavoro meglio pagato e per tre giorni Windsor era stata inondata di denaro quanto non ne aveva visto in un secolo, dopodiché erano giunte le notizie, i corni avevano suonato chiamando a raccolta e gli uomini si erano preparati di nuovo per la guerra. Era stata una partenza senza facce allegre ma, sia a piedi sia a cavallo, i soldati si erano messi in moto.

All'inizio Edward aveva sperato di intercettare Margherita e suo figlio mentre si allontanavano dalla costa, ma nello spazio di tempo in cui i suoi uomini avevano percorso novanta miglia, Margherita si era spostata. Secondo le spie tornate a riferire, la città di Bristol aveva accolto il principe come un figliol prodigo, uccidendo il vitello grasso anziché cacciare lui e sua madre come traditori. Su quelle mura avrebbe dovuto essere esposto qualche esempio, decise cupo Edward; forse la testa del sindaco o quella dello sceriffo. Si rammentò che le porte di Hull gli erano state chiuse in faccia quando era al massimo della debolezza e sperò che i suoi abitanti avessero sentito parlare delle sue vittorie dopo quel giorno, godendo all'idea che i mercanti di quella città tremassero di paura pensando a ciò che lui avrebbe fatto per vendicarsi.

Edward spinse i fratelli e gli uomini a dare il massimo, ma il confine del Galles era molto più a ovest e loro stavano cercando di intercettare un esercito senza sapere fin dove si era spinto. Avrebbe pagato volentieri il suo peso in oro per poter prendere una strada più a nord ma verso occidente esisteva soltanto una strada percorribile da un esercito. Era semplicemente impossibile che i suoi uomini marciassero per tutte quelle miglia su un terreno ineguale, sarebbe bastato un solo tratto paludoso o di zolle d'erba e avrebbero perso una giornata, stancandosi a morte. La strada occidentale era l'unica... e tuttavia Edward continuava a contemplare le vallate ai due lati desiderando di poter ordinare agli uomini di addentrarvisi.

I suoi messaggeri più veloci erano stati sguinzagliati per raccogliere informazioni e per avvertire paesi e città sulla strada presa da Margherita. Edward fu ricompensato dalla notizia che la città di Gloucester le aveva chiuso le porte in faccia, il che fece particolarmente piacere a Richard, le cui schiere non erano lontane dalla città, cosa che forse aveva influenzato il consiglio cittadino.

La fedeltà era qualcosa di instabile quando sia i Lancaster sia gli York reclamavano per sé la corona, ma non guastava che la città che aveva il suo nome fosse ancora dalla sua parte. Edward non poté fare a meno di ridere e scuotere la testa quando Richard gli domandò se York avesse sempre fatto lo stesso. Niente di questo aveva più importanza, ormai. I messaggeri avevano riferito che il loro esercito aveva ridotto le distanze da quella mattina, grazie alla marcia forzata di trentasei miglia. Margherita e il suo esercito, con il figlio e i suoi lord, dovevano essersi accampati da qualche parte per la notte. Gli uomini capirono che il morale di Edward si stava rialzando e questo risollevò anche il loro. Edward guardava davanti a sé nell'oscurità come un falco: aveva distrutto i Neville a Barnet, avrebbe spezzato anche il cuore dei Lancaster e avrebbe riportato la pace in Inghilterra dopo quasi vent'anni di guerra. Non erano cose da poco.

Quando sorse la luna la città di Gloucester si trovava alla loro sinistra e la superarono a testa alta e con la schiena dritta, pronti a colpire ovunque fossero diretti. Davanti a loro l'erba era spianata per un vasto tratto e tutti nell'esercito di Edward sapevano di essere vicini all'obiettivo: al sorgere del sole avrebbero sferrato un colpo così duro da distruggere una casa reale dalle fondamenta.

Margherita cercò di non far vedere al figlio la sua apprensione, senza riuscirci, naturalmente. Nei precedenti dieci anni Edward aveva trascorso parte di ogni giorno con lei sia nel castello del nonno materno a Saumur sia nel palazzo reale e nei giardini di re Luigi, tanto che conosceva sua madre forse anche troppo bene. Bastò uno sguardo al suo viso perché gli occhi di Edward perdessero il loro splendore, come se una luce si fosse spenta dietro di essi.

«Le notizie sono così brutte, madre?»

Margherita sorrise a labbra strette, congedando con un cenno l'esploratore appena tornato e senza fiato. Come lei, il ragazzo aveva l'aria sconvolta. Le aveva portato via parte delle sue speranze per sostituirle con l'antica paura.

«Non avevo previsto che ci seguisse così rapidamente.» Margherita non aveva bisogno di specificare chi fosse colui che li aveva inseguiti, balzando fuori dalle mura di Londra con l'agilità di un gatto che avesse visto un movimento appena accennato tra l'erba. Edward di York era partito alla carica e Margherita sapeva di non essere pronta ad affrontarlo, ammesso che potesse mai esserlo. Ricordava benissimo la moltitudine di cadaveri, l'Inghilterra scesa in campo a Towton sotto gli stendardi dei Lancaster solo per lealtà verso suo marito, tutti massacrati dal giovane re che allora aveva cercato di catturarla e che aveva combattuto e ucciso come se non dovesse stancarsi mai.

Rabbrividì e si fece il segno della croce: qualcuno aveva camminato sulla sua tomba, pensò. Udiva la voce del fiume davanti a sé, il suono di milioni di tonnellate d'acqua che scorrevano sulle rocce, e quasi in risposta le giunse un altro suono, simile a un ruggito, dai campi a due o tre miglia di distanza alle sue spalle. Allora provò un vero spavento: Edward era arrivato e lei si trovava ancora in Inghilterra.

Per un tempo che sembrò eterno l'esercito di Margherita rimase fermo sull'orlo del guado, con il Galles così vicino da poterlo quasi toccare. Il fiume Severn si era fatto sempre più stretto a ogni miglio di strada nell'entroterra e certamente in quel punto l'acqua era bassa, anche se nera come il cielo notturno sopra di loro. Non era nemmeno facile sapere se quello fosse il posto giusto e Margherita fece scandagliare il fondo a più riprese per accertare che non fosse troppo profondo, tendendo per tutto il tempo l'orecchio nel timore di udire il suono dei corni e il rimbombo dei passi di un esercito in marcia. Di tutti i suoi nemici Edward era il meno prevedibile: avrebbe potuto attendere l'alba o precipitarsi contro i ranghi di Margherita per portare morte e follia ovunque passasse.

La volta stellata aveva ruotato intorno al Nord per buona parte della notte quando finalmente Somerset fu d'accordo con il barone Wenlock e il conte di Devon nell'affermare che le forze di York si erano certamente accampate. Gli esploratori tornarono per riferire di non avere notizia di movimenti da parte del nemico e gli uomini di Margherita, stanchissimi, poterono finalmente sdraiarsi e dormire. Le notizie del loro arrivo erano giunte nella città vicina e cominciarono a vedersi delle luci nel buio mentre si diffondeva il suono grave delle campane di un'abbazia: Margherita non sapeva se avvertisse la popolazione addormentata della presenza del suo esercito o di quello di York, ma era un suono lugubre, come di una campana che suonasse a morto riecheggiante nella notte.

Somerset si avvicinò e smontò da cavallo, insieme con Courtenay, conte di Devon, e con il barone sir John Wenlock. Tutti e tre si inchinarono alla regina e a suo figlio. Il principe Edward, irrigidito, li osservava con un'espressione seria alla luce delle torce, cercando di imitare il comportamento dei nobili di maggiore esperienza.

«Potremmo ancora attraversare il fiume, mia signora, se lo desiderate» propose Somerset. «Faremo una catena umana nell'acqua bassa e guideremo il resto dell'esercito senza accendere le torce per non dare l'allerta al nemico.»

«Ma non è ciò che volete fare voi» suggerì Margherita. Wenlock grugnì quasi il suo assenso sotto i baffi mentre Somerset e Devon annuivano lentamente.

«Credo di sì, mia signora,» disse Somerset dopo un momento «a Dio piacendo. Nessun uomo può dire di più e io preferirei parlare con i fatti anziché con i giuramenti o le promesse.»

Margherita sorrise nel sentirsi rilanciare le sue stesse parole.

«Dove starò io?» domandò suo figlio, la voce resa acuta dalla tensione ma cercando di apparire severo e temibile come gli altri tre. Somerset lo guardò, grattandosi la guancia rumorosamente a causa della barba non rasata.

«Edward di York preferisce il centro, altezza. Suo fratello Richard probabilmente sarà al comando di un'ala, non so se la destra o la sinistra. Non conosco tutti i cavalieri che ci troveremo di fronte, ma non vorrei mettervi alla portata di nessuno di quei due. Forse potreste comandare le nostre riserve, altezza. È un compito di vitale importanza e avrete la sponda del fiume accanto a voi. Se riuscirete a mantenere la posizione là, io riuscirò a far uscire tutti i nostri arcieri sulla sinistra. Credete di poter resistere sotto i tiri del nemico senza agire imprudentemente? Sarà una giornata brutale, principe Edward, vostra madre rimarrà dietro le linee, nella città di Tewkesbury. In effetti...» Somerset fece una pausa come se l'idea gli fosse venuta in mente in quel momento «...non sarebbe una vergogna per un giovane della vostra età aspettare con lei.»

L'eccitazione iniziale del principe Edward era scomparsa mentre capiva dove Somerset avrebbe voluto metterlo.

«Come? No, milord Somerset,» disse con fermezza «se Edward di York comanda il centro, credo di dovermi misurare contro di lui per conquistare i miei speroni. O forse pensate che io possa farmi un nome mentre mi nascondo dietro le gonne della mamma? No? Non temete per la mia giovane età, milord. Ho aspettato tutta la vita questo momento.»

«Ah, ecco, è proprio questo che temo, altezza! Anch'io ho i miei motivi per desiderare di vendicarmi, ma ciò non significa che mi precipiterò sul nemico lanciando urla selvagge, capite? Le battaglie possono durare un'intera giornata e devono essere affrontate come un liquore forte, un goccio, un piccolo sorso alla volta piuttosto che tracannate in un modo che potrebbe mettervi subito fuori combattimento o spezzare il cuore di vostra madre.»

Due chiazze rosse comparvero sulle guance di Edward mentre rispondeva in tono asciutto, facendo sorridere Margherita per la sua autorevolezza imperiosa: «Bene, signori, vi ho ascoltato. Il centro è dove starò. Dovrò semplicemente cercare di non deludervi domani».

Somerset arrossì e scosse la testa, a disagio.

«Mi dispiace se vi ho messo in imbarazzo, altezza. Se potessi, domani offrirei la mia vita pur di sapervi salvo. Io non ho figli e voi siete... voi siete stato la speranza di mio padre prima di morire e quella di mio fratello quando ha messo la testa sul ceppo di York. Per onorare la loro memoria io darei la vita per salvare la vostra, tutto pur di vedere i figli di York *annientati!*»

Somerset aveva parlato con una terribile passione e sia il principe Edward sia Margherita per delicatezza distolsero lo sguardo da lui mentre rivelava tutto il suo dolore più intimo.

«Io sarò al comando del centro» mormorò Edward di nuovo. Non aveva capito tutto ciò che era stato detto e voleva essere certo che i suoi lord non si fossero accaparrati ciò che volevano con le loro chiacchiere.

«Allora, se posso, ci starò anch'io, figliolo» si offrì il barone Wenlock e quando il principe fece segno di sì gli batté una gran pacca sulle spalle.

A quelle parole Somerset si riprese e annuì, poi si inchinò formalmente alla regina e al principe.

«È deciso allora. Milord Courtenay, conte di Devon, prenderà il comando dell'ala sinistra, io comanderò la destra... e il principe Edward con Wenlock il centro. Molto bene. Dirò agli uomini di riposare meglio che possono. Domani, quando sarà tutto finito, sarò ai vostri ordini. Allora sarà possibile decidere a ragion veduta se proseguire per il Galles o tornare a Londra per mostrare alla popolazione il cadavere di York.»

«Pregherò per il buon esito della battaglia» assicurò Margherita. «Ora riposate anche voi, Edmund. Se Edward cadrà, tutto sarà diverso e con uomini come voi, signori, potremo ricominciare da capo.»

XXII

Nel vedere la luce diffusa e dorata del sole a Oriente, Edward trasse un respiro di sollievo: non sarebbe stato come a Barnet. Sapeva bene quanta parte avesse avuto la fortuna in quella sua vittoria. Non vi indugiò col pensiero e d'altronde non lo faceva mai, però lo aveva fatto riflettere. Forse era stata la fortuna a mettere in suo potere Warwick e Montagu alla fine, ma gli altri li avrebbe sconfitti con la forza e la resistenza... e sarebbe stato spietato più di coloro che lo avrebbero affrontato.

Il suo esercito già stanco si era messo in moto alle prime luci dell'alba, trascinando anche una dozzina di cannoni. I giovani che avevano spinto e tirato i pezzi erano esausti, piegati in due dalla stanchezza e barcollanti, quasi incapaci di reggersi in piedi. Qualcuno era rimasto per strada, un piede schiacciato dalla ruota e un braccio rotto, preso tra i raggi. Ma gli altri avrebbero fatto la loro parte.

Le nebbie del mattino si andavano diradando sempre di più e Edward non fu contento di vedere le forze di Lancaster in uno schieramento ampio sei, otto iarde più in alto dei suoi uomini, come se stessero fluttuando in aria. Non si trattava che di un lieve rialzo del terreno, ma significava comunque che i suoi soldati avrebbero attaccato in salita, già stanchi per le marce forzate che avevano dovuto affrontare per raggiungere l'esercito di Margherita.

Edward grugnì irritato, ma non c'era molto che potesse fare, perlomeno prima che il sole avesse finito di dissipare la nebbia, permettendogli di vedere più chiaramente ogni particolare del paesaggio intorno a loro. Suo fratello George era a poca distanza da lui nello schieramento e in sella alla sua cavalcatura stava guardando i ranghi di Lancaster con un'espressione quasi di timore reverenziale, come se avesse una visione mistica.

Per reazione alla bocca aperta di Clarence, Edward strinse le labbra. In effetti lo schieramento nemico costituiva un bello spettacolo, dava un'impressione di coraggio, i grandi vessilli al vento, i colori blu e giallo di Somerset e il rosso e giallo di Devon, con le piume bianche e nere di un principe di Galles. Edward non sapeva di chi fosse lo stemma con le tre teste nere e dovette chiedere a un araldo. Conoscendo Wenlock solo di reputazione, era sinceramente sorpreso di scoprire che era ancora vivo e si domandò se Margherita non avesse perso così tanti dei suoi da dover contare sui ragazzi e sui vecchi.

Suo fratello Richard si avvicinò lungo lo schieramento al piccolo trotto, sollevando zolle fangose.

«Hai visto Somerset alla nostra sinistra?» gli gridò Richard. «Dicono che ce l'abbia con noi per via del padre e del fratello.»

«E allora? È lo stesso anche per me. E ho perduto uomini migliori del vecchio Somerset e di suo figlio.»

«Sì, fratello. Credo di saperlo. Però sembra che abbia il fuoco nelle vene. Lasciami comandare l'ala sinistra, così comincerò a punzecchiarlo con i cannoni e le frecce in modo da farlo infuriare e attirarlo giù da quella cresta.»

Edward annuì. Si fidava di suo fratello... e di lord Hastings, per questo. Sapeva quanto dipendesse dalla fiducia reciproca in una battaglia, non poteva esservi un unico uomo a comandare, non con tanti armati; ma loro erano fratelli e Edward si rese conto di sentirsi più sicuro in un campo di battaglia che in una stanza tranquilla a Londra o a Windsor; lui era fatto per le grida di guerra, per il cozzo delle armi, il silenzio e la pace lo trituravano come la ruota di un mulino.

Mentre Edward rimuginava questi pensieri tra sé, Richard di Gloucester galoppava alla testa di una dozzina di capitani per modificare lo schieramento di intere compagnie su entrambi i fianchi, un compito reso meno facile dal terreno su cui dovevano muoversi. Le forze di Lancaster attendevano serenamente in cima alla scarpata, mentre ogni compagnia di York era costretta ad avanzare fra un intrico di siepi o a cercare un passaggio all'estremità di un campo delimitato da cespugli di biancospino invalicabili. Era voluto, naturalmente, il che non rendeva la cosa più facile da sopportare, ma Edward non poteva certo biasimare i suoi nemici per aver scelto la posizione migliore per loro e che creava a lui dei problemi, come adesso che stava trottando in un groviglio di sentieri fiancheggiati da siepi, separato dai suoi uomini come se fosse nel mezzo di un labirinto. Avrebbe finito per non vedere più le forze di Lancaster nella nebbia o per la conformazione del terreno e quei cespugli spinosi troppo alti. Dentro l'armatura sudava come un fabbro ferraio, senza la calma per poter comandare nel modo giusto. Sentì la furia montare in lui. E ne fu contento.

Edmund Beaufort, duca di Somerset, abbassò lo sguardo sul paesaggio colorato di bianco e di verde scuro, interrotto da macchie di soldati in marcia incitati da cavalieri; e ciò che vide lo soddisfece. Schierando i suoi uomini aveva tenuto conto dell'estensione dell'area a sud della sua posizione, dove erano stati scavati i fossi per l'irrigazione dei campi, e ora provava un certo gusto nel vedere i vessilli di York vagare lungo antichi sentieri cercando di ritrovare la direzione di marcia. Se non avesse significato mandare ranghi ordinati in quel terreno accidentato perdendo così il suo vantaggio, sarebbe stato tentato di sferrare un attacco, sorprendendo il nemico prima che potesse schierarsi per la battaglia. Non dette il comando e lo osservò avvicinarsi sempre di più. Sarebbero arrivati sudati e stanchi, pensò.

A un certo punto il centro dell'armata di York si trovò in cima a un rilievo del terreno, tanto da essere quasi allo stesso livello dei vessilli di Somerset, per ridiscendere subito dopo a causa di un fossato che divideva i due schieramenti. Somerset sorrise nell'intravedere gli uomini in armi superare faticosamente un passaggio obbligato in una recinzione a circa mezzo miglio di distanza. Non aveva intenzione di offrire loro il minimo vantaggio, non quando si batteva per il legittimo re d'Inghilterra e per suo figlio.

Margherita si era allontanata all'alba con sole quattro guardie di scorta, per cercare un posto in città dove aspettare le notizie. Somerset non la invidiava; nonostante tutti i pericoli da affrontare, non credeva che lui sarebbe stato capace di resistere alle ore di silenziosa angoscia in attesa di sapere qualcosa dal campo di battaglia.

I suoi uomini erano pronti, con armature di buon ferro che avrebbero resistito ai colpi, in cotte di maglia nuove o con le migliori corazze. Molti di loro avevano pitturato il metallo e ora sembravano insetti scintillanti verdi o rossi, mentre i cavalieri e gli armati più poveri mostravano i segni della ruggine sulle armature che erano appartenute ai loro padri.

Somerset li sentiva fiduciosi. Avevano il vantaggio del terreno e le forze sufficienti a tenerlo e sembravano anche consapevoli di quel vantaggio. Somerset avvertiva la determinazione nei suoi uomini e ne era molto compiaciuto. Vide qualcuno di loro fare dei gesti alle figure che intravedevano nella bruma del mattino ormai dispersa: volevano *cominciare.* In una battaglia la superiorità numerica non era il solo fattore di vittoria, Somerset lo sapeva molto bene. In ogni conflitto armato arrivava un momento in cui si provava il desiderio di fuggire e se si fuggiva, se il contagio della sua paura si diffondeva, la causa per cui si combatteva era perduta, le donne stuprate, le terre godute da altri;

ma se *non* si fuggiva, se si trovava il coraggio di restare con i propri amici e compagni in armi, allora si era Sparta, si era Roma, si era l'Inghilterra.

«Credo che li finiremo qui!» gridò a un tratto voltandosi verso i suoi uomini, costretto a far eseguire uno stretto cerchio al passo al suo destriero che sbuffava. «Verranno contro di noi e noi diremo: "Basta!" a tutti loro. Basta con il loro meschino disprezzo, con la loro ambizione! Gridiamo "basta" a tutto questo. Noi *abbiamo* un re. Suo figlio, il principe di Galles, è qui con noi sul campo di battaglia!» Tutti acclamarono e Somerset riprese fiato, la sua espressione normalmente cupa leggermente rasserenata.

«Gridate "Per Lancaster" o gridate "Galles" se volete, ma gridate "basta!" a questi accattoni usurpatori che non sono degni di portare la corona del nostro regno!»

Le acclamazioni aumentarono di volume e gli uomini risero e batterono i piedi per mostrare la loro approvazione e allontanare l'apprensione nell'attesa dell'attacco. Mentre acclamava insieme ai suoi, Somerset vide i vessilli di Gloucester comparire nella foschia, così vicini che quasi sembrava di poterli toccare. Cercò lo stesso Gloucester e a un tratto lo vide, in un'armatura verde scuro o forse nera, sciolti i capelli di un castano dorato, nessuna traccia di elmo. Aveva tutto l'aspetto di un cavaliere feroce e Somerset avvertì il peso degli anni guardando quel diciottenne che cavalcava eretto, le mani leggere sulle redini che guidavano il cavallo sulle zolle di terra e di erba.

Ormai la nebbiolina si era diradata al tepore del sole e pur essendo da poco passata l'alba Somerset vide chiaramente Richard di Gloucester portare una massa di arcieri vestiti di bruno contro la sua ala e vide anche i neri cannoni fissati tra due ruote di carro, puntati e pronti a fare fuoco, i bracieri accesi. Volute di fumo grigio si allungavano nella brezza del mattino che si portava via la nebbia.

Somerset sentì i suoi capitani dare il comando di approntare gli scudi. I suoi uomini avrebbero dovuto resistere per un po', era lo scotto da pagare per aver scelto una posizione e aver deciso di mantenerla. I suoi arcieri avrebbero risposto ai tiri del nemico. Somerset non aveva cannoni, ma doveva ancora vederne uno degno di questo nome su un campo di battaglia; avevano una loro utilità nel martellare le mura di una fortezza, questo era dimostrato, indubbio, ma dove gli uomini si muovevano, dove potevano sopraffare il nemico, egli non vedeva un futuro in quegli arnesi sudici, tutto rumore e fumo: impossibile che potessero mettere in fuga da soli dei soldati coraggiosi.

Osservò una linea sottile formarsi davanti agli arcieri, uomini con una specie di corta lancia sulla spalla, e annuì con irritazione: i bombardieri. A quanto pareva avrebbero dovuto sopportare le punture di uno sciame di api quel giorno, ma non intendeva mostrare la minima paura, non voleva che i suoi uomini lo vedessero trasalire, non dovevano pensare che fosse in qualche modo emozionato. Richard di Gloucester alla fine avrebbe dovuto attaccare. All'idea Somerset strinse il pugno nel guanto di ferro: allora i suoi uomini avrebbero avuto l'occasione di riprendersi ogni goccia del sangue che avevano perduto. Desiderava soltanto avere la possibilità di affrontare egli stesso il giovane York. Sottovoce cominciò a pregare: «Dio onnipotente, io ti prego di ricordarti con bontà di mio padre e di mio fratello, accoglili nel tuo abbraccio e nella tua pace. Oggi io ti prego soltanto di far sì che la mia spada trovi Richard di Gloucester. Non ti chiedo altro, Signore, soltanto questa piccola gentilezza. Se dovrò vivere, chiedo la forza di portare a termine questa impresa. Se dovrò morire, chiedo solo di rivedere i miei».

Richard di Gloucester guardò a destra e a sinistra, soddisfatto dell'allineamento dei suoi ranghi silenziosi. Si trovavano ancora ai piedi del rialzo del terreno, ma la nebbia si era dissipata e il sole aveva già intiepidito l'aria. Non era per caso che le battaglie si combattevano in primavera, una cosa che tutti capivano in quel momento, con il sangue che scorreva caldo nelle vene. Somerset aveva scelto un terreno elevato e aspettava immobile che Gloucester si avvicinasse. I suoi arcieri avrebbero avuto un vantaggio in quanto a gittata, ma per il resto non c'era niente da fare. Richard fece fermare i suoi uomini a quattrocento iarde dai Lancaster, una linea scura che correva attraverso la scarpata. Si riconosceva una sfida in quei ranghi ancora immobili, una sfida che Gloucester voleva raccogliere, come facevano i cervi quando si premevano l'uno contro l'altro, le corna intrecciate.

Richard si riempì i polmoni, dritto sulla sella, una mano sull'elsa della spada non ancora sguainata.

«Arcieri, pronti! Cannoni, pronti! Portatevi lentamente a tiro.»

Era il momento che tutti gli uomini odiavano, quando dovevano avanzare allineati, lo sguardo fisso sull'altro lato del campo di battaglia, aspettandosi che da un momento all'altro il cielo si oscurasse a causa delle migliaia di aste e il fumo bianco si levasse dalle bocche dei cannoni.

Somerset non dette nessun comando e Richard si sentì la gola asciutta. Sapeva di costituire un ottimo bersaglio nella sua armatura nera, ma per quanto gli fosse difficile spronare il destriero per farlo avanzare insieme con le sue schiere, era certo che non sarebbe morto. Altri sì, senza dubbio, ma Richard era salvaguardato da chissà quale benedizione, lo sentiva. La morte non sarebbe venuta a prenderlo, anche se lui l'avesse chiamata.

Marciando, gli arcieri tesero l'arco, già sapendo quale sarebbe stato il comando successivo. Il comando giunse nel momento in cui Somerset ruggiva e il cielo si oscurava per le frecce sibilanti.

«Alt! Arcieri, scoccare!» I comandi di Richard furono ripetuti dai capitani, ognuno al comando di uomini che conosceva bene. I bombardieri piegarono il ginocchio a terra per fare fuoco e per la prima volta, quando il fumo si dissolse, Richard vide dei vuoti nello schieramento nemico; ma non gli piaceva affatto essere accecato da quelle frecce e, pur sapendo che sarebbe stato necessario un tiro assolutamente perfetto per penetrare sotto il suo carapace, era difficile restare immobile sotto quella pioggia di frecce. Soltanto il suo destriero sembrava impassibile, forse non fiutava il pericolo e restava calmo mentre le aste si infilavano nel terreno o si spezzavano tutto intorno a loro.

Poi vide che cosa aveva fatto. Con la benedizione di suo fratello, Richard aveva concentrato tutta la sua potenza di tiro contro una posizione nemica, quella dello stesso Somerset: frecce, palle e colpi dei bombardieri si erano rovesciati sul punto dove sventolavano i suoi vessilli, uccidendo dozzine di uomini che si erano ritrovati sotto una grandinata di punte di acciaio e di palle di piombo, mentre quelle di cannone ne ammazzavano due o tre alla volta, abbattendosi sulla prima linea dello schieramento. Uno stendardo di Somerset ondeggiò e cadde, suscitando naturalmente gli applausi tra le truppe di York, felici di quel primo successo.

Gli arcieri di Somerset, al contrario, avevano preso di mira tutto lo schieramento di York, che stava avanzando protetto dagli scudi e dalle magnifiche armature; c'erano stati dei caduti, alcuni uomini in cotta di maglia e corazza giacevano perfettamente immobili tra i loro compagni, quasi come se dormissero. Ma non erano molti.

Richard alzò la mano e la lasciò ricadere. Nel frattempo i cannoni erano stati ricaricati. Vi fu un visibile movimento nelle linee intorno a Somerset, sapevano di essere il principale bersaglio e nessuno voleva stare accanto al duca.

Edmund Beaufort era rimasto immobile in sella alla sua cavalcatura, in apparenza indenne. Il suo destriero, il muso protetto dalla piastra metallica fornita di punta acuminata per i combattimenti ravvicinati con soldati appiedati, scalpitò quando gli uomini si mossero per allontanarsi dal fuoco. Il duca, sentendo il loro movimento girò il capo per abbaiare un comando.

Più in basso Richard di Gloucester notò quei movimenti e sorrise.

«Arcieri! Tirate di nuovo. Contro Somerset!» Gli arcieri erano più accurati nella mira e incutevano uno spavento molto maggiore. Alcuni di loro erano allineati come i soldati, altri si spostavano in avanti rapidamente per acquistare qualche iarda, ritirandosi altrettanto rapidamente una volta scoccata la freccia. Si chiamavano l'un l'altro, dando giudizi sui tiri reciproci, ululando quando una corda schioccava o un arciere scivolava mandando la freccia a piantarsi nel terreno davanti a lui. Erano spietati nel prendersi in giro a proposito della loro abilità nel tiro, l'unica cosa che possedevano e che tenevano in gran conto.

Richard rimpianse di non averne portati di più: se suo fratello avesse aspettato di averne un altro migliaio, sarebbero riusciti a fare a pezzi l'ala al comando di Somerset. Si sorprese a pensare a piccoli particolari mentre i suoi arcieri martellavano i nemici. Somerset era ancora vivo. Il suo vessillo era stato rialzato ma non passarono che pochi momenti prima che anche il portabandiera cadesse, trapassato dalle frecce. Somerset ruggì un grido di sfida, ma la pioggia di proiettili continuò, piombo, frecce, palle di cannone in un fumo che li rendeva ciechi o quasi. Gli arcieri continuavano a lanciare occhiatacce alle squadre ai cannoni che guastavano la loro mira perfetta, ma la combinazione aveva aperto dei varchi spaventosi nelle fila di Lancaster, mentre il resto dello schieramento non era stato toccato. Nessuno capiva come mai Gloucester rovesciasse tutta la sua scorta di proiettili contro un solo uomo, nessuno tranne lo stesso Richard e Edward al centro. Per un'ora fece di quella parte dello schieramento nemico un inferno e Somerset sapeva che era solo per lui. Aveva l'armatura ammaccata e perforata in più punti, tanto che sentiva sapore di sangue sulle labbra. Aveva accettato uno scudo e si era armato di una mazza ferrata e il solido manico dell'arma nel pugno era rassicurante. Sentiva la rabbia farsi sempre più feroce dentro di lui, poi qualcosa lo colpì sull'elmo, che mandò un suono metallico. Chiamò un messaggero e il poveretto si avvicinò curvo per la paura, tanto che Somerset lo rimproverò per la sua codardia.

«Ora *basta!* Informate lord Wenlock che io attaccherò. Dovrà appoggiarmi. Non posso stare più a lungo seduto sotto il fuoco. Questo è il mio comando. Appoggiare l'ala. Attaccare quando mi muoverò.»

Il messaggero partì di corsa, enormemente sollevato, non resistendo in quel luogo dove l'aria era tutta un sibilo terrorizzante. Somerset riprese a osservare i ranghi di quegli insetti che vedeva giù in basso e che erano avanzati, naturalmente, poco disciplinati com'erano. Li valutò, non del tutto sopraffatto dalla nebbia rossa della furia che pure sentiva crescere. Richard di Gloucester in tutta la sua giovinezza e arroganza, Richard di Gloucester che non capiva *niente.* Quella *famiglia* che gli aveva portato via l'amato fratello e il padre! Quella famiglia aveva fatto perire tanta brava gente e fatto a pezzi il paese... e *adesso* eccoli lì, i due fratelli pieni di boria e di prepotenza, eccoli che rovesciavano una pioggia di fuoco sulla sua posizione come un'ondata che si abbattesse su una spiaggia. Era troppo.

Edward rialzò la testa dallo studio attento dell'arcione anteriore che sporgeva bloccando le cosce del cavaliere, in modo che si potessero usare entrambe le mani per combattere. Qualche cavaliere portava lo scudo, ma Edward era abbastanza robusto da sostenere il peso delle piastre dell'armatura e preferiva maneggiare con una mano la spada e il martello d'armi con l'altra. La testa di quest'arma poteva sembrare piccola per lui, poco più grande della sua mano, ma Edward sapeva usarla con una forza devastante, mentre il lungo manico bloccava quasi tutti i colpi di spada.

Mentre suo fratello investiva l'ala di Somerset con tutta la sua furia, ignorando il resto, Edward aveva riflettuto a lungo sulle armi da usare, diviso fra desideri contrastanti. Voleva avanzare per la salita e gettarsi sui ranghi ordinati che lo incitavano con i gesti ad attaccare; facile essere coraggiosi a duecento iarde di distanza, lo erano quasi tutti, ma gli sarebbe piaciuto vedere come si sarebbero comportati se lui fosse stato in mezzo a loro... Ma aveva promesso a suo fratello di aspettare e si costrinse a farlo, quasi stordito per il sangue che gli pulsava con forza nelle vene, immobile, respirando rumorosamente, simile a un lupo che si preparasse a balzare sulla preda.

Quando alzò lo sguardo fu in risposta al ruggito che si levò nel momento in cui ciò che restava dell'ala di Somerset si lanciò giù dalla discesa contro gli uomini al comando di Gloucester. Edward spalancò gli occhi. Era perfetto. Dentro di sé ringraziò il fratello per la sua vista acuta.

«Avanti al centro!» muggì, la voce possente sul campo di battaglia. «Compagnie al centro, avanti!» I suoi uomini, che avevano osservato Somerset perdere la calma con attenzione rapita, si erano già mossi prima che avesse finito di parlare.

Davanti a loro lo schieramento più forte delle armate di Margherita si lanciò giù dal rialzo del terreno che era stato il loro unico vantaggio e mentre le compagnie di Gloucester li ricevevano contrattaccando a testa bassa, Edward piombò contro il loro lato. I suoi soldati armati di picche e di lance li assalirono al fianco, dove essi non potevano difendersi, e le punte di ferro affondarono nella carne, ritraendosi rosse di sangue e strappando urla di dolore agli uomini che cadevano e venivano calpestati.

Somerset si voltò indietro e la sua furia si accrebbe nel vedere che il barone Wenlock non si era mosso. Quel vecchio stava forse dormendo? Wenlock e il principe erano ancora immobili tra i loro ranghi ordinati mentre i suoi uomini venivano fatti a pezzi. Somerset non poteva permettere che i figli di York concentrassero tutte le loro forze su ogni quadrato dello schieramento, avrebbe voluto dire disastro e morte certa. Era appena arrivato in fondo alla discesa e già si era reso conto di quanto ferocemente fossero massacrate le sue forze. Fece un cenno a Wenlock ma il vecchio bastardo arrogante non accennò a muoversi per venirgli in aiuto.

«Ritirarsi in buon ordine!» ruggì Somerset ai suoi capitani. Un grandioso gemito si levò dagli uomini che prima avevano sopportato il martellamento di Gloucester e poi avevano seguito fiduciosi il loro condottiero; a questi uomini ora si chiedeva di ritirarsi per la salita con un nemico entusiasta che avanzava contro di loro urlando. Ma l'alternativa era lasciare che York e Gloucester insieme li stritolassero e li riducessero in polvere, perciò si fermarono e fecero del loro meglio per tenere a bada i ranghi di Gloucester con le lance abbassate. All'inizio la manovra parve riuscire, ma Gloucester, stupefatto e incredulo, capì le loro intenzioni e comandò a tutta l'ala di caricare.

Somerset fece voltare il cavallo, ben sapendo che molto difficilmente avrebbe potuto farlo arretrare in salita, e nel girarsi vide un drappello di lancieri uscire di corsa da un bosco alla sua sinistra con le lunghe aste abbassate e pronte a colpire. Non riuscì a pensare a un comando da dare in quel momento se non un avvertimento; si usavano le lance per difendersi o come arma della cavalleria e vedere quegli uomini appiedati in procinto di usarle per attaccare lo lasciava esterrefatto.

«Attenzione a sinistra! Attenti alle lance a sinistra!» gridò, ma i suoi erano assaliti di fronte e sul fianco, dove altri lancieri si premevano contro di loro. Non avevano che un fianco libero e non poterono fare altro che arretrare mentre duecento nemici piombavano su di loro, trapassando i soldati della prima linea in modo tale che le punte insanguinate delle lance, fuoriuscendo dai corpi dei feriti, si affondavano anche in quelli subito dietro di loro. A quel punto gli uomini di Somerset persero ogni volontà di combattere, come se fossero caduti in una trappola per cinghiali, con le picche acuminate tutto intorno a loro. Cercarono di fuggire sparpagliandosi e fu un massacro senza quartiere.

Spronando il suo destriero, Somerset lo sentì vacillare, colpito da qualcosa, una ferita che non poteva vedere ma che faceva perdere le forze all'animale. Il destriero ferito arrancò per la salita, soffiando e sbuffando tra spruzzi di sangue, ma Somerset, impassibile, lo costrinse ad avanzare spronandolo più e più volte. Non si curava di Gloucester e di York, che pure lo stavano inseguendo, ma spinse il cavallo agonizzante al trotto verso i ranghi impauriti del quadrato centrale, che erano rimasti a guardare mentre i loro compagni venivano fatti a pezzi.

Il barone Wenlock in sella al suo destriero si trovava nella terza fila, circondato da araldi e messaggeri. Edward, il principe di Galles, che aspettava a cavallo accanto a Wenlock, impallidì visibilmente nel vedere Somerset, l'armatura ammaccata, l'elmo insanguinato, il cavallo dal muso rosso di sangue.

«Perché non siete venuto in mio aiuto, milord?» ringhiò Somerset a Wenlock. «Vi ho fatto avere un comando. Dove eravate?»

Wenlock si adirò, rosso in faccia, con i capelli che sembravano ancora più bianchi.

«Come osate mettere in dubbio il mio onore? Cucciolo presuntuoso! Io non...»

Somerset lo colpì con la mazza ferrata che stringeva nella destra, un solo colpo terribile che fece tacere il vecchio barone. Il sangue bagnò la fronte di Wenlock, che mosse le labbra stupefatto, poi Somerset lo colpì di nuovo e rimase a guardarlo scivolare di sella e cadere a terra.

«Gesù Cristo!» esclamò Edward di Galles, sgranando gli occhi. Ma non guardava Wenlock, guardava più in là, dove le forze di York stavano caricando. Somerset si voltò e furono inghiottiti entrambi.

Edward abbassò lo sguardo sulle nocche argentate dei guanti di ferro, rossi di sangue, sebbene lui non ricordasse di aver preso a pugni qualcuno nella follia della battaglia. Era salito d'impeto sul rilievo del terreno quando l'ala di Somerset era stata annientata, scegliendo il momento giusto per attaccare le forze là schierate. Aveva visto Somerset discutere e accanto a lui un giovane nella livrea reale dei Lancaster, che sembrava a malapena capace di difendersi. Edward si guardò di nuovo il guanto. C'era stato tanto sangue nella sua vita, ma non lo aveva desiderato. Conosceva almeno una donna che quel giorno avrebbe pianto, tutte le speranze di Margherita d'Angiò ridotte in cenere, suo figlio bianco e immobile come tutti gli altri.

Si sorprese a piangere e si asciugò rabbiosamente gli occhi. Alcuni vicino a lui guardarono altrove, ma avevano visto cose molto più strane. Alcuni vomitavano sull'erba dopo una battaglia, altri dormivano profondamente come se fossero ubriachi, altri ancora ridevano o piangevano senza che nessuno li notasse mentre vagavano sul campo rendendosi conto di essere sopravvissuti. Tutto ciò che avevano dimenticato nella foga del combattimento ora riaffiorava nella mente e quegli uomini si fermavano, stropicciandosi gli occhi e respirando profondamente prima di riprendere a vagare.

Forse era l'età, pensò Edward mestamente, poi si mise a ridacchiare all'idea di un re che piagnucolava, un'immagine ridicola. Suo fratello Richard si stava congratulando con i suoi uomini, esattamente come avrebbe dovuto fare lui. Si sentiva la gola secca e afferrò l'otre che un ragazzo portava sulle spalle. Si aspettava acqua ma era birra schiumosa, spessa, amara. Bevve e bevve, come un neonato attaccato al capezzolo della nutrice, smettendo solo quando rimase senza fiato.

«Perdio se avevo sete» mormorò. Vide Richard avvicinarsi e rise davanti alla sua espressione turbata.

«Be', il giuramento l'ho mantenuto, fratello» sbottò irritato. «E ho sete.»

«Lo so, Edward, non è per questo. Ho saputo che alcuni cavalieri di Lancaster hanno chiesto asilo all'abbazia vicino alla città.»

«Qualche nome?» La birra aveva arrossato le guance di Edward che sembrava meno depresso, più vivace e allegro.

«Non lo so. I monaci non ci permettono di entrare.»

«Ah, no?» Edward gettò l'otre vuoto al ragazzo e fischiò per farsi portare il cavallo. Fu lord Rivers a condurglielo, seguito dalla guardia personale di Edward, tutti uomini a capo scoperto, dall'aria feroce.

«Vieni con me» disse Edward al fratello. Richard rimontò in sella e lo seguì.

L'abbazia di Tewkesbury non era lontana dalle ultime file di morti che erano stati trasportati lontano dal campo di battaglia. L'espressione di Edward si fece scura alla vista dei monaci in veste nera in piedi davanti alla porta. Mise il cavallo al piccolo trotto, seguito da Rivers e dalla sua guardia, tutti consapevoli che al mondo poche cose incutevano più paura di cavalieri nelle loro armature in sella ai destrieri che avanzavano per portare la guerra.

Edward tirò le redini quando furono davanti alla porta e il cavallo scalpitò, girando su se stesso. I monaci sussultarono ma non si mossero.

«Ho dato ordine di stanare i miei nemici, ovunque si siano nascosti!» gridò Edward sopra le loro teste. Sapeva che la sua voce arrivava fin dentro le mura dell'abbazia e l'alzò ancora di più.

L'abate si fece avanti, uscendo dall'ombra del grande portone.

«Milord York...» cominciò.

«Vi state rivolgendo al re.»

«Maestà, con il vostro beneplacito, questo è terreno consacrato, è un asilo sacro, non posso lasciar entrare i vostri uomini.»

Edward si girò verso i cavalieri che lo accompagnavano: «Io sono stato cacciato dalla mia terra, mia moglie e i miei figli costretti a nascondersi. Quando sono tornato ho detto che avrei messo fine a tutto questo. Non ho dato quartiere. Non ho accettato riscatti. Considero questo luogo campo di battaglia e vi sarò grato se vorrete entrare e *mettere fine a chiunque sia rimasto in vita*».

Due cavalieri diressero le loro cavalcature verso la porta dell'abbazia suscitando le proteste dei monaci, oltraggiati e inorriditi, che protesero le mani verso di loro come se potessero fermarli, ma i cavalieri li abbatterono con le spade, rapidi fendenti da macellai che insanguinarono tutto il selciato. L'abate cercò di rientrare per chiudere il portone, ma i cavalieri entrarono di forza, spingendo le cavalcature all'interno dell'abbazia. Un alto grido di terrore si levò fra quanti vi si erano rifugiati come loro ultima speranza, feriti e impauriti. I cavalieri avanzarono nella penombra e per un certo tempo non si udirono che grida oltraggiate e urla di dolore.

Edward lanciò un'occhiata ai fratelli. Clarence sembrava stesse male, sul punto di vomitare; Richard lo osservava attento, quasi incuriosito. Edward si strinse nelle spalle. Aveva già visto a sufficienza spettacoli di morte e di sangue, non gli sembrava di aver preso una decisione poi così importante.

Trovarono Margherita il giorno seguente. Quando erano arrivate le terribili notizie le guardie l'avevano abbandonata, lasciandola sola a cercarsi un rifugio in un convento a circa un miglio di distanza. Certamente le suore avevano saputo del destino che spettava a chi si metteva contro York e, pur protestando ad alta voce, non opposero resistenza ai rozzi soldati che percorsero i loro corridoi per trascinare fuori Margherita.

Lei li seguì, perduta nel suo dolore. Il capitano che la mise in sella e le tenne le redini si impietosì e le lasciò vedere il cadavere del figlio nell'abbazia di Tewkesbury. Era bello nella sua gioventù e Margherita gli accarezzò la guancia e gli tenne la mano per un po', svuotata e intontita a causa di tutto ciò che aveva sofferto.

Nonostante le sue suppliche, Edward di Lancaster fu lasciato là con centinaia di altri caduti quando l'armata di York fece i bagagli e si avviò sulla strada di Londra. La navata dell'abbazia era rossa di sangue e sembrava che quel sangue fosse incancellabile.

All'inizio Margherita aveva creduto che sarebbe stata condotta alla presenza di re Edoardo e costretta a essere testimone del suo velenoso trionfo, ma Edward non era suo padre e non la fece chiamare, mentre i suoi uomini la trattarono quasi con cortesia durante il viaggio ma senza un particolare interesse, come se alla casa di York non importasse più niente di lei e della sua sorte.

Nella vendetta Edward non aveva trascurato niente, non risparmiando nessuno dei nobili di Lancaster e uccidendo chiunque fosse stato legato al casato del re Enrico per vincoli di sangue, per giuramento di fedeltà o per servizio. La casa regnante di Lancaster era finita a Tewkesbury o sul ceppo del boia e nemmeno i feriti erano stati risparmiati.

Margherita, immersa nel suo lutto, si lasciava trasportare non sapeva dove dalla sua cavalcatura e pur non volendo che i soldati la sentissero piangere si sorprendeva a lamentarsi piano come una bambina infelice. Suo figlio, il suo Edward, era stato ucciso prima che potesse diventare veramente uomo, per lui ogni speranza, ogni gioia erano state spente per sempre, non lo avrebbe più sentito ridere e questa era una cosa mostruosa, così sbagliata che lei non riusciva a crederci. Si sentiva scavata dentro, un guscio vuoto. Aveva dato la sua giovinezza, la sua fedeltà, il suo unico figlio all'Inghilterra e non le era rimasto più niente.

XXIII

Edward era ubriaco, anche se faceva qualche sforzo per non farlo vedere a suo fratello Richard, in piedi davanti a lui. Ricordava soltanto vagamente la fredda chiarezza degli ultimi giorni a Barnet e a Tewkesbury. I suoi appetiti si erano risvegliati come lo sportello di una fornace che fosse stato aperto, come se li avesse tenuti in serbo fino a quel momento. Ogni giorno mangiava e beveva fino allo stordimento eppure la fiamma dentro di lui non si estingueva, era sempre là, un prurito che non si riusciva a calmare, un carbone incandescente che non si riusciva a spegnere col vino; ma non diceva niente a Richard degli incubi che lo affliggevano, non poteva sopportare l'idea che il fratello lo compatisse per la sua debolezza. No. Edward sentì il sudore freddo bagnargli le ascelle ma sorrise come se tutto andasse a meraviglia.

«Quali nuove, fratello?» Edward scrutò attentamente Richard fin dal fondo del salone delle udienze, cercando di interpretare ogni sia pur minimo cambiamento di espressione sul suo viso.

«Una cosa terribile, maestà, una tragedia» annunciò Richard. Edward chiuse gli occhi un istante. Aveva trascorso tutta la serata in compagnia di sessanta nobili e le loro dame fra prestigiatori, illusionisti, racconti di grandi fatti d'arme. Suo fratello non era stato con lui.

«Parla, Richard, siamo soli» bisbigliò.

«Ho detto al re Enrico di suo figlio. Ha avuto uno spasmo, poi è svenuto e non sono più riuscito a svegliarlo. Mi dispiace fratello, re Enrico è morto.»

«Dovrò esporre il suo cadavere, come ho fatto con Warwick e Montagu. Se non lo faccio, ci sarà sempre qualche idiota che metterà in giro la voce del ritorno di Lancaster. Posso... il corpo si può vedere?»

Richard guardò freddamente il fratello, sapendo molto bene che cosa voleva dire.

«Sì, con un cappuccio in testa, forse di maglia di ferro. E se gli farò mettere una veste lunga e con uomini di guardia, in modo che nessuno si possa avvicinare troppo.»

«Grazie.» Edward cercò sul volto del diciottenne duca una traccia di rimorso ma trovò solo una sicurezza di sé calma e certa. «Ora fai entrare tuo fratello.»

Non essendoci nessun servitore nella sala, Richard la percorse fino alla porta e batté un colpo col guanto di ferro sul battente di quercia. George di Clarence entrò senza far rumore non appena la porta fu socchiusa, guardando ora un fratello ora l'altro con un'espressione guardinga sul viso.

«Grazie di essere venuto a Londra, George» lo salutò Edward con un cenno del capo. George attraversò la sala quasi al passo con Richard e quando fu vicino osservò a sua volta Edward, notando le guance arrossate e il volto sudato, sicuro indizio che il re aveva bevuto troppo; George non credeva che Edward si rendesse conto di quante volte si interrompeva per riprendere fiato, gli occhi vitrei; eppure quel suo fratello portava la corona e sedeva sul trono nella sala delle udienze del palazzo di Westminster, quel suo fratello aveva distrutto i Neville e i Lancaster in battaglia e nessuno poteva negarlo. Ogni volta che quelle famiglie avevano radunato grandi eserciti, Edward aveva marciato contro di loro e li aveva sgominati; e non in una sola battaglia, ma in due, in tre anzi, se si contava Towton.

Nessun re, fatta eccezione per Enrico V, era stato un guerriero pari a lui; ma la tragedia era che Edward aveva trascorso la sua giovinezza e speso le sue forze per difendere la corona in Inghilterra mentre la Francia prosperava in pace. E in quel momento, con Edward seduto sul trono, l'Inghilterra era quieta ma impaurita.

«George, ti ho fatto venire per chiederti un consiglio» gli disse Edward. Gli occhi rossi osservarono George, poi Edward si girò cercando con lo sguardo i servitori, le labbra strette per l'irritazione, prima di rinunciare e tornare a fissare i due fratelli.

«Richard sta considerando un'unione con la figlia di Warwick, Anne» annunciò. Vide gli occhi di George scrutarlo sospettoso e gli venne voglia di sorridere mentre allungava la mano per prendere una coppa di vino, che le dita non trovarono; poi ricordò, ah, sì, lo aveva ordinato lui, era importante restare molto sveglio, perché quella sera avrebbe avuto luogo una celebrazione, un grande banchetto. Lord Rivers festeggiava un anniversario, Edward non rammentava quale, e gli aveva promesso di ospitare la festa a Windsor. Avrebbe potuto bere finché voleva al banchetto, fino a dimenticare tutto nel vino e nel liquore che gli avrebbero garantito un sonno senza incubi.

«Ma era sposata con Edward di Lancaster» obiettò George all'improvviso. «Sei sicuro che sia illibata, Richard? Edward di Lancaster era giovane e vigoroso.»

«Aspetterò finché non sarò sicuro che il suo grembo è vuoto, naturalmente,» disse Richard scrollando le spalle e guardando Edward «non è una cosa che ti riguardi.» George di Clarence lottò contro un presagio di sciagura. Era chiaro che Richard stava influenzando il loro fratello e George capiva benissimo quanto quell'influenza fosse potente. Prima che potesse parlare, Edward lo zittì alzando un dito e mandando in frantumi le sue speranze.

«Richard ha avuto una parte vitale nelle mie vittorie a Barnet e a Tewkesbury. Inoltre ha reso un grande servigio alla corona. È mio desiderio offrirgli una degna ricompensa. Quando ho sentito il nome della donna che sposerà, be', sapevo che tu ti saresti unito a me nel trovare...» La voce si spense e Edward fece schioccare le dita in cerca della parola giusta.

«La ricompensa, maestà» suggerì Richard con un gran sorriso rivolto a George.

«Sì, ricompensa. I possedimenti dei Warwick, una dozzina di castelli, centinaia di dimore e di città, villaggi e fortezze. Tra le migliori terre dell'Inghilterra e del Galles.»

«Che io ho acquisito *jure uxoris*, per matrimonio» obiettò George scuro in faccia. Edward aggrottò la fronte, sporgendosi in avanti e appoggiando le grandi mani coperte di cicatrici sulle ginocchia: «Non contrastarmi in questo, George» borbottò. Il fratello continuava a ostinarsi nel suo atteggiamento di protesta e Edward parve crescere di statura, sempre più rosso in faccia: in lui la collera produceva un cambiamento fisico e tutti e due i fratelli avvertirono l'atmosfera di minaccia nella sala.

«Warwick era stato spogliato di tutti i suoi titoli, George, te lo sei dimenticato? Potrei passarli tutti a tuo fratello come proprietà della corona e allora tu che cosa faresti? Correresti a chiedere aiuto al mio parlamento? Ai miei lord? Diresti che tuo fratello ha agito entro i limiti della legge inglese e che a te non è piaciuto?»

«I tribunali sono pieni zeppi di cause di questo genere, Edward! Io stesso ho presentato una quarantina di ricorsi. Tutto ciò che chiedo è che tu non mi porti via i beni che saranno miei quando i tribunali avranno emesso il loro giudizio.»

«No, George. Deciderò ora su questo. Se tu ricorrerai ai tribunali contro la mia decisione, ti opporrai a me come tuo sovrano. Non correre questo rischio, George. I legami di sangue ti proteggono... ma fino a un certo punto. E tu quel punto lo hai raggiunto adesso.»

Edward si era alzato e torreggiava su entrambi i fratelli.

George rimase immobile per un momento, tremante di rabbia, poi imprecò fra i denti, girò sui tacchi e uscì quasi di corsa dalla sala, facendo sventolare il mantello, e sbatté la porta alle sue spalle, furibondo.

Nel silenzio stupefatto che seguì Richard si girò lentamente verso il fratello, guardandolo con aria interrogativa. Edward si rimise a sedere, facendo un gesto con la mano per scacciare la domanda inespressa.

«Sì, prenditi i possedimenti che vuoi, Richard. Clarence è uno sciocco. Forse tutto finirà qui e non mi sfiderà di nuovo, ma se lo facesse...» Non ebbe bisogno di finire.

«Lo spero» si augurò Richard. «È un debole ma è pur sempre nostro fratello.»

«E zio un'altra volta o lo sarà, se avrà il buon senso di stare alla larga da me per un po'.»

«Elizabeth è incinta? Di nuovo?» esclamò Richard con una risatina. «Suppongo che siate stati lontani a lungo.»

Irritato, Edward scosse il capo.

«Quella donna non mi piace, Richard, però ha un modo di stuzzicarmi... Vomita già la mattina, credo di avere un seme potentissimo, mi basta guardare nella sua direzione per ingravidarla.»

«Spero in un fratello per tuo figlio, a me non sarebbe piaciuto avere solo sorelle.» Vide Edward alzare la mano in un gesto che forse preludeva a una protesta o a un commento scherzoso e insistette: «Lo penso davvero, io spero davvero che sia un maschio, perché così potrebbero avere... questo. Edward, io ho degli amici, ma per me quello che abbiamo tu e io è più prezioso dell'amicizia, la fiducia che c'è tra noi è importante per me, specialmente da quando nostro padre non c'è più. Tu sai che ti ammiro più di tutti gli altri, anche se Dio sa che sei un uomo difficile da soddisfare».

«Grazie. Sì, anch'io sento la mancanza di nostro padre. Mi aggiro nelle sue vecchie stanze e non sento più la sua presenza, la sua potenza non c'è più. Quasi non riesco ancora a credere che sia morto.» Sorrise e Richard vide che aveva gli occhi umidi. Edward si schiarì la voce e tirò su col naso, riportato al presente da quei rumori forti: «Ma se George mi contrasterà a proposito dei tuoi beni, io non lo avvertirò un'altra volta. Famiglia o non famiglia, sono io il re d'Inghilterra, Richard. Ho visto versare più sangue di quanto sia bene per un uomo vedere, questa pace me la sono guadagnata.»

Jasper Tudor si lasciò cadere sul cuscino della sedia come se le gambe non lo sostenessero più. In mano stringeva una pergamena più volte grattata con la sabbia e riscritta con i caratteri neri che si erano appena portati via tutte le sue speranze. Avrebbe voluto gettarla sul fuoco, le dita gli prudevano dalla voglia di farlo, ma si trattenne: Henry avrebbe voluto leggerla, la cosa lo riguardava da vicino, Dio lo sapeva.

Come se lo avesse fatto apposta, il ragazzo entrò in quel momento, reggendo in mano uno spago sul quale erano infilzati degli uccellini; Jasper gli aveva insegnato a catturare i passeri e anche a cucinarli. Sebbene la lettera gli tremasse ancora nella mano, non poté fare a meno di sorridere nel vedere l'espressione soddisfatta di Henry.

«Siedi, Henry» disse piano indicandogli l'altra sedia. La casetta era piccola, bastava a malapena per loro due, nonostante fosse già stata ampliata nel poco tempo trascorso da quando erano arrivati, ma per la prima volta Jasper si sentì mancare l'aria tra le sue mura. Prese Henry per un braccio, indicando con un cenno del capo il cortile esterno.

«Il fumo mi dà fastidio agli occhi, facciamo due passi. Ci sono notizie da casa.»

Osservò il nipote posare sul tavolo lo spago con gli uccellini, che lasciarono gocce di un rosso vivo sulla superficie lucida. Jasper non riusciva a staccarne lo sguardo, ma dopo qualche istante si riscosse e uscì nel tepore della sera.

Per un po' nessuno dei due parlò. Jasper si allontanò

dalla casetta seguendo il sentiero verso la piccionaia e il campo che si stendeva nella vallata. Una quercia spoglia allargava i suoi rami in cima a una collinetta, la corteccia strappata dalla morte, il legno sottostante ingiallito dal sole e dal tempo. Jasper si diresse là e batté la mano sul tronco liscio, poi mostrò la pergamena a Henry, che la fissò guardingo.

«Vorrei che non fosse così, Henry, ma non possiamo tornare a casa. Edward di York ha vinto e re Enrico non c'è più, che Dio abbia pietà della sua anima. Dicono che sia morto di crepacuore, ma io credo che sia arrivato alla fine del tratto di corda che gli York gli avevano concesso.»

«Era stato gentile con me» disse Henry. «Mi piaceva. Mia madre è al sicuro?» Jasper annuì.

«Dice di sì. Ti farò leggere la lettera, te lo prometto. I segugi del re non si curano delle donne della stirpe, soltanto degli uomini. Ringrazia Dio per questo stasera quando pregherai.»

Henry annuì, lo sguardo cupo.

«Lo farò. Allora dovrà venire qui? Io vorrei... mi piacerebbe.»

Jasper indicò la lettera: «Non accenna a questo, ma se fosse in pericolo, hai la mia parola che la porterei via di là, Harry. Come ho fatto con te».

Il nipote parve sollevato e Jasper si rese conto di quanta fiducia riponesse in lui il ragazzo, una consapevolezza nuova che lo rattristò profondamente. I prati erano verdi intorno alla vecchia quercia, la bellezza dell'estate impressa nella terra, eppure Jasper aveva freddo e si sentiva profondamente abbattuto e addolorato in quella nuova vita senza nessuna prospettiva di un ritorno glorioso a Pembroke; né suo nipote avrebbe visto Richmond e la corte. Davanti a loro si apriva soltanto una via, quella di un esilio solitario, con pochi spiccioli del re di Francia per pagarsi qualcosa da mangiare e vino rosso da bere.

«Possiamo vivere bene qui,» disse sforzandosi di sembrare ottimista «da Parigi riceviamo un po' di soldi e dai colombi ricaviamo ancora di più. Io troverò un lavoro per tutti e due, ne sono certo. Tu sei stato addestrato come cavaliere, Harry, un addestramento che ha il suo valore e non ti farà soffrire la fame. Possiamo fare in modo che tu non dimentichi ciò che hai imparato e forse, quando sarai un po' più grande, io ti troverò una sposa tra i baroni locali. Chissà, potresti trovarne una con un bel patrimonio.»

Henry non batté ciglio mentre lo fissava intensamente, tanto che Jasper cominciò a sentirsi a disagio.

«Non tornerò più a casa, zio? Mai più?»

«Ascoltami, Harry. Tua madre è l'ultima discendente della stirpe di John di Gaunt, del casato dei Lancaster. Tu sei il suo unico figlio e lei ha quasi trent'anni. L'ultimo discendente maschio dei Lancaster è qui davanti a me in questo momento. Tu, Harry. Tutti gli altri sono stati uccisi. Mi capisci? Se tu tornassi in patria, se ti stabilissi a Londra con l'idea di viverci tranquillamente, io non scommetterei un soldo bucato sulla tua vita. Forse Edward di York è stato costretto a vendicarsi, ma è certo che non si è tirato indietro in quanto a vendetta. Ha tanti di quei morti sulla coscienza, ormai, che uno in più non sarebbe nulla per lui, non se servisse a finire l'opera. Mi dispiace, mi dispiace davvero, figliolo, ma tu devi pensare a vivere qui, devi trovare il modo di lasciarti tutto questo alle spalle.»

Henry aveva osservato Jasper allungare la mano per accarezzare il tronco della quercia privata della corteccia e quando il silenzio cadde tra loro posò a sua volta la mano sul legno liscio e vi fece scorrere le dita senza lasciare nessuna impronta. Interessato, piegò la testa di lato, come un uccello.

«Aspetterò, zio» disse all'improvviso. «Ho aspettato per tanto tempo a Pembroke... e sei arrivato tu. Se aspetterò di nuovo forse troverò il modo di ritornare. Non devi perdere le speranze.»

Jasper sentì gli occhi inumidirsi e rise della sua stessa emotività.

«Non lo farò, Harry. Sognerò l'Inghilterra, il Galles, Pembroke.» D'impulso si girò nell'erba alta finché non si fu rivolto a nord-ovest. «È ... laggiù, Harry, proprio laggiù. Sotto la pioggia, probabilmente, ma è sempre casa nostra.»

Margherita osservò le luci di Parigi farsi sempre più brillanti lungo il fiume. Era stata quattro giorni in mare ed era calma e senza più il cuore nel petto, era come se al suo posto vi fosse un pezzo di selce aguzzo. Perdere il figlio era stato uno strazio così devastante che non riusciva nemmeno a comprenderlo, nemmeno a descriverlo. Forse per Edward era stato un gesto caritatevole lasciarla tornare in Francia; qualcuno le aveva detto che gli era stata fatta un'offerta, ma per la maggior parte del tempo lei era rimasta chiusa nel suo dolore al punto che non aveva capito quasi niente di quel che le veniva detto, la sua vita priva di ogni significato. Per settimane non si era più lavata, tanto che la pelle aveva assunto un colore grigiastro e i capelli si erano ridotti a una massa sudicia. Quando la nave aveva lasciato il mare aperto per le acque più tranquille del fiume, aveva fatto qualche tentativo di ripulirsi con un panno e un secchio. La vela schioccava nella brezza e i marinai bisbigliavano tra loro, ma in lei tutto era solo cenere fredda. Quando la murata toccò la banchina del porto e Margherita alzò lo sguardo dalle borse e dagli scialli, era già buio e sul molo erano allineati degli armigeri con le torce accese, la fiamma vacillante. Vide che re Luigi era venuto a prenderla e scoprì di avere ancora delle lacrime da versare, anche se aveva creduto di averle esaurite per sempre. Margherita rimase ferma con una borsa pesante in ogni mano mentre veniva sistemato lo scalandrone, poi scese a terra e posò sulla banchina le due borse, lasciando che Luigi le prendesse le mani, un'espressione di pena negli occhi.

«Ah, *madame,* era un giovane bravo e coraggioso. Ho

chiesto che venisse sepolto qui, ma non hanno voluto. Sono così addolorato! Anche vostro marito. Una tragedia. Meritavate di meglio, Margherita, davvero. Ma ora siete a casa, al sicuro, e non dovrete andarvene mai più.»

La baciò su entrambe le guance e Margherita si premette la mano sulle labbra, incapace di pronunciare una parola mente il re la conduceva via con sé. I servitori le presero il bagaglio, ma le sue spalle erano incurvate, ogni bellezza svanita. Nessuno che l'avesse vista in quel momento avrebbe riconosciuto in lei la fanciulla emozionata e felice che aveva attraversato la Manica con William de la Pole al fianco, davanti a sé la sua prima visione dell'Inghilterra.

Parte Seconda

Natale 1482

Undici anni dopo Tewkesbury

Uniremo la rosa bianca e quella rossa.

William Shakespeare,
Riccardo III

XXIV

Edward beveva di più quando era di umore piagnucoloso e lo sapeva. Una volta aveva sentito un arciere parlare di «corde dell'uomo», le corde che facevano di lui l'uomo che era; una di quelle corde Edward la condivideva certamente con un certo tipo di individui del Nord, inclini alla malinconia. L'umore nero lo spingeva a bere e bere peggiorava il suo umore, perché i dispiaceri non annegavano, i dispiaceri sapevano nuotare.

La musica lo lasciava indifferente. Le danzatrici volteggiavano davanti a lui, ma Edward fissava il vuoto davanti a sé senza vederle. Su una piattaforma rialzata era seduto su una poltrona di quercia dallo schienale alto, rivestita di velluto, il mento appoggiato sulla mano. Accanto a lui era stata posata una brocca di acquavite e un servitore alle sue spalle stava attento a non lasciarla mai vuota: entrambi avevano perso il conto di quante volte la coppa era stata vuotata.

Il Natale al palazzo di Westminster era una festa di luci e di musica, di doni per i poveri e di tavole apparecchiate per centinaia di persone. Alla luce delle candele, le folle venivano intrattenute da giocolieri, musicisti, lanciatori di coltelli e acrobati che indossavano pellicce maculate e avevano la pelle nera come la notte. La serata era cominciata bene e le voci si erano fatte sempre più rauche con lo scorrere del vino e della birra. I più vecchi si erano già ritirati da tempo, ma gli altri facevano le ore piccole e solo il sorgere del sole avrebbe messo fine alla baldoria, rivelandone le cicatrici e gli strascichi. La luce delle candele, al contrario, donava a tutti mentre i tamburi scandivano il tempo e le cornamuse attaccavano un'altra danza.

Edward osservava tre delle sue figlie ballare insieme, tutte sveglissime, mentre avrebbero dovuto essere a letto già da ore, ma niente riusciva a liberare il loro padre dalla sua cupa malinconia quanto la vista della felicità della maggiore, Elizabeth, dal collo di cigno, i capelli rossi e un portamento perfetto, che ora radunava le altre e chiedeva un nuovo ritmo ai musicanti sotto lo sguardo del genitore ubriaco e raggiante.

La loro sorella Mary, volitiva quindicenne, era morta quell'anno e i suoi fratelli l'avevano pianta per settimane; Edward si era solo infastidito per i loro strilli. Suo fratello era stato ucciso a diciassette anni, la morte faceva parte della vita, aveva detto. Sua moglie lo aveva accusato di essere senza cuore.

Spettacoli di morte ne aveva visti a sufficienza, pensò cupo, di morte ne aveva portata tanta nel mondo, senza di lui non ce ne sarebbe mai stata tanta. E forse era giusto che colpisse i suoi figli. Dio sa se ne aveva di figli, contando anche quelli delle sue amanti; talvolta pensava di essere stato costretto a conquistare il trono solo per poter mantenere tutto il parentado.

La giovane Elizabeth avrebbe dovuto essere già sposata, naturalmente, ma il re francese aveva trovato la scusa della malattia del figlio. Il capo di Edward si abbassò ancora di più al ricordo della sua unica campagna in Francia. Si era mosso da Calais e, perdio, se la Borgogna lo avesse sostenuto come avrebbe dovuto fin dall'inizio, ora starebbero regnando sulla Francia insieme. Richard lo aveva definito bene: non certo un fottuto *Téméraire*, non quando avrebbe dovuto esserlo. Povero bastardo. Luigi di Francia era soprannominato il Ragno, o qualcosa di simile, e una dozzina di anni dopo quell'uomo aveva unificato la Francia e si era ripreso tutte le terre appartenute alla Borgogna.

Ripensandoci Edward si arrabbiò, una rabbia cupa aggravata dalla vista di tanti giovani, uomini e donne, che ridevano, cantavano e ballavano senza nessun pensiero al mondo. In certi momenti Edward doveva lottare contro il desiderio di balzare in piedi e cacciarli via, per ricordare a tutti a chi dovevano la vita e i mezzi per vivere. Ma nessuno ricordava, anzi, c'era disprezzo o risentimento nei loro occhi quando lo guardavano.

Notò la scintilla di un amore appena sbocciato o di qualcosa di meno castigato tra qualche giovane dama della corte e gli ammiratori che si inchinavano e le prendevano la mano nella danza, corteggiando e civettando, e mentre li guardava Edward alzò la coppa di un azzurro pallido, soffiato in modo da far pensare all'oceano. Casse su casse di quelle coppe preziose erano state scaricate dalle navi, commissionate appositamente per quel banchetto e ogni ospite avrebbe potuto portarne via una per ricordo, il genere di eccentricità che Edward chiedeva al suo siniscalco, aiutato dal denaro che scorreva come un fiume: ma al momento di tornare a casa quella gente avrebbe saputo che cosa voleva dire un banchetto reale! Le tavole cigolavano sotto il peso dei prosciutti e del pollame, nonché di ogni specie di creatura che volasse, nuotasse o brucasse. Eppure non gliene erano grati, si inchinavano, gli baciavano la mano, ma non appena distoglievano lo sguardo da lui, Edward sapeva che lo avevano già dimenticato.

Vuotò la coppa in un sorso e la posò, ruttando e facendo una smorfia per l'improvvisa sensazione di acidità nello stomaco. Si vantava di non bere mai acqua, la considerava un veleno capace di costringerlo nella latrina reale a gemere per un giorno intero, una cosa accaduta troppe volte per non dover dare la colpa a quell'elemento. Il vino e la birra leggera non avevano quell'effetto, anche se non lo facevano più ubriacare come una volta; ora, per ubriacarsi davvero, doveva bere whisky scozzese o, come quella sera, acquavite francese di Armagnac.

I figli passarono un'altra volta davanti a lui volteggiando, Elizabeth con i capelli rossi raccolti in una treccia sulle spalle: Dio, come le voleva bene, più di quanto avrebbe mai pensato e forse ancora di più da quando Mary era scesa nella fossa, i capelli d'oro spazzolati a lungo, lucidi e brillanti nella morte come lo erano stati in vita. Edward si sentì bruciare gli occhi mentre fulminava la folla con lo sguardo e i ballerini, avvertendo il suo cambiamento di umore, arretrarono, allontanandosi da lui come oche che si scostassero al passaggio del contadino.

I figli maschi di Edward si aspettavano di essere trattati da lui con una specie di rude umorismo, se capitava che venissero in contatto, cosa non facile. Edward non si sentiva a suo agio con loro, si comportava ogni volta in modo rozzo oppure goffo. A dodici anni il principe Edward era ancora troppo magro, pensò suo padre, sì, era alto più degli altri, ma pelle e ossa. C'era da domandarsi che cosa gli desse da mangiare lord Rivers lassù alla frontiera, ma era certo che il principe non ingrassava con quella dieta.

Il principe Edward era certamente ubbidiente, sia che si trattasse di imparare le declinazioni o di usare la spada o cavalcare un destriero. Però non sembrava che avesse dentro di sé quel desiderio prepotente di *riuscire* che suo padre sarebbe stato in grado di capire, una smania interiore che Edward non trovava nei suoi figli, troppo miti di carattere. Non voleva annientare la loro volontà con un trattamento eccessivamente duro, ma al re a dodici anni sembrava di essere stato grande e grosso e sempre pronto ad attaccare briga con qualcuno. Ricordava di aver scommesso su se stesso negli incontri di lotta con gli uomini della guarnigione di Calais, lotte brutali, con poche regole. Sebbene perdesse regolarmente contro i soldati regolari, questi gli organizzavano degli incontri contro i portuali francesi e i mercanti, incontri che qualche volta aveva vinto, guadagnandosi abbastanza da potersi ubriacare. Edward scosse la testa al ricordo di quei tempi, tra i fumi dell'alcol e della memoria. La gente che affollava la sala non sapeva niente di quelle cose, mangiava il suo cibo, beveva la sua birra e viveva negli agi e nel benessere.

All'improvviso Edward alzò le mani per guardarsi le dita grassocce, due delle quali erano storte, a causa di vecchie fratture, il palmo indurito e calloso, una delle nocche rientrata per un colpo ricevuto non ricordava quando, così che il dito appariva liscio. Erano le mani di un guerriero e gli facevano male quasi sempre, tanto da fargli pensare che quel dolore non avrebbe mai avuto fine. Strinse il pugno destro e nel farlo udì tintinnare la coppa di vetro azzurro che veniva riempita di nuovo. Con un sospiro, allungandosi sulla poltrona, Edward la sollevò, guardandovi attraverso così che i ballerini furono bagnati dal colore del mare.

A un tratto avvertì una pressione sul petto, così forte e improvvisa che ebbe paura, anche se passò rapidamente come era venuta. Si sentì in preda a un malessere acuto e chiuse un occhio, colpito da un mal di testa strano che era più una sensazione di cadere, il tutto così repentino e veloce da fargli pensare che non fosse mai successo. Tuttavia lo aveva turbato profondamente. Posò la coppa sul tavolino accanto a lui, aggrottando la fronte nel vedere che gli tremavano le mani.

Non era certo di essere stato un buon sovrano. Era stato un bravo figlio, questo sì, aveva vendicato il padre, un fatto che forse non contava niente, ma, se contava, allora contava moltissimo. Sorrise di quel vecchio modo di dire che aveva imparato ad apprezzare. O non valeva niente o valeva tutto.

Era stato un buon fratello, anche se per Richard, forse, più che per George. Il povero George aveva sempre covato un risentimento contro di lui, si era sempre sentito offeso per qualcosa, come se il regno fosse in debito con lui, come se avesse non si sa quale diritto speciale su re Edoardo. George aveva perfino mandato in parlamento degli idioti a sostenere di essere stato trattato ingiustamente e contro la legge, ma Edward allora lo aveva avvertito per l'ultima volta: non avrebbe permesso a suo fratello di umiliarlo pubblicamente.

«Stai attento» gli aveva detto; ma George non aveva voluto capire. Era il campo di battaglia la fonte della legge, la sua radice era lì. Il resto erano solo bei sogni tra una battaglia e l'altra, forse troppo belli per un'epoca di lotte feudali e di vendette.

Edward aveva dato a George la possibilità di lasciare la corte, di andarsene da Londra e di vivere tranquillamente con la consorte e i figli nei suoi possedimenti. Forse era stata la morte della moglie a farlo impazzire. George aveva accusato tutti di quella morte, perfino le cameriere e alla fine era stato come abbattere un cane rabbioso, un gesto pietoso più che crudele. Così aveva detto Richard.

Perlomeno avevano lasciato George intatto, degno di una sepoltura cristiana: gli uomini di Richard lo avevano affogato in un tino di malvasia, una fine abbastanza rapida. In fin dei conti era stato lo stesso George di Clarence a giustiziarsi, non contava chi lo avesse fatto cadere in quel tino, il povero stolto non aveva saputo trovare pace.

Edward sentì di nuovo una strana pressione che lo costrinse ad aggrapparsi ai braccioli, anche se questa volta sembrava che la mano destra non riuscisse a farlo: scivolava, le dita piegate. Ma *che cosa* gli stava succedendo? Non aveva bevuto tanto, non certo come la sera prima, perciò avrebbe dovuto stare dritto senza farfugliare così, con la nausea che gli stringeva la gola. Dio, doveva rimettersi in piedi prima di vomitare. Era passato parecchio tempo da quando aveva bevuto al punto da perdere i sensi. Gli facevano male i muscoli mentre si lasciava andare contro lo schienale. Prima di chiudere gli occhi guardò il soffitto.

Alexander di Albany si era rivoltato contro il fratello,

sovrano di Scozia, come Caino contro Abele. Quel fratello più giovane aveva portato a Londra una dozzina di bottiglie di non si sa quale liquore pregiato e, dopo essersi accertati che non era avvelenato, Edward e Richard lo avevano sfidato a bere una coppa dopo l'altra finché non si erano scolati tutte le bottiglie. Mai erano stati così male, né prima, né dopo e nei fumi dell'alcol gli avevano promesso di aiutarlo. Edward era orgoglioso di Richard, ricordando quei giorni. Alexander, duca di Albany, fratello del re di Scozia: a Edward era piaciuto mentre era ubriaco, anche se aveva quasi cambiato idea una volta sobrio, ma lo scozzese aveva promesso di essere un fedele vassallo dell'Inghilterra se Edward gli avesse fatto conquistare il trono e lui gli aveva dato solennemente la sua parola, suggellata da una stretta di mano.

Richard aveva espugnato Edimburgo, ricordò Edward, un'impresa impossibile a detta di tutti, ma, perdio, lui ci era riuscito, aveva preso prigioniero il re scozzese e aveva aspettato Albany.

Edward mosse le dita della mano come se volesse scacciare un brutto ricordo che pure credeva di aver già scacciato. Quel tipo non aveva mantenuto il suo impegno, naturalmente, troppo pusillanime per fare quel che andava fatto, e Richard aveva liberato il re e si era diretto a sud con le sue armate per esigere vendetta, lasciando una guarnigione a Berwick. E Berwick, perlomeno, era rimasta inglese, il che era semplicemente giusto, considerando quanto era costata. A Edward dispiaceva che George fosse già morto a quel tempo, perché avrebbe voluto mostrargli Berwick-upon-Twee, una città che era stata inglese, poi scozzese e infine di nuovo inglese: e da dove proveniva la legalità in quel caso, se non dalla forza che permetteva di tenerla dopo che la si era conquistata? Suo fratello dove avrebbe potuto cercare i suoi bei sentimenti, il torto e la ragione, se non nelle spade di uomini duri e crudeli, pronti a combattere?

Il re era seduto storto e il suo servitore guardava in preda all'agitazione due gambe di quercia della poltrona sollevate di un pollice dal pavimento della piattaforma; la sedia era pesante, ma lo era anche l'uomo che vi sedeva sopra, pur senza armatura. Edward indossava un farsetto di velluto dorato e seta bianca sopra le calzabrache, una creazione costata una somma che la maggior parte dei suoi cavalieri non vedeva in un anno. Quasi certamente il re Edoardo non l'avrebbe più indossata dopo quell'unica volta, ma l'indomani mattina al suo risveglio si sarebbe arrabbiato nel vederla macchiata.

Senza farsi vedere il ragazzo cercò di appoggiarsi con tutto il suo peso sul bracciolo per impedire che il suo padrone facesse un capitombolo di fronte a centinaia di persone; il re non avrebbe ricordato quel gesto gentile, ma il giovane servitore lo fece ugualmente.

In quella posizione, più vicino al sovrano, vide che la coppa del liquore era ancora piena, una cosa insolita e il ragazzo rimase lì, incerto, non sapendo che cosa fare.

«Se l'acquavite francese non è buona, vostra maestà desidera forse del vino o della birra?» domandò aspettandosi un rabbuffo; ma il re non disse niente e il servitore si decise a girare intorno alla poltrona per vederlo meglio.

«Maestà...?» Il ragazzo si immobilizzò nel vedere la faccia del sovrano paonazza come in un colpo apoplettico, la bocca storta da un lato, mentre suoni strani, strozzati, uscivano dalla sua gola. La musica continuava, a quanto pareva nessuno si era accorto di niente. Un occhio era chiuso, l'altro roteava in un'espressione di panico, come se il re non capisse che cosa gli stava accadendo o perché il suo servitore lo scrutasse così e le sue labbra formavano chissà quali parole. Poi Edward fece un colossale balzo in avanti, mandando il servitore a gambe all'aria, la sedia cadde e il re finì sul pavimento di legno della piattaforma emettendo un grande lamento, che sembrava non dover finire mai.

Edward era seduto sul letto, le gambe invisibili sotto la magnifica sovraccoperta porpora e oro. Il volto era tornato quello di sempre, ma il braccio destro, ancora debole come quello di un bambino, era fonte di grande inquietudine per lui. Se avesse perso l'uso del sinistro gli sarebbe stato più facile sopportarlo, ma il destro gli aveva fatto superare tutte le grandi prove della vita e detestava vederlo così, ripiegato e molle. I medici di corte avevano detto che esisteva una speranza che riprendesse qualche movimento, ma uno di loro non era stato d'accordo e aveva proposto di amputarlo. Quest'ultimo era stato licenziato seduta stante.

Negli appartamenti reali di Westminster, il sovrano, nel letto dove un tempo aveva visto giacere Enrico di Lancaster, ogni mattina passava del tempo a stringere e allargare il pugno destro e gli sembrava di aver notato un miglioramento, gli sembrava di riuscire a tenerlo chiuso sempre più a lungo. Non lo aveva detto ai medici, non ancora, voleva che quei bastardi pieni di dubbi lo vedessero impugnare di nuovo la spada.

«Bene, sono pronto!» chiamò. Il maestro di camera si inchinò profondamente e scomparve per parlare con i visitatori in attesa; Edward brontolava per la presenza di Alfred Noyes, che a suo dire lo assillava con le sue premure, ma dentro di sé era contento di avere intorno quell'uomo per tenere a bada quanti venivano a vedere il re. Dal giorno del collasso, Edward si stancava facilmente e non gli piaceva ammetterlo.

Si rallegrò nel vedere il fratello.

«Richard! Come mai Alfred ti ha lasciato fuori con gli altri? Tu sei sempre il benvenuto, naturalmente.»

Richard sorrise mentre Edward scuoteva la testa come se volesse rimproverare il suo servitore: niente cambiava mai.

«Mi fa piacere vederti così in forze, Edward. Le tue cameriere mi hanno detto che stanotte sei caduto un'altra volta.»

Una contrazione rabbiosa attraversò il volto di Edward.

«Farebbero meglio a tenere il becco chiuso! Quale gallina ha starnazzato?»

«Da me non lo saprai, fratello» disse Richard, l'espressione ancora guardinga. «Si preoccupano per te, ecco tutto.»

In quel momento Richard improvvisamente si rese conto che suo fratello non poteva più costringerlo a parlare. Il loro rapporto era cambiato e si stava definendo in modo nuovo. Credette di aver visto la stessa consapevolezza balenare negli occhi di Edward, ma fu solo un lampo che si dileguò immediatamente.

«Sono caduto perché non ho molto equilibrio, tutto qui. E non posso fare niente per migliorarlo.»

«Non puoi attaccarti a qualcosa?»

«No.» Edward era cupo in volto. «Cado senza accorgermene o quasi. Ormai sono coperto di lividi. Se potessi allungare una mano per sostenermi, lo farei, credimi.»

«E hai smesso di bere? I dottori dicono che il tuo smisurato appetito non ti ha aiutato, perché ha fatto peggiorare la gotta e infiammato il fegato.»

«Oh, mi sono comportato bene, non temere» rispose Edward irritato. Ma si pentì della sua irritazione, pensando che Richard era venuto a trovarlo quasi ogni giorno da tre mesi a quella parte, più spesso perfino di sua moglie e dei suoi figli, anche se era vero che i bambini lo esasperavano al punto che finiva per cacciarli con qualche urlaccio, cosa che forse non li incoraggiava a fargli visita.

Lui e Richard erano stati vicini fin da prima della corona, prima della moglie, prima della nidiata di figli, tanto che qualche volta Edward pensava che soltanto Richard riuscisse a capirlo veramente. E non era un pensiero molto piacevole.

«Richard, ho messo il mio sigillo su alcuni documenti e

li ho mandati al parlamento. Là, in quella borsa, c'è una copia per te nel caso che io muoia.»

Il fratello sbuffò.

«Davvero? A quarant'anni? Uomini più vecchi di te si sono ripresi dai colpi apoplettici, fratello. Tu sei un po' ingrassato intorno ai lombi, è vero...»

«Poco.»

«E non facevi che tracannare quel micidiale Armagnac come se fosse acqua. Una bottiglia al giorno? Due?»

«Per me è come latte materno,» si giustificò Edward «non potrei farne a meno.»

Richard ridacchiò al tono risentito del fratello.

«Edward, io avevo otto anni quando tu già riconquistavi il regno. Sono andato in esilio con te, ho combattuto al tuo fianco e ti ho visto trionfare su tutti i tuoi nemici. Ho sempre avuto fiducia in te e ce l'ho ancora.» Vide che Edward stava per interromperlo e alzò la mano, sedendosi sul bordo del letto. «Per me sei stato un secondo padre oltre che un fratello maggiore, lo sai. Io sono *sempre* dalla tua parte. Perdio, ormai dovresti saperlo! Non sono forse partito per quella folle avventura in Scozia? "Vai a nord, Richard! Metti sul trono il mio Albany e avremo conquistato la Scozia!" E io sono andato, anche se sapevo che era una pazzia..» Richard rise, gli occhi pieni di luce: «Perdio, io farò qualsiasi cosa tu voglia, Edward, perché sei tu a chiedermelo. Hai capito? Non intendo parlare della tua morte, ecco tutto.»

Edward allungò la mano sinistra e strinse goffamente le dita del fratello, un memento per entrambi di come fosse menomato il re, tanto che Edward evitò di guardarlo in faccia mentre parlava: «Certe cose te le devo dire lo stesso. No, ascoltami. Con questi documenti ti nomino lord protettore. Nostro padre aveva preso quel titolo la prima volta che re Enrico si era ammalato, molti anni fa. Ti conferisce l'autorità di cui avrai bisogno per importi su tutti gli altri. Sarai re in tutto tranne che nel nome, ma ne avrai bisogno per proteggere mio figlio Edward.» Alzò la mano per impedirgli di protestare. «*Se* dovessi morire, ti autonominerai reggente fino a quando Edward non avrà raggiunto l'età per regnare. Vorrei... spero che riuscirai a essere buono con lui, non ha sofferto come noi, fratello, e forse per questo ha un carattere così mite. Lo avevo mandato da lord Rivers perché diventasse un uomo, ma non è servito.»

«È tutta una follia ma va bene, d'accordo. Sarò una guida per tuo figlio se le cose dovessero mettersi al peggio. Hai la mia parola, sei contento? Ti trema la mano, forse dovresti dormire? Devo andare? Tua moglie è qui fuori che aspetta di entrare.» Edward girò la testa dall'altra parte sul cuscino, agitando la mano in aria.

«Viene solo quando ha qualcosa da chiedermi, qualche fronzolo o un posto o un titolo, un pezzo di terra per mettere fine a una disputa e far felice uno dei suoi cugini. Qualche volta credo... non importa, sono stanco, Richard. E ti ringrazio, perché vieni tutti i giorni. Se non fosse per te, parlerei soltanto con delle donne. Mi stufano con le loro chiacchiere. Tu sai quando stare zitto.»

«E quando andare via» mormorò Richard. Vide che suo fratello stava chiudendo gli occhi e si alzò lentamente. Forse avrebbe detto alla moglie di Edward di aspettare fino al mattino, anche se era una donna che accettava difficilmente un no come risposta, era sempre stata così.

Richard si ritirò di buon umore nei suoi appartamenti al castello di Baynard, sulle rive del Tamigi. Fu svegliato all'alba dalla moglie, Anne Neville. La guardò confuso e assonnato quando lei si chinò su di lui e gli prese una mano.

«Mi dispiace, Richard. Tuo fratello è morto.»

XXV

Il vento gelido portava con sé particelle di ghiaccio che tintinnavano contro le armature. Gli uomini a cavallo non portavano stendardi come avrebbero fatto su un campo di battaglia; della dozzina che accompagnavano il conte di Rivers e il ragazzo a lui affidato tre indossavano la livrea del conte e i restanti nove erano venuti da Londra. Il dodicenne principe, alto e sottile, era un giunco in mezzo a querce su quella strada. La notizia della morte di suo padre li aveva raggiunti soltanto il giorno precedente e lo si capiva dall'espressione dei loro volti: nessuno si era aspettato che quell'albero potesse cadere. In quanto figlio maggiore ed erede, Edward era diventato re in quello stesso momento e se col tempo sarebbe stato circondato da tutto ciò che contornava sempre un sovrano, per ora era come se niente fosse successo mentre si affrettavano a tornare a Londra. Non sarebbe stato incoronato prima di comparire davanti all'arcivescovo di Canterbury e a tutti i suoi lord.

La sera prima Edward aveva pianto fino a quando il conte di Rivers non lo aveva preso da parte per rivolgergli qualche parola severa. Suo padre non era ancora sotto terra e se la sua ombra ancora indugiava fra loro certamente non avrebbe voluto vederlo piagnucolare. Rivers non era adatto a consolare un bambino, però aveva avuto effetto. Edward si era asciugato gli occhi e da quel momento aveva assunto un'espressione rigida, cercando di non disonorare la memoria del padre.

Il principe si trovava al castello di Ludlow da poco più di un anno, senza contare il Natale precedente, quando aveva visto le sorelle e assistito all'attacco apoplettico del padre. Naturalmente gli era capitato di vedere il re ubriaco piangere o cantare per poi addormentarsi di colpo e russare sdraiato dove capitava, come un grosso orso, ma il giovane Edward non aveva pensato che quello fosse l'inizio della fine, che quel gigante di suo padre non si sarebbe più alzato di scatto ridendo di tutte le loro paure; era impossibile che un uomo così non ci fosse più, nemmeno per dirgli che aveva pochi muscoli e che doveva esercitarsi più spesso con la spada.

Edward scosse la testa come se una mosca gli desse fastidio. Non poteva permettersi di piangere, lo zio Rivers era stato chiaro in proposito. Da quel momento in poi nessuno lo avrebbe più guardato per vedere se stesse diventando un uomo ma solo per verificare se avesse la forza di volontà necessaria a un re. Era un criterio di giudizio totalmente diverso e Edward non poteva che sostenere quello sguardo cercando di nascondere la paura.

«Cavalieri davanti a noi» disse all'improvviso uno degli uomini di suo zio.

L'avvertimento ebbe l'effetto di cambiare la formazione del drappello: due cavalieri si lanciarono in avanti sguainando le spade, mentre il resto si dispose a punta di diamante intorno a Edward, così vicini che nemmeno una freccia sarebbe passata fra loro. Edward sentiva l'odore del loro sudore e dell'olio delle armature e aveva paura, una paura che crebbe quando i cavalieri tirarono le redini, passando dal trotto al passo e poi fermandosi al centro della strada. Scrutando tra le schiene dei cavalieri Edward vide che lord Rivers aveva fatto avanzare di qualche passo il suo grande cavallo da guerra nero.

Al di là del loro piccolo gruppo una linea di cavalieri bloccava la strada, anch'essi con le armature verde scuro o nero ma era difficile distinguere il colore nella luce fioca. Soltanto uno di loro teneva alta una torcia mentre il resto svaniva nell'oscurità. Allungando il collo, Edward vide il conte di Rivers avvicinarsi ai due uomini che venivano verso di lui.

«Fatevi da parte» ordinò con fermezza il conte. Edward vide che lo zio aveva impugnato una mazza dal manico lungo che teneva fissata alla sella. Rivers la fece roteare in aria con un suono sibilante. Non stava minacciando a vuoto ma i due cavalieri di fronte a lui rimasero del tutto indifferenti e, anzi, uno di loro fece un gesto come se volesse afferrare la mazza, senza tuttavia riuscirci. L'altro indicò il giovane Edward e Rivers si chinò in avanti sbraitando infuriato. Cominciò una discussione furibonda e a Edward sfuggì un grido quando uno dei cavalieri spinse il cavallo contro la gamba dello zio, intrappolandola. La mazza si usava meglio a distanza e Rivers inoltre era diventato vecchio e lento senza rendersene conto. La testa di ferro dell'arma si abbatté su uno spallaccio con un terribile schianto. Ma il giovane cavaliere se ne liberò con facilità. Il conte di Rivers fu stordito da un pugno, poi da un altro, il sangue sprizzò e gli occhi si rovesciarono fino a mostrare il bianco. Mentre Rivers cadeva, i due cavalieri sguainarono le spade, imitati da tutti gli altri, e il sordo raschiare metallico la disse lunga sul numero degli uomini in attesa fuori dal cerchio di luce della torcia.

Il capitano delle guardie di Edward si girò sulla sella, sporgendosi più che poté verso il principe.

«Smontate, figliolo. Presto! Nascondetevi fra gli alberi e i cespugli a lato della strada, c'è una possibilità che non se ne accorgano nemmeno. Andate! Noi ci batteremo per trattenerli.»

Edward lo fissò sgranando gli occhi, incapace di muoversi mentre le fila dei cavalieri avanzavano, riempiendo la strada: se mai c'era stata una possibilità di fuga, ora non c'era più.

«Non combattete, sir Derby, per favore. Non voglio che siate ucciso!»

Il cavaliere fece una smorfia, ma era già circondato e con riluttanza chinò il capo e porse la spada con l'elsa in avanti in segno di resa. A un suo cenno, tutti gli altri smontarono, sul volto varie espressioni di frustrazione e di sgomento, e consegnarono le armi, spostandosi poi sul ciglio della strada.

A quel punto Richard di Gloucester venne avanti uscendo dalla seconda fila di cavalieri. Diversamente dagli altri indossava un'armatura che brillava come la luce argentea della luna e gli dava un aspetto magnifico; non portava l'elmo e abbassando lo sguardo sulla figura sottile del nipote, si lasciò sfuggire un gran respiro di sollievo.

«Maestà, sono così contento di essere arrivato in tempo. Oh, Dio, ti ringrazio!»

«Non capisco, zio» replicò Edward. Richard indicò con un gesto i cavalieri che erano venuti da Ludlow con il principe e il suo sguardo si posò sul conte di Rivers che veniva trasportato a lato della strada, ancora privo di sensi ma in vita.

«Alcuni di questi uomini avevano ricevuto l'ordine di non lasciarti arrivare a Londra vivo, Edward. Ringrazio i santi di non essere arrivato troppo tardi per salvarti.»

Aveva alzato la voce parlando e i cavalieri in questione reagirono immediatamente con rabbia e incredulità, gesticolando e gridando finché non furono circondati da un numero molto maggiore di cavalieri armati di spade e di asce. Quella minaccia fu sufficiente a calmarli; uno o due non si erano mossi affatto, comprendendo di aver appena udito pronunciare la loro sentenza di morte.

In quel clamore generale, il conte di Rivers si era ridestato e si stava rialzando, prima in ginocchio poi in piedi, ancora non del tutto saldo sulle gambe; ma da uomo che aveva combattuto nei tornei per tutta la vita, era abituato a riaversi presto.

«Ma che cosa succede?» gridò. «Gloucester? Siete voi, Richard? Lasciatemi passare, milord. Sto accompagnando il principe a Londra per essere incoronato. No, per l'inferno, che cosa sto dicendo? Sto accompagnando il re! Re Edoardo. Allontanatevi e non dirò più niente di questa follia.» Il conte aveva l'aria sospettosa mentre parlava e Richard lo fissò ironico: «Milord, così non va» disse Richard in tono di rimprovero. «Il vostro piano è stato scoperto. I vostri complici vi hanno tradito, hanno rivelato l'orrendo assassinio di mio nipote che avevate ideato.»

«Bastardo mentitore!» esclamò Rivers. Richard scosse il capo con aria mesta.

«Io devo proteggere il figlio di mio fratello, milord. Sarete condotto da qui al luogo dell'esecuzione quale monito per tutti coloro che potrebbero cospirare contro la stirpe reale.»

«Come *osate*, Gloucester? Senza processo? Negandomi il mio diritto di difendermi davanti ai miei pari? Senza nemmeno conoscere le accuse che portate contro di me? Perché qualcuno dovrebbe credere alla *vostra* parola, Richard Plantagenet?»

«Questi sono tempi bui, lord Rivers! Tempi bui. Ho scoperto questa terribile cospirazione prima che fosse troppo tardi o lo spero, perlomeno. Devo muovermi più in fretta che posso per proteggere il legittimo re d'Inghilterra, il figlio di mio fratello, così che possa essere incoronato.» Allungò la mano verso il dodicenne che assisteva a quella scena spaventato e confuso.

«Vieni qui ragazzo mio» disse con dolcezza Richard. «Con me sarai al sicuro.»

Quando era molto giovane, Elizabeth Woodville sapeva di un luogo segreto sulle terre di suo padre, una pozza profonda circondata da pareti di roccia ricoperta di muschio. Era un divertimento estivo per lei e i suoi fratelli e sorelle correre per miglia nelle brughiere del Northamptonshire, una banda allegra e rumorosa. Correvano fino a ridursi accaldati e grondanti di sudore e poi, senza fermarsi, si gettavano nella pozza, un tuffo altissimo nell'acqua verde e limpida giù in basso. Il resto del pomeriggio lo passavano a far asciugare i vestiti sulle pietre lisce e a prendersela con il più piccolo che si era tuffato con il cesto della merenda rovinando tutte le vivande. Tutto si confondeva in un unico ricordo nella memoria di Elizabeth, ma ciò che ricordava perfettamente era la corsa, il salto nel vuoto, la sensazione di precipitare e la paura.

Quella stessa paura le contrasse lo stomaco nell'apprendere ciò che aveva fatto Richard di Gloucester. Il messaggero, un giovane che aveva appreso una notizia che giudicava importante per lei, era venuto di sua iniziativa, correndo a perdifiato sulla strada per Londra. Lei gli aveva dato due monete d'oro con il volto del marito inciso nel metallo e il ragazzo, felice, era inciampato cercando di inchinarsi e indietreggiare allo stesso tempo.

Elizabeth rimase seduta, contemplando il panorama di Londra dalle grandi finestre degli appartamenti reali del palazzo di Westminster. A Windsor il cadavere di suo marito indossava una veste bianca e la sua armatura per l'ultima volta. Si era recata là per pregare e baciargli la guancia fredda tenendogli le mani tra le sue, anche se sembravano di cera senza il sangue caldo nelle loro vene. Edward le era parso meno gigantesco nella morte, privo della scintilla della vita. Ma era stato una parte così grande della sua giovinezza e delle sue speranze che le si spezzava il cuore vederlo così. Non sarebbe mai invecchiato.

Si toccò il ciondolo che portava al collo, un medaglione d'oro con una ciocca dei suoi capelli che era riuscita a tagliare di nascosto con le sue forbicine d'argento. L'aveva legata con un nastrino e la confortava sapere che era lì.

Si alzò, battendo le mani con forza, e due delle sue cameriere, in gonna e bluse linde e ben stirate, comparvero immediatamente e le fecero l'inchino.

«Mi raccomando, non fate confusione,» disse Elizabeth «dovete soltanto radunare le ragazze e il piccolo Richard, che deve essere in giardino da qualche parte. Portatemeli qui e riferite a Jenny che avrò bisogno di preparare il bagaglio per tutti. Dovrete fare molto in fretta, veloci e silenziosi, come se stessimo scappando di casa. Mi avete capito? Posso fidarmi della vostra discrezione? Non voglio mettere in agitazione tutto il palazzo e mezza Londra.»

«Certamente, signora» assicurarono entrambe, facendo di nuovo la riverenza. Elizabeth annuì per congedarle e le ragazze si affrettarono a uscire.

Elizabeth aveva dodici anni di più rispetto all'ultima volta in cui aveva chiesto asilo nell'abbazia, anche se ricordava perfettamente quei cinque mesi trascorsi con i monaci, ai quali, per altro, non aveva mai pensato fino a quel momento, una cosa che non le faceva onore. Frate Paul era forse ancora il frate di guardia? Quel grosso toro infuriato che era stato suo marito lo aveva scaraventato a terra per liberarsi di lui quando era venuto a prenderla, ricordò Elizabeth, richiamando alla memoria un po' della gioia di un tempo ora unita sempre al dolore. Come era possibile che Edward non esistesse più? Come era possibile non udire più la sua voce roboante, non sentirlo più discutere o guardarlo stupita mentre prendeva a calci gli oggetti che gli intralciavano il passo? Nonostante quella sua presenza rumorosa e prepotente, nonostante la sua riluttanza a lavarsi, lo aveva amato; anche se forse non quanto avrebbe dovuto, chissà. Ma era un fatto privato tra loro e lei gli aveva dato dieci figli, il che per la maggior parte della gente voleva dire averlo amato a sufficienza. Aveva visto quanto la morte della figlia Mary lo avesse addolorato l'anno prima, sebbene avesse cercato di mostrarsi freddo e insensibile, dicendo a tutti che la morte faceva solo parte della vita.

All'improvviso si accorse che stava piangendo, così all'improvviso che i figli, entrando, la trovarono che si premeva un fazzoletto sugli occhi. La giovane Elizabeth le venne vicino immediatamente, abbracciandola e facendola sorridere tra le lacrime e gli altri le si strinsero intorno cercando di abbracciarla a loro volta, così che tutti insieme formarono un intrico di braccia. Cinque figlie sopravvissute e il piccolo Richard. Dio l'aveva benedetta senza misura, si rese conto: se solo fosse riuscita a farli restare vivi!

La più piccola, Bridget, aveva solo tre anni ed era entrata trotterellando per mano alla balia. Elizabeth sorrise alla ragazza dalle guance rosee, che si scostava una ciocca di capelli dalla fronte con una mano mentre con l'altra allontanava abilmente la bambina dal caminetto.

«Lucy e Margaret ti hanno informato, cara?» le domandò Elizabeth. «Ho bisogno di far preparare delle borse con vestiti e giocattoli per tutti senza perder un istante. Tra un'ora deve essere tutto pronto.»

«Devo far venire le carrozze, mia signora?»

«No, cara. Porterò i ragazzi a piedi all'asilo dell'abbazia. Sfortunatamente conosco la strada.»

Elizabeth consolò le figlie Cecily e Catherine mandandole a prendere le loro bambole e i balocchi più importanti, quelli da cui non potevano assolutamente separarsi; le bambine tornarono di corsa cariche di giochi da mettere nelle borse che venivano preparate dai servitori accorsi a dozzine dalle cucine e dalle botteghe per trasportare il bagaglio.

Elizabeth ebbe modo di starsene da parte, guardando un'altra volta il panorama dalla finestra. Richard di Gloucester aveva salvato suo figlio Edward da un complotto contro la sua vita. Questo le aveva detto il messaggero. Il giovane corriere era stato felice di essere il primo a darle la notizia, che però aveva stretto il cuore di Elizabeth in una morsa, la stessa sensazione di quei momenti lontani in aria sopra la pozza d'acqua mentre cadeva, cadeva...

Conosceva così bene suo fratello Anthony Woodville, conte di Rivers, che la sola idea di un suo complotto contro i figli della sorella l'aveva fatta quasi sorridere. Anthony adorava tutti loro ed era stato assolutamente fedele e devoto a Edward anche quando i Neville di Warwick si erano abbarbicati al re come piante rampicanti pallide e pungenti. A dispetto di quanto le era stato riferito, Elizabeth non dubitava minimamente della lealtà del fratello. Ciò significava che era in pericolo e che suo figlio e suo fratello forse erano già perduti.

Si morse il labbro tanto che le si gonfiò come se avesse ricevuto un colpo.

Richard Plantagenet, duca di Gloucester, si era rivelato un pericolo. Peggio ancora, lei non se ne era accorta. L'adorazione di Richard per il fratello era sembrata così sincera e senza malizie che lei non aveva avvertito nessuna minaccia da parte sua. Il pensiero del giovane Edward in mano a Gloucester, in sua *balìa*, le mozzava il respiro mentre lottava per non farsi prendere dal panico.

Il suo sguardo cadde sul suo secondo figlio, il piccolo Richard, che stava sorridendo di qualcosa che aveva detto o fatto la sorella Cecily. Mentre sua madre lo osservava, Richard dette una spinta a Cecily, facendola cadere su una pila di borse. Strillando, la bambina gli corse dietro per raggiungerlo, mentre il ragazzo, ridendo, urtava tutti i servitori che entravano e uscivano. Elizabeth temeva per tutti loro.

«Più in fretta, per favore» ordinò ai servitori. «Credo che andrò avanti con i miei figli. Seguiteci con il resto dei bagagli.»

Elizabeth prese per mano Richard che gli correva accanto, strattonandolo. Il bambino, che a nove anni sapeva essere sguaiato come un mozzo di stalla perfino con sua madre, questa volta aveva avvertito che c'era qualcosa di grave in aria e rimase fermo in attesa di chissà quale terribile punizione. Ma sua madre aveva capito che era inutile punirlo, perché il bambino assorbiva tutto come una spugna e riusciva benissimo a dare l'impressione che non gliene importasse nulla. Ogni volta che gli dava uno scappellotto si faceva più male alla mano di quanto non ne facesse a lui e il risultato era che non lo batteva più. *Minacciava* di suonargliele. Naturalmente, a sua volta il ragazzino faceva finta di prenderla sul serio.

Sentì la mano di Richard muoversi nella sua e la strinse con più forza. Il giovane Edward era stato tanto più facile da tirar su di questo diavoletto, pensò. Dio, fa che viva, ti prego, fa che sopravviva a suo zio.

«Andiamo, bambini, tutti quanti» disse Elizabeth in tono fermo. «Prendi tu in braccio la piccola Bridget, vuoi, cara? È troppo lontano per lei e non possiamo aspettare.»

Con tutti i suoi piccoli Plantageneti che la seguivano come anatroccoli, a testa alta, Elizabeth uscì dal palazzo, diretta per la seconda volta all'abbazia al di là della strada e alla piccola fortezza che era un rifugio e una prigione insieme. Camminando pregava e per tutto il tempo cercava di trattenere il pianto.

Richard di Gloucester ritornò a Londra alla testa di duecento cavalieri, uomini in grado di allontanare con la forza ogni minaccia sulla loro strada. Lord Buckingham li aspettava con altri quaranta uomini a Moorgate per tenere aperta la porta e il risultato fu che Gloucester entrò in città senza rallentare, al piccolo trotto, anche se i londinesi furono costretti a scappare di qua e di là per non essere travolti. Richard aveva imparato dall'esperienza, sapeva che gli errori del passato potevano essere evitati e ricavava una cupa soddisfazione dal programmare le sue mosse contro gli ostacoli ancor prima che questi si presentassero. Si era reso conto che la vita scorreva molto meno faticosamente così. Ebbe un attimo di tempo per fare un cenno a Buckingham prima di sfrecciargli accanto.

Niente liberava una strada tanto facilmente quanto il frastuono rimbombante di duecento cavalli che avanzavano veloci, condotti da possenti cavalieri. Il re non ancora incoronato procedeva al centro della colonna in sella alla sua cavalcatura, a testa bassa e guardando fisso davanti a sé mentre il drappello attraversava la città diretto alla Torre.

Gloucester era il lord protettore e in un momento di crisi la sua parola era quanto di più simile alla legge esistesse in Inghilterra. Aveva mandato avanti tre uomini al galoppo sfrenato nelle vie sempre più strette di Londra per urlare ai venditori e ai passanti di togliersi di mezzo se non volevano essere calpestati. Grida di dolore si levavano al passaggio della colonna, il rimbombo degli zoccoli più cupo quando i primi cavalieri ebbero raggiunto il selciato, uno strepito che cresceva sempre di più man mano che i cavalli lasciavano il fango e incontravano i ciottoli.

Le guardie alla porta della Torre li avevano visti arrivare; i messaggeri inviati da Richard avevano eseguito il loro compito e anche lì l'accesso era libero. Era quasi un piacere vedere che tutto andava al suo posto come ogni pezzo di un mosaico.

Il lord protettore e il giovane re a lui affidato attraversarono il ponte levatoio e la porta ed entrarono rumorosamente nel cortile, addentrandosi in direzione della Torre bianca per dare a tutti la possibilità di smontare dalla sella e fermarsi ansanti.

Richard scese a sua volta da cavallo e si avvicinò al nipote seduto sulla sua cavalcatura, che sembrava ancora vogliosa di saltare dopo la corsa terrorizzante nel labirinto di strade. Il lord protettore accarezzò il muso dell'animale, calmandolo, e forse rassicurando anche il suo spaventato cavaliere.

«Ecco qua, sei al sicuro adesso. C'è un appartamento reale che non è stato usato da anni. Tuo padre preferiva abitare nel palazzo di Westminster, anche se io ho sempre preferito la Torre.»

«Dov'è mia madre? Dove sono i miei fratelli?» la voce di Edward si spezzò, sebbene il ragazzo cercasse con tutte le sue forze di essere coraggioso. Richard gli tese le mani e lo aiutò a smontare di sella togliendogli qualche traccia di fango dalle guance e dalle spalle.

«Non posso dirti che sono salvi, Edward, non ancora. Quando ho saputo del complotto contro di te sono partito a cavallo per il Nord più in fretta che ho potuto, volevo salvarti per primo. Tu sei l'erede, il re.»

«Ma troverai anche loro, vero? Li porterai da me?»

«Farò del mio meglio, Edward, sì» assicurò lo zio. «Questo te lo prometto. Ora vai con questi cavalieri e fa perquisire le stanze prima di entrare. Non avere paura figliolo! Mi preoccupo per nulla, lo so, ma sarò tranquillo quando sarai incoronato, non prima.»

Batté la mano sulla spalla del nipote e gli depose un bacio sulla testa. Mentre veniva condotto via da quegli sconosciuti, Edward si girò a guardarlo, cercando di apparire coraggioso tra quelle mura di pietra che incombevano tutto intorno a lui.

XXVI

Richard di Gloucester passeggiava su e giù, così che i sei uomini seduti al lungo tavolo erano costretti a girare la testa di qua e di là per guardarlo. Erano convenuti nella Camera Dipinta al palazzo di Westminster su sua richiesta: nonostante il loro importante ruolo erano stati costretti a ubbidire al lord protettore, che ora stava andando avanti e indietro con le mani allacciate dietro la schiena come un maestro di scuola. Richard indossava un bel farsetto nero e oro sopra le calzebrache, al fianco la spada dall'elsa d'argento. A trent'anni era ancora uno spadaccino temibile che irradiava intorno a sé un senso di pericolo imminente. All'arcivescovo di Canterbury ricordò il suo gatto, al punto che quasi cercò una coda che si agitasse mentre Richard gli passava davanti. Ma pensò bene di restare immobile.

Come lord protettore a Richard di Gloucester era stato dato un potere senza limiti chiari, o meglio, con i limiti che poteva darsi egli stesso nei casi di emergenza, il che poi era la stessa cosa. I documenti che recavano il gran sigillo di suo fratello erano stati depositati in parlamento e negli archivi della Torre giorni prima della morte del re. L'autorità di Richard non poteva essere messa in dubbio. La causa della sua irritazione era dunque che quell'autorità non gli era stata ancora riconosciuta, tre membri del Consiglio seduti ora a quel tavolo rispondevano a un'autorità più alta perfino del gran sigillo d'Inghilterra e del lord protettore.

Richard si fermò all'improvviso, fulminandoli con uno sguardo che era di per sé un'accusa. A ottant'anni suonati l'arcivescovo Bourchier di Canterbury, un vecchio dalle enormi sopracciglia bianche che aveva conservato tutte le sue facoltà mentali, comunicava perfettamente con l'arcivescovo Rotheram di York con una sola occhiata. Era una cosa rara che i due ecclesiastici più anziani della Chiesa d'Inghilterra fossero convocati insieme, a meno che non si trattasse di incoronare un re, e pareva che entrambi sapessero perfettamente quale fosse la posta in gioco.

Lord Buckingham si trovava lì per appoggiare Richard contro gli altri, per dare il suo voto o semplicemente per unire la sua voce ad altre per avere la meglio in una discussione. A ventinove anni il giovane Buckingham aveva fatto la sua comparsa sulla scena del nuovo potere a Londra e sembrava disposto a farsi menare per il naso da Richard, che aveva più o meno la sua età, decise l'arcivescovo; forse quei due condividevano una sensibilità, un'affinità o una consapevolezza che alcune barbe bianche in quella sala avevano dimenticato. Oppure Buckingham aveva semplicemente visto un'opportunità di migliorare il suo stato, come uno scommettitore che avesse puntato tutto su un particolare cane in un combattimento.

Né a Richard di Gloucester, né all'arcivescovo Bourchier piaceva il vescovo di Ely, John Morton, troppo mondano per essere gradito all'arcivescovo e troppo religioso per piacere ai lord. In ogni caso Morton era intelligente, tanto da mettere in pericolo se stesso.

Allo stesso modo Richard non aveva eccessivo sostegno dal barone Hastings, ancora lord ciambellano fino a quando il nuovo sovrano non ne avesse scelto un altro. Hastings era stato al loro fianco nelle battaglie di Barnet e di Tewkesbury e il vecchio somaro avrebbe dovuto schierarsi con Richard, argomentare a suo favore, non starsene lì a braccia conserte scrutando tutti quanti come una vecchia lavandaia. Era una cosa che faceva infuriare Richard.

L'ultimo degli uomini seduti a quel tavolo era Thomas, lord Stanley, dalla barba ancora scura, lunga tanto da arrivare alla superficie del tavolo, quasi quanto quelle degli arcivescovi. Richard sorrise a quell'uomo ricchissimo che era stato un sostenitore di suo fratello negli ultimi anni del suo regno. Stanley aveva ottenuto che la Francia pagasse settantamila sterline all'anno per non essere invasa di nuovo. Al barone niente piaceva tanto quanto parlare del suo esercito privato che manteneva durante tutto l'anno come aveva fatto Warwick molti anni prima. Costava una fortuna a Stanley, che tuttavia era stato particolarmente abile nel raccogliere oro nei suoi forzieri, tanto da meritare rispetto anche solo per questa sua capacità; Richard infatti intendeva blandire Stanley, così da attirarlo dalla sua parte e beneficiare delle sue doti come aveva fatto suo fratello.

La Camera Dipinta era lunga un'ottantina di piedi e larga trenta, con spazio sufficiente da terra al soffitto a volte per rimandare l'eco delle conversazioni e faceva quindi uno strano effetto vedere tanti uomini di potere guardarsi l'un l'altro a disagio in silenzio anziché rispondere alle domande. Hastings e Stanley, in particolare, sembravano propensi ad affidarsi agli ecclesiastici, sebbene i tre si fossero dimostrati incapaci di rispondere.

«In questa stanza,» stava dicendo Richard «io vedo riuniti davanti a me alcuni tra i più importanti uomini di Chiesa di tutta l'Inghilterra. Gli arcivescovi di York e di Canterbury e un vescovo famoso per la sua finezza intellettuale. Mi sarei immaginato di essere sommerso da argomentazioni dotte e da sentenze, non costretto a sorbirmi questo silenzio imbarazzante. Forse avrei dovuto chiedervi quanti angeli possono danzare sulla punta di uno spillo o quale sia l'esatta natura della Trinità. Forse allora non sareste stati zitti.» Richard si sporse sul tavolo. Non a caso proprio di fronte al vescovo di Ely. Di tutti i presenti Morton era certamente il più intelligente. Richard aveva saputo che era il favorito per il posto di arcivescovo di Canterbury, quando fosse stato vacante, e perfino per diventare cardinale a Roma.

Il vescovo si schiarì la voce sotto lo sguardo scrutatore degli occhi troppo chiari del lord protettore. Morton non aveva alcun desiderio di formulare regole che un domani avrebbero potuto essere dichiarate errate o illegali, ma era chiaro che nessun altro si sarebbe fatto avanti per dire qualcosa in proposito.

«Milord, per quanto mi è dato di sapere *non* esistono eccezioni alla protezione offerta ai richiedenti asilo. Voi dite di essere stato informato di una minaccia contro il giovane principe di York nell'abbazia di Westminster, dove si trova con sua madre e le sue sorelle.»

«Lo dico perché è vero, vostra grazia» ribatté Richard seccamente. Previde l'obiezione ancor prima che fosse formulata: «Sì, così avete detto. La difficoltà non sta nell'accertamento da parte mia di questa minaccia, come sto cercando di spiegare. Nella legge canonica non esistono eccezioni nel diritto di asilo una volta concesso o accettato. Anche se il principe fosse realmente in pericolo e quel pericolo potesse essere scongiurato conducendo il principe fuori dal luogo dove ha trovato asilo... mi dispiace, milord. Non esiste la possibilità di farlo. Io sarei felice di scrivere a Roma, naturalmente, per chiedere consiglio e guida in materia».

«Io dico che al momento di ricevere una risposta la questione sarebbe già stata risolta in un modo o nell'altro» affermò brusco Richard. Sentì che la rabbia gli faceva accelerare il respiro mentre osservava il vescovo protendere le mani come se volesse scusarsi.

«Il ragazzo ha nove anni» disse Richard all'improvviso. «Sua madre ha chiesto asilo all'abbazia di Westminster per sé e per i figli senza rendersi conto dei pericoli che forse avrebbero dovuto affrontare. Nella Torre ho centinaia di guardie e le mura sono alte, mentre nell'abbazia basterebbe una mezza dozzina di uomini per scalare quelle poche pietre. Perciò ora dovete dirmi perché non posso portare via da lì il *mio proprio nipote* per la sua sicurezza. Se vi serve una decisione da parte della Corona, allora io decreto che sua madre ha protetto *se stessa* quando si è recata là. I suoi figli non sono coperti dall'ombra dell'asilo, come potrebbero»?

«Si trovano all'interno di quelle mura» disse a un tratto l'arcivescovo di Canterbury, raddrizzandosi sulla sedia. «Hanno attraversato il confine. Non importa se la loro madre intendesse solo portarli con sé o cercasse di proteggere anche loro. L'edificio dell'asilo è terreno consacrato, destinato alla protezione di chi è oppresso dai nemici. È una tradizione antica e preziosa, una tradizione che certamente non può essere messa da parte quando non fa comodo.» Molto agitato, l'arcivescovo muoveva la bocca come se avesse qualcosa fra i molari. «Se il principe è minacciato da qualcosa di così terribile, potete cercare di persuadere sua madre ad affidarlo a voi. Ma *non* potete entrare nell'asilo, né voi, né nessun altro uomo armato. Certamente non potete prelevare il ragazzo con la forza.»

Richard scosse la testa, esasperato e divertito al tempo stesso, pensando alla persona che lo stava sfidando, un vecchio che non avrebbe dovuto avere nemmeno la forza di aprire bocca per protestare.

«Vostra grazia, anch'io ho un figlio più o meno della stessa età. Se fosse circondato da uomini decisi ad assassinarlo e se avessi l'opportunità di salvarlo, io oserei fare di tutto, lo strapperei perfino dalle braccia di sua madre.»

«E sareste dannato per l'eternità.»

«Sì, vostra grazia, sarei dannato ma avrei salvato mio figlio. Capite, ora? Questo Richard è figlio di mio fratello. Ogni giorno che passa si sentono voci di nuovi complotti, ma io non posso tenerlo al sicuro in un luogo dove soltanto gli uomini perbene non osano entrare! Sì, il giovane Edward è all'interno della Torre con cento uomini a difendere quelle mura e a sorvegliarsi a vicenda. L'assassino più abile non potrebbe raggiungere Edward dove stanotte poserà il capo, ma suo fratello? Pochi monaci non fermeranno gli uomini malvagi, vostra grazia!»

«Credo di comprendere» disse il vecchio, tirandosi la barba in un gesto abitudinario. «Voi volete proteggere il ragazzo; e forse dare ai due fratelli il conforto della presenza reciproca.»

«Nella fortezza più sicura d'Inghilterra, sì, vostra grazia. Mio fratello mi ha fatto lord protettore e ha lasciato alla mia protezione tutto ciò che aveva: i suoi beni, i suoi eredi e il suo regno. Io vi chiedo soltanto di recuperare la parte mancante di queste tre cose prima che sia versato altro sangue.»

Il vecchio sussultò alle ultime parole di Richard, non del tutto pronto a chiedere se si trattasse di una minaccia o di un'allusione ai complotti menzionati da Richard. L'arcivescovo non riusciva nemmeno a immaginare l'orrore e la condanna che avrebbe dovuto affrontare se il bambino fosse stato massacrato con sua madre e le sue sorelle. Ciò nonostante, anche solo ammettere che l'asilo non garantiva una protezione contro un assalto di uomini armati, avrebbe significato indebolire l'autorità della Chiesa.

Rimase a lungo in silenzio mentre il disagio aumentava nella sala, poi finalmente l'arcivescovo Bourchier annuì e smise di tormentarsi la barba.

«Entrerò nell'asilo, milord. Entrerò e parlerò con la regina Elisabetta di suo figlio. Se rifiuterà, non potrò fare altro.»

«Vi ringrazio, vostra grazia, sono certo che sarà sufficiente» affermò Richard.

Nel buio l'arcivescovo di Canterbury trovò la strada alla luce delle torce. Non portava la mitria, né il pastorale, non riuscendo più a sostenerne il peso ormai da un anno. Si appoggiava invece a un bastone di legno di quercia con il pomo di cuoio mentre avanzava sul selciato bagnato e luccicante, fissando davanti a sé l'edificio dell'asilo con l'abbazia alle spalle.

L'arcivescovo Bourchier aveva trovato poco che gli piacesse in Richard di Gloucester, anche se probabilmente era da ammirare per la cura che si prendeva dei nipoti; non aveva però quasi nominato Elizabeth Woodville e le figlie. Ovviamente queste non potevano ereditare il trono, la stirpe femminile era la più debole delle due e lo era sempre stata fin dai tempi del paradiso terrestre. L'arcivescovo Bourchier annuì, pensando a tutto il male che le donne avevano causato da allora. Povere creature ottenebrate, disse a se stesso; tranne sua madre, naturalmente, una donna severa e ammirevole, piuttosto manesca ma così orgogliosa quando suo figlio aveva preso gli ordini da non riuscire quasi a vedere tanto era accecata dalle lacrime.

Più avanti, lungo la strada, l'arcivescovo intravide uno scintillio di armature, figure simili a scarafaggi che si allontanavano brulicanti dalla luce delle torce. Esitò, non volendo avvicinarsi e contento di avere un momento per riprendere fiato davanti a tutti quei giovani che non conoscevano le debolezze della tarda età.

«Chi è là?» domandò puntando il bastone. «Vicino all'asilo dell'abbazia? Chi sono quegli individui violenti?»

«Gli uomini di lord Gloucester, vostra grazia» gli rispose qualcuno del suo seguito. «Si parla di un assassino proveniente dalla terra dei turchi o dei tartari.»

L'arcivescovo Bourchier si toccò la croce pettorale, traendo conforto dal minuscolo frammento della vera croce che conteneva. In vita sua aveva letto molto e sapeva dell'esistenza di quegli uomini e della loro crudeltà. Con aria decisa strinse con più forza il pomo del bastone. Riusciva ancora a fare la sua parte.

«Andiamo, signori» disse.

Raggiunse l'asilo camminando con l'ostinazione di un mastino, curvo sul bastone ma senza mai rallentare finché non fu davanti alla porta e non ebbe visto il giovane monaco che lo scrutava dallo spioncino. Due uomini in cotta di maglia si fecero da parte per lasciarlo passare, restando in attesa. L'arcivescovo Bourchier vide che i soldati del lord protettore erano disposti in fitti ranghi in ogni direzione, probabilmente intorno all'edificio vi erano duecento armati e presumibilmente altri nelle vicinanze pronti a dar loro il cambio. Il vecchio poté rendersi conto così di quanto costasse al lord protettore dover difendere due luoghi di Londra distanti un miglio l'uno dall'altro.

Non appena entrato, guardò con una certa preoccupazione le scale, ma si sentì sollevato quando un monaco lo guidò lungo un corridoio dalle pareti rivestite di legno lucido al pianterreno. Non aveva mai messo piede in quel luogo e ne era affascinato. La maggior parte delle piccole chiese o cappelle metteva un limite alla permanenza dei criminali che chiedevano asilo, in genere un mese o quaranta giorni al massimo, dopodiché questi potevano scegliere l'esilio. Un limite necessario, l'arcivescovo lo comprendeva bene, altrimenti ogni inverno sarebbero stati sommersi da poveracci che avevano contravvenuto a qualche legge; la protezione offerta dall'abbazia di Westminster, però, una volta concessa, non aveva restrizioni. Un luogo simile era un faro di civiltà, pensò l'arcivescovo, una luce splendente.

Il vecchio aggrottò la fronte ricordando l'abbazia di Tewkesbury, che Edoardo aveva invaso per uccidere quanti vi si erano rifugiati, infrangendo un impegno sacro e una delle tradizioni più antiche della Chiesa. Dopo quel delitto l'intero edificio e i suoi terreni avevano dovuto essere riconsacrati: non sarebbe bastato lavare il sangue dalle pietre, ma anche i peccati mortali commessi entro quelle mura. Negli anni successivi il re aveva speso una fortuna per riparare al mal fatto. L'arcivescovo Bourchier era rimasto piuttosto male quando la Chiesa aveva accettato quelle enormi somme, parendogli cosa alquanto ignobile, data la gravità dell'atto compiuto.

Questi erano i pensieri dell'arcivescovo quando entrò nella stanza dove lo attendevano la regina Elizabeth e i suoi figli. Lo sguardo del vecchio passò dall'uno all'altro finché non si fermò su Richard di York, il titolo che gli era stato conferito dal padre alla nascita insieme a quello di conte di Norfolk e di Nottingham.

Richard, di nove anni, era ben fatto, notò l'arcivescovo, senza le cicatrici del vaiolo o altri segni di malattie, anche se forse avrebbe potuto ancora ammalarsi. Era quella la grande contraddizione della vita: essere segnati dalle malattie voleva dire sopravvivere, mentre la morte poteva portarsi via gli altri per quelle stesse malattie. Sì, nel riso dei bambini si nascondeva la morte, come ogni genitore sapeva molto bene.

Questi particolari bambini formavano un gruppo molto attraente, osservò l'arcivescovo mentre gli veniva sistemata una sedia con i braccioli accanto al fuoco scoppiettante, sedia dove si lasciò cadere con sollievo. Accettò, sorridendo, una ciotola di noci e dell'acquavite contro il freddo della notte e, appoggiandosi allo schienale, ricordò i tempi nei quali nelle sue vene circolava tanto sangue da farlo sudare, quando non era ancora un vecchio rinsecchito.

«Vostra grazia, siete davvero il benvenuto» gli disse Elizabeth. «Sapete qualcosa dei soldati che circondano questo edificio? Non vogliono parlare con me e ormai da giorni non lasciano entrare o uscire nessuno. Non so più niente di quel che succede là fuori.»

«Forse dovreste mandare via questi cari, bellissimi bambini, mia signora, non pensate? Credo che sarebbe meglio.»

Elizabeth si fece scura in volto a quelle parole ma fece come le era stato chiesto, mandando tutti nelle altre stanze, così da restare sola con il vecchio arcivescovo. Schiacciò per lui un'altra noce e mise i pezzetti a portata della sua mano.

«Richard di Gloucester è un giovanotto molto deciso» cominciò l'arcivescovo Bourchier nel silenzio interrotto soltanto dal crepitio della legna sul fuoco. «Non è facile indovinare che cosa pensi veramente. Gli ho offerto di ascoltarlo in confessione però ha detto che per questo ha già qualche prete di campagna. È un peccato, mi avrebbe aiutato a decidere che cosa io debba dirvi.»

«Vuole mio figlio» disse Elizabeth sul punto di mettersi a piangere. «Questo ho saputo prima che arrivassero i soldati.»

«Vuole tenerlo al sicuro, mia signora» confermò l'arcivescovo, masticando lentamente un pezzo di noce.

«Da chi? Dai suoi uomini? Chi altri potrebbe assalirmi qui, con tutti questi armigeri che fanno baccano e borbottano tutta la notte? Vi assicuro che non ho mai chiuso un occhio da quando hanno circondato l'edificio dell'asilo. Ammesso che questo posto meriti un tale nome, attorniato com'è da soldati in armi!»

«Calmatevi, mia cara. Non c'è scopo nello... strillare, non bisogna farsi prendere dal panico o lasciare che i nostri pensieri diventino follia. No. Decidiamo invece che cosa è meglio per il vostro ragazzo. Rimanere qui a un costo che non riesco a immaginare, distogliendo forze vitali alla difesa della città e dell'Inghilterra, o trasferirsi nella Torre per stare con suo fratello Edward.»

«Lo avete visto?» lo interruppe Elizabeth. Il vecchio fece segno di sì.

«Ho insistito per vederlo, sì. Vostro figlio è in buona salute e il morale è buono, anche se si sente solo. Non vede nessuno e, anche se può leggere, là c'è solo qualche libro appartenuto a suo padre. Lo stanno appassionando le storie dei Cesari, credo. Quali vite terribili di violenze e di tradimenti! Ma ai ragazzi piacciono queste cose, si sa. Non c'è niente di male.»

Quelle parole rasserenarono un po' Elizabeth.

«Vostra grazia, voi vi fidate di Gloucester? Credete veramente che voglia mettere mio figlio sul trono e tenere al sicuro l'altro? Perché è questo il nocciolo della questione, non è vero?»

Il vecchio fissò le fiamme a lungo, continuando a masticare, e alla fine sputò un pezzetto di guscio sul palmo della mano.

«Purtroppo non vedo una scelta per voi, mia signora. Il lord protettore ha molto insistito e voi ricorderete come suo fratello non abbia esitato a violare il terreno consacrato già una volta. Mi addolora pronunciare queste parole, mia signora, ma temo per la vita di vostro figlio se rimarrà qui. Per Gloucester è diventata un'ossessione farlo uscire da questo luogo. Dovete fidarvi di qualcuno. Io non mancherò di assicurarmi che tutto vada bene, non temete.»

Elizabeth diede un'occhiata al vecchio dalla barba bianca, domandandosi quale ostacolo potesse mai essere l'arcivescovo Bourchier contro uomini violenti. Non gli aveva detto quanto si avvicinassero i soldati la notte quando i monaci dormivano. Quegli esseri realmente nutriti di sangue, di sporcizia e di violenza si aggiravano sotto le sue finestre bisbigliando minacce e convincendola che sarebbero davvero entrati. Elizabeth sapeva bene che certe cose accadevano e venivano tenute nascoste; e, se temeva per se stessa, temeva anche per le sue figlie, perché le minacce pronunciate dagli uomini sotto le sue finestre diventavano sempre più terribili. Non ne aveva mai parlato con nessuno, ma non riusciva a sopportarlo, non ricordava quando avesse dormito per più di qualche minuto di seguito, destata di colpo dalle voci e dalle risatacce di quei soldati.

Guardò di nuovo l'arcivescovo Bourchier che allungava le mani rinsecchite verso lo schiaccianoci: spettava a lei decidere, anche se aveva l'impressione di essere schiacciata proprio come una noce, stretta fino a essere stritolata. L'asilo era circondato da uomini in armi e le era anche troppo facile immaginare che vi fosse un assassino tra loro o un uomo che potesse perdere il lume della ragione per qualche antica offesa immaginaria. Certo, se lei fosse stata assassinata e le sue figlie stuprate e uccise come agnelli innocenti, la notizia avrebbe suscitato indignazione in tutto il regno e ogni dito si sarebbe puntato contro il lord protettore... ma questo non avrebbe ridato la vita a nessuno.

Da un lato quelle terribili paure si insinuavano nei suoi pensieri ogni volta che posava la testa stanca sul guanciale, dall'altro si ripeteva che niente di tutto questo era dimostrato. Suo figlio Edward era ancora vivo e sarebbe stato incoronato. E se avesse mal giudicato Richard di Gloucester? Aveva tacciato suo fratello Anthony di tradimento e da allora non si erano più avute notizie di lui. Si sentì mancare il respiro al pensiero che Rivers forse era già morto in quel momento, senza che lei lo sapesse.

«Gli uomini che mi assediano qui, se ne andrebbero con mio figlio?» disse con un filo di voce.

«Sono qui solo per proteggerlo, mia signora. Insisterò su questo, se lo desiderate.»

A Elizabeth vennero le lacrime agli occhi davanti a quella sua fiducia ingenua, come se al vecchio ecclesiastico bastasse fare un gesto perché quei malvagi se ne andassero e non la tormentassero più. Tuttavia era una possibilità. E scelse: tutte le sue figlie contro un altro figlio. Sperando, pur disperata e in preda all'incertezza, scelse.

«D'accordo, vostra grazia, affiderò Richard a voi. Voglio credere che voi e il lord protettore siate sinceri e che farete il vostro dovere verso questo bambino di nove anni.» Le lacrime scorrevano bagnandole le guance nonostante lei continuasse ad asciugarle. Chiamò il figlio e il principe Richard entrò di corsa, fermandosi nel vedere l'angoscia della madre e guardando corrucciato il vecchio che sembrava averla causata; poi si rannicchiò in grembo a Elizabeth abbracciandola stretta mentre lei lo baciava fra le lacrime.

«Che cosa succede, madre? Perché state piangendo?» il

bambino sembrava anche lui sul punto di scoppiare in lacrime.

«Ti mando a trovare tuo fratello Edward, ecco tutto. Ora non devi piangere, Richard! Io mi aspetto che tu sia un forte guerriero e un soldato. Tu sei il duca di York, come tuo padre prima di te. Tuo padre voleva che tu avessi cura di me e di tuo fratello.»

Elizabeth lo strinse a sé per il tempo necessario all'arcivescovo per alzarsi e prendere il bastone. Il vecchio sorrise al ragazzo: «Andiamo, figliolo, devi venire con me, a quanto pare. Forse dovrai aiutarmi, sai. Io sono molto vecchio. Su, vieni, senza frignare. Devi essere coraggioso per tua madre. Ha una giubba o un mantello?».

«Sono appesi accanto alla porta.» Elizabeth non staccava gli occhi dal figlio, che metteva la piccola mano perfetta in quella del vecchio, stropicciandosi gli occhi con l'altra. Non riusciva a sopportare l'idea di lasciarlo andare via, ma sperava che fosse giusto così, che fosse la decisione migliore. Ciò nonostante le parve di essere spezzata in due mentre guardava il suo bambino voltarsi per salutarla con la mano e sorriderle per darle coraggio. A un tratto Richard si liberò dalla stretta dell'arcivescovo e tornò di corsa da lei, facendola quasi cadere tanto la strinse forte.

«Riporterò Edward da te, se me lo permetteranno» le bisbigliò. «Non essere triste.» Elizabeth si chinò e lo abbracciò con tale forza da soffocarlo, poi lo lasciò andare.

XXVII

Il vescovo di Bath e Wells sembrava a disagio in quel contesto o forse era la presenza di uomini di Chiesa più importanti di lui. Sembrava una creatura timorosa e Richard non aveva spiegato la sua presenza, anche se avvertiva la curiosità intorno a lui, in particolare negli arcivescovi di York e di Canterbury. Ma entrambi avrebbero dovuto aspettare i suoi comodi.

Ancora una volta li aveva convocati come Consiglio, era suo diritto in quanto lord protettore. In questa occasione, era il mese di giugno, aveva voluto che attraversassero Londra fino alla Torre, dove fervevano lavori di restauro dell'edificio nonché per la costruzione di nove caserme nello spazio verde al centro. Tutta Londra, d'altronde, era piena di movimento e di vita nel tepore della stagione, che annunciava una bella estate.

Richard osservò i convenuti man mano che arrivavano: Hastings, Stanley e Buckingham, il vescovo Morton di Ely, il vescovo di Bath e di Wells e i due arcivescovi. Nessuno avrebbe potuto dire che non aveva convocato i personaggi più eminenti della Chiesa per quell'occasione così seria; per gli ecclesiastici più anziani era stata una dura prova anche solo arrivare alla sala del consiglio nella Torre bianca. L'arcivescovo Bourchier si asciugò la fronte ripetutamente, quasi volesse far vedere a tutti quali fatiche doveva affrontare per il dovere. Comunque fosse, la tensione era comune a tutti i presenti. I Consigli privati venivano convocati piuttosto raramente, per affiancare il sovrano in tempo di guerra o durante qualche disastro. Il parlamento si sarebbe invece riunito tra qualche settimana; ma fino a quel momento gli uomini là radunati rappresentavano l'unico potere nel regno. È vero che ognuno di loro era conscio della presenza dei due principi nella Torre, non lontano da quella stanza. Da giorni non si avevano loro notizie, anche se erano stati intravisti dietro le grandi vetrate dei saloni.

«Signori, eminenze,» esordì Richard «ho richiesto la vostra presenza qui a causa delle notizie che ho avuto e che devono essere discusse da uomini saggi prima che vengano diffuse fra la gente. Potrebbero generare reazioni violente. Stanotte forse sarò costretto a usare un ferro rovente e devo stare attento su chi imprimere il marchio a fuoco.» Il suo sguardo passò dall'uno all'altro dei convenuti.

«L'arcivescovo Bourchier ha la mia gratitudine per il suo aiuto. Vi ringrazio, eminenza. Grazie al vostro intervento e dopo che ogni altro tentativo era fallito, sono riuscito a portare mio nipote in un posto sicuro. Nello stesso tempo non ho più considerato necessario mantenere una presenza così numerosa di armigeri sul terreno dell'abbazia. Non ho avuto nessuna notizia di una minaccia alla moglie di mio fratello o alle sue figlie, certamente nessuna che mi costringesse a interferire un'altra volta con il diritto di asilo. Ho già intaccato a sufficienza le antiche libertà.» Attese che la barba dell'arcivescovo Bourchier si muovesse in un cenno di assenso.

«Ho ritirato tutti i miei soldati, signori, ma ho lasciato di guardia un uomo che mi riferisce se qualcuno entra o esce dall'edificio dell'asilo pensando di non essere visto. È questa decisione che vi porta qui oggi. Mi dispiace dover dire che sono stati osservati individui recare notizie e bisbigli a Elizabeth Woodville, uomini che ancora non sanno che io conosco il loro nome. Anche se a tempo debito lo sapranno, vostra grazia.»

«Non capisco,» replicò l'arcivescovo inarcando le sopracciglia con aria confusa «non vorrete accusare me?» Richard sospirò.

«No, vostra grazia, certamente no. Non avevo pensato di darvi oggi questa notizia... ma forse è tempo di farlo. Sono costretto a farlo, anche se vorrei che non fosse così.»

Con un gesto Richard indicò il tremante vescovo di Bath e Wells, Robert Stillington. In tempi normali il vescovo aveva un aspetto da saggio cherubino, viso rotondo, riccioli bianchi e gote rosa, ma in quella camera di consiglio, sotto lo sguardo di un altro vescovo e dei due arcivescovi d'Inghilterra, era pallido, le labbra smorte, l'aria completamente sperduta.

«Robert, queste persone sono convenute qui, su mia richiesta, per ascoltare la verità» disse Richard indicando gli altri. «Dovete dire a loro ciò che avete detto a me. È il momento di farlo, la verità deve essere rivelata, anche se mi si spezza il cuore. Ma insisto perché venga fatta luce, voglio che la luce penetri in ogni angolo buio, così che niente rimanga nascosto. Niente!»

«Ma di cosa si sta parlando?» esclamò il vescovo Morton sporgendosi in avanti. Sembrava più irritato che interessato e Richard non poté che fulminare con lo sguardo il vescovo di Bath e Wells per incitarlo in silenzio; se il vecchio sciocco si fosse rifiutato di parlare, Richard avrebbe potuto perdere tutto.

«S-signori, arcivescovi Bourchier e Rotheram, vescovo M-Morton...» Sembrò che l'elenco dei titoli avesse seccato la lingua in bocca all'ecclesiastico. Stillington alzò la mano e si infilò due dita nel colletto, come se facesse fatica a deglutire. «Signori, è toccato a me darvi una cattiva notizia... la notizia di un precedente matrimonio contratto dal re Edoardo IV, o meglio dal conte di March quale era allora, con una certa Eleanor Butler.»

«Oh, fratello, no!» mormorò immediatamente il vescovo Morton. «Sarete dannato per questa menzogna, per questa calunnia!» L'uomo al quale erano dirette quelle parole si fece pallido come un morto, con gli occhi che saettavano a destra e a sinistra.

«Andate avanti, vostra grazia» lo sollecitò Richard irritato, fissando inviperito Morton. «Avete detto di essere stato testimone, non è così? Di una promessa di matrimonio, di un fidanzamento. Eravate voi il celebrante?»

Il vescovo annuì a occhi chiusi.

«Erano innamorati, molto giovani, si erano presentati davanti a me ridendo per chiedermi di benedire il matrimonio prima di andare a letto insieme. Io ero solo un giovane prete e avevo creduto di impedire un peccato più grande. Ricordo ancora i loro nomi anche se non ho più visto né l'uno né l'altro. Eravamo nel Northamptonshire.»

«Molto *bene*» sibilò il vescovo Morton. «Allora che Eleanor Butler si presenti davanti a noi in modo che possa essere interrogata o messa in prigione. Per un'accusa di tale peso vorrei che si avesse una conferma più valida dei vaghi ricordi di un vecchio.»

«Un vecchio della vostra stessa età, io credo, vescovo Morton» gli fece notare Richard mellifluo. «È proprio ciò che ho chiesto anch'io. Non ci volevo credere. Portatela davanti a me, ho detto. Purtroppo, vostra grazia, Eleanor Butler è morta circa cinque anni fa. Se lo avessimo saputo, se *solo* lo avessimo saputo, mio fratello, re Edoardo, avrebbe potuto risposare Elizabeth Woodville e dichiarare tutti i suoi figli legittimi» scosse la testa tristemente. «Ma non l'ha fatto. Non so dirvi il dolore che provo ma non permetterò che qualcosa rimanga nascosto, signori! Dobbiamo sapere la verità e *tutta* la verità su questa follia giovanile di mio fratello. Amanti ne aveva, Dio lo sa e lo sapete anche voi. Non rispettava le mogli o le figlie di altri uomini e quando beveva non so se sarebbe stato in grado di dire dove aveva dormito.»

«E voi avete la parola di un solo uomo a suffragare questa storia?» domandò il vescovo Morton senza alzare la voce. «Nessun testimone, nessuna moglie? Tuttavia, se fosse vero, significherebbe non solo che il matrimonio del re dovrebbe essere dichiarato nullo, ma che i suoi figli, *tutti* i suoi figli diventerebbero illegittimi.»

Lord Hastings si alzò lentamente in piedi mentre si rendeva conto di tutto l'impatto di quelle dichiarazioni. Di intelligenza meno vivace del vescovo Morton, non era saltato subito alle conclusioni ma era rimasto seduto arrabbiandosi sempre di più, guardando ora l'uno ora l'altro degli ecclesiastici che dibattevano la questione come se si trattasse di argomenti di fede o di morale. Hastings non riusciva quasi a credere alle sue orecchie.

«Li disereedereste tutti!» esclamò, puntando un dito fremente contro Richard di Gloucester, il lord protettore. «Sua moglie, il suo erede, *tutti.* Ma che follia è questa? Che menzogne sono queste?»

«Dareste del mentitore a un vescovo della Chiesa?» replicò Richard con uguale passione. «Lord Hastings, voi conoscevate bene mio fratello, quasi quanto me. Affermereste che un simile modo di persuadere una fanciulla sarebbe stato un comportamento impossibile per lui? Che non avrebbe mai convinto una ragazza ad andare a letto con lui con una semplice promessa, con un trucco del genere? Potreste giurarlo?»

Hastings non disse nulla, anche se si faceva sempre più rosso in faccia sotto gli sguardi dei convenuti. Sapeva bene quanto gli altri che una cosa del genere era possibile. Era esattamente il genere di errore che un giovane come Edward avrebbe potuto commettere. Ma non credeva lo stesso a quella storia, semplicemente perché era troppo conveniente per Richard di Gloucester, troppo perfetta.

«Nondimeno voi vi aspettate che io creda che questo vecchio sciocco tremolante sia venuto da voi quando ha saputo che re Edoardo era morto e non prima? Che si sia tenuto dentro questo miserabile segreto per vent'anni?» Hastings si girò verso il vescovo di Bath e Wells, che se ne stava rannicchiato dalla paura. «Stillington, la vostra coscienza si è finalmente risvegliata al punto da non poter più metterla a tacere? A voi non sembra che tutto questo abbia il sapore disgustoso della menzogna?»

«Non potete intimidire un uomo di Chiesa, milord!» protestò Richard con decisione. «Non dovreste nemmeno provarci. Ora ascoltatemi tutti. Forse nella sua collera Hastings ci ha mostrato una via da percorrere. Non ci sono servitori presenti, nessuno tranne noi in questa stanza è al corrente del fatto che il matrimonio di mio fratello era falso, che i suoi figli sono illegittimi.» Lord Stanley si agitò sulla sedia e Richard si girò verso di lui: «Oh, anch'io detesto dire queste parole, come tutti voi! Però potremmo fare un giuramento, un patto, solenne come si usa in un ordine cavalleresco o tra sovrani o davanti a Dio. Potremmo giurare con il sangue di non rivelare ciò che sappiamo della successione, di non far uscire una parola sulla questione da questa stanza. Mai». Fece una pausa, trasse un lungo respiro e riprese abbassando la voce: «Westminster ha già conosciuto dei segreti e lo farà ancora. Giurate con me di non rivelare ciò che avete udito e io da qui mi recherò nella fortezza e farò uscire di lì i miei nipoti. Porterò il maggiore direttamente a Westminster per essere incoronato re Edoardo V. Lo sapremo soltanto noi. Ma se qualcuno dei presenti non è d'accordo, allora dovrò rivelare la verità anche se mi si spezza il cuore al solo pensiero».

Gli uomini seduti intorno al tavolo si guardarono l'un l'altro, ma i due arcivescovi stavano già scuotendo la testa quando Richard parlava ancora.

«Non posso impegnare la mia parola per questa menzogna» affermò l'arcivescovo Bourchier. «Il mio ufficio me lo impedirebbe, anche se volessi accettarlo come uomo.»

«Nemmeno io» disse a sua volta l'arcivescovo Rotheram di York. «Ciò che chiedete... è impossibile.»

Il vescovo Morton non disse nulla ma era in una tale tensione che sembrava voler balzare in piedi da un istante all'altro. Richard chiuse gli occhi e si accasciò disperato.

«Allora non c'è niente che io passa fare. Avevo sperato... ma, no. La notizia è trapelata.»

«Come *voi intendevate!*» esclamò Hastings all'improvviso. «Perché avete voluto che questo omiciattolo parlasse davanti a noi, se speravate di tenere nascosto quanto aveva da dire? Perché non mantenere voi stesso il segreto?»

«Milord, pare che voi vediate una colpa in tutto ciò che faccio» ribatté Richard arrabbiandosi di nuovo. «Eppure tutto ciò che ho fatto, tutto ciò che ho *cercato* di fare è stato onorare la memoria di mio fratello e difendere la vita di suo figlio nella sua ascesa al trono. Con animo aperto ho letto tutti i documenti negli archivi e ho parlato con centinaia di persone che conoscevano mio fratello e ciò che lui avrebbe potuto volere. Questo è stato il risultato e io non l'ho desiderato. I vostri perfidi sospetti... be', forse credo di comprenderli abbastanza bene.»

Hastings posò la mano sull'elsa della spada.

«Ah, sì? Voi mi comprendete? Be', andate al *diavolo*!»

Lord Stanley e il vescovo Morton si alzarono nello stesso istante in cui Hastings si mosse. I tre uomini misero mano alle armi, anche se Stanley gridò a tutti di fermarsi. Il vescovo Morton era arretrato di un passo e aveva in mano uno stiletto, che teneva davanti a sé per difendersi.

Hastings ignorò il grido. La spada in pugno, la puntò contro il petto di Richard al di sopra del tavolo.

La punta della spada raggiunse il lord protettore, che si gettò di lato, tanto che il ferro finì nel bordo dorato della tunica. La rapidità e la relativa giovinezza di Richard lo avevano salvato, anche se Hastings non era rimasto fermo dopo quel primo colpo fallito. Senza esitazione girò intorno al tavolo per finire l'opera.

«Guardie! Tradimento!» ruggì Buckingham, che si era finalmente alzato, aveva tratto la spada e l'aveva puntata contro Hastings per bloccargli il passo, pur sembrando un coniglio davanti a una volpe.

«Tradimento!» gridò a sua volta Richard di Gloucester, gli occhi scintillanti. Mentre la porta si spalancava e gli armigeri si precipitavano nella stanza, Hastings, furibondo, spinse via con forza Buckingham, ma fu afferrato alle spalle prima che potesse fare un altro passo e la spada gli cadde rumorosamente sul tavolo. Il vescovo di Bath e Wells gridò di paura nel vedersi circondato da tanti uomini in armi. Lord Stanley quasi gli andò a finire addosso mentre veniva afferrato a sua volta, disarmato e gettato a terra. Una spada puntata alla gola, il vescovo Morton, immobile, consegnò lo stiletto nelle mani dei soldati. Il fracasso e le grida cessarono di colpo e nella sala si udì soltanto il respiro rumoroso e i gemiti degli uomini sotto il peso di cinque o sei guardie che li immobilizzavano.

«Io sono il lord protettore d'Inghilterra,» disse Richard con voce chiara «nominato da mio fratello, re Edoardo. Vi ordino di arrestare William, lord Hastings, per tradimento e cospirazione contro la persona del re.»

«Siete così bravo a mentire che mi domando se vostro fratello vi abbia mai conosciuto davvero.»

Richard arrossì violentemente. Si accostò ad Hastings che si dibatteva senza però riuscire a muoversi, tenuto saldamente dai soldati.

«Quante volte siete stato nell'asilo dell'abbazia di Westminster, William? Da quando mio fratello è morto, a Pasqua? Quando i miei uomini non avevano ancora circondato l'edificio? E dopo? Diciamo in queste sei settimane, quante volte?»

Hastings sogghignò.

«E così avete messo delle spie a sorvegliare quel posto. A me che importa? Io sono un uomo libero e non certo un cospiratore. Non è affar vostro quante volte sono stato là.»

«E la vostra amante? Jane Shore? Quante volte direste che sia sgattaiolata dentro l'asilo a tutte le ore, perfino con le stelle sopra la testa? Mi chiedo quali messaggi portasse con sé che non potevano sopportare la luce del sole, proprio come in qualsiasi cospirazione. Che mi dite di lei, milord?»

Sembrava che Hastings si fosse gonfiato tra le mani dei soldati che lo trattenevano, tanto le emozioni lo stavano travolgendo. Sempre più acceso in volto, gli si vedevano le vene sulle guance e sul naso.

«Io dico che non sono affari vostri, Gloucester, no, nemmeno se riusciste a farla sembrare un'accusa! La mia amante, mia sorella, io stesso, nessuno che mi conosca può affermare che io sia sleale. Vostro fratello si fidava di me. Come potete accusarmi? Che vantaggio ne avreste? Per amor di Dio, Richard, *per favore*! Dimentichiamo questo giorno e tutto quanto è stato detto qui.»

«Vorrei poterlo fare, milord. Ma, vedete, voi non siete ancora arrivato alla fine della vostra strada. Lo capite?» Lord Hastings appariva disperatamente confuso e Richard scosse la testa con aria afflitta.

«Voi mettereste il figlio di mio fratello sul trono.»

«Lo farei, sì, lo giuro!»

«Ah, ma il figlio di mio fratello non è l'erede al trono. Non lo sono né Edward, né Richard. Ormai sappiamo che il matrimonio del loro padre era nullo, perciò i miei nipoti non possono ereditare. Senza di loro chi è l'erede al trono d'Inghilterra, William? Chi è colui che sta davanti a te e ti chiama traditore? Ancora non capisci?»

«Tu» disse Hastings. Sembrò afflosciarsi mentre parlava, come se quella parola avesse spento in lui ogni slancio.

«Io» confermò il lord protettore. «Anche se avrei preferito qualsiasi altra via tranne questa. Ma non posso cancellare gli errori di mio fratello, posso soltanto accettare la sua corona e che Dio abbia pietà della mia anima. Vorrei che questo calice si allontanasse da me ma se questo non è possibile... allora lo vuoterò.»

Nella sala tutti gli sguardi erano su di lui e Richard chinò il capo, visibilmente esausto e rattristato.

«Portate via lord Hastings, che ha ammesso egli stesso di aver cospirato contro di me. Non so ancora quanti lo abbiano seguito o quanto potere abbiano conquistato. Aspettatemi al piano di sotto, signori. Voglio parlare di nuovo con lui prima di lasciare questo luogo.» Hastings lasciò la sala tra le guardie, stordito e incredulo, senza voltarsi indietro.

Richard si rivolse allora a Lord Stanley e fece cenno agli armigeri di farlo rialzare. Non appena fu in piedi, Stanley si affrettò a dire: «Milord, io non ho avuto nessuna parte in nessuna cospirazione. Sono sempre stato leale e vostro fratello si fidava di me completamente».

«Mio fratello si fidava anche di lord Hastings» obiettò Richard.

«Comunque sia, non sono mai stato nemmeno nelle vicinanze dell'asilo di Westminster dopo la morte del re, non ho partecipato a niente. Se avete delle spie là, allora sapete che dico la verità.» Lord Stanley aspettò, sudando di paura perché sapeva che la sua vita dipendeva dalla risposta che avrebbe ricevuto. Dopo un po' Richard annuì: «Non avevo nessuna intenzione di arrestarvi, Thomas, però voi avete sguainato la spada e anche Morton agitava il suo coltello da tavola. Che cosa avrei dovuto pensare?».

Il vescovo di Ely, che aveva osservato la scena con assoluta concentrazione, intravide la sua occasione e si fece avanti.

«Devo farvi le mie scuse, altezza. Non avevo capito che cosa stesse succedendo intorno a me e, come lord Stanley, ho preso il coltello e sono arretrato con l'unico pensiero di salvarmi la pelle.»

Richard sorrise al vescovo mentre Stanley riprendeva a parlare rapidamente. «Il vescovo ha proprio ragione. Mi sono mosso solo per reazione al comportamento di Hastings, non mi ero nemmeno accorto di avere la spada in pugno.»

Richard osservò i due uomini dalla fronte imperlata di

sudore, consapevoli entrambi che sarebbe bastato un suo cenno per farli morire. Morton, però, lo aveva chiamato "altezza" e in quanto a Stanley suo fratello gli aveva detto che ci si poteva fidare di lui. Richard prese una rapida decisione: «Siete tutti e due uomini di azione, dunque. Meglio così. Morton, ogni offesa è dimenticata. Stanley, ho bisogno di un nuovo tesoriere d'Inghilterra. Accettate?».

Stanley sgranò gli occhi e piegò un ginocchio a terra: «Certamente, milord. Sarò onorato».

Gli uomini intorno a lui si scostarono di qualche passo, consapevoli di aver messo le mani addosso a un personaggio di notevole potere che sarebbe uscito da quella stanza più potente di prima. All'improvviso nessuno di loro osò incontrare lo sguardo di lord Stanley e Richard sorrise divertito prima di rivolgersi a Buckingham, che aveva assistito a tutta la scena.

«Milord Buckingham, ci sono cospirazioni ancora da scoprire. Ho bisogno anche di un gran connestabile d'Inghilterra, oltre che di un tesoriere. Senza oro, non può esservi la legge, senza la legge non può esservi sicurezza. È tutto collegato.»

Prima che Buckingham riuscisse a farfugliare qualche parola per esprimere la sua contentezza e la sua riconoscenza, Richard si diresse verso gli arcivescovi di York e di Canterbury ancora seduti ai loro posti, nessuno dei due in grado di alzarsi agevolmente o di camminare senza l'aiuto di un bastone. Richard, i pugni appoggiati sul tavolo, si sporse verso di loro, così da sembrare un falco o un lupo in procinto di piombare sulla preda.

«Eminenze, arcivescovi Bourchier e Rotheram, oggi voi avete dimostrato qui la vostra integrità. Quando io ho pensato di giurare il falso, ho commesso peccato e lo confesso. È stato un momento di debolezza che mi disonora. Ma voi siete rimasti saldi e mi avete dimostrato tutti e due la forza morale per la quale siete famosi. Ora non esistono più ombre fra noi, nessuna trama, nessun segreto.» Richard si accorse che i vecchi ecclesiastici lo stavano osservando attentamente e li ricambiò guardandoli con occhi grandi e innocenti.

«I figli di mio fratello non possono portare la corona, non dopo quanto abbiamo saputo. Se c'è stato un momento per gettare su tutto questo un velo, quel momento è passato e i presenti ne sono testimoni. Però, se toccherà a me essere incoronato, oggi sono ancora lord protettore. Esistono dei complotti di gente che si dice al servizio dei Lancaster, anche se qualcuno pensa che siano solo poveri straccioni. I miei nipoti sono al sicuro nella Torre e io sono al sicuro con i miei uomini che mi guardano le spalle. Arcivescovo Bourchier, vostra grazia, volete incoronare un figlio di York? Se ve lo chiederò, vorrete incoronarmi come re Riccardo III?»

L'arcivescovo aveva assistito a un turbine di eventi che si erano succeduti con stupefacente rapidità, ma si rendeva conto perfettamente che a un unico uomo in quella stanza non si poteva dire di no; la sorte di Hastings era stata una lezione chiarissima per chi aveva occhi per vedere.

«Naturalmente, altezza» disse con voce morbida.

Il più anziano degli uomini che erano stati convocati nella Torre bianca discese con cautela la scala fino al pianterreno. Richard aveva aspettato di rimanere solo con Robert Stillington. Il vescovo di Bath e Wells era stato preso da grandissima paura quando Richard gli aveva messo un braccio intorno alle spalle e aveva fatto venire uno scrittoio e un boccale di buona birra per rinvigorirlo; poi il lord protettore lo aveva lasciato al suo scritto e aveva disceso agilmente i gradini fino al grande cortile della Torre, fermandosi sull'ultimo per respirare l'aria tiepida, il viso rivolto al sole. Accadeva spesso che i vecchi morissero e a lui serviva che Stillington testimoniasse in parlamento, perché Richard sapeva che avrebbe dovuto affrontare discussioni e dissensi, aveva ben pochi dubbi in proposito, ma proprio come nel caso della porta di Londra, che aveva tenuto aperta, certe cose potevano essere previste. Avrebbe messo Stillington sotto stretta custodia fino a quando a Westminster non si fosse riunito il parlamento. Se il fato o qualche assassino intraprendente avesse trovato il modo di raggiungere il vecchio vescovo, il lord protettore avrebbe avuto comunque la sua testimonianza giurata, con il suo sigillo e la sua firma. Non c'era ostacolo che non potesse essere evitato, pensò.

Un po' discosti dalla Torre bianca, Richard vide un gruppo di soldati che avevano aspettato i suoi ordini, come lui aveva chiesto. In mezzo a loro stava lord Hastings, disarmato ma non legato in alcun modo. Richard espresse il suo disappunto. Era straordinario quale timore reverenziale avessero i soldati per i suoi lord... o forse quegli uomini avevano conosciuto personalmente Hastings. Il barone aveva una grande autorevolezza, così si diceva.

Richard si avvicinò al gruppo con passo sicuro; Hastings sollevò il capo, pronto a qualche nuova accusa o forse a un patto da stipulare fra loro. Richard sorrise, godendosi il sole.

«Mi dispiace, Hastings, scusate se vi ho fatto aspettare e scusate per quello che dovrete affrontare ora.» Richard fece un cenno ai soldati alle spalle di Hastings e questi gli afferrarono le braccia e, nonostante le sue grida di sorpresa e di rabbia, lo fecero camminare per un breve tratto, poi gli sferrarono un calcio alle gambe. Hastimgs cadde in avanti trattenuto per le braccia, fissando stupefatto la trave lasciata dai muratori sull'erba davanti a lui.

«Che significa tutto questo? Gloucester! Dov'è il mio processo, gran figlio di una baldracca? È questa la giustizia?»

«È questa la giustizia per un traditore, milord. Come dicevo, sono spiacente, ma devo mandare un messaggio a tutti coloro che mi giudicano troppo debole. Questo servirà.»

Hastings cercò di dire ancora qualcosa, ma gli uomini che lo immobilizzavano gli premevano la gola sulla trave.

«Aspettate!» ordinò Richard. «Milord, volete confessarvi? Posso far venire un prete.»

Ad Hastings fu permesso di stare in ginocchio e quando vide che negli occhi di Richard non vi era alcuna pietà, si rassegnò e annuì brevemente, voltando anche lui il viso verso il sole per l'ultima volta. Il lord protettore si allontanò di qualche passo mentre il prete che era stato chiamato si inginocchiava accanto a William, lord Hastings, per ascoltare la confessione dei suoi peccati e dargli l'assoluzione. Passò un'ora prima che il prete si rialzasse a fatica sulle gambe irrigidite e si inchinasse ad Hastings e al lord protettore. Non gli piacque ciò che vide sui volti degli armigeri e si affrettò ad allontanarsi.

Voltandosi, Richard scorse una certa pace sul volto di Hastings, il quale, avendo capito che era giunto il momento, mise spontaneamente il collo sulla trave e rimase immobile quando l'ascia si abbatté su di lui.

«Dio ti accompagni» disse Richard facendosi il segno della croce.

XXVIII

Quel mese di giugno pareva trascorrere tranquillo a Londra, anche se il sole scottava e il traffico sul fiume era intenso. Fra la gente comune non erano molti a essere al corrente delle discussioni che avevano luogo nelle grandi dimore della capitale. Come era avvenuto molto spesso in passato, i membri del parlamento erano stati convocati e arrivavano alla spicciolata da tutte le contee, le città, i borghi dove si tenevano i mercati. Ma le discussioni si svolgevano in privato, all'interno delle case. Si poteva dire che il dibattito sarebbe già terminato al momento di aprire la seduta a Westminster.

La domenica precedente il lord protettore uscì a cavallo con il suo amico Buckingham e un gran seguito di nobili e di dignitari. Per prima cosa si fermarono alla Torre, dove fu possibile a tutti vedere i due principi nel cortile centrale che tiravano con l'arco e salutavano scappellandosi i lord che li osservavano.

A mezzogiorno la cavalcata si mosse, il lord protettore e la sua guardia personale in testa, gli stendardi di Richard tenuti alti come sul campo di battaglia anche se la meta era soltanto la parte occidentale della città, su per Aldgate Street fino a Cornhill, Poultry e oltre, arrivando all'ampia strada di Cheapside e a Ludgate Hill, dove gli orafi avevano messo su cinquantadue botteghe. Giunti alla cattedrale di St Paul, si fermarono e smontarono, un magnifico gruppo vivace di nobili e di capitani, mescolati a ecclesiastici e notabili.

Le risa cessarono quando tutti presero posto per ascoltare un frate, fratello del sindaco e noto come bravo predicatore. Il frate era nel mezzo di un'esortazione sulla natura del perdono quando vide chi era entrato in quel momento. Frate Shaw abbassò per un istante la testa imponente per raccogliere i pensieri e quando riprese a parlare, prima in latino e poi in inglese, le sue parole erano ispirate al Libro della Sapienza: «"E glorioso è il frutto delle giuste fatiche e la radice della saggezza che non fallisce!" No, fratelli, "il seme del letto illegittimo sarà sradicato"». Frate Shaw aveva già radunato centinaia di fedeli per la sua predica domenicale e tutti annuirono alle sue parole, anche se qualcuno si girò a guardare il lord protettore e il suo seguito, in piedi e attenti.

«Così sarà deciso il destino di York, ne sono certo» continuò il frate. Vi fu un improvviso silenzio, un'immobilità assoluta, poiché i presenti erano ben consapevoli di chi ci fosse alle loro spalle, accompagnato da uomini in armi. I fedeli osservarono attentamente il predicatore, il quale stava sorridendo: se era impazzito al punto da sfidare il lord protettore, nessuno voleva averci parte.

«Dei figli di York, soltanto uno è nato in Inghilterra e quindi inglese purosangue. Il lord protettore che vedo qui davanti a me, Richard di Gloucester, nato a Fotheringhay Castle, nel Northamptonshire, una terra impervia e verdeggiante. Il re suo fratello era nato in Francia, credo. A Rouen. E Clarence? Quella povera anima ottenebrata?»

«In Irlanda, padre» rispose con voce chiara Richard dal fondo della chiesa. «A Dublino. Ciò che dite è vero.»

«E questo unico inglese tra gli York è forse venuto per conoscere il mio giudizio su di lui?» domandò frate Shaw con voce tuonante al di sopra delle teste dei fedeli. «Sul matrimonio di suo fratello?»

«Se vi aggrada, padre, io non ho niente da temere dalla verità.»

«E io non arretrerò davanti alla verità, lord protettore! Nemmeno con voi qui davanti a me. Avete sentito le parole del re Salomone. Il matrimonio di vostro fratello era fondato sulla menzogna, voluta da lui stesso e dai suoi desideri disonesti. È vero che si era impegnato con una promessa davanti a Dio a un'altra donna? Per il consueto motivo che esalta i menestrelli di corte? Molto prima delle sue nozze con Elizabeth Woodville?»

Nella chiesa si diffuse un brusio inquieto e Richard alzò la voce per farsi sentire: «Sono costernato, ma, sì, padre, è la verità».

«Allora tutti i suoi figli sono germogli bastardi. Nati bastardi. Però il povero Clarence ha un figlio maschio, non è così?»

Richard sentì l'irritazione asciugargli la gola: non aveva previsto questa obiezione.

«Suo padre era stato spogliato dei suoi titoli, la sua discendenza non ha diritti sulla corona.» Un altro brusio si levò dalla folla dei fedeli mentre Richard fissava i colli bianchi e quelli scuri dei rudi lavoratori.

«Allora chi è il primo nella linea di successione, lord protettore? Se i germogli bastardi non possono mettere radici e quelli spogliati dei loro titoli nemmeno, chi resta per succedere al trono? Chi si farà avanti?»

«Io, padre. Resto io. Per amore di mio fratello e per onorarne la memoria mi farò avanti io. Io sarò re.»

I fedeli cominciarono ad applaudire, dapprima quelli che erano stati pagati, forse, ma ben presto anche tutti gli altri. Richard gongolava, domandandosi se quel clamore giungesse fino all'aula del parlamento. Probabilmente no, ma l'eco si sarebbe diffusa ugualmente dappertutto, in bisbigli sommessi al riparo della mano, ma con la forza inestinguibile delle erbacce che si insinuavano fra le pietre. Avrebbero accettato ciò che non potevano impedire, se non altro perché l'Inghilterra aveva visto troppe guerre.

Buckingham si era espresso giustamente in proposito quando aveva detto che l'Inghilterra si era divisa alla morte prematura di Enrico V, il quale aveva lasciato a regnare un bambino. Ora cittadini e nobili non avrebbero tollerato un altro bambino sul trono, non quando esisteva un uomo capace di di governare. Richard di Gloucester apparteneva alla casa di York ed era un nome conosciuto e un uomo che aveva dimostrato di essere capace di prendersi la corona dalle mani insanguinate di chi si fosse messo contro di lui. In quel momento non esisteva altra possibilità. L'intera Inghilterra avrebbe scelto di incoronare il lord protettore piuttosto che un ragazzetto imberbe.

«Mia madre dice che sono molto retrocesso» annunciò Henry Tudor a suo zio. Jasper grugnì in risposta, allungandosi sul sedile e accavallando le gambe per godersi il sole di Parigi. Quell'anno i colori nei giardini del Louvre erano particolarmente vivaci, con le grandi aiuole di iris viola e giallo che riempivano l'aria di una fragranza tale da dare alla testa.

Jasper non ascoltava mai con grande attenzione la lettura delle missive che suo nipote riceveva; a quanto pareva quel breve incontro con Margaret Beaufort di tanti anni prima a Londra aveva scatenato un diluvio di parole. Da quel momento in poi la brava donnina aveva continuato a scrivere, raccontando tutto ciò che accadeva in patria e a corte. Era vero che si trovava in una posizione buona per farlo, ammise Jasper; a quanto pareva il suo nuovo marito godeva della fiducia di Richard di Gloucester e forse quel cambiamento nello stato sociale di Margaret Beaufort spiegava in parte l'improvviso interesse di re Luigi nei loro confronti: dopotutto non erano mai stati invitati a corte per essere festeggiati e rivestiti di tutto punto. Jasper si grattò, sperando che la stoffa smettesse presto di pizzicargli la pelle. Il sussidio di re Luigi era bastato per una dozzina d'anni a mantenerli ma non certo nel lusso.

Era vero che il re francese non versava più settantamila sterline d'oro all'Inghilterra, non più da quando era arrivata la notizia della morte improvvisa di re Edoardo. Luigi aveva dato un grande banchetto per festeggiare la sua vittoria sull'antico nemico, spendendo una vasta parte di quella somma in vini e portate, al punto che per tre giorni non aveva fatto che vomitare. A sessant'anni re Luigi aveva l'aspetto di un ragno invecchiato, dalle zampe più grigie che nere, e tuttavia la sua contentezza era contagiosa. Un vero peccato che Margherita d'Angiò fosse morta nel sonno pochi mesi prima nei suoi possedimenti di famiglia; le era stata negata anche la soddisfazione di vivere più a lungo del re Edoardo.

Henry Tudor non era più il ragazzo chiuso in se stesso che Jasper aveva liberato dalla sua quasi prigionia nel castello di Pembroke, ma un giovane alto e dall'aria vagamente malinconica. Quasi tutte le sere cenavano insieme e si esercitavano nella corte della casetta di campagna dove abitavano vicino a Rennes, a occidente di Parigi, lontano dal traffico e dall'energia della capitale. Quegli anni vissuti insieme li avevano avvicinati, erano quasi come padre e figlio nella loro vita tranquilla e nessuno dei due aveva cercato di farsi una famiglia o si era cercato degli amici al di fuori di loro due. Nelle sue scorribande private Jasper passava da una fantesca a una cameriera personale di qualche dama, quando le trovava attraenti e ben disposte; in quanto a suo nipote non aveva idea se facesse lo stesso oppure no.

Nelle sere d'estate Henry se ne stava seduto sotto la quercia spoglia sul colle e guardava nel vuoto verso nord-est, unico segno questo della sua irrequietezza, tanto da far pensare a Jasper che ormai si fosse rassegnato a quella vita semplice. Sì, Henry leggeva voracemente in latino e in inglese, studiava diritto e si scambiava libri con il priore dell'abbazia locale, che li faceva venire da Parigi. Non sembrava invece che il giovane scialacquasse il suo sussidio e spesso aveva prestato dei soldi allo zio apparentemente senza notare che i prestiti non venivano restituiti.

Anche se Jasper avvertiva il gelo dell'età, per la maggior parte del tempo era ancora energico e asciutto, o così diceva a se stesso, ma la possibilità di tornare a Parigi e sonnecchiare al sole era stata una tentazione troppo forte, nonostante tutte le scomodità e le fatiche del viaggio.

Qualche volta d'inverno Jasper sognava ancora Pembroke, si aggirava con la fantasia nelle sue sale e sulle mura come un fantasma; l'estate invece era una stagione più lieta e quando faceva caldo Jasper dormiva meglio.

Socchiudendo un occhio, vide il nipote passeggiare avanti e indietro nel lungo salone con i finestroni aperti sui magnifici giardini sottostanti dai quali entrava una brezza profumata di fiori; se in quel momento gli avessero chiesto di descrivere il paradiso, Jasper avrebbe descritto quel luogo, con un bel boccale di birra inglese a portata di mano. Si diceva che quel salone fosse stato costruito proprio per passeggiare, perché un sovrano del passato aveva scoperto che il movimento lo aiutava a pensare e a quanto pareva quell'esercizio piaceva anche a Henry.

«Mia madre dice...» Henry si interruppe di botto, scorrendo velocemente i fogli scritti fittamente. Incuriosito, lo zio si raddrizzò sulla sedia, reprimendo uno sbadiglio.

«Tua madre era una cara ragazza quando l'ho conosciuta, più intelligente di quanto potesse sembrare a prima vista. Certo sono sorpreso di quanti mariti sia riuscita a trovare.»

«Aspettate, zio... dice che il figlio di re Edoardo non può ereditare il trono!»

Jasper si raddrizzò ancora di più.

«Perché no? Il ragazzo è forse morto? Su, Harry, mi hai davvero incuriosito ora. Spiegami o leggimi ad alta voce oppure allungami la lettera e me la leggerò da solo. Non stare così a bocca aperta senza dire niente!»

Con sua sorpresa il nipote fece proprio così, gli lasciò cadere la lettera in grembo mentre gli passava accanto a passo più spedito. Henry aveva già ventisei anni e per metà della sua vita era vissuto lontano dalla patria. Alzando gli occhi dalla lettera Jasper lo vide legarsi con un laccio di cuoio la folta massa di capelli scuri e in quel momento, nel modo in cui lo guardava, gli ricordò il fratello in un modo quasi doloroso. Alzò un dito in risposta, finendo di leggere tutta la lettera con grande attenzione. Quando rialzò lo sguardo, il respiro gli si era fatto più corto.

«È una possibilità?» domandò Henry. «"La casa di York si è molto ridotta quest'anno"... che cosa ne dite, zio? Non c'era nessuna speranza con re Edoardo sul trono, un uomo di quarant'anni con tutti quei figli, maschi e femmine che potevano fare dei grandi matrimoni. Ma anche così, anche ora che è morto, ha pur sempre due figli maschi sani e robusti. Eppure... eppure! Avete letto fino alla fine?»

Jasper si grattò il mento: era da un po' che non andava dal barbiere e sapeva che quella barba ispida e bianca lo invecchiava. Forse era arrivato il momento di avere il mento ben rasato.

«Sì. È una possibilità... se tua madre ha ragione e se non ha capito male.»

«Zio, frequenta la corte, suo marito è il tesoriere della corona, lo sa quanto sia importante per me. Ditemi! Gli York si sono indeboliti? Invece di una stirpe vigorosa hanno solo questo Richard di Gloucester da mettere sul trono. Se potessimo colpirli prima che si insedi una lunga discendenza di traditori e di usurpatori, forse possiamo riprenderci tutto. È una follia, zio? Ho rimuginato tanto su questo che non so più che cosa è reale e che cosa non lo è. Datemi il vostro parere!»

«Ce n'è abbastanza per parlarne con re Luigi, questo è certo. Senza mancare di rispetto a tua madre, il francese avrà certamente una dozzina di orecchie a corte e potrà confermare ciò che dice lei. Immagino sia per questo che siamo stati convocati a Parigi. Re Luigi ti rivolgerà le stesse domande. C'è una possibilità? In quanto a me non mi farò trovare impreparato se le cose stanno veramente così, Harry! Questo te lo giuro.»

«Varrebbe la pena perdere tutto questo, non è vero, zio?» osservò Henry indicando con un gesto la magnificenza che li circondava. Il Louvre era un palazzo di grande bellezza, ma non una tegola, non un vetro delle finestre apparteneva a loro: ciò di cui Henry parlava era la sicurezza e la pace, poiché entrambi stavano considerando di gettare allo sbaraglio tutta la loro vita tranquilla.

«Sì, vale la pena di rischiare tutto. Su, vediamo che cosa dirà re Luigi quando avrà letto la lettera di tua madre. Forse le risponderemo per darle buone notizie.»

Richard si sporse dalla balconata del castello di Baynard per guardare giù in basso la folla di nobili e ricchi mercanti, membri del parlamento, cavalieri, capitani e uomini di Chiesa. Indossava farsetto e lunghe calzebrache aderenti oro e azzurro, con ricami a motivi floreali. Sopra quei colori sontuosi portava una tunica di velluto viola bordato di ermellino. L'effetto gli dava un grande piacere.

Sorrise a tutti quanti: i grandi e i giusti erano convenuti nella sua dimora di famiglia sulle rive del Tamigi per acclamarlo re d'Inghilterra. Il giorno precedente il parlamento aveva dibattuto senza di lui sul suo diritto al trono, la sua presenza nell'aula assolutamente vietata; ma tutti sapevano di essere sotto la sorveglianza di Richard di Gloucester.

Incrociò lo sguardo di Buckingham, che aveva parlato così bene in suo favore quella stessa mattina e a Westminster il giorno precedente. Il giovane duca si era spinto un po' troppo in là quando aveva cominciato a spiegare alle folle di Londra che lo stesso re Edoardo avrebbe potuto essere illegittimo, senza rendersi conto di quale insulto fosse per Cecily, la madre di Richard: lui aveva cercato di chiudere la bocca di Buckingham ma senza successo. Il duca era tutto preso dalla sua importanza e aveva insistito per parlare a favore di Richard in grandi raduni di popolo.

Ma ciò che contava era che i membri del parlamento avessero annuito con le loro vecchie teste sagge: dignitari delle contee, ufficiali preposti a mantenere l'ordine nelle assemblee, giudici di pace, rappresentanti di ogni città del regno, baroni, conti e duchi, tutti riuniti in una grandiosa assemblea a Westminster Hall, tutti presenti per votare sul suo diritto di salire al trono.

E tutti avevano accettato il lord protettore come sovrano d'Inghilterra. Richard si sentiva ancora stordito da quel successo; non erano ancora trascorsi tre mesi dalla morte del fratello e di quei tre mesi non aveva sprecato un solo giorno, nemmeno uno.

La folla giù in basso lo stava acclamando nel vasto salone di Baynard, gremito fino all'inverosimile, con uomini e donne che allungavano il collo per vederlo da ogni porta e finestra aperte.

«Mi hanno annunciato una buona novella!» dichiarò Richard, suscitando qualche risata. «Mi hanno comunicato che dovrei incamminarmi verso Westminster e là sedere su una sedia per farmi incoronare!»

A queste parole fece seguito un ruggito e Richard agitò le braccia in aria, euforico. Vide sua moglie avvicinarsi timidamente alla balconata. Anne Neville, seconda figlia di Warwick. Richard avrebbe tanto voluto che Warwick potesse vederlo sul trono. Si domandò di sfuggita se sarebbe stato felice o costernato.

«Vieni, Anne! Lascia che ti vedano!» Sua moglie era più giovane di lui di parecchi anni, pallida sotto il suo copricapo a punta, quasi eterea, tanto da farlo preoccupare per la sua salute. Guardando la rude abbronzatura del marito e le sue mani abituate a maneggiare la spada, non era difficile immaginare che potesse spezzarla in due; le porse la mano, invece, e l'attirò accanto a sé, cosa che provocò un'altra acclamazione grandiosa.

«La mia regina, Anne, sarà incoronata al mio fianco» disse alla folla. «Mio figlio sarà principe di Galles.» Si chinò verso la moglie per sussurrarle: «Dov'è il ragazzo, Anne? Non puoi fare almeno questo per me?».

«Ned è corso via» gli rispose asciutta la moglie. «*Non* so dove sia. Lo tenevo per mano e si è liberato. Tutte queste urla e queste acclamazioni lo hanno spaventato.»

Richard si voltò, preferendo non cominciare una discussione con lei davanti a tutti, anche se era una fonte di irritazione costante il fatto che a nove anni suo figlio ancora piagnucolasse e cercasse la mamma; e non aveva preso nulla da re Edoardo in quanto ad altezza, una cosa che faceva pensare a Richard che Buckingham avesse ragione e che Edward non fosse affatto della famiglia.

Mentre sua moglie lo fulminava con gli occhi, Richard sorrideva radioso alla folla.

«Io vi dico che diamo inizio qui, se Dio vorrà, a un nuovo regno, a una stirpe reale che durerà cent'anni. Che ci sia pace ora sotto la rosa bianca di York, sotto i leoni reali. Stamani mi sono svegliato lord protettore, questa sera mi addormenterò re d'Inghilterra.»

Tra gli applausi generali prese per mano Anne e la guidò giù dai gradini fino a una lettiga tirata da cavalli che l'aspettava, mentre un destriero era pronto per lui. Buckingham aveva predisposto una scorta di otto paggi, giovani uomini tutti esattamente della stessa altezza che indossavano abiti di raso rosso e bianco, mentre i paggi di Anne, vestiti dello stesso rosso, ma con una tunica blu in onore della madre di Cristo, riempivano di colore il grigiore delle vie dove la gente si affollava per veder partire il corteo.

I nobili e gli ospiti di Richard stavano già sciamando in direzione di Westminster, dove molti avevano lasciato i servitori a tenere un buon posto per loro. Richard si accorse che sua moglie era nervosa e in ansia e si piegò verso di lei per baciarla, ma con sua irritazione Anne si girò, così che le labbra del marito le sfiorarono solo la guancia. Con tanta gente intorno ad applaudirli non poteva darle una lezione come avrebbe voluto, ma di sicuro Anne aveva il dono di sciupare i suoi momenti di trionfo con qualche atto meschino.

Anne salì sulla pedana e si accomodò nella lettiga, aspettando a capo chino che le sue cameriere personali le sistemassero il vestito, in modo che le pieghe fossero perfette e non mettessero in evidenza le gambe o le cosce.

«Grazie, lady Beaufort» disse alla dama di corte che dirigeva l'operazione. Richard lanciò un'occhiata alla vecchia gallina deprimente che accudiva sua moglie.

«Abbiate cura di lei, mia signora. È il mio più grande tesoro.»

Margaret Beaufort accennò una riverenza, senza tuttavia perdere la sua aria imbronciata. Richard rinunciò, anche se non gli pareva che fosse troppo chiedere che sua moglie partecipasse almeno un po' alla sua contentezza e alla sua soddisfazione. Aveva faticato duramente per arrivare a quel punto, Dio lo sapeva. La schiena maledetta gli doleva terribilmente e sentiva che la scapola gli si spostava sotto la tunica come un battente che si apre, trasmettendogli la sensazione che qualcosa fosse sbagliato in lui oltre che accrescere il dolore. Gli sarebbe stato impossibile restare del tutto immobile mentre l'arcivescovo pregava sopra il suo capo e i monaci cantavano il *Te Deum*, ne era certo, ma perlomeno sarebbe riuscito a sorridere alla folla; sarebbe stato bello se sua moglie avesse fatto lo stesso, pensò.

A quanto pareva suo figlio non sarebbe stato presente all'incoronazione del padre: Edward – che i genitori chiamavano Ned per distinguerlo dalla pletora di ragazzi che portavano il nome del re – l'unico figlio di Richard, che sarebbe stato principe di Galles e che un giorno sarebbe stato incoronato a sua volta. Lo faceva infuriare il pensiero che stesse giocando chissà dove in un momento come quello della vita di suo padre.

«Lady Beaufort!» chiamò. «Volete mandare qualcuno a cercare mio figlio? Il piccolo... ometto è scappato via da qualche parte, mi è stato detto. Mi piacerebbe che vedesse suo padre ricevere la corona d'Inghilterra, una cosa da niente, certo. Darò istruzioni alle guardie di Westminster di tenere un posto per lui.» Con sua irritazione la dama di compagnia guardò prima Anne e fece la riverenza solo dopo aver ricevuto da lei un piccolo cenno di assenso. Richard alzò gli occhi al cielo: un uomo poteva essere re, eppure venire disprezzato in casa sua. Si augurò che Anne non gli negasse il letto coniugale quella notte; ma avrebbe insistito, non avrebbe accettato un rifiuto. Dopotutto suo figlio aveva bisogno di fratelli e sorelle. Niente scuse di mal di testa o di tosse quella sera.

In sella al suo giovane castrone, Richard si lasciò prendere da fantasticherie, domandandosi se il figlio sarebbe diventato Edoardo V o VI quando fosse arrivato il suo turno per essere incoronato re. Pensò ai nipoti rinchiusi nella Torre e si girò verso la Torre bianca in lontananza, alta sopra la città. Chissà se da lì si potevano sentire le acclamazioni? Probabilmente sì.

Una volta incoronato avrebbe dovuto decidere qualcosa riguardo ai nipoti. Ne avrebbe discusso con Buckingham, forse. Nel corso dei mesi precedenti il giovane duca gli si era attaccato molto, mostrando un entusiasmo quasi imbarazzante per la sua causa. Difficile credere che il nonno di quell'uomo avesse combattuto per i Lancaster e fosse stato ucciso a Northampton. O forse era proprio per questo che aveva un conto aperto con re Edoardo, chissà. Era stato Buckingham a voler aggiungere nella petizione al parlamento i particolari su Elizabeth Woodville, che sarebbe stata una strega e avrebbe ammaliato re Edoardo con le sue magie e i suoi raggiri; aveva parlato con tale passione al riguardo da mettere quasi in sordina le grandi imprese del re, come se il poveretto fosse stato solo un burattino nelle mani della moglie.

Richard aggrottò la fronte. Per quanto volesse incoraggiare Buckingham al riguardo, sarebbe stato necessario frenarlo. Richard si era comportato con assoluta lealtà nei confronti del fratello maggiore quando era vivo, di questo avrebbe potuto vantarsi se mai avesse espresso ad alta voce i suoi sentimenti. Aveva adorato Edward, lo aveva riverito considerandolo molto più grande della corona che portava. Ne sentiva acutamente la mancanza nel profondo di sé. Non avrebbe mai più avuto altrettanta fiducia in nessuno.

Finalmente parve che sua moglie fosse pronta e Richard, ridestandosi dalle sue deprimenti fantasticherie, fece segno alle guardie e ai paggi, che si avviarono in testa al corteo. Con la gioia che gli rimaneva, Richard avanzò con Anne tra la folla plaudente, con le trombe e i tamburi che gli facevano accelerare il battito del polso, cavalieri nelle loro armature argentee e scintillanti davanti e dietro di loro.

Richard si sentì risollevare lo spirito e alzò la mano per salutare il popolo, pur con un dolore crescente alla schiena. Ogni anno quel dolore aumentava, pensò, un dolore che aveva creduto di poter sopportare tutta la vita ma che si faceva sempre meno sopportabile con il passare degli anni. Era frustrante ammetterlo, ma la potenza fisica e la sicurezza di un giovane di vent'anni che pensava di poter sopportare tutto, non potevano durare. Un fratello e re amato poteva morire, una promessa essere dimenticata, una schiena incurvarsi e un dolore non cessare mai.

XXIX

Seduto a tavola, Richard sospirò, abbandonandosi contro lo schienale. Quell'estate era durata un'eternità, l'estate più lunga di cui avesse ricordo. Pur essendo novembre, le giornate ormai brevi erano ancora meravigliosamente tiepide. Le foglie avevano assunto tutte le sfumature del rosso e dell'oro, ma brillava il sole e, perdio, sembrava che piovesse solo di notte. Anne, sua moglie, lo aveva accompagnato nel Gran Viaggio reale di Giustizia itinerante con i magistrati e i nobili in un grandioso corteo addirittura fino a York; era stato un po' diverso dall'ingresso che vi aveva fatto anni prima con una dozzina di altri. Quasi a compensare la fredda accoglienza di allora, gli era stato offerto un calice pieno di monete d'oro, mentre Anne aveva ricevuto un vassoio d'oro scintillante di monete d'argento. Erano stati accolti e festeggiati dappertutto. Richard si era sentito così contento della generosità di quella seconda città inglese che aveva voluto che suo figlio fosse incoronato principe di Galles proprio nell'antica e grandiosa cattedrale di York.

Aveva anche goduto della simpatica compagnia dell'ambasciatore spagnolo e durante quei mesi di tepore sonnolento si era occupato degli affari di stato, passando da una città all'altra. Aveva confermato i trattati di pace con la Francia e la Spagna e amministrato la giustizia per poco meno di mille criminali, alcuni dei quali avevano aspettato il processo per anni. Ciò che contava veramente, però, pensava Richard, era il fatto di essere stato visto in tutta l'Inghilterra non come pretendente al trono, nemmeno come nobile, ma come sovrano che giudicava e premiava, che faceva giustiziare i criminali o li graziava se lo riteneva giusto. Sua moglie e suo figlio lo avevano lasciato al momento di tornare a Londra per ritirarsi insieme nel castello di Middleham: i medici di corte avevano decretato che erano entrambi esauriti e sofferenti di congestione polmonare. La tosse di sua moglie era certamente peggiorata, perciò non la sospettava di cattiva volontà; anzi, gli era parso che Anne avesse goduto di quei mesi di regno del marito. Quando lei e suo figlio fossero tornati in perfetta salute, lo avrebbero raggiunto a Londra.

Richard vuotò la coppa di vino e sentì il calore diffondersi nei muscoli. Riponeva grandi speranze in un nuovo unguento per la sua schiena e aveva trovato una donnetta del Dorset che glielo applicava con pollici di ferro, tanto che aspettava la sera al tempo stesso spaventato e ansioso.

Sentì una fitta nella scapola nel momento in cui il suo paggio entrò e si inchinò; quelle fitte dolorose stavano diventando come quelle vecchie ferite che predicevano la pioggia o qualche brutta notizia, un'idea che lo fece sorridere.

«Che c'è?» domandò al paggio.

«Maestà, è giunto un messaggero. Porta gravi notizie di lord Buckingham.»

Richard guardò lord Stanley, seduto all'altra estremità del tavolo. Stanley scostò il piatto e si strinse nelle spalle, pur consapevole che in quanto tesoriere delle Corona forse avrebbe dovuto prestare maggiore attenzione.

«Fatelo entrare, allora» disse Richard, che non riusciva a liberarsi da un fastidioso senso di disagio, non sapeva se causato dal mal di schiena o dal suo intuito.

Il messaggero parlò per mezz'ora o anche più per rispondere alle domande di Richard.

Le notizie erano brutte davvero, anche se il re non parve avere fretta mentre si puliva la bocca e le mani con un panno. Gli ospiti si alzarono con lui scambiandosi delle occhiate.

«Ebbene signori, sembra che Henry Stafford, duca di Buckingham, non sia l'uomo che credevo fosse. Perdio, io gli ho dato tutto! E ora si rivolta contro di me... È la creatura più falsa che esista. Dunque, voi avete udito ogni parola. Qualcuno vuole rivolgere qualche domanda a questo giovane gentiluomo? No? Allora radunerò un esercito per difendermi contro questa ribellione, queste minacce, queste insurrezioni. Forse Buckingham ha perduto il ben dell'intelletto oppure gli è stata fatta una malìa, chissà. No, dirò di più: offro una ricompensa per la sua cattura. Se Buckingham ha deciso di comportarsi come un criminale comune lo tratterò come tale. Per la sua cattura, vivo perché riceva la giusta punizione, offro, diciamo... mille sterline o terreni che rendono cento sterline l'anno. Questo per Buckingham. Per il vescovo Morton, un uomo di cui pensavo di potermi fidare, offro cinquecento sterline o terre che rendono cinquanta sterline l'anno. Per quei cavalieri tanto sciocchi da credere alle loro promesse... quaranta sterline a cavaliere.» Si guardò intorno e vide che molti di quegli uomini che si erano aspettati un piacevole banchetto a Lincoln nel lento viaggio di ritorno a Londra stavano sorridendo, a imitazione del fare sicuro di Richard.

«Signori, io ero presente sul campo di battaglia di Barnet e Tewkesbury. Ho già visto ribellioni e non intendo sopportarne un'altra, perciò radunate gli inglesi perché combattano al mio fianco. Io saprò dare una risposta.»

Vi fu un'acclamazione generale, poi tutti si precipitarono fuori dalla stanza rapidamente quanto lo consentiva la loro dignità e Richard si rimise a sedere, guardando lord Stanley, il suo tesoriere, con aria interrogativa.

«Con questo svuoteremo i forzieri,» osservò con aria cupa «anche se forse l'Inghilterra si risanerà eliminando sangue cattivo. È meglio aver saputo ora che Buckingham è un traditore piuttosto che dover temere il suo pugnale la notte. Perlomeno è sceso in campo e non ha cercato di avvelenarmi. Oh, maledizione a questi nobili *incostanti*! Vi dico che dopo mio fratello Edward non c'è stato nessuno degno di lui, no, nemmeno io. Troppe guerre abbiamo visto, il costo è stato troppo elevato.»

«Proprio così, maestà» replicò lord Stanley con enfasi. Richard alzò lo sguardo.

«Già, certo. Be', prendete in prestito a mio nome quanto serve.» Per un attimo Richard rifletté, la faccia sempre più scura.

«Mi domando se Buckingham sia un burattino in mano al vescovo Morton. Si sono forse accordati per mettere sul trono i miei nipoti? Non può essere che siano per i *Lancaster*? Ma che cosa rimane di quel casato? Dopo Tewkesbury? Qualche servo? Qualche cane affezionato?»

Lord Stanley sorrise doverosamente al suo protettore, cercando di compiacere Richard, il quale continuò: «Non credevo che Buckingham fosse tanto sciocco. È un bravo oratore ma non un grande condottiero, secondo me. Anche se forse, in fin dei conti, sono la stessa cosa». Capì che Stanley desiderava essere congedato e lo fece con un gesto: «Andate, milord, accertatevi che i reclutatori facciano il loro lavoro. Fra dieci giorni il mio esercito deve essere radunato a... a Leicester. Sì, a Leicester. Da lì potrò sferrare il colpo ovunque si siano radunati contro di me».

Mentre Stanley si inchinava e usciva, Richard guardò la pioggia battere contro le vetrate del salone di Lincoln. Proprio mentre si trovava in quella contea era stato cacciato dall'Inghilterra con suo fratello Edward, tutti e due senza un soldo. Edward aveva dato la sua giubba a un capitano fiammingo per pagare la traversata! Forse che uomini come Buckingham pensavano che lui fosse un sempliciotto, un povero idiota che si lasciasse sorprendere dalle loro insurrezioni?

Nonostante il tono leggero che aveva usato a tavola parlando di Buckingham, Richard era furioso con lui per il suo tradimento. Nessuno lo avrebbe costretto ad agire contro la sua volontà, non ora che sedeva sul trono. Aveva goduto un'unica meravigliosa estate... e non era abbastanza. La pioggia scrosciò con più forza contro i vetri e Richard sorrise. L'estate era finita. Che Buckingham temesse pure i venti autunnali e il gelo invernale, che il vescovo Morton temesse la pioggia che rendeva le strade un pantano per i soldati in marcia, Richard avrebbe risposto... a loro e a chiunque altro gli si mettesse contro. Pensò di nuovo ai nipoti. Finché erano in vita, sarebbero stati sempre un grido di battaglia, una vecchia ferita non rimarginata. Contrasse i muscoli della mascella. Esisteva una risposta anche a quello.

Buckingham aveva esagerato. Lo capì non appena ebbe mandato a chiedere un consiglio al vescovo Morton per vedere i suoi emissari tornare confusi e a mani vuote, dicendo che non erano riusciti a trovarlo. Al tramonto il duca si sentì male nel veder comparire l'esercito reale, una marea di armature nere che marciavano contro di lui, inviate dal re.

Gli uomini radunati sotto i vessilli di Buckingham erano abbattuti e tremanti sotto la pioggia battente; da giorni mangiavano male e soffrivano per l'umidità e il freddo.

Al sorgere del sole il numero di quegli uomini era diminuito, a migliaia erano scomparsi durante la notte, nobili e truppe sgattaiolati via col favore delle tenebre dopo aver osservato i quadrati formarsi nello schieramento dell'esercito reale e prepararsi per la mattina successiva. I loro nervi avevano ceduto.

Non li aveva aiutati il fatto che la pioggia avesse continuato a cadere senza interruzione dal momento in cui Buckingham era sceso in campo due settimane prima. Era come se quella lunga estate avesse messo da parte ogni goccia d'acqua solo per rovesciarla a torrenti tutta insieme, come nel diluvio universale. Le strade e i sentieri non erano semplicemente fangosi ma corsi d'acqua che non sarebbero mai stati riassorbiti dal terreno. I suoi uomini dormivano nel bagnato e si svegliavano tremando; e perfino le loro razioni di cibo erano sempre fredde e inzuppate.

Buckingham sentiva gli occhi di tutti su di sé mentre cavalcava sul sentiero fra le siepi, cercando un terreno pianeggiante. Era certo di aver scorto la cupidigia negli occhi dei suoi capitani e dei pochi nobili che erano rimasti con lui quella mattina. L'idea che re Riccardo avesse messo una taglia sulla sua cattura era un tale insulto che Buckingham ardeva ancora di sdegno, ma un effetto lo aveva avuto: Morton era svanito nel nulla. Buckingham ormai non poteva più cavalcare o camminare senza essere tenuto d'occhio, come se fosse un tesoro da guardare a vista per paura che scomparisse. Il duca era furibondo. Eppure continuava a pensare che i suoi piani non sarebbero andati in fumo così presto, se non ci fossero state le voci giunte da Londra.

Fra tutte le notizie una lo aveva rovinato, più di quella della ricompensa offerta per la sua testa o del freddo o della pioggia o della paura. A Buckingham importava ben poco dei due figli di re Edoardo, ma a una buona metà dei lord che erano insorti contro Richard certamente sì. Alcuni avevano partecipato alla ribellione per ristabilire la giusta successione al trono e detronizzare l'usurpatore che aveva agito contro la vedova del re Edoardo e contro i suoi figli con una fretta indecente, quando il corpo del fratello era ancora caldo.

Buckingham non si era interessato troppo alle loro motivazioni, gli era bastato che si unissero a lui sul campo di battaglia; in fin dei conti non avrebbe avuto alcuna importanza sapere perché lo avevano fatto. Una ribellione si autopotenziava con l'ambizione e, morto Richard, anche questi nobili si sarebbero trovati coinvolti fino in fondo e avrebbero visto le cose come le vedeva lui. A quel punto le forze dei Lancaster sarebbero già sbarcate per partecipare al trionfo della rivolta. Tutto sarebbe stato sistemato sul cadavere di Richard e i morti di Buckingham avrebbero potuto riposare in pace.

La notizia che i principi erano stati uccisi nella Torre, nessuno sapeva come, era stata un colpo mortale per la sua campagna. Senza di loro *non* esisteva una causa York, nessun punto d'incontro. Presi dalla disperazione, Buckingham e il vescovo Morton avevano cercato di convincere i loro nobili che ormai avrebbero dovuto battersi per i Lancaster. Se vi fosse stato qualche segno dei maledetti Tudor, forse questo avrebbe dato la spinta decisiva ai lord, ma non c'era nessuna traccia di loro e d'altronde molti nobili presenti su quel campo di battaglia non avrebbero conservato i loro titoli se fossero ritornati i Lancaster. Nella riunione della sera non avevano aperto bocca, ma la mattina dopo erano scomparsi portandosi dietro migliaia di soldati.

Era forse la ribellione più disastrosa e di durata più breve di tutta la sua vita, pensò Buckingham mestamente: ormai non aveva con sé più di ottocento uomini, un migliaio al massimo, e Dio solo sapeva quanti ne avrebbe dovuti affrontare. Era stato battuto in astuzia fin dall'inizio e per questa ragione provava suo malgrado un certo rispetto per re Riccardo, un rispetto che non aveva mai avuto prima. La corrente di marea che era parsa trascinare Buckingham in un entusiasmo durato qualche settimana si era trasformata in uno stagno immobile. Questa similitudine gli piacque, in parte perché la pioggia aveva ripreso a scrosciare sonora in modo sgradevole sulla sua armatura. Le piastre di ferro erano già scure per la ruggine, nonostante scudieri e servitori le lucidassero tutte le sere.

Vide una fattoria non troppo lontana davanti a sé e la indicò col dito, preferendo non voltarsi e gridare per farsi sentire con quella pioggia torrenziale. A un miglio o due di distanza l'esercito del re si muoveva su un terreno accidentato di campi e fossati attraversato da un fiume e con quel tempaccio, che trasformava tutto in una palude, Buckingham non pensava che potesse avanzare molto quella mattina, chiunque fosse a comandarlo, a meno che non avessero mandato avanti un drappello per intimargli la resa. In ogni caso gli restava un po' di tempo e il solo pensiero di una scodella di latte caldo lo faceva gemere di desiderio.

Giunto nella corte della fattoria, smontò da cavallo e si diresse alla porta. Chinandosi per entrare, non vide uno dei suoi uomini alzare la mazza e quando il colpo lo raggiunse alla nuca il duca di Buckingham cadde sulla soglia privo di sensi davanti alla famiglia terrorizzata dal fracasso dell'armatura che portava la pioggia e il vento nella casa.

Senza parlare, gli uomini di Buckingham lo trascinarono fino alla sua cavalcatura e lo assicurarono alla sella, dove rimase a sobbalzare, le braccia legate solidamente dietro la schiena; poi si guardarono l'un l'altro facendo mentalmente qualche calcolo: anche divise fra loro sei, mille sterline erano una fortuna per dei poveri cavalieri.

La nave non si alzava e non si abbassava più sulle onde, ma si agitava come un cinghiale ferito, investita da creste bianche e sibilanti, più alte dell'impavesata, che si abbattevano contro le murate e inondavano il ponte, strappando gemiti profondi a tutto lo scafo. I marinai scalzi correvano sui passavanti afferrandosi alle cime o ai legni ogni volta che vedevano arrivare l'onda, chiamandosi e facendo cenni per avvertirsi a vicenda. Più e più volte uno di loro, accorgendosi troppo tardi del pericolo, cadeva, trascinato attraverso il ponte da un'onda bianca che lo mandava a sbattere contro qualche ostacolo. Altri cercavano di restare in piedi, faticando a respirare, bagnati dalla testa ai piedi, con l'acqua salata che colava dai capelli, mentre qualche loro compagno finiva in mare, portandosene dietro un altro per sparire nell'abisso schiumante.

Un altro pericolo, peggiore dei marosi che minacciavano di capovolgere la nave, era quello delle altre imbarcazioni che navigavano ai due lati, invisibili nelle tenebre innaturali della tempesta. Il vento sarebbe cessato senza preavviso, lasciando il mare ancora sconvolto e i marinai a scrutare nella vastità grigia alla ricerca di una terra o della flotta stessa. Nell'aria resa spessa dagli spruzzi, all'improvviso uno scafo ne investiva un altro tra le urla degli uomini travolti e lo schianto degli alberi spezzati, poi altrettanto rapidamente la nave investita affondava e l'altra si scuoteva come un cane bagnato, proseguendo la sua corsa.

Jasper Tudor era inorridito. Si considerava un buon marinaio, ma il mare aperto tra la Francia e l'Inghilterra era uno dei tratti più pericolosi che avesse mai attraversato. In quelle acque le tempeste erano improvvise e le coste solo rocce nere o scogliere di gesso bianco, senza nessuna rada accogliente visibile dal largo. Pregò mentre assisteva alla distruzione di un legno da parte di un altro e udiva le grida esultanti dei sopravvissuti sulla nave apparentemente indenne, che però poco dopo cominciò a sbandare. Le grida di giubilo si trasformarono in urla di terrore assoluto, senza che nessuno potesse fare niente per gli uomini che cadevano in mare come pietre mentre la nave affondava. I marosi non davano tregua e il vento ululava aumentando di forza, congelando chi guardava e chi annegava.

Jasper si voltò e nel farlo vide il nipote che osservava la scena del disastro senza nessuna traccia di emozione. Harry Tudor non aveva perso quel particolare distacco che aveva sbigottito lo zio fin dal loro primo incontro. Non era che non provasse niente, anche se era capace di essere freddissimo, ma, a parere di Jasper, il giovane era incapace di un reale rapporto con il prossimo, era impalpabilmente diverso dagli altri e aveva imparato a nascondere benissimo quella diversità. In tutte le normali attività della vita un estraneo non avrebbe visto alcuna differenza fra Henry e gli altri giovani cavalieri o lord, ma in certi momenti sembrava che non fosse sicuro di come si sarebbe comportato al suo posto un uomo normale, sembrava assolutamente sperso.

Adesso sembrava così, mentre fissava impassibile una nave scaraventata su un'altra in un accoppiamento terrificante. Le teste sobbalzavano sull'acqua e alcuni marinai agitavano le braccia, anche se per loro non c'era speranza. Dio solo sapeva dove fosse la costa, impossibile da raggiungere anche per quei pochi che sapevano nuotare e che avrebbero anche potuto dirigersi verso il Mare del Nord come verso una qualsiasi speranza di salvezza. Non esisteva alcuna possibilità per loro. Il resto della flotta era troppo impegnato a pensare alla propria sopravvivenza per occuparsi di qualcun altro. Ogni nave aveva inchiodato delle assi sui boccaporti per impedire che l'acqua riempisse la stiva e trascinasse tutti quanti a fondo.

Il freddo avrebbe ucciso molto presto quanti erano tra i flutti oppure sarebbero state le onde mostruose che s'innalzavano e si abbassavano, simili a leviatani che rendevano gli uomini uguali ad alghe e a rottami.

Jasper sentì il capitano abbaiare nuovi comandi e vide i due al timone fare forza sulla barra e chiamare altri per aiutarli a combattere contro i marosi, mentre su un lato della nave si stava alzando una cima per far ruotare un pennone sul quale dei marinai erano in attesa, aggrappati con tutte le loro forze per resistere al vento che cercava di strapparli via o di congelarli.

«Stiamo tornando indietro!» gridò Jasper al nipote. In realtà era sorpreso che non lo avessero fatto prima, ma la tempesta era stata così improvvisa che aveva sparpagliato la flotta in ogni direzione con una furia crescente lungo tutte le coste della Manica. Jasper sperò soltanto che riuscissero a raggiungere sia pure zoppicando qualche porto francese, anche se temeva grandemente ciò che vi avrebbe trovato. Re Luigi aveva dato loro diciotto navi e milleduecento uomini per sbarcare nel Galles e unirsi alla ribellione di Buckingham. Jasper non poté che scuotere la testa, frustrato. Sembrava perfino che la tempesta si stesse affievolendo, tanto che riusciva a udire i marinai in alto che gridavano tra loro al di sopra dell'urlo del vento e delle cime che sbattevano contro il legno. Era come se fossero stati trascinati via e la tempesta si smorzasse man mano che si allontanavano dalla costa del Galles.

«Torniamo in Francia» ripeté Jasper. «La burrasca era... be', non potevamo ancorarci o trovare un porto sicuro, non con questo tempo. Sta migliorando, non credi?» Chiuse gli occhi, toccandosi la croce che gli pendeva sul petto, pregando per tutti gli uomini e le navi che avevano osato sfidare il mare aperto nella stagione delle tempeste. Per chi era a terra probabilmente quello era solo un acquazzone, forse con qualche tegola strappata dai tetti, ma là, in quelle profondità di grigio, era stata una delle esperienze più spaventose della sua vita.

«Quando possiamo riprovare?» gli gridò all'orecchio Henry. Jasper Tudor guardò il giovane. Lo considerava intelligente eppure qualche volta era così freddo da sembrare crudele in modo insopportabile. Jasper era esausto e quasi congelato, aveva visto affogare centinaia di uomini e per quanto ne sapeva la loro era l'ultima barchetta a galla su quel mare perfido e sibilante. Non riusciva nemmeno a pensare di tentare di nuovo la traversata o che re Luigi sostenesse i costi per sostituire tutte le navi e gli uomini che essi avevano perduto. Ma suo nipote lo fissava aspettando una risposta.

«Presto, Harry» gli disse scoraggiato. «Prima torniamo a terra, poi vedremo. Oggi no.»

«State allegro, zio» lo incoraggiò Harry sorridendogli. «Siamo vivi e siamo gli ultimi Lancaster in vita. Dovremmo saper affrontare una tempesta, credo.»

Jasper sgranò gli occhi bagnati d'acqua di mare come i capelli ancora gocciolanti.

«Sì» disse. «Be', farò del mio meglio.»

Nella piazza del mercato di Salisbury, Richard guardò con aria disgustata il giovane idiota che si era cercato la sua fine. Il ceppo era pronto, così come il boia in attesa con la grande mannaia. Sebbene il sole fosse appena spuntato dalle alture a oriente, la città era tutta là, desiderosa di assistere alla morte di un duca, affascinata e attenta a ogni particolare della scena.

Henry Stafford, duca di Buckingham, era ancora il connestabile d'Inghilterra di Richard, uomo che aveva goduto della sua fiducia e di grande autorità, che aveva il potere di reclutare gli uomini per inviarli sul campo di battaglia. Molti tra la folla dei presenti avrebbero goduto nel vedere un uomo di tale importanza finire così male. Significava che la legge si applicava a tutti, agli sceriffi, ai sindaci, ai consiglieri come alla povera gente trascinata davanti ai giudici.

Re Riccardo III, seduto a un lato della piazza, osservava lo svolgersi degli eventi. Il giovane Buckingham si era approfittato della sua fiducia, ma c'era qualcosa di insopportabilmente stupido in quella misera ribellione. Richard sospirò, stropicciandosi il mento ispido. La schiena gli faceva male di nuovo. Non c'era niente da fare, Buckingham non sarebbe mai diventato vecchio e saggio per rimpiangere le sciocchezze fatte in gioventù, per lui non ci sarebbe stata una seconda possibilità.

Richard parlò con una voce squillante, che risuonò in tutta la piazza: «È mio convincimento, milord Buckingham, che voi siate solo un burattino in mano al vescovo Morton, più che l'autore della vostra distruzione. Ho avuto sue notizie e di navi avvistate dalla costa e costrette a invertire la rotta. I vostri sostenitori non sfuggiranno ai miei cacciatori, questo è certo, ma io devo punire voi per il vostro tradimento. Mi siete costato più di...». Si interruppe, non volendo cominciare a lamentarsi. Il duca lo fissava con un'espressione intensa, non ancora privo di speranza pur legato com'era.

«Se davvero ne siete convinto, maestà, allora vi prego, perdonatemi! La misericordia è un vostro dono. Dite una sola parola e quest'uomo taglierà le corde e mi ridarà la libertà. Io vivrei per servirvi ancora.»

«Lo so, milord. Ciò che dite è vero. Ho deciso però di non lasciar libero un traditore. Avete scelto voi il vostro destino quando avete preso le armi contro il vostro sovrano. Signori, continuate.»

Buckingham si dibatté, ma due uomini robusti lo immobilizzarono sul ceppo, poi si scostarono per lasciare posto al boia. Era un uomo di lì, che sudava per il timore di non saper eseguire un colpo perfetto davanti a tutti quelli che lo conoscevano. Descrisse un enorme arco in aria e Buckingham gemette di paura, un gemito che cessò in un istante, lasciando il silenzio dietro di sé.

XXX

Il castello di Middleham era stato la casa del conte di Warwick e la casa di suo padre prima di lui, il vero focolare del clan dei Neville. In parte era per questa ragione che Richard ne aveva fatto la sua dimora quando il fratello George non aveva più potuto pretendere niente. Aveva trascorso la prima giovinezza a Middleham e per lui era piena di bei ricordi. Suo figlio era nato là ai tempi in cui il suo era un matrimonio felice e non mancava l'allegria. Era vero che d'inverno Middleham, più a nord di York, era un luogo ben poco accogliente, ma al ritorno della primavera quella proprietà trasandata si trasformava in un paradiso terrestre di valli verdeggianti, di campi, di frutteti e di ruscelli.

Era re da quasi un anno, pensò Richard, rivestendosi. Col passare dei mesi il rituale del bagno caldo accanto al fuoco nella tarda mattinata era diventato un'abitudine quotidiana che doveva svolgersi sempre nell'identico modo, così da sapere in ogni istante se qualcosa non andava. La schiena e le spalle erano ormai ingobbite e nelle giornate più umide poteva sentire le ossa torcersi. Qualche volta si svegliava di notte a causa di dolori così lancinanti da fargli credere che qualche osso si fosse rotto; poi il dolore passava permettendogli di riappisolarsi, ma gli ritornava sempre più spesso.

Emise un sibilo quando a un movimento sbagliato un

dolore fortissimo saettò in tutta la parte superiore del corpo. Come sempre la rabbia lo aiutò, anche se preferiva tenere in privato i suoi ruggiti e le sue bestemmie, costretto com'era a mostrare al mondo un'altra faccia; ma essendo solo ora si sfogò prendendo a calci un guanto di ferro. Lasciò slacciata la tunica e uscì all'aperto nel sole.

Un'armatura completa lo aspettava, fissata con lacci di cuoio a un palo alto quasi due metri. Richard la guardò storto. Si esercitava con quell'armatura addosso appena poteva, ma ogni colpo che sferrava gli scatenava un dolore bruciante nella spina dorsale e nelle spalle; eppure aveva bisogno della forza muscolare che gli davano quegli esercizi. Quando il sudore si era asciugato, i servi gli massaggiavano con l'olio i muscoli come a un vecchio senatore romano, lavorando su e giù con striglia di avorio o di rame. Richard poteva stritolare una mano con la sua stretta, se voleva. Non poteva permettersi di essere debole, lui più di tutti.

Rimase fermo in piedi davanti all'armatura, studiandone i punti forti e dove assestare un colpo, ma il campo di battaglia era l'unica vera prova, con il nemico che si muoveva e contrattaccava. Era utile però sapere dove le piastre erano meno resistenti, come si poteva far penetrare una lama sotto un braccio alzato, per esempio.

Il siniscalco di Middleham non aprì bocca mentre porgeva a Richard la spada, afferrando il fodero mentre il re sguainava la lama. Il vecchio si fece da parte rispettosamente, anche se Richard sapeva che avrebbe osservato ogni suo colpo.

«Rientrate, desidero restare solo, oggi» disse improvvisamente e il siniscalco si inchinò e si allontanò rapidamente, lasciando Richard solo a girare su se stesso lentamente, guardandosi intorno fino al balcone sopra di lui e allo spiazzo deserto in basso. Nessuno era affacciato, nessuno sembrava nascosto per guardarlo. Era solo e a un tratto si accorse che non riusciva a respirare.

Si strappò di dosso la tunica, lasciandola cadere a terra quasi divisa perfettamente in due, e l'allontanò da sé con un calcio. In genere stare a torso nudo lo faceva sentire debole come se gli mancasse un sostegno, una sensazione che non gli piaceva, ma quel giorno si sentì oppresso, ristretto. Guardò il muro del piano superiore, dove suo figlio giaceva immobile. Il principe di Galles aveva tossito fino a riempirsi i polmoni di sangue e di muco scuro.

Richard si girò verso l'armatura, un cavaliere di ferro che stava in piedi davanti a lui e che sembrava schernirlo. Attaccò, assestando un colpo dopo l'altro, tre a sinistra, poi tre a destra. Ogni colpo gli mozzava il fiato dal dolore, ma continuò lo stesso. Aveva la sensazione che qualcuno gli premesse una torcia accesa sulle ossa, ma ne fu contento, dicendo a se stesso, sudato e dolorante, che se soltanto fosse riuscito a sopportarlo forse rientrando avrebbe trovato suo figlio vivo, forse non avrebbe più avuto la febbre e nel vaso da notte l'urina rossa come sangue avrebbe avuto il colore giallo e sano di un tempo.

Colpì e colpì, anche se l'armatura continuava a resistere. Un colpo, due, tre, poi un fendente e un altro di sinistra contro la gola protetta dal metallo. Imprecò sottovoce quando qualcosa si spostò nella sua spalla e gli fece mancare il bersaglio di un pollice. A volte succedeva e non poteva mai prevedere lo schianto stridente che gli pareva di sentire nelle ossa. Invece di tagliare la gola dell'armatura, la spada aveva colpito la visiera dell'elmo, staccandola da un lato. Anche così il sangue sarebbe scorso abbondante sul volto dell'uomo, se vi fosse stato, pensò Richard. Sì, era ancora forte, ancora veloce.

Aveva trovato la madre di suo figlio seduta accanto a Ned nella stanza al piano superiore, intenta a lavargli il petto e le braccia. Era diventato così magro in quegli ultimi mesi! Anne aveva posato una bacinella piena d'acqua sul letto e vi immergeva un panno. Richard era rimasto in piedi, angosciato, mentre sua moglie muoveva il panno in grandi cerchi sulla carne del figlio, che già si stava raffreddando sotto la sua mano.

Nel cortile Richard scoppiò a piangere e continuò a farlo mentre continuava nella sua fatica, girando su se stesso e colpendo con la spada l'altra cerniera della visiera fino a farla cadere nella polvere, lasciando al suo posto un vuoto nero. Immediatamente vi infilò la punta della lama, squarciò il metallo, smanioso di uccidere, di far cessare il dolore che gli faceva bruciare gli occhi mentre la schiena era un'unica agonia che gli mozzava il fiato. Sembrava che una costola rotta gli avesse perforato un polmone, così che ogni respiro era un coltello che penetrava sempre più in profondità. Si fermò, ansante, in lacrime, guardando le gocce di sudore che cadevano a terra.

Non gli era sembrato che Anne l'avesse sentito quando aveva cercato di portarla via dalla camera, ma era rimasta seduta simile a un cadavere lei stessa, pallida quasi come il figlio, l'unico figlio di Richard, l'unico essere vivente che Richard avesse mai amato. Il bambino che aveva osservato mentre si arrampicava su un salice e si dondolava da un ramo a poca distanza da lui. Non sembrava giusto che un fanciullo così sorridente e chiassoso stesse diventando freddo nel silenzio di quella stanza, interrotto soltanto da qualche lieve colpo di tosse di Anne china su di lui.

Non era giusto morire a dieci anni, era meglio quando un bambino era molto piccolo, così diceva sempre la madre di Richard, prima che diventasse molto più di un nome e di una faccina strillante, non quando si era già pieni di ricordi. Ora nell'animo di Richard era pieno inverno, un inverno gelido, anche se la primavera era esplosa intorno a lui.

Avrebbe rivisto suo figlio, disse a se stesso. Però Anne lo avrebbe rivisto prima, ne era certo. L'aveva osservata a lungo, incerto su come affrontare il suo dolore; non piangeva e non si muoveva da lì. Richard aveva visto il panno stretto nella sua mano e la grande macchia rossa.

La seconda volta colpì la piastra che copriva la gola dell'armatura con maggiore precisione, tranciando le cerniere e facendo volare l'elmo intero in fondo al cortile, dove rimbalzò e rotolò fino a quando non rimase immobile. Alzò lo sguardo sul palo e sul metallo contorto che vi era appeso, ma non c'era più nessun nemico là, nessuna minaccia. Era solo una vecchia armatura e ormai lui era stanco e così dolorante che avrebbe voluto piangere fino a restare senza respiro. Gettò via la spada e si lasciò cadere in ginocchio, fissando la polvere.

Aveva pensato di chiedere a sua moglie un altro figlio, ma ora sapeva che non sarebbe vissuta abbastanza da portare a termine la gravidanza. Sarebbe rimasto solo. I suoi fratelli non c'erano più e lui sarebbe rimasto senza moglie, senza figli o figlie. Non avrebbe avuto più nessuno, assolutamente nessuno, davanti a sé anni di regno vuoti.

Dopo un po', quando la servitù cominciò a uscire sulle balconate e a scrutare il re inginocchiato nella polvere, immobile, Richard si riscosse. Sentì i loro occhi sulla schiena ingobbita e fu questo a riportarlo alla realtà. Si alzò, raccolse la spada, vide che la lama era irrimediabilmente rovinata, nessuno avrebbe più potuto affilarla. Aveva i muscoli irrigiditi dopo essere stato così a lungo in ginocchio e gli sfuggì un gemito mentre si rimetteva la tunica; ma si trattava di un dolore normale.

Fermo in piedi alzò gli occhi verso le finestre aperte che davano nell'appartamento dove suo figlio aveva esalato l'ultimo respiro e dove ora giaceva immobile. Non aveva bisogno di rivederlo, non credeva che avrebbe potuto sopportare quel dolore. Si riempì invece i polmoni di aria primaverile e concentrò il pensiero su Londra e sulle leggi che avrebbe promulgato quell'anno. Pensò a Elizabeth Woodville sempre rintanata nell'asilo, quasi un'offesa per lui. Come se la stesse ancora minacciando! Che cosa avrebbe potuto offrirle per attirarla fuori da quel luogo ristretto e umido?

Lo aiutò un po' concentrare le sue energie sugli statuti e sulle leggi. Non esisteva la possibilità per gli uomini di essere liberi, lo sapeva bene, dovevano essere tenuti avvolti in reti fittissime. Ma niente di tutto ciò aveva importanza a paragone di quanto lui aveva perso. Avrebbe soltanto voluto che suo fratello Edward fosse lì. Lui avrebbe capito.

Prima di quel momento Richard non era mai entrato nell'edificio dell'asilo di Westminster. L'arcivescovo Bourchier lo aveva educato per ore sulle regole da rispettare in quel luogo e gli aveva concesso la benedizione della Chiesa soltanto quando Richard aveva accettato di farsi perquisire da una guardia per accertarsi che non avesse armi con sé; per Richard era una danza, un gioco, e vi si sottopose a cuor leggero, più leggero di quanto fosse stato di recente.

Richard fece un cenno al monaco che aspettava sulla soglia, il quale tuttavia non si presentò e si limitò a un breve inchino, senza dire una sola parola. Richard credette di vedere una sorta di disprezzo nella sua espressione, tanto che desiderò prenderlo a calci lungo tutto il corridoio. Si ricordò che suo fratello Edward aveva scaraventato a terra un giovane monaco quando era venuto lì a prendere sua moglie e sperò che si trattasse dello stesso uomo.

Lo seguì, ma con un passo rapido, tanto che il monaco dovette trottare per precederlo e annunciare la sua presenza; una meschinità, ma Richard godeva nell'irritare chiunque credesse di potersi erigere a giudice su di lui.

Entrò nella stanza quando fu chiamato e si trovò in un bel locale dalle pareti rivestite di legno, arredata molto meglio di quanto aveva immaginato; si era aspettato un'austera cella dalle pareti di pietra e non certo uno studio caldo con lumi, tappeti e cuscini imbottiti sulle sedie.

Elizabeth Woodville si alzò nel vederlo entrare e gli fece una profonda riverenza. Richard si inchinò a sua volta e le prese la mano. Aveva fatto giustiziare il fratello di Elizabeth, lord Rivers, e lei lo sapeva bene, glielo leggeva negli occhi, ma Richard era venuto per seppellire il passato, portava un'offerta di pace; e dopotutto Elizabeth lo aveva ricevuto.

«Mia signora, sono qui perché le vostre figlie devono sentirsi soffocare in questo posto minuscolo.»

«Godono di comodità sufficienti» disse Elizabeth guardinga. «Anche se non hanno fatto del male a nessuno e meritano la libertà che si conviene al loro stato. Il loro padre era re, dopotutto.»

«Certamente. Infatti è mia intenzione farle uscire di qui, se voi lo permetterete. Vi ho fatto assegnare una bella proprietà dove potrete ritirarvi, con una pensione di settecento sterline l'anno. Ho portato con me un documento da far copiare e rendere pubblico... affisso a ogni angolo di strada, se volete. Nel documento mi impegno a trovare buoni partiti per le vostre figlie, per il loro bene e per quello dell'Inghilterra. Vorrei mettere fine all'inimicizia fra noi, mia signora. Far vivere voi e le vostre figlie in questo luogo freddo mi disonora.»

Elizabeth guardò negli occhi quell'uomo più giovane di lei, che regnava al posto di suo marito. Quello stesso uomo aveva fatto approvare in parlamento un documento dove si dichiarava che il suo matrimonio era nullo e invalido e che i suoi figli erano bastardi; non era del tutto sicura che fosse una menzogna, forse suo marito aveva davvero commesso quell'idiozia in gioventù. Erano verosimili entrambe le cose. Era anche vero, però, che un giorno nell'asilo era come un mese nel mondo esterno; quell'immobilità penetrava nell'anima col tempo, perfino la sensazione di aria fresca che Richard aveva portato con sé sugli abiti le procurava una nostalgia dolorosa. Forse era il diavolo in persona, ma non poteva esserne sicura... e non poteva sbattergli in faccia la sua offerta, doveva cercare la pace con lui per le sue figlie. Richard avrebbe trovato per loro qualche tranquillo barone o conte che voleva lusingare o compiacere e le ragazze avrebbero avuto la possibilità di veder trascorrere estati e inverni, di avere una famiglia e di trovare la loro strada.

Non era una prospettiva poi così terribile, pensò Elizabeth. Né lo era quella di una bella proprietà in campagna e di una somma molto generosa ogni anno. Paragonata ai passi strascicati e ai bisbigli dei monaci era quasi una visione paradisiaca. Nondimeno le era rimasto un peso sullo stomaco di cui non riusciva a liberarsi. Sul viso dell'uomo che le stava davanti non riusciva a scorgere né colpa né vergogna, ma la domanda le stava in gola e minacciava di soffocarla a ogni respiro. Non poteva lasciarlo andare via senza rivolgergliela.

«E i miei figli?» Si schiarì la voce e riprovò con più fermezza: «Che ne è di loro?».

«Sono desolato, mia signora.» Richard scosse il capo. «Non lo so per certo, ma credo che sia stato Buckingham. Era gran connestabile d'Inghilterra, entrava e usciva continuamente dalla Torre, nessuna porta era chiusa per lui. Forse ha creduto di servire me oppure Lancaster, non lo so. Ma so che non sono riuscito a proteggerli e ora anche il mio unico figlio è sottoterra.» La voce gli si spezzò e tacque un istante. «Non dubito che siano in pace, tutti e tre. La vita è molto crudele, molto più di quanto immaginassi quando ero giovane.»

Elizabeth si premette il pugno sulla bocca, impedendo alle labbra e al mento di tremare come la sua mano, senza emettere un suono, le palpebre abbassate sulle lacrime, senza capire se fosse meglio aver saputo oppure no. Non riuscì a parlare per molto tempo e Richard non la disturbò nella sua immobilità senza singhiozzi o pianti. Aveva davanti a sé anni per piangere. Alla fine, quando fu quasi certa di riuscire a parlare, gli fece cenno di sì col capo, la decisione presa. Non sarebbe tornata indietro.

«Uscirò da questo luogo, Richard, se voi farete leggere nelle strade di Londra le promesse che mi avete fatto. Vorrei rivedere le messi dorate, le mele mature sugli alberi. Vorrei avere pace per le mie figlie e per me.»

«La meritate e l'avrete» affermò Richard, lo sguardo cupo. «E mi dispiace per tutto quanto avete sofferto. Voi sapete che dico la verità quando affermo che volevo bene a vostro marito. Edward vedeva il meglio in me e io sono sempre stato sincero con lui. Sempre.»

Il nuovo re francese aveva abbandonato i Tudor, Jasper ne era certo. Se Luigi fosse vissuto un altro anno, il piccolo uomo avrebbe dimenticato le perdite subite e tentato un nuovo sbarco, pensava Jasper. Il figlio di re Luigi, Carlo VIII, aveva soltanto tredici anni quando il padre aveva avuto un collasso mentre rivolgeva un importante discorso ai suoi nobili ed evidentemente i consiglieri del nuovo sovrano agivano con molta cautela; non avrebbero mai approvato le spese enormi in uomini, navi e oro che sarebbero state necessarie.

Era vero che i Tudor avevano perso metà di una flotta nella tempesta, con più di seicento francesi finiti in mare in una sola notte. Da quel momento, mentre la salute di re Luigi aveva cominciato a declinare, Henry e suo zio erano stati abbandonati in Bretagna, le loro lettere lasciate senza risposta. Dall'Inghilterra una novantina di inglesi erano arrivati a Rennes per unirsi a loro, per la maggior parte uomini che avevano partecipato alla fallita ribellione di Buckingham ed erano fuggiti, o uomini e donne che ancora speravano in una restaurazione delle loro famiglie, impossibile sotto gli York. Arrivavano cercando antiche glorie e prendevano alloggio vicino alla modesta casetta di Jasper e di Henry senza trovare ciò che si erano aspettati, qualunque cosa fosse. Avevano trovato invece povertà e creditori che agitavano le loro carte davanti alla porta dei Tudor, pretendendo gli interessi dovuti.

Sulla costa le navi prive di vele, di legni e di chiodi aspettavano ancora di essere riparate, con i marinai che si mettevano in cattiva luce presso i magistrati locali, alcuni finendo addirittura per penzolare dalla forca per reati minori. Il torrente d'argento e di oro da Parigi si era prosciugato completamente e perfino il sussidio regolare che Jasper e Henry avevano ricevuto per anni aveva smesso di arrivare; e non c'era niente che potessero fare.

Secondo Jasper il nuovo re non conosceva nemmeno i loro nomi. Personalmente aveva sempre trovato Luigi una compagnia molto piacevole, ma ora, per la prima volta, sia lui sia Henry si rendevano conto veramente di quanto fosse difficile ottenere udienza da un re se questi o i suoi cortigiani non erano disposti ad accordarla. Con il passare dei mesi i Tudor furono costretti a vendere tutti gli oggetti di valore per procurarsi il cibo. Altre lettere di Jasper partivano per Calais e da lì proseguivano per il Galles e Londra, perché, anche se Jasper odiava dover mendicare, l'alternativa era morire di fame. Nel Galles Jasper aveva ancora uno o due amici, ma in un periodo come quello l'unica speranza erano gli Stanley. In ricompensa dei servizi resi, Sir William Stanley era stato fatto primo magistrato del Galles e ogni tanto mandava notizie e un sacchetto di monete d'argento su richiesta del fratello maggiore, lord Thomas Stanley, il quale, a quanto pareva, voleva far piacere alla moglie, Margaret, e al figlio di lei in esilio. Anche la madre di Henry mandava un po' di denaro quando osava farlo, perché pensava di essere sorvegliata. Aveva mantenuto il suo posto a corte, ma re Riccardo aveva spie dappertutto che scrivevano rapporti e note, raccolti nella Torre.

Jasper e Henry sopravvivevano, dunque e, se la loro dieta era spartana e gli abiti assolutamente fuori moda, entrambi avevano conosciuto e sopportato giorni peggiori. Perlomeno parlare non costava niente e la loro piccola comunità di inglesi e di gallesi contava adesso un centinaio di persone che aiutavano a trascorrere le serate fra chiacchiere e risate. Qualcuno di loro aveva trovato lavoro a Rennes e aveva iniziato una nuova vita.

Lungo la costa si vedevano ancora i relitti delle navi da guerra trasportati dal mare sulle spiagge. Delle diciotto che erano state, nove erano riuscite a raggiungere un porto sicuro e Jasper e Henry accompagnavano i loro ospiti a vederle, passeggiando spesso lungo le scogliere per guardare gli uomini al lavoro con i loro arnesi intorno agli scafi. Una alla volta le grandi navi erano sparite, appena erano in condizioni di navigare alla bell'e meglio.

Un intero anno trascorse senza una parola da parte del re francese finché un giorno un giovane araldo elegantissimo si presentò alla porta dei Tudor. Jasper ebbe un gran tuffo al cuore nel vedere la livrea, perfetta e ricamata d'oro, che recava lo stemma con i gigli. Jasper lo fece entrare e prese il rotolo che l'araldo gli porgeva. Lo srotolò e scrutò i caratteri neri e fitti che riempivano il foglio. Jasper udì se stesso respirare rumorosamente mentre seguiva col dito le parole per non perdere il filo.

«Sì... oh, che bravo ragazzo...» disse. Per la prima volta lesse la notizia della morte dell'erede di Richard, seguita da quella della moglie pochi mesi dopo. Il trono d'Inghilterra era vulnerabile e pareva che alla corte francese qualcuno si fosse ricordato dei due Tudor che aspettavano proprio quell'occasione. Con crescente giubilo Jasper lesse, tenendo la pergamena con la mano che gli tremava, e seppe che avevano di nuovo il permesso di attingere ai fondi reali: Jasper avrebbe potuto far vedere la lettera a qualsiasi banchiere e svuotargli i forzieri. A un tratto udì un rumore di ruote sui ciottoli. Alzò lo sguardo, poi si precipitò alla porta della casetta e guardò in fondo alla discesa.

La strada a oriente era piena di carri e di soldati in marcia. Il quattordicenne re di Francia aveva deciso di agire. Stupefatto, Jasper si girò verso il nipote: «Qui c'è scritto duemila uomini ben addestrati e armati! Questi sono soltanto i primi».

«Avremo bisogno di un esercito molto più grande» disse il nipote. «Mi muoverò dal Galles, allora.»

«Da dove?» Jasper trovava strano vedere il nipote in quella nuova luce: la sua pretesa al trono era così esile che Henry non avrebbe avuto alcuna possibilità in un anno buono. Ma dopo Tewkesbury non c'erano più stati anni buoni. La madre di Henry era Margaret Beaufort e, quattro generazioni prima, John di Gaunt della casa di Lancaster era comparso nell'albero genealogico della famiglia. Sarebbe stato sufficiente.

Jasper alzò lo sguardo, pensando alla donnina che aveva portato via da Pembroke tanti anni prima. Dopo i dispiaceri e le sofferenze che aveva dovuto sopportare, ora Margaret era felicemente sposata con lord Stanley e per tutta la sua vita aveva pensato al figlio, sperando e aspettando il momento perfetto. Erano stati dozzine i casati con pretese più fondate di quelle dei Tudor, ma i Tudor erano gli unici sopravvissuti ai massacri di una guerra durata trent'anni. Henry Tudor era l'ultimo della casa dei Lancaster che poteva ancora pretendere al trono d'Inghilterra. Un'idea intrigante, un pensiero che suscitava timore reverenziale.

Certamente i consiglieri del re francese ritenevano che i Tudor fossero una possibilità; in Inghilterra Richard Plantageneto era debole come non mai, privo com'era di una discendenza, e se fosse stato costretto a combattere prima di aver generato un altro erede, la corona gli sarebbe stata tolta dalle mani o, meglio, dalla *testa.* Era un'occasione, una scommessa folle e disperata che quasi certamente sarebbe costata la vita a tutti e due. Ciò nonostante l'avrebbero colta, avrebbero rischiato il tutto per tutto. Jasper rivolse al nipote un largo sorriso, ben sapendo che cosa avrebbe detto.

«Da Pembroke, zio» gli disse Henry Tudor. «Vorrei tornare a casa.»

XXXI

Le navi presero il largo dalla costa bretone in una sera d'agosto calda e afosa, in piena estate. I Tudor avevano stabilito la data d'accordo con gli inviati del re e con il duca di Bretagna. Non ci sarebbe stata una ripetizione del disastro precedente, non avrebbero più rischiato di trovarsi nel mezzo di una tempesta autunnale. Avendo tempo a disposizione avevano aspettato di avere mare calmo, cieli limpidi e una luna che potesse illuminare la rotta, dato che esisteva sempre la possibilità di imbattersi in una nave da guerra inglese se non in qualche imbarcazione dei doganieri a caccia di contrabbandieri. Quelli erano i rischi, anche se navi e imbarcazioni certamente si sarebbero date alla fuga vedendo avanzare una flotta.

Con il mare tranquillo la traversata avvenne senza incidenti. Le navi misero le vele a collo anche se il vento era così debole da essere quasi bonaccia e le ancore furono calate nell'acqua scintillante, dopodiché una alla volta, in perfetto ordine, si ormeggiarono in porto per scaricare uomini, cannoni e cavalli e allontanarsi poi subito verso il mare aperto.

Era la prima volta che soldati francesi mettevano piede sul suolo del Galles, a Milford Haven, riunendosi in gruppi circospetti mentre le loro forze andavano aumentando sulla terraferma. In un primo momento c'era stato uno scontro con uomini del posto, uno o due cadaveri erano rimasti sui ciottoli della strada e un ragazzo era corso verso l'interno a chiedere aiuto; e prima che l'ultima nave avesse scaricato sul molo i suoi soldati, su uno sperone di roccia brillava un falò mentre un altro si accendeva a un miglio di distanza.

Fin dal tempo dei Romani i villaggi di quella costa avevano conosciuto razziatori e predoni e quando il sole ebbe fatto la sua comparsa gli abitanti erano scomparsi come fantasmi nelle fitte foreste con archi e frecce per proteggere donne e bambini. Sapevano anche troppo bene che i razziatori prendevano tutto ciò che poteva essere portato via e incendiavano il resto.

Ma non era così con i soldati dei Tudor, che come prima cosa attrezzarono uno spazio fortificato e lo pattugliarono, poi, in piena vista dei moli rimontarono i carri e vi calarono i cannoni, operazione che costò qualche dito sfracellato e un bel po' di imprecazioni, e infine mandarono uomini a cavallo in tutte le direzioni per chiamare a raccolta quanti non avevano dimenticato i Tudor.

Il castello di Pembroke si trovava a poche miglia di distanza, più vicino di quanto non fosse mai stato nei dodici anni precedenti e Jasper ne sentiva la presenza mentre alzava la testa per guardare l'alba; i boschi e la vegetazione ai bordi delle strade in Bretagna e nei dintorni di Parigi non avevano la stessa fragranza e solo stare là fermo in quel punto gli riportava alla memoria migliaia di ricordi, dal sorriso di suo padre alle nuotate nelle acque freddissime di un lago sui monti Brecknock. O Break Neck, Rompicollo, come li chiamava Owen, suo padre.

Gli antichi luoghi lo chiamavano, cercavano di portarlo via dal mare. Perché Jasper, pur avendo trascorso in Francia un numero di anni pari a quelli vissuti nel Galles, non aveva mai dimenticato quale fosse la sua casa. Casa era la maestosa fortezza di pietra grigia che non era mai stata violata e dove un tempo lui era stato conte. Pregò affinché un giorno potesse rientrare a Pembroke come suo signore: dopotutto nella storia erano accadute cose anche più strane, una di queste proprio quella notte, con lo sbarco di un esercito pronto a marciare nel Galles in appoggio a suo nipote per sfidare l'ultimo dei Plantageneti.

Intorno a Jasper fra le voci francesi si udiva parlare inglese e anche gallese, perché quanti erano venuti in Bretagna per unirsi a loro non erano rimasti in Francia e sotto gli occhi di Jasper qualcuno di loro si chinò a raccogliere una zolla erbosa o qualche sasso solo per tenerli in mano. Si indovinava un amore per quella terra difficile da descrivere a chi non lo provava. Jasper sorrise tra sé toccando una pietruzza liscia che aveva in tasca e che un tempo aveva fatto parte delle mura di Pembroke: lui lo capiva perfettamente.

La cosa più strana era vedere il nipote camminare fra loro. Henry Tudor indossava una bella armatura, dono personale del nuovo re di Francia, un'armatura che, pur coprendo ogni pollice del suo corpo, gli permetteva di muoversi perfettamente. La indossava da quando erano arrivati da Parigi, avendo compreso che doveva abituarsi a portarla senza alcuna difficoltà di movimento, rafforzando i muscoli per poter correre e combattere. Per queste cose Henry seguiva i consigli dello zio senza discutere, accettandone l'esperienza, ma per il resto era difficile fargli accettare suggerimenti. Se Jasper si spingeva troppo in là, suo nipote piegava la testa sulla spalla riflettendo e poi rifiutava il suo parere. Quella fredda testardaggine irritava enormemente Jasper, ma era pur vero che all'età di Henry lui era già un conte con esperienza sul campo di battaglia; lo preoccupava che il giovane non avesse mai visto volare le frecce nemiche nemmeno una volta.

Jasper scosse la testa, confuso nel constatare quanta autorevolezza avesse acquistato Henry. Fin da quando si erano ritirati in Bretagna i reduci della ribellione di Buckingham avevano formato una specie di rozza corte intorno a lui, affidando tutte le loro speranze all'ultimo dei Tudor, come se fosse nato per comandare. Consideravano Henry un giovane re Artù e qualche gallese aveva perfino cominciato a chiamarlo il *Mab Darogan*, l'Uomo del Destino delle antiche saghe, colui che avrebbe abbattuto il dragone bianco e innalzato il rosso. Non poteva essere una coincidenza che la casa di York avesse come emblema una rosa bianca. La casa di Lancaster aveva numerosi stemmi e simboli dove il cigno era la figura predominante; ma aveva anche la rosa rossa e, cosa più importante, gli antenati di Henry avevano avuto in battaglia il drago rosso sui loro vessilli. Jasper non poteva che essere stupito e ammirato di una simile perfetta concatenazione di elementi. Uno zio poteva forse capire se un nipote era il *Mab Darogan*? Aveva visto come gli uomini guardavano Henry e, naturalmente, il giovane non sbagliava mai, non diceva sciocchezze né parlava troppo forte o in preda all'ubriachezza. La sua curiosa insensibilità gli era utile, lo faceva sembrare un uomo superiore anziché inferiore, perlomeno a quanti erano alla ricerca di un capo.

Lo zio lo guardava con orgoglio e pena insieme, immaginando ciò che avrebbe detto Owen Tudor, ormai defunto da anni: il vecchio sarebbe stato felicissimo di vederli tornare, avrebbe detto di aver sempre saputo che la sua discendenza avrebbe salvato il Galles.

Era stato un rischio davvero grande diffondere la notizia del suo arrivo o così aveva detto Henry; avrebbe significato giorni perduti mentre la notizia veniva comunicata agli amici e ai sostenitori, un ritardo difficile da sopportare dopo aver aspettato tanto tempo, ma era sempre meglio che trovare un grande esercito inglese ad aspettarli al loro sbarco.

Jasper cercò di non guardare fisso il nipote che stava rivolgendo qualche parola agli uomini riuniti in piccoli gruppi sulla banchina, ma vedeva che ogni volta che si allontanava da un gruppo per passare a un altro, tutti lo seguivano con lo sguardo nella pallida luce del mattino. Forse era soltanto perché rappresentava l'ultima speranza per quelle famiglie.

Non lo avrebbe mai ammesso, ma Jasper sospettava che al nipote mancasse quella finezza di comprensione e di sensibilità che avrebbe potuto farlo sentire meno sicuro di sé. In un certo modo era straordinariamente sveglio, eppure una parte di lui era rimasta quasi infantile e rifiutava cocciutamente di vedere la realtà quale era.

Henry Tudor aveva trovato naturale che gli altri lo seguissero, anche se capiva che le sue pretese al trono erano fragili e che forse gli sarebbero servite solo a portarlo su un campo di battaglia, con il trono in palio. A parte questo, non dedicava nessun pensiero all'argomento o così pareva. Per quanto era dato a Jasper di capire, il nipote aveva autorità perché non pensava che qualcuno potesse rifiutare un suo ordine o non credere nella sua causa. Gli altri non avvertivano dubbi o indecisioni in lui, perché in effetti non ne aveva e Jasper non era sicuro se dovesse ammirare quella particolarità o trovare terrificante la sicurezza del nipote.

Dovevano affrontare un sovrano che aveva vinto a Barnet e a Tewkesbury e aveva schiacciato la ribellione di Buckingham. Nessuno fra quanti erano sbarcati a Milford Haven pensava che sarebbe stato facile. Le giornate erano lunghe e calde, con l'odore del polline nell'aria, ma avrebbero dovuto affrontare un nemico freddo e implacabile che non aveva più niente da perdere.

Mentre il sole saliva nel cielo l'ultima nave riprese il mare lasciando duemila uomini e una dozzina di cannoni da trasportare lungo le strade. Gli uomini ansimavano leggermente, trafficando per raccogliere tutto ciò che avevano posato a terra mentre aspettavano. Jasper vide il nipote parlare con un araldo, dopodiché l'uomo portò il corno alle labbra e suonò un'unica nota che riecheggiò alta. Gli armigeri alzarono i vessilli che erano stati ricamati durante i mesi trascorsi in Bretagna, srotolandoli e muovendoli avanti e indietro fino ad aprirli completamente. Il *Ddraig Goch*, o Drago rosso, sventolò su tutti gli altri; insieme a questo si spiegò anche la rosa rossa dei Lancaster e la saracinesca e le catene dei Beaufort, ma fu davanti al drago che i soldati si fecero il segno della croce e chinarono il capo in preghiera. Erano pochi, ma avrebbero tenuto duro.

Nel primo pomeriggio gli uomini inviati in avanscoperta riferirono di aver visto soldati e arcieri sbarrare la strada a una certa distanza da lì. Henry e Jasper si portarono avanti, cavalcando affiancati per poter parlare a bassa voce. Era stata segnalata la presenza dei colori di Rhys ap Thomas, un cavaliere bellicoso che si era schierato con la casa di York, così si diceva. Era vero che l'anno precedente c'era stato uno scambio di lettere con i Tudor ma la prova effettiva si sarebbe avuta soltanto vedendo quel soldato inginocchiarsi o prendere le armi contro di loro. Jasper aveva la sgradevole sensazione che un guerriero così feroce nel pieno delle forze avrebbe preso la sua decisione d'istinto, non importava ciò che era stato detto prima o quali promesse erano state fatte; Rhys ap Thomas avrebbe deciso solo dopo aver visto con i suoi occhi Henry Tudor, solo allora avrebbero saputo. Jasper strinse l'elsa della spada, domandandosi se quel giorno avrebbe visto scorrere il sangue.

Non potevano apparire deboli, questo era evidente. Quando furono informati che dovevano prepararsi a un attacco o a un'imboscata, avanzarono in buon ordine lungo due strade strette che secondo gli esploratori li avrebbero portati dritti contro le forze di Thomas.

Per Jasper quel miglio fu durissimo. Seduto in sella al suo cavallo aveva la possibilità di vedere lontano, e davanti ai soldati in marcia scorgeva una grande armata che attraversava la strada e si spargeva nei campi, certamente centinaia di uomini in cotta di maglia armati di asce, di mazze e di una distesa impressionante di picche. E nei campi e nelle siepi potevano nascondersi altre migliaia di soldati. Alla testa delle truppe stava una figura a cavallo corpulenta e dalle braccia nude, con una gran massa di capelli rossi legati in una treccia. L'uomo indossava una tunica e una cotta di maglia al posto di un'armatura completa, ma dall'aria minacciosa con cui guardava davanti a sé si capiva senza ombra di dubbio che era lui al comando. Rhys ap Thomas aveva l'incarico di difendere quella costa da un'eventuale invasione e gli York contavano sulla sua selvaggia violenza per sconfiggere l'invasore. I falò erano stati accesi per chiamare lui e nessun altro. E lui era venuto.

«Non farti vedere impaurito da quest'uomo» mormorò Jasper al nipote. Henry lo guardò incuriosito: «Perché dovrei mostrarmi impaurito?». Lo zio strinse i denti, incapace di fargli capire il pericolo ormai così vicino. Si era infilato sotto la camicia una reliquia presa in Bretagna, una minuscola fiala contenente il sangue di un santo, e desiderò poterla toccare in quel momento, per pregare affinché Henry non dicesse qualcosa di sbagliato a un uomo come il capitano Rhys ap Thomas.

Mentre tiravano le redini Jasper vide che il capitano gallese era più grosso e dalle spalle più ampie di quanto gli fosse sembrato da lontano, una specie di barriera umana che in quel momento aveva lo sguardo fisso sul drago rosso sventolante alle loro spalle.

«È una gran pretesa la vostra, *my lords*!» gridò Rhys, indicando il vessillo. Era un buon inizio il fatto che li avesse chiamati così; negli anni precedenti erano stati spogliati di tutti i loro titoli e delle contee di Pembroke e di Richmond, ma quell'approccio era parso spontaneo e naturale.

Jasper si schiarì la voce per rispondere ma Henry si voltò verso di lui senza parlare: voleva ricordargli che si erano messi d'accordo di non aprire bocca a meno che non fosse per evitare un disastro. Non potevano esserci due draghi rossi, due uomini del destino. Jasper lo sapeva e lo aveva accettato. Ma era difficile.

Quando Henry fu certo che lo zio non avrebbe parlato, si girò verso l'uomo che lo stava osservando così attentamente.

«Chi siete per bloccarmi la strada?» domandò con voce chiara.

«Sono Rhys ap Thomas, figlio di Thomas ap Gruffyd ap Nicolas.» L'uomo aveva risposto alla maniera dei gallesi, nominando i suoi ascendenti. «Questa costa è sotto la mia giurisdizione. Se sbarcate qui dovete rispondere a me.»

«Io sono Henry Tudor, figlio di Edmund Tudor, figlio di Owen.»

«E sventolate il vessillo del drago rosso.»

«Sono un discendente di Cadwallader, è mio diritto.»

I due uomini si fronteggiarono con lo stesso cipiglio, nessuno dei due con l'aria di essersi aspettato che l'incontro si svolgesse in quel modo. Jasper stava sulle spine ma aveva promesso di non intervenire e mantenne la parola.

Rhys ap Thomas scosse la testa.

«Non credo che siate il Figlio della profezia. Mi dispiace, forse siete davvero di quel lignaggio, ma non vedo nessuna grandezza in voi.»

Henry Tudor spronò il cavallo e si avvicinò di qualche passo mentre fra i suoi uomini si propagava la tensione. Rhys ap Thomas fingeva di essere assolutamente tranquillo, le mani lente sulle redini, ma dagli occhi si capiva che era teso.

«Io non dipendo da ciò che voi vedete in me» affermò Henry. Non aveva alzato la voce, ma lo zio, nella morsa di una paura gelida, non udì niente altro intorno a loro se non le parole del nipote: il canto degli uccelli, il rumore degli uomini in armi svaniti del tutto.

«Forse avete pensato di mettermi alla prova, Rhys ap Thomas. Non m'interessa. Voi mi sbarrate la strada e io ho qualcosa da fare più in là, con il re Riccardo di York. Credo che voi vi siate impegnato con lui in un giuramento solenne, quindi ascoltate ciò che vi dico: se pensavate di unirvi a me, la mia risposta è no. Non voglio al mio fianco chi viene meno a un giuramento. Se invece pensavate di mantenerlo, il giuramento, allora sguainate la spada e io vi lascerò nella polvere. Nell'un caso e nell'altro *non dipendo* da ciò che voi vedete in me.»

«Io... non...» fece per rispondere il capitano, ma Henry continuò a voce sempre più sonora: «E io sventolo il *Ddraig Goch* perché sono l'ultimo dei Lancaster, della rosa *rossa.* Sono io il drago rosso e vado a combattere contro la rosa bianca di York, contro il *drago bianco*, capitano Thomas! Dunque, che cosa decidete? Romperete il giuramento o rinuncerete alla vita?».

«Non posso rompere il giuramento» rispose Rhys ap Thomas, pallido, Jasper non capiva se per la collera o per la paura. Alcuni degli uomini migliori che aveva conosciuto erano quelli che raramente davano la loro parola, ma quando la davano era fino alla morte, non potevano ritirarla, ne andava della salvezza della loro anima. Vedendo che Rhys ap Thomas apparteneva a quella categoria di uomini, Jasper perse le speranze. Le truppe del capitano avrebbero fatto molto comodo.

«Ho giurato di non permettere a un nemico di entrare nel Galles se non passando sopra di me» disse Rhys ap Thomas, terreo in viso. «Sceglierete un campione, milord? Oppure mi affronterete voi stesso?»

«Sopra di voi? Non posso allora scavalcarvi? Permettendovi di rispettare il giuramento?»

Il capitano Rhys ap Thomas lo fissò interdetto: «Scavalcarmi?».

«Se è questo il giuramento che avete fatto. Se avete giurato di lasciarmi entrare solo passando su di voi, allora dovreste sdraiarvi su questa strada, il mio esercito vi scavalcherebbe e voi avreste tenuto fede alla parola data.»

«No, non mi stenderò per terra. Sarebbe troppo duro vedere i vostri uomini che mi scavalcano. Non credo che lo farò.»

Qualche passo più indietro, il sorriso di felicità incredula di Jasper svanì. Per un momento aveva pensato che il modo bizzarro di vedere le cose che aveva Henry potesse compiere l'impossibile e vedersi portare via quella speranza fu un brutto colpo per lui. Mentre Jasper osservava la scena, uno degli uomini del capitano gallese portò il cavallo accanto a quello del suo comandante e si piegò per parlargli all'orecchio. Rhys ap Thomas aggrottò la fronte con aria pensierosa: «Qui vicino c'è un ponte, così mi dice questo ragazzo, e in estate il fiume lì è quasi asciutto. Dice che, se io stessi in piedi nel fiume sotto il ponte, le vostre truppe mi passerebbero sopra attraversandolo. In questo modo io manterrei il giuramento... e vi farei entrare».

«Accetto» disse Henry come se il capitano gli avesse fatto una proposta precisa e in quel preciso momento Rhys ap Thomas fu indotto a considerarla tale. Dopo un po' il capitano annuì.

«D'accordo, milord. Potrete dire che siete entrato in Galles passando sopra di me.»

«Non lo dirò, capitano Thomas. Dirò che mi avete fatto perdere mezza giornata per delle sciocchezze.»

L'uomo era visibilmente avvilito per il rimprovero e Jasper provò un moto di compassione per Rhys ap Thomas: quell'uomo gli era diventato simpatico.

«Quanti armati avete, capitano Thomas?» gli gridò, in parte per distrarlo. Voltandosi, Rhys ap Thomas parve sollevato di non dover subire più lo sguardo freddo di Henry Tudor.

«Milleduecento in tutto, milord, anche se qui con me ne ho solo ottocento. Porterò il resto stasera e altri verranno. Il Galles affiderà i suoi figli alle vostre cure per seguire il drago rosso.»

Richard sedeva solo nella sala delle udienze del palazzo di Westminster, guardando il Tamigi snodarsi scintillando tra gli edifici e i magazzini che spuntavano lungo le sue rive, ogni anno più numerosi. Da quel luogo elevato poteva vedere i segni dell'uomo spargersi nei prati intatti, domando le brughiere incolte con le strade, abbattendo alberi per farne carbone e per costruire case, dissodare terreni che non avevano prodotto altro che ortiche e mendicanti. Il fumo si levava da un centinaio di falò e dai camini dei birrifici o dalle forge, dove si fondeva il ferro in un calore ancora più grande, o dalle case di città che si ergevano orgogliose sulle strade lastricate e pulite. Un bello spettacolo, pensò.

La sala era silenziosa, anche i servitori che in genere aspettavano i suoi ordini erano stati allontanati. Richard non era mai stato amante della solitudine, ma lo era diventato senza che se ne accorgesse. Suo padre era sottoterra ormai da vent'anni, ucciso nella guerra contro i Lancaster, i suoi tre fratelli erano morti, assassinati o giustiziati per tradimento, l'ultimo fulminato da un colpo apoplettico. L'unico altro uomo che Richard aveva ammirato era stato il conte di Warwick, caduto in battaglia combattendo contro di lui, deciso a distruggerlo. Una cosa crudele anche quella, come tutto il resto.

La perdita più dolorosa di tutte era stata quella del figlio, pensò Richard. Aveva adorato suo figlio, anche se non lo aveva dato molto a vedere. Era stato strano, stranissimo trarre tanta felicità dalla semplice esistenza di quel bambino, di Ned, eppure non dimostrarlo per paura di fare il suo male. La gentilezza e l'affetto non rendevano forte un uomo, certo non rendevano forte un re, Richard lo sapeva anche troppo bene. Era diventato l'uomo che era grazie alle sofferenze e ai lutti, così che quando era morta sua moglie il dolore che aveva provato era stato lieve come una puntura a paragone di tutto il resto. E naturalmente Anne era scivolata via silenziosamente. Come poteva un uomo come lui essere lasciato con qualcuno da amare? Sembrava ovvio che in qualche luogo fosse stato deciso che re Riccardo III dovesse rimanere assolutamente solo.

Sentiva la mancanza di tutti loro, era l'ultimo della sua stirpe, pensò, assaporando fino in fondo la tristezza del suo stato. Era l'ultimo dei Plantageneti.

«Maestà, un araldo chiede di essere ammesso alla vostra presenza.»

«È stato perquisito?»

Il suo paggio parve offeso.

«Sì, maestà.»

«Che entri, allora.» Richard si voltò, il mento appoggiato sul palmo della mano, il gomito sul ginocchio. Contemplò il tramonto del sole su Londra, il tepore ancora nell'aria mentre gli uccelli si appollaiavano sugli alberi.

Non si girò quando l'araldo entrò portando con sé nella sala chiusa la fragranza della terra bagnata e dell'aria fresca. Richard udì che si inginocchiava e gli fece cenno di parlare.

«Maestà, vengo da Ludlow. Un messaggero è arrivato là dalla costa occidentale, quasi morto di sfinimento.»

Richard sentiva dentro di sé il peso vischioso dei suoi pensieri che lo schiacciava, immobilizzandolo e rendendolo incapace di fare altro se non fissare la luce dorata del tramonto sulla capitale.

«Avanti» mormorò.

«Ha riferito che un grande esercito è sbarcato sulla costa, non era sicuro se di francesi o scozzesi. Ha detto che erano i Tudor, maestà, venuti sotto i vessilli del drago rosso.»

Richard rialzò la testa, respirando lentamente.

«Ci sono notizie del mio capitano laggiù? Come si chiama? Evans? Thomas?» L'araldo si scusò, mormorando che non lo sapeva.

In ogni caso non aveva importanza, Richard non aveva dubbi. Avrebbe chiamato a raccolta i suoi nobili più fedeli come aveva fatto durante la ribellione di Buckingham e avrebbe messo insieme l'esercito più grande che si potesse schierare in battaglia e avrebbe... Interruppe il corso precipitoso dei pensieri, riflettendo.

«I Tudor? Per Lancaster, dite? Ma non hanno nessun diritto al trono. Perché qualcuno vorrebbe seguire quel casato?»

«Non lo so, maestà» balbettò l'araldo.

«Vi siete comportato bene portandomi queste notizie. Da quanto tempo sarebbero sbarcati, lo avete scoperto?»

«Ho cavalcato per sei giorni, maestà e credo che l'uomo che mi ha raggiunto a Ludlow abbia impiegato quattro o cinque giorni per raggiungermi.»

«Undici giorni, allora, più o meno» disse Richard. «Andate ora, con i miei ringraziamenti. Mi preparerò a riceverli.»

L'araldo uscì dalla sala e Richard rimase seduto a riflettere per un certo tempo, lasciando che il silenzio penetrasse di nuovo dentro di lui. Non aveva più nessuno, né moglie, né erede, né fratelli. Era assolutamente solo. Se fosse caduto in battaglia sarebbe stata la fine del suo casato, della sua famiglia, della sua stirpe. In quell'istante si sentì pronto per qualsiasi cosa. Chiamò di nuovo il paggio che era rimasto in attesa dietro la porta.

«La mia armatura» disse. «Sono stato sfidato.»

XXXII

Il sole sorse in una leggera foschia. L'esercito di soldati francesi e gallesi era triplicato dal giorno dello sbarco, quasi un mese prima. Man mano che si spostavano verso oriente, Rhys ap Thomas si era dimostrato il sostenitore di Henry Tudor più entusiasta, chiamando a raccolta i gallesi sotto i vessilli del drago rosso, o *Mab Darogan*, in ogni villaggio che attraversavano.

Alla fine di agosto erano in seimila a marciare, un'impressionante triplice colonna attraverso il paese. Il conte di Oxford li aveva raggiunti, portando con sé cavalieri e arcieri, oltre alla sua preziosa esperienza. Dei grandi nomi era semplicemente l'unico, cosa che faceva infuriare segretamente Jasper Tudor. Aveva inviato missive a ogni nobile che in passato si era battuto per i Lancaster, ma le risposte erano state poche. Forse avevano paura di re Riccardo, che aveva trionfato a Barnet e a Tewkesbury e aveva trattato la ribellione di Buckingham come una cosa da bambini. O forse troppi di quei nobili dovevano i possedimenti e i titoli alla casa di York e non volevano rischiare di perdere tutto un'altra volta.

Qualsiasi fossero i loro motivi, pubblici e privati, però, l'esercito dei Lancaster era più debole di quanto avrebbe dovuto essere. Gli esploratori riferivano che il re Riccardo aveva radunato diecimila uomini o forse di più e, se Jasper sperava ancora che le cifre fossero esagerate, sembrava che lui e il nipote fossero davvero in condizioni di inferiorità. Il risultato era che Jasper Tudor non riusciva a liberarsi dalla sensazione che stessero andando incontro alla rovina.

A parte gli uomini di Rhys ap Thomas, il resto dei giovani che si erano uniti a loro erano ragazzi gallesi privi di qualsiasi addestramento militare; erano vigorosi e robusti, naturalmente, qualsiasi uomo che avesse macellato un cinghiale o abbattuto un albero era in grado di usare una falce o una roncola con una certa abilità. I migliori fra loro avevano archi lunghi e frecce che si erano fabbricati personalmente, ma nemmeno l'uso di queste armi era una preparazione sufficiente alla guerra.

I veri soldati sapevano quando cercare un riparo, dove colpire un uomo coperto dall'armatura per ucciderlo o renderlo innocuo, come comportarsi davanti all'assalto di un cavaliere per avere qualche probabilità di sopravvivere. Conoscevano la disciplina sul campo di battaglia e sapevano essere leali verso i loro comandanti. Un esercito non era una folla, un'orda: un esercito era in grado di massacrare un'orda disordinata.

Esisteva anche un'altra ragione per cui il soldato si addestrava strenuamente, fino ad avere molto più fiato e resistenza di un contadino: la capacità di restare in piedi quando altri cadevano a terra esausti gli poteva salvare la vita, semplicemente; non bastava saper maneggiare un'arma con forza e coraggio, quello della guerra era un mestiere duro, brutale. Jasper ne era stato testimone una volta, quando il suo nemico aveva avuto tutti i vantaggi. Ricordava perfettamente Edward, conte di March, percorrere il campo di battaglia di Mortimer's Cross nella sua scintillante armatura rossa, un gigante che si era nutrito di carne e di pesce e che si era allenato continuamente nella sua giovane vita, con armi, armature e cavalli. Jasper non parlava volentieri di quel giorno, ma lo rammentava anche troppo bene.

Accanto allo zio, Henry Tudor, nella sua armatura, era in sella alla sua cavalcatura al centro dello schieramento. Il capitano Thomas era al comando dell'ala sinistra e de Vere, il conte di Oxford, aveva quello dell'ala destra. Tra i ranghi era sceso il silenzio mentre avanzavano sul terreno scoperto, già in grado di vedere le forze di re Riccardo sulle alture davanti a loro. L'avvicinamento era stato difficile, ma l'esercito reale di re Riccardo III si era trovato un bel rilievo del terreno con una piana in basso.

Dopotutto era Henry Tudor che veniva a portargli via la corona; il re d'Inghilterra poteva scegliere per sé il campo di battaglia che voleva. Richard lo aveva capito fin troppo bene e aveva perlustrato la zona in un raggio di quaranta miglia finché non aveva trovato il luogo perfetto per dare battaglia, con il frumento che stava diventando dorato nei campi.

Jasper guardò a destra e a sinistra aguzzando la vista, ma non riuscì a distinguere gli stendardi, distanti più di un miglio. Vide la cavalleria di Richard sull'altura come una macchia confusa e rimase male al pensiero di dover chiedere al nipote particolari che un tempo avrebbe distinto perfettamente, come un falco che roteasse in alto su un campo di stoppie.

Re Riccardo aveva radunato la sua armata su una specie di cresta, un'elevazione naturale del terreno dov'erano schierati diecimila fanti, cavalieri e arcieri. Jasper deglutì con sforzo pensando a come sarebbero piovute le frecce scagliate da quell'altezza. Ne conosceva il sibilo meglio della maggior parte degli altri avendone già subito l'assalto. Non poté fare a meno di domandarsi se i soldati francesi avessero sentito parlare di Agincourt marciando a fianco dei gallesi e degli inglesi: a quel tempo i francesi non si erano trovati troppo bene contro archi alti come un uomo.

«Mi sembra di vedere il blasone dei Percy sulla destra. Northumberland» disse Henry aguzzando lo sguardo. «Là vedo un leone azzurro sugli scudi. Credevo che potessero schierarsi con i Lancaster.»

«Avrebbero dovuto farlo» disse cupo lo zio. «Lo avevano fatto all'inizio e credevo che avrebbero continuato anche ora. Non ho dubbi, Richard tiene i loro figli in ostaggio a Londra come pegno di lealtà. Lo farei anch'io.»

«Re Riccardo tiene il centro allora, con Northumberland alla sua destra e... Norfolk alla sua sinistra.»

Jasper fece spallucce: «È una stirpe che un tempo era grande, ma che ora è decaduta. I Norfolk non mi fanno paura, nemmeno un po'.» Lo disse per rincuorare il nipote, nel caso Henry si sentisse sgomento al pensiero di affrontare un esercito che combatteva sotto i vessilli reali su un terreno migliore e che aveva quasi il doppio delle forze.

Henry appariva calmissimo. Una volta di più lo zio non seppe decidere se il giovane fosse un povero stolto o un maestro nel farsi credere sicuro di sé davanti agli uomini; o forse esisteva una terza, strana possibilità: suo nipote credeva veramente di essere l'Uomo del destino, il Drago rosso venuto dal Galles per conquistare il trono. E mentre lo guardava fissare l'impressionante altura e l'esercito che vi era schierato, Jasper scorse negli occhi di Henry un lampo selvaggio che non si sarebbe mai aspettato di vedere.

La sera prima gli uomini avevano mangiato e si erano vuotati la vescica e le viscere prima di muoversi dall'accampamento, marciando per qualche miglio. Era una bella giornata e il cielo era rimasto limpido. Non si erano fermati avvicinandosi all'esercito sull'altura. Mentre Jasper guardava, alcuni soldati cominciarono a scendere, smaniosi di combattere, e si udivano le voci sottili dei capitani e sergenti che li richiamavano indietro, gridando loro di aspettare. Sapevano di avere il vantaggio della posizione e Jasper li immaginava intenti a controllare le spade e le asce, protesi in avanti come cani legati al guinzaglio, vogliosi di lanciarsi in avanti. Per qualcuno di quei giovani sarebbe stata la mattina più eccitante della loro vita, non temevano la morte, la morte non li riguardava, avevano fiducia nel loro vigore e nella loro forza mai messa alla prova prima di quel giorno.

Il suono dei corni fermò le colonne dei Tudor dopo mezzo miglio e gli uomini si disposero ordinatamente in quadrati, pronti a spingersi su per la salita. Jasper sentì un brivido lungo la schiena e si fece il segno della croce in una preghiera silenziosa, chiedendo perdono per i suoi peccati. Era passato del tempo dalla sua ultima confessione e non poteva che chiedere misericordia. Aveva già visto la guerra e non era più giovane.

Alla destra di Henry Tudor il conte di Oxford cavalcava lungo la prima linea del quadrato al suo comando, duemila uomini in tutto, una metà francesi e metà gallesi. Perlomeno i francesi erano esperti, ben armati e con buone armature. Ai gallesi erano state date lunghe lance e pesanti mannaie che qualsiasi macellaio avrebbe riconosciuto.

Ottocento arcieri erano riuniti all'esterno dello schieramento dell'ala e già cercavano di individuare i bersagli e li indicavano ai compagni. Soffiava una leggera brezza e gli arcieri non erano affatto contenti di vedere gli armati sull'altura; non sarebbe stato un compito facile il loro e non avevano nemmeno lo schermo protettivo che li riparasse. Si sarebbero trovati in un vasto tratto scoperto a tiro dei nemici senza poter rispondere.

Oxford si era reso conto del pericolo e stava considerando quale fosse il modo migliore di farsi avanti. A Barnet aveva conosciuto la confusione di un combattimento nella nebbia e voleva assolutamente prendere le decisioni giuste, anche troppo consapevole che i migliori comandanti non erano quelli che avevano un piano d'attacco ma quelli che sapevano fare le scelte giuste quando se ne presentava l'occasione. Cavalcando nella seconda fila tra cavalieri e corpulenti soldati improvvisati, vide davanti a sé le forze di Norfolk cominciare a scendere dal colle. Si guardò a destra e a sinistra lungo le linee. I suoi uomini avanzavano in buon ordine, le lance puntate come spine aguzze. Aveva sopravanzato i Tudor al centro, ma solo di poco, e sapeva che più in là la parte rimanente del loro esercito stava marciando al comando di Rhys ap Thomas, il gallese desideroso di battersi.

Oxford fu contento di constatare che l'avanguardia nemica stava rinunciando al vantaggio del terreno, anche se questo rivelava quanto fossero sicuri di sé. Sembrava che le truppe di Norfolk fossero sul punto di lanciarsi in avanti: il loro movimento lento e misurato divenne una corsa giù per la discesa quando gli uomini alle loro spalle si spinsero in avanti, costringendo gli altri ad accelerare il passo per paura di essere travolti e calpestati. Erano a trecento iarde di distanza quando Oxford ruggì il comando agli arcieri, già pronti del resto, gli occhi fissi su di lui in attesa che uscisse dalla sua meditazione. Gli arcieri di re Riccardo, qualunque fosse il loro numero, erano sull'altura e troppo distanti per tirare. Era il sogno di ogni arciere trovarsi davanti il nemico e scaricare le frecce sulle sue linee, sapendo di avere un esercito alle spalle a coprirlo una volta vuota la faretra.

Le frecce furono scoccate in un grandioso fragore con la massima rapidità possibile e, se non era necessaria una grande abilità nel colpire il bersaglio a distanza così ravvicinata, gli arcieri dimostrarono il loro addestramento mantenendo una grande potenza per tutti i tiri.

Gli uomini di Norfolk stavano correndo verso una grandine mortale e, a peggiorare le cose, mentre cercavano di superare lo sbarramento, coloro che cadevano trafitti facevano cadere quelli che li seguivano. Per qualche momento cruciale ricordò il massacro di Agincourt, con mucchi di uomini agonizzanti e urlanti schiacciati dal peso dei compagni che cercavano di scavalcarli nella foga di salvarsi al di là delle linee degli arcieri.

Le frecce continuarono a sibilare, ormai senza un facile bersaglio da colpire, finché non rimase che una dozzina di arcieri più lenti, uomini di una certa età che si bagnavano il pollice con la saliva e incoccavano le frecce con lentezza precisa, temibili nella loro accuratezza, tanto che molti continuavano a morire mentre si avvicinavano, colmando il varco; ma l'impressionante massacro era giunto alla fine. Gli ultimi arcieri si ritirarono di corsa, ridendo e incitando i soldati a superare il loro risultato. Quei soldati li guardavano, invidiosi del particolare stato di quegli uomini, senza armature e senza vergogna nel correre via e lasciare gli altri a finire il lavoro.

I ranghi di Oxford erano irti di lance. Molti di coloro che ancora scendevano dall'altura erano stati feriti dalle frecce e camminavano con le aste conficcate nelle membra. Anche quella parte dell'assalto nemico fu fermata, i suoi uomini usarono le lance finché non si ruppero, poi fu il turno dei lunghi coltelli e delle mannaie.

Oxford non aveva idea di quante centinaia di uomini i suoi arcieri avessero strappato ai ranghi reali e sapeva che, se avessero cercato di salire sul colle, ne avrebbe persi perlomeno altrettanti anche lui. Però i suoi uomini avevano cominciato bene. Alcuni di quelli che erano scesi correndo baldanzosi avevano così poco gradito il benvenuto che si erano ritirati girando intorno al colle a testa bassa per la vergogna. Oxford, al contrario, aveva il morale alle stelle mentre guardava lungo le linee, sperando che i Tudor avessero visto.

Il duca di Norfolk era andato all'attacco con i suoi uomini scendendo dal colle. L'armatura lo aveva protetto dallo sbarramento di frecce, ma lo stemma era stato strappato e sulla coscia si vedeva sangue, anche se non sapeva se fosse suo o di altri. Era ancora a cavallo quando Oxford lo vide menare fendenti ai soldati a piedi, che non potevano fare molto contro un'armatura di tale qualità. Norfolk si era già aperto un varco intorno a sé mentre i suoi uomini, che avevano visto il suo stemma, cercavano di raggiungerlo, chiamandosi a vicenda per accorrere in aiuto del loro feudatario.

Oxford decise. Gli si presentava l'occasione di strappare il cuore dall'intera ala di Norfolk, che in quel momento era a meno di venti iarde dalla sua posizione. Inviò un messaggero ai Tudor al centro e si abbassò di scatto la visiera, sguainò la spada e spronò il cavallo. Il destriero scalciò con le zampe posteriori e gli uomini di Oxford si gettarono da parte per non essere colpiti dagli zoccoli.

Alzando lo sguardo Norfolk vide il conte di Oxford venire verso di lui, travolgendo e abbattendo i soldati sulla sua strada, colpiti dalle piastre di ferro che rivestivano la gualdrappa del cavallo da guerra. Norfolk, pur indossando l'armatura completa, fu disarcionato al primo colpo, che lo strappò dalla sella con grande fragore di metallo. Il cavallo dette un balzo e per un secondo mozzafiato la cinghia resistette, poi si spezzò e Norfolk cadde a terra malamente, rompendo l'elmo. Una cerniera staccata spostò la visiera, impedendo a Norfolk di vedere Oxford smontare da cavallo per colpirlo furiosamente.

«Aspettate!» gridò furibondo. Arretrò e tirò la visiera fino a staccarla completamente. La gettò lontano da sé e, fermo in piedi, alto, ansimante, vide Oxford che lo stava aspettando. Norfolk sentiva il sangue colargli da una dozzina di ferite portandogli via le forze. Deglutì faticosamente.

Uno degli ultimi arcieri rimasti sul campo di battaglia, a non più di una dozzina di passi da loro, stava ancora passando il pollice sull'asta delle due ultime frecce. Vecchio Bill si era trattenuto per veder combattere i nobili, con l'idea che non gli sarebbe dispiaciuto abbattere un magnifico cavaliere con il suo vecchio arco. Non capiva perché il conte di Oxford avesse smesso di attaccare e se ne stesse lì ad aspettare che il suo nemico riprendesse fiato per continuare a combattere. Vecchio Bill chiuse un occhio e scoccò la sua penultima freccia contro il duca di Norfolk. L'arciere rise di contentezza vedendola volare come un uccello dentro la fessura della visiera.

Per un momento il duca rimase immobile e Vecchio Bill ebbe il buon senso di voltarsi e abbassare le braccia, sentendo lo sguardo di Oxford cercare l'autore di quel colpo, poi piantò la sua ultima freccia nel terreno come un'offerta di ringraziamento. Meglio di così non si poteva fare e se i suoi compagni non gli credevano peggio per loro.

Sull'altura re Riccardo osservò con un'espressione rassegnata il duca di Norfolk cadere e il resto della sua avanguardia allontanarsi dal luogo del massacro. Norfolk aveva perso la posizione, gli uomini e infine la vita. L'unica cosa buona era che aveva risparmiato a Richard la seccatura di doverlo giustiziare in seguito.

Stropicciandosi meditabondo un angolo della bocca, il re si stirò i muscoli della schiena che gli doleva terribilmente quella mattina. Anche senza l'ala al comando di Norfolk, sapeva di avere la superiorità numerica sui ribelli. Intorno a lui, su Ambion Hill, aveva una guardia personale di millecinquecento cavalieri e soldati in armatura completa, una massa solida di metallo argenteo sui cavalli più possenti che fossero mai stati allevati dall'uomo. *Voleva* lanciarsi alla carica con loro, non fosse che per udire quel rombo di tuono. Il solo pensiero lo faceva sorridere di gioia.

Aveva però ancora lord Percy, conte di Northumberland, fermo alla sua destra al comando di tremila uomini in attesa silenziosa, con i vessilli sventolanti sopra le loro teste. Non erano rimasti sgomenti dal fallimento di Norfolk: le battaglie potevano essere vinte al primo assalto oppure lentamente e a caro prezzo. L'ala sinistra poteva anche essere stata respinta, ma la destra era pronta a muoversi. Richard si spostò sulla sella aguzzando la vista.

«Eccoti qua» bisbigliò fra sé. Suo fratello Edward gli aveva insegnato l'importanza di avere una riserva, usata a proposito. Le forze dei Tudor erano state così concentrate sull'esercito schierato sulla cresta dell'altura che la loro marcia li aveva portati dritti contro la sua posizione. Ma le sue truppe non erano tutte lì sull'altura. Richard sorrise al brillio dei ranghi in marcia: lord Stanley era a circa due miglia di distanza e molto probabilmente i Tudor non lo sapevano nemmeno. Richard teneva il figlio di Stanley al sicuro a Londra. Lord Stanley non lo avrebbe tradito. Molto bene. Era giunto il momento di far svanire nel nulla il sogno dei Tudor.

Richard fece un cenno a un araldo, che si avvicinò velocemente in sella a un castrone.

«Lord Percy deve attaccare immediatamente. I miei comandi sono di spazzare via dal campo di battaglia Rhys ap Thomas e poi rivolgersi verso il centro dei Tudor. Io lo incontrerò là.»

Il giovane corse via e Richard non poté che invidiare il suo entusiasmo giovanile. Il vento freddo gli faceva dolere la schiena ancora di più. Quella sera avrebbe avuto bisogno di un bel bagno caldo e di olio e vino per dormire. Ammesso che riuscisse a dormire, naturalmente.

Aspettò guardando la piana in basso. L'esercito dei Tudor sembrava davvero troppo misero per costituire una minaccia, non potevano essere più di seimila uomini e altrettanti stavano marciando contro di loro per assalirli al fianco. L'unica cosa che gli dispiaceva era che suo fratello non fosse lì per vedere; o forse il loro padre.

Giù nella piana un piccolo gruppo, non più di cinquanta uomini, si staccò dal centro attirando immediatamente la sua attenzione. Recava i vessilli dei Tudor e Richard avvertì un senso di gelo nelle viscere vedendo che si dirigeva dritto verso le forze di lord Stanley. Qualcosa gli era sfuggito o forse si trattava di tradimento.

Preso improvvisamente dal panico, Richard alzò lo sguardo. Le forze di Northumberland non si erano mosse di un pollice, anche se certamente il conte Percy aveva ricevuto i suoi ordini. E tuttavia le truppe rimanevano ferme, cavalieri e soldati, con il vento che soffiava su di loro e non una faccia rivolta verso di lui, ma tutti intenti a osservare ciò che avveniva giù in basso.

Richard imprecò tra sé. Era in sella al suo destriero e comandava millecinquecento cavalieri, un maglio di ferro più potente di qualsiasi altra forza in campo. Chiamò a gran voce i suoi capitani a destra e a sinistra perché trasmettessero i comandi.

«Formazione stretta sul re! Impegnare il centro dei Tudor. Pronti!»

Attese a occhi chiusi mentre i capitani ripetevano gli ordini e i messaggeri raccoglievano le redini e le lance. I cavalli nitrivano e scalpitavano e l'ala destra di lord Percy non si muoveva ancora, i ranghi silenziosi. Richard imprecò di nuovo, dando di sprone e sguainando la spada per puntarla contro il piccolo gruppo che cavalcava lungo lo schieramento dei Tudor. Sarebbe piombato su quegli uomini prima che raggiungessero lord Stanley. Cercò di allentare la tensione nelle spalle mentre si piegava sulla sella, lasciando che il cavallo si mettesse al trotto giù per la discesa, passando rapidamente al galoppo; per questo aveva scelto quel terreno e ora godeva di quella velocità.

Millecinquecento cavalieri vennero giù dal colle in un unico blocco, come la punta di una lancia diretta verso il centro dei Tudor, di colpo terrorizzato: nessuno fra quegli uomini aveva mai visto una carica come quella e il tuono assordante li stordì. I soldati francesi e gallesi cominciarono ad arretrare dalla massa di cavalli e di ferro che si stava precipitando verso di loro. Puntarono le lance e piantarono in terra gli scudi per rannicchiarvisi dietro, ma avevano paura.

Staccati dal centro del loro schieramento, Henry e lo zio si voltarono per affrontare l'orda argentea che si riversava giù dall'altura, non essendovi dubbi su dove fosse diretta. Si vedeva il re Riccardo stesso galoppare in testa, il surcotto diviso in riquadri rosso, oro e blu. Jasper si sentì seccare il palato dalla paura e fu Henry a fermarsi e a chiamare intorno a sé gli uomini più robusti per ricevere con i loro scudi il primo urto. Non potevano raggiungere lord Stanley, non in quel momento.

Attesero e mentre attendevano all'improvviso vi fu un movimento in avanti nell'esercito alle loro spalle. Henry e Jasper sopravanzavano di un tratto la prima linea, ma in un solo rapido movimento, capitani e sergenti vennero avanti e lo schieramento avvolse il nipote e lo zio, gli scudi si levarono e gli uomini chiusero gli occhi in attesa dell'impatto, al quale sapevano di non poter resistere. Le lunghe lance avrebbero sfondato la linea e i cavalli, pesanti mezza tonnellata, sfracellato gli uomini piombando su di loro a tutta velocità.

Trattenendo il fiato, Henry sguainò la spada e l'uomo che gli stava davanti tenne alto il vessillo anche se ciò comportava non poter usare un'arma. Un gesto folle e coraggioso. Alla destra di Henry comparve un colossale guerriero, Sir John Cheyney, che gli fece un cenno e gli strizzò l'occhio prima di abbassare la visiera e voltarsi verso il muro galoppante di cavalieri e di cavalli che sollevavano in aria zolle di terra, facendola ricadere come pioggia. Re Riccardo era in mezzo a loro, dietro la prima linea, contornato da cavalieri che si erano sfiancati per non farsi sopravanzare da lui.

Tutto parve muoversi più velocemente per un po', anche se Henry continuava a vedere chiaramente intorno a sé. Non sussultò né distolse lo sguardo quando gli uomini rimasero appiattiti a terra, travolti così duramente che sembrò fossero svaniti del tutto. I cavalli, pur protetti dalle piastre di ferro, superarono le lance solo per crollare e scivolare, gli arti anteriori fratturati, abbattendosi sugli uomini rannicchiati sotto gli scudi. La velocità e la potenza della carica furono assorbite dalla morte e dalla distruzione in un fragore che riempì tutta la piana di Bosworth.

XXXIII

Richard vide lo stendardo dei Tudor abbassarsi, non più alto e sventolante. Con i suoi cavalieri aveva sfondato le prime linee, colpendo a destra e a manca. Alcuni cavalli erano stati abbattuti, alcuni cavalieri erano stati impalati o gettati a terra, ma il resto era penetrato in profondità nel quadrato centrale dei Tudor e aveva di fronte i suoi cavalieri più forti.

Richard *vedeva* l'uomo per cui essi combattevano immobile come una statua mentre i suoi cercavano di salvargli la vita. Uomini morivano a portata del suo braccio e Henry Tudor stava tranquillamente seduto in sella con un'espressione di calma imperturbabile che fece infuriare Richard. Henry Tudor, l'ultimissimo della sua stirpe.

Spronando il destriero, che tuttavia era bloccato dalla calca, Richard menò fendenti per aprirsi un varco, un uomo cadde sotto gli zoccoli e quando Richard alzò lo sguardo si accorse che la vista di Henry Tudor gli era bloccata da un cavaliere gigantesco, grande come un portone e in sella a un destriero di proporzioni stupefacenti.

La visiera del gigante era alzata e Richard capì che il cavaliere si aspettava che il suo avversario cercasse di colpirlo proprio in quel punto debole; era preparato a questo e gli occhi gli brillavano di contentezza scoprendo di avere davanti a sé il re in persona. Sir John Cheyney aveva il vantaggio che quasi tutti i suoi avversari erano più bassi di lui, ma Richard si era esercitato a duellare contro il fratello Edward e aveva una grande pratica, più di qualsiasi altro, nel resistere alla potenza di un grosso bue vestito di ferro.

Intorno a loro si continuava a combattere e tutti e due dovevano riservare un po' di attenzione al colpo occasionale di una lancia o di una mazza. La fortuna aveva una parte importante in una battaglia quanto la lealtà e la forza.

«Levatevi di torno» abbaiò Richard a sir John Cheyney e quando il colosso si apprestò a rispondere, gli colpì il braccio che brandiva la spada cercando la mano o il polso per spezzargli qualche osso e forse disarmarlo. Il fendente andò a segno, tanto da far imprecare e ringhiare il gigante che però mantenne la presa sull'elsa e restituì il colpo, mirando a sfondare le piastre di metallo sul fianco e sull'inguine di Richard. I cavalli erano affiancati e, sebbene il suo campo visivo fosse riempito dalla corazza del suo avversario, Richard allontanò il braccio del cavaliere e allungò la mano verso l'apertura della visiera, infilandovi tre dita chiuse nel guanto di ferro. Un ruggito di dolore sfuggì a sir John Cheyney. Quando Richard ritirò la mano la faccia dell'uomo era rossa di sangue. Il gigante agitò le braccia in preda al panico, cercando freneticamente di ritrovare la vista, e la sua spada colpì la testa del destriero di Richard, lasciandovi un'orrenda ferita e facendo vacillare il cavallo, stordito.

Richard evitò la lama e colpì con la sua l'elmo dell'avversario, con tutta la forza che aveva, facendo perdere i sensi a Cheyney, che cadde dalla sella e rotolò a terra.

Mentre la battaglia infuriava intorno a loro, Richard sentì il cavallo cedere sotto di lui e smontò in fretta, le ginocchia del destriero ormai piegate, sbuffi insanguinati dalle narici. Appiedato, Richard chiamò con un ruggito i suoi cavalieri, sperando che lo vedessero prima dei soldati di Henry Tudor, perdendo il senso di come stesse andando la battaglia giù in basso nel caos del combattimento. Era solo fra uomini che lottavano, urlavano e ringhiavano tutto intorno a lui. In lontananza scorse i vessilli di lord Stanley che sventolavano al di sopra delle teste dei soldati e dei cavalieri ancora in sella e ne trasse motivo di speranza. I ranghi di lord Percy, tuttavia, erano ancora fermi sulla cresta dell'altura e Richard pregò di poter sopravvivere per prendersi una vendetta raffinata contro di loro.

«Al re!» udì a un tratto. «Là! Eccolo là!» Richard si voltò e fu assalito da due cavalieri nella cotta dei Lancaster. Infuriato, allontanò con pochi colpi le loro spade. Aveva bisogno di un cavallo, qualunque cosa pur di liberarsi di quel fango che gli risucchiava i piedi e di quella gragnuola di colpi. Girò su se stesso usando la sua armatura come un'arma, sfondando e schiacciando ogni nemico che incontrava, nessuno di loro colossale come il cavaliere gigantesco ma in gran numero e protetti dalle armature. Non sentiva più il dolore alla spalla e questo era un sollievo, ma cominciava a sentirsi stanco. Uno dei cavalieri che lo stavano attaccando scivolò e cadde, urlando per il dolore alla gamba fratturata. Richard gli prese a calci l'elmo fino a staccarlo, colpendo l'uomo alla testa.

Respirava così rumorosamente che non riusciva a udire i passi degli uomini che lo circondavano. Con la visione limitata dall'elmo, girò su se stesso, continuando a menare fendenti in aria in mezzo ai nemici. Non riusciva più a vedere i Tudor e sembrava che i suoi cavalieri si fossero spostati, lasciandolo solo in quel caos. La sua speranza, la sua unica speranza, era che lord Stanley piombasse sul fianco del nemico e lo salvasse. Non udì il movimento dell'uomo che stava brandendo un'alabarda per colpirlo con forza spaventosa alla base del cranio, frantumandogli l'osso. Richard alzò gli occhi, ma erano senza vita quando cadde. Allora una dozzina di soldati si lanciò sul re morto, colpendolo con le spade e con i pugnali.

Henry Tudor era ansante, sporco di fango e malconcio mentre percorreva a cavallo le ultime cento iarde verso le forze di lord Stanley, contento di essere fuori dalla scena di morte e di sangue di cui era stato testimone. Affascinati e sgomenti allo stesso tempo, seimila uomini freschi e riposati osservavano la mischia furibonda dalla quale Henry si era allontanato, sapendo che da un momento all'altro avrebbero potuto ricevere l'ordine di marciare dritto sul campo di battaglia.

Lord Stanley uscì dai ranghi sulla sua cavalla baia dal mantello lustro. Indossava l'armatura ma non aveva l'elmo, preferendo respirare liberamente finché non era in combattimento. La barba gli scendeva sulla tunica, lunga quasi fino all'ombelico. Al suo fianco un cavaliere portava il suo stendardo e altri due tenevano dei destrieri per le briglie e le armi pronte nel caso di un tradimento. Jasper e Henry si scambiarono un'occhiata.

«Bentornato a casa» gli disse lord Stanley. «Vostra madre vi manda il suo affetto, Henry.»

«Grazie, milord. Accetterete il mio comando?»

Lord Stanley chinò il capo.

«L'ho giurato, sì, Henry. Voi sapete che mio figlio è nelle mani di re Riccardo a Londra?»

Jasper vide il nipote restare immobile ed ebbe un tuffo al cuore. Per un attimo Henry restò in silenzio, riflettendo.

«La vostra lealtà è condizionata allora, lord Stanley?» domandò Henry al patrigno. «Siete con me a condizione che salvi vostro figlio?» Lord Stanley lo fissò per un momento, poi scosse il capo.

«No. Ho giurato di esservi fedele, qualsiasi cosa succeda. Ho altri figli.»

Henry gli sorrise a labbra strette.

«Avete risposto bene, lord Stanley. Tuttavia, se è in mio potere, farò in modo che vostro figlio torni da voi sano e salvo.»

«Grazie, milord» disse lord Stanley, battendo le palpebre.

«Su, guidateci in battaglia» lo esortò Henry.

Jasper e Henry fecero voltare i loro destrieri e cavalcarono fra gli uomini in marcia che approntavano le asce e le spade camminando. Si levò un grande ruggito di sfida e i cavalieri di re Riccardo che stavano combattendo alzarono lo sguardo sgomenti.

Senza il sostegno dell'ala destra di lord Percy, i cavalieri discesi dall'altura protetti dalle loro armature erano stati assaliti e sopraffatti fin dall'inizio in quell'ultimo tentativo disperato di re Riccardo di arrivare al cuore dello schieramento dei Tudor. Alla vista della grande armata di Stanley, seimila uomini che marciavano contro di loro, molti di quei cavalieri si voltarono e fuggirono o gettarono le armi. Ad alcuni fu concesso di arrendersi.

Il corpo di Richard, che mostrava una dozzina di ferite, fu trovato rivestito della sua armatura. Un cerchio d'oro che era stato fissato all'elmo si era in parte staccato e un cavaliere lo staccò del tutto, facendolo cadere e rotolare sotto un cespuglio ingiallito. Sir William Stanley vi infilò la lancia e lo sollevò da terra, così che il cerchio roteò lungo l'asta finendo nella mano del cavaliere.

Il cerchio d'oro fu portato a Henry Tudor e a lord Stanley. Il minore degli Stanley lo porse al fratello che premette quella semplice corona sulla lunga capigliatura di Henry. Suo zio Jasper, con le lacrime agli occhi, fu il primo a piegare il ginocchio a terra davanti a lui. Poi soldati e cavalieri cominciarono ad acclamare il nome di Tudor e di Lancaster insieme, in un grido sonoro e impressionante.

EPILOGO

Jasper Tudor si sentiva la gola asciutta guardando la navata dell'abbazia di Westminster illuminata da un numero enorme di candele e così affollata che faceva caldo perfino in quell'immenso spazio dal soffitto a volte. Sentì le gocce di sudore colargli sul collo e si domandò se potesse affidare la corona a un servitore per asciugarsi la fronte.

Un profumo di viole lo fece voltare e nello stesso momento sentì una mano fresca sulla gola. Aveva un colletto così alto e stretto che quasi non riusciva ad abbassare la testa, ma sorrise ugualmente a Margaret Beaufort che si alzava in punta di piedi per asciugargli la fronte lucida.

«Grazie» bisbigliò. Ricordava ancora la ragazzina di un tempo, tanti anni prima, senza un amico e con il mondo in fiamme. Allora aveva pensato di aver salvato quella cosina acerba trovandole un marito e una casa; Margaret era sopravvissuta al fratello di lui, Edmund, al suo secondo marito, e se ne era trovata un altro. Quell'uomo, Thomas Stanley, era stato fatto conte e in quello stesso momento portava fieramente la spada di stato. Jasper non poté non meravigliarsi dell'abilità di Margaret.

«Grazie per aver avuto cura di mio figlio, vostra grazia» gli disse Margaret a bassa voce. Jasper sorrise, ancora felice del suo nuovo titolo. A quanto pareva lo zio di un re poteva essere duca, duca di Bedford. Non avrebbe più sofferto la fame. Era stato al castello di Pembroke e l'aveva trovato abbandonato, tutti i begli arazzi portati via. Non aveva ancora deciso se restaurarlo o no.

«Voi gli avete dato speranza per tanti anni» le disse Jasper voltandosi verso di lei. «Con le vostre lettere.» Nel punto che era il cuore della cattedrale i vescovi stavano posando le mani sulla testa di Henry Tudor, benedicendolo. Era presente il vescovo di Bath e Wells con Morton, vescovo di Ely, non più in disgrazia e chiamato in aiuto del vecchio arcivescovo Bourchier.

«E ora spero di poterlo conoscere, Jasper, ora che ho il tempo per farlo. L'Inghilterra è in pace, dopotutto: possa esserlo a lungo!»

Jasper guardò in fondo alla navata, aspettando il momento di essere chiamato. La corona era molto diversa dal semplicissimo cerchio che era stato messo sul capo del nipote a Bosworth, non adattò a un'incoronazione, anche se gli uomini sul campo di battaglia lo avevano acclamato. La corona che Jasper teneva in mano era adorna di perle e di rubini incastonati su croci d'oro, un capolavoro in oro e smalti che in quel momento era posata sopra un cuscino di velluto.

Era molto pesante, sembrava pesasse più del semplice metallo. Jasper guardò la lunga corsia libera fra le fila di nobili e dame seduti, sapendo che se fosse inciampato e caduto quella sarebbe stata l'unica cosa che tutti avrebbero ricordato.

«In un certo senso la pace può anche essere frutto di sfinimento, mia signora, e io penso proprio che la gente non ne potesse più dopo trent'anni di guerra.»

«E dovrebbe non poterne più di guerre, Jasper. In ogni caso le daremo un bel matrimonio reale che unirà mio figlio a Elizabeth di York. Sua madre è... una donna pratica, mi pare. E ha perso più di chiunque altro. Io spero che vedere la figlia sistemata con Henry porterà la pace anche a lei. Dopotutto non è rimasto più nessuno delle due famiglie. Mio figlio è l'ultimo dei Lancaster ed Elizabeth è l'erede degli York.»

«Ah, vostro figlio è molte cose» esclamò Jasper. «È un condottiero, con mia sorpresa. È un gentiluomo e uno studioso. Ma soprattutto è un Tudor, mia signora, e ora si farà il suo proprio casato. È giusto che sia così. Dopotutto è il *Ddraig Goch*, il Drago rosso e forse, soltanto forse, anche il *Mab Darogan*.»

«L'Uomo del destino?» tradusse Margaret, rammentandogli che aveva trascorso anni fra i gallesi. «Ma certo che lo è, Jasper! Ha vinto. E in fin dei conti solo questo importa.»

Jasper stava per bisbigliarle una risposta, ma lei lo urtò col gomito e Jasper si accorse che centinaia di facce erano rivolte verso di lui. Con la gola asciutta, si avviò lungo la navata portando la corona per il giovane re.

NOTE STORICHE

Henry Tudor era nato nel castello di Pembroke nel 1457 dalla sua tredicenne madre, Margaret Beaufort. Suo padre, Edmund Tudor, conte di Richmond, era morto di peste dopo essere stato catturato in battaglia combattendo contro gli York. Suo zio, Jasper Tudor, aiutò Margaret a trovare un altro marito in sir Henry Stafford, al quale Margaret sopravvisse per sposare lord Thomas Stanley, in seguito conte di Derby. È interessante notare che la madre di Henry non avrebbe potuto essere più inglese di così, mentre il padre era per metà gallese, per metà francese e nato nell'Hertfordshire. Henry, tuttavia, aveva buone ragioni per impersonare il *Mab Darogan*, l'Uomo del destino da lungo tempo predetto, che sarebbe venuto dal Galles e avrebbe regnato in Inghilterra.

È un fatto storico che Jasper Tudor sia venuto a prendere il nipote quattordicenne per portarlo con sé in Francia. Non si sa se abbia usato l'enorme caverna sotto Pembroke Castle, ma sarebbe stata perfetta. Sotto la città di Tenby, a una dozzina di miglia a est di Pembroke, esistono veramente delle gallerie e secondo una leggenda locale quei tunnel avrebbero dato asilo a Henry e a suo zio inseguiti dai soldati prima della fuga in Francia dei due Tudor.

Warwick e George, duca di Clarence, sbarcarono in forze dalla Francia nel settembre del 1470 per portarsi subito a Londra a liberare Enrico VI, Lancaster, dalla Torre e rimetterlo sul trono. Anche per questo atto Warwick venne chiamato Creatore di re.

Edward di York, per loro grande fortuna, facilitò le cose. È un fatto storico che fosse nel Nord con la moglie, Elizabeth, che stava per avere un figlio. Si sa da numerose fonti che Edward era un uomo di enormi appetiti, che amava mangiare, bere e andare a caccia. Però non tutto è chiaro in ciò che riguarda quel periodo: il re che aveva agito con tanta decisione prima e durante Towton si fece sorprendere nel Nord impreparato, con pochi uomini, e con Warwick che stava arrivando rapidamente dal Sud.

Warwick aveva radunato da venti a trentamila uomini in armi per la sua campagna a favore della casa di Lancaster, mentre Edward, che si era stabilito nei dintorni di Nottingham, non ne aveva radunati che tremila. Il capo carismatico di Towton era ormai fuori dalla storia. In un'epoca in cui non esistevano i mezzi di comunicazione di massa, una simile operazione richiedeva centinaia di volontari che consumassero le suole delle scarpe sulle strade per chiamare a raccolta gli uomini e diffondere la notizia: Lancaster stava tornando. La vecchia corona sarebbe stata restaurata. La casa di York sarebbe caduta.

In una tale inferiorità di forze a Edward non restò che fuggire verso la costa con qualche seguace, compreso suo fratello Richard. La sua mossa nondimeno era stata prevista e la sua imbarcazione rischiò di essere catturata in mare. Edward non aveva denaro con sé ed è un fatto storico che il re d'Inghilterra dovette pagarsi il passaggio dando al capitano della nave il suo farsetto. Lo fece sorridendo, ma deve essere stato un momento di straordinaria amarezza. Come Warwick prima di lui, stava andando in esilio, verso un avvenire incerto.

Ma re Edoardo IV era un uomo di una tenacia insolita. Ritornò più in forma di prima. Aveva già affrontato sfide impossibili, come a Towton, e aveva vinto. È stato semplicemente il più grande re guerriero della storia inglese.

Coloro che si sono imbevuti di romanticismo nei riguardi di Riccardo III, credo abbiano un debito di gratitudine con

Shakespeare, nonostante l'evidente piacere del bardo nel fare di lui un gobbo perfido. Senza Shakespeare Riccardo Plantangeneto, un sovrano che aveva regnato soltanto due anni, sarebbe stato una semplice nota a piè di pagina nel regno del fratello. In nessuna fonte contemporanea si fa menzione di una sua deformità fisica, anche se ora sappiamo che aveva la colonna vertebrale storta, molto probabilmente causa di dolori continui; ma era così per molti combattenti. Certamente non c'è traccia di una sua necessità di farsi fabbricare un'armatura speciale per una deformazione della spalla. Come i soldati romani prima di loro, i guerrieri medievali dovevano avere la parte destra molto più sviluppata. Un mio compagno di scuola ha dovuto interrompere una promettente carriera di schermidore professionista perché gli si stava deformando la spalla. Provate a fare il paragone con un cavaliere medievale che usava una spada più larga e molto più lunga in combattimenti dove la forza fisica e la resistenza potevano fare la differenza tra la vita e una morte umiliante. Riccardo III combatté nel 1485, accettò la sfida pur sapendo che la moglie e il figlio erano morti e che non aveva eredi. Non ho resistito a un'eco del *Macbeth*, atto V, scena III, quando il re chiede la sua armatura. Riccardo III sapeva che, se fosse stato sconfitto, la discendenza maschile del suo casato sarebbe finita: eppure combatté ugualmente. Alla fine si comportò con coraggio. Speriamo di farlo tutti.

Il duca di Borgogna, Charles le Téméraire nel bel suono francese, all'inizio era riluttante a far sua la causa dei fratelli York in esilio. Carlo il Temerario era anche troppo consapevole del potere del re di Francia, ma Luigi XI e il conte di Warwick nei primi mesi del 1471 stavano preparando apertamente un attacco in forze alla Borgogna, muovendo da Calais, costringendo così Carlo il Temerario a sostenere il loro nemico numero uno, concedendogli trentasei navi e circa milleduecento uomini, fra i quali anche degli inglesi. L'ammiraglia della flotta sulla quale viaggiavano Edward e suo fratello Richard era semplicemente la *Antony.* L'ho ribattezzata *Mark Antony* dal nobile romano che pronunciò l'orazione funebre per Giulio Cesare. Fu una scommessa folle quella di Carlo il Temerario, che rinunciò a una flotta di vitale importanza per lui proprio quando ne aveva più bisogno, ma una scommessa vinta.

Nota: "*Placebo Domino in regione vivorum*" – "Camminerò alla presenza del Signore nella terra dei viventi" – era il primo versetto del salmo che veniva recitato nei funerali nel Quindicesimo secolo. Alcuni partecipavano soltanto per il cibo che veniva servito e "Cantaplacebo" era già un insulto nel 1470. Una generazione prima Chaucer lo aveva usato nei *Racconti di Canterbury* per descrivere i "piagnoni" che fingevano dolore per interesse. L'origine della parola è affascinante e perciò la includo qui.

Edward tentò lo sbarco a Cromer, nel Norfolk, solo per apprendere che il duca di Norfolk era prigioniero e che il conte di Oxford era invece, nemico degli York. Era impossibile sbarcare a Cromer e perciò, con il fratello Richard, scelse Ravenspur alla foce del fiume Humber, vicino a Hull e non lontano dalla città di York, esattamente il luogo dove settantadue anni prima Henry di Bolingbroke era sbarcato per usurpare il trono di Riccardo II.

Quella particolare campagna cominciò male, con la città di Hull che rifiutò di aprire le porte agli York. Nella stessa York Edward poté entrare soltanto con pochi uomini e l'avanzata fu lenta e contrastata nel passare davanti al castello di Sandal. Oggi nessuno sa con certezza perché John Neville, lord Montagu, avesse deciso di non fare una sortita contro Edward dal castello di Pontefract: si perse così l'occasione di stroncare sul nascere la ribellione degli York.

Al contrario, Edward e Richard continuarono a radunare uomini intorno a loro fino ad averne da sei a ottomila, un numero però ancora molto inferiore a quello delle forze di Warwick. Lord Hastings fu effettivamente tra coloro che accompagnarono Edward nelle Fiandre. Gli ho fatto raggiungere Edward a Leicester perché volevo mostrare i nomi importanti che si unirono a lui, uno alla volta, una valanga che cominciò lentamente ma che non si riuscì a fermare una volta cominciata.

A cinquecento anni di distanza Warwick rimane una figura affascinante. Dubito di avergli reso giustizia, perché era un individuo realmente complesso. Le sue capacità diplomatiche sono innegabili. Per sopravvivere e prosperare in prima linea durante la Guerra delle Due Rose doveva essere effettivamente un uomo di grande capacità di discernimento nelle questioni personali. Si fidava della famiglia e si aspettava lealtà dagli altri. Si rivoltò soltanto quando il più giovane Edward gli rese impossibile stare dalla sua parte, a causa degli attacchi continui contro il clan dei Neville. Warwick fu essenzialmente fedele a due generazioni di York. Fu costretto ad abbandonarli e le conseguenze furono tragiche. Gran parte della colpa è da attribuire a Elizabeth Woodville, ma Edoardo IV non è del tutto innocente.

In battaglia Warwick non possedeva nemmeno in minima parte il talento che gli sarebbe stato necessario. Perse la seconda battaglia di St Albans quando le forze d Margherita d'Angiò aggirarono la sua posizione protetta da trincee e lo attaccarono da dietro. Warwick commise poi l'errore madornale di catturare Edward e di tenerlo prigioniero senza un vero piano, costretto alla fine a lasciar andare un re avvelenato contro di lui e vendicativo che fuggì con Richard di Gloucester.

È un fatto storico che Warwick si rifiutò di impegnare in combattimento l'esercito degli York a Coventry, pur avendo una grande superiorità numerica e di posizione. Il senno di poi è una gran bella cosa, naturalmente, ma qualcosa di strano deve essere accaduto a Coventry. Ho il sospetto che Warwick avesse visto Edoardo IV e Richard di Gloucester sul campo e che si fosse pentito delle scelte fatte, perlomeno il tempo necessario a frenare la sua mano. Li aveva messi all'angolo: Montagu alle loro spalle, il conte di Oxford a oriente, almeno ventimila uomini intorno a Coventry. Se Warwick avesse attaccato, avrebbe potuto scrivere il proprio finale.

Ma Richard di Goucester era stato il suo pupillo, conosceva Edward fin dall'adolescenza e aveva combattuto al suo fianco a Towton, un evento di tale violenza selvaggia che sono certo abbia segnato tutti i sopravvissuti. E forse è solo una coincidenza che Warwick, Edoardo IV, Gloucester, Clarence e Montagu appartenessero tutti all'Ordine della Giarrettiera. Però...

Non sapremo mai con certezza che cosa sia passato nella mente di Warwick all'inizio di aprile del 1471. Morì nella battaglia di Barnet solo pochi giorni dopo. Forse Warwick non era un grande tattico, ma a Coventry non avrebbe avuto bisogno di esserlo. Li aveva nelle sue mani... e li lasciò andare. L'uomo che aveva combattuto a fianco di Edward a Towton non era un codardo e quella che ho dato qui è la sola altra spiegazione che si adatta ai fatti.

Nota: George di Clarence cambiò effettivamente sponda di nuovo, tradendo il suocero. Edward, Richard e George si incontrarono sulla strada per Banbury e «vi furono parole giuste e gentili di affetto fra loro»... almeno per un po'.

Per molto tempo nelle scuole inglesi la morte di Clarence annegato in «una botte di Malvasia» fu una delle morti famose che tutti conoscevano insieme a quella di Enrico I, deceduto per aver fatto «indigestione di anguille» o quella di Nelson a Trafalgar. Non sono certo che corrisponda a verità storica, anche se spero di sì. Le storie che si tramandano fanno la cultura e possono essere più importanti di quanto crediamo.

Nota sulla battaglia di Barnet: nella Pasqua del 1471 a Londra erano convenuti i sostenitori della casa di York. Calcolare con precisione le forze in campo è sempre rischioso, ma le fonti concordano sul fatto che l'esercito di Edward fosse piuttosto piccolo, tra i sette e i dodicimila uomini, mentre quello di Warwick lo superava in una proporzione di tre a uno, perlomeno. Edward non poteva prevedere il colpo di fortuna che avrebbe avuto a Barnet, perciò fu davvero una follia uscire da una città difendibile e attaccare? Bisogna dire che era con i suoi fratelli, tutti e tre uomini giovani. È possibile che si siano incitati a vicenda in un'impresa che avrebbe potuto concludersi in un disastro. Edward però era il vincitore di Towton e una figura quasi mitica in battaglia. A ventotto anni e in perfetta forma fisica doveva essere terribile da affrontare, la sua sola presenza pari a quella di migliaia di uomini, in termini di morale delle truppe. Come Enrico V aveva combattuto ad Agincourt, così Edward continuava una tradizione di re guerrieri, correndo rischi altissimi.

Oggi Barnet è una parte di Londra. Ma nel 1471 era una località sulla strada per Londra a circa otto miglia dalla Torre, un grosso paese circondato dall'aperta campagna. Né Warwick, né Edward lo avrebbero scelto come campo di battaglia, vi si imbatterono e vi si scontrarono e alla fine Warwick vi trovò la morte, una grande e turbolenta carriera interrotta violentemente. Aveva scelto tra sovrani più di una volta e in un'occasione aveva avuto sotto la sua custodia personale sia Edward sia Enrico VI. Warwick aveva preso decisioni disastrose ma anche grandi; perdonò davvero Margherita d'Angiò e si adoperò per rimettere Lancaster sul trono e disfare tutto ciò che aveva costruito. Ho il sospetto che nonostante tutte le sue colpe fosse realmente un grand'uomo.

Spero di aver descritto Barnet con una certa precisione, fondata sulle cronache degli eventi. È realtà storica che Edward si sia avvicinato col favore della notte e che il suo esercito si sia trovato così vicino a quello di Warwick da non essere colpito dai suoi cannoni, che fecero fuoco tutta la notte. È anche vero che a Edward, quando attaccò fra le quattro e le cinque della mattina di Pasqua, la nebbia fitta impedì di vedere che i due eserciti si erano sovrapposti. La sua ala destra avanzò rapidamente mentre la sua sinistra arretrava e diecimila uomini in armi ruotarono con Edward come intorno a un perno. Nello schieramento di Warwick, Oxford mise in rotta l'ala sinistra di York e la ricacciò fin dentro Barnet. Il suo ritorno sul campo di battaglia fu realmente caotico anche per il fatto che il suo stemma poteva confondersi con il sole fiammeggiante di Edward. Grida di tradimento si levarono dalle schiere di Lancaster e vi fu il panico. Edward ne approfittò e Montagu, il fratello di Warwick, venne ucciso, causando un collasso al centro che coinvolse anche Warwick. Una fine ingloriosa per la vita straordinaria di Warwick. I cadaveri furono realmente esposti a Londra e Edward non volle che fossero fatti a pezzi come era d'uso ma li mandò alle famiglie perché fossero sepolti a Bisham Abbey.

Margherita d'Angiò e suo figlio Edward di Lancaster, principe di Galles, effettivamente rimisero piede in Inghilterra dopo dieci anni nello stesso giorno in cui Warwick veniva ucciso in battaglia. Le navi erano salpate una settimana prima, o quasi, ma erano state trattenute dal maltempo.

Non è difficile immaginare la disperazione di Margherita nell'apprendere che Warwick era morto, ma si lasciò rassicurare da Edmund Beaufort, lord Somerset, che conosceva bene il Sud dell'Inghilterra ed era in grado di radunare là un grande esercito per l'ultima occasione che Margherita avrebbe avuto.

A sua volta re Edoardo, che aveva perso una notevole parte delle sue truppe a Barnet, dovette radunarne di nuove. L'unica difficoltà era sapere dove avrebbe colpito Margherita. La inseguì a lungo, sapendo che già una volta era andata in Galles e sospettando che potesse dirigersi a nord verso il fiume Severn per attraversarlo ed entrare in Galles dalle parti di Gloucester o di Tewkesbury.

Margherita raggiunse Bristol, dove trovò una grande accoglienza da parte della popolazione, uomini, fondi ed equipaggiamenti, cannoni compresi. Edward scelse un campo di battaglia a lui favorevole, ma venne informato che Margherita non si era fermata per affrontarlo ma aveva proseguito la marcia. Dovette quindi inseguirla di nuovo. Nella corsa per raggiungere il Galles Edward mandò avanti i suoi messaggeri e Gloucester con il suo ponte sul Severn rimase chiusa per Margherita proprio come Hull lo era stata per lui qualche settimana prima. I nobili e l'esercito di Lancaster dovettero spingersi fino a Tewkesbury, dove era possibile attraversare il fiume e dove arrivarono dopo una marcia di ventisei miglia. Le forze di Edward marciarono per trentasei miglia e riuscirono a intercettarli prima che lo attraversassero. Gli uomini dei due eserciti erano esausti ma Edward voleva assolutamente vendicarsi delle umiliazioni subite.

Il fiume non poteva essere attraversato di notte o con un esercito ostile pronto ad attaccare, perciò le forze di Lancaster furono costrette a combattere.

A Tewkesbury Edward non avrebbe potuto vantarsi di grandi abilità tattiche. Aveva una riserva di duecento uomini armati di lancia che si dimostrò utile, ma ciò che decise la battaglia fu l'attacco fulmineo di Gloucester contro la persona del duca di Somerset, che aveva perso il fratello maggiore e il padre nella Guerra delle Due Rose. Infuriato, Somerset reagì con una carica giù dall'altura rinunciando così al vantaggio del terreno. Il centro di Edward fu perciò libero di attaccare le forze di Lancaster distruggendole un pezzo alla volta. La tradizione vuole che Somerset fosse tornato sull'altura e avesse ucciso il suo alleato, il barone Wenlock, per non essere intervenuto in suo aiuto.

Il principe Edward fu ucciso quando il centro di York sfondò il suo schieramento, portando via con sé le ultime speranze dei Lancaster e ponendo termine alle guerre in un solo colpo.

Nella Parte II sono passato dal 1471 al 1482 e non perché in quel periodo non fosse accaduto niente di nuovo. In particolare le invasioni della Francia e della Scozia presentano lati affascinanti; ma il soggetto del mio racconto era la Guerra delle Due Rose nel suo insieme. È vero che in un certo senso è la storia di Edoardo IV, ma è anche quella di Margherita d'Angiò. E degli York e dei Lancaster. Per quanti fossero interessati a una bella biografia di questo re semidimenticato, raccomando *Edward IV*, di Charles Ross, dove troveranno molti particolari che qui sarebbero stati fuori posto. Consiglio anche *Richard the Third*, di Paul Murray Kendall. Entrambi sono di piacevolissima lettura, pieni di dettagli che non ho potuto includere per mancanza di spazio. Per esempio, Kendall fa menzione del fatto che Richard e sua moglie Anne dovevano essere nudi fino alla cintola durante una parte della cerimonia dell'incoronazione. Non soltanto questo particolare solleva la questione di come fosse considerata allora la nudità femminile, ma è anche interessante perché segnala come in nessuna fonte contemporanea si accenni al fatto che Richard era gobbo. Come ho già detto, era abilissimo nel maneggiare la spada e anche nudo fino alla vita non suscitava particolare interesse. La mia sensazione è che avesse effettivamente un problema alla schiena, con una spalla più alta dell'altra, come è dimostrato dalla scoliosi visibile nel suo scheletro, ma una massa esagerata di muscoli sarebbe stata comune in un guerriero medievale che maneggiava una lunga spada pesante, come lo erano le cicatrici di ogni genere.

A distanza di cinque secoli è impossibile appurare quale sia stata la causa della morte di Edoardo IV. Sappiamo che era un grande bevitore, capace di stupire i visitatori alla sua corte, e sappiamo che era stato colpito numerose volte alla testa. Sembra probabile quindi un'emorragia cerebrale o una trombosi. Una fonte contemporanea accenna al veleno, ma una trombosi è più verosimile.

Quando morì aveva quarant'anni. Sembra una tragica perdita perfino oggi. Se Edoardo IV avesse regnato per cinquant'anni come Edoardo III, non ci sarebbero stati né Riccardo III, né Bosworth Field... ma nemmeno i Tudor e l'era elisabettiana.

Una nota sui nomi: re Enrico V aveva un figlio di nome Edward, che fu per poco tempo principe di Galles, così come re Edoardo IV e re Riccardo III. Il loro fratello George, duca di Clarence, aveva anche lui un figlio di nome Edward che divenne conte di Warwick e che fu affidato per un certo tempo allo zio, in quanto aveva motivi più fondati dello stesso Richard per aspirare al trono. Come per un po' ci furono troppi Richard, così ci furono troppi Edward. Nessun autore di gialli o di romanzi ha mai avuto un simile problema. Non so se il figlio di Riccardo III fosse chiamato con il diminutivo di Ned.

È un fatto storico che il duca Richard di Gloucester intercettò il principe Edward che veniva accompagnato a Londra per essere incoronato. In quell'occasione Gloucester si mosse con una tale rapidità e senza alcuna traccia di panico da far pensare che veramente suo fratello avesse avuto un ictus ripetuto, cosa che avrebbe dato a Richard il tempo di prepararsi.

Pochi personaggi della storia hanno avuto tanti ammiratori, alcuni dei quali non vogliono ammettere che Riccardo III abbia avuto qualche colpa. Tuttavia fece dichiarare illegittimi i figli di Edoardo IV pochi giorni dopo che il loro padre esalò l'ultimo respiro. Perché allora farli uccidere, si domanda qualcuno, se non rappresentavano più una minaccia per lui? Perché Richard di Gloucester aveva vissuto i trionfi e i disastri della Guerra delle Due Rose. Suo padre era stato spogliato del titolo, lo stesso Richard lo era stato insieme al fratello, con il quale si era mosso per riconquistare titoli e beni. Nessuno come Richard conosceva il pericolo potenziale di un nemico lasciato in vita. A re Enrico VI era stato permesso di vivere e il risultato era sotto gli occhi di tutti.

Richard aveva imprigionato nella Torre un figlio del fratello e si era fatto consegnare l'altro prelevandolo dall'abbazia di Westminster, dove sua madre aveva chiesto diritto d'asilo per sé e per i figli. Fu veramente l'arcivescovo di Canterbury a farsi consegnare il bambino dalla madre dopo una lunga discussione per decidere se portarlo via fosse una violazione dell'asilo o no. Sembra che la madre fosse consenziente ma che cosa avrebbe potuto dire o fare con gli uomini del lord protettore che circondavano l'edificio sui terreni dell'abbazia di Westminster?

Richard aveva l'inventiva e il fegato per liberarsi dei suoi nemici accusandoli di tramare contro i nipoti, mentre con ogni probabilità i complotti erano contro di lui. Fece giustiziare lord Hastings così come lord Rivers, Grey e Vaughn. Anche lord Stanley fu arrestato per qualche giorno ma rilasciato subito. Richard riponeva eccessiva fiducia in un uomo sposato con Margaret Beaufort, come i fatti dimostrarono.

Giulio Cesare aveva avuto un figlio da Cleopatra, Tolomeo Cesarione, che avrebbe ereditato due imperi. E li avrebbe ereditati, in effetti, se Ottaviano Augusto non lo avesse fatto giustiziare quando aveva diciassette anni. Il benigno Augusto fece uccidere anche il proprio nipote perché il giovane non potesse creare problemi con il passaggio dei poteri a Tiberio. Eventi simili, vere tragedie in realtà, non sono però una sorpresa.

Per quanto riguarda i nipoti, Riccardo III si liberò probabilmente della minaccia che rappresentavano durante l'estate del 1483. A quel tempo Richard aveva una moglie e un figlio, che però morirono poco dopo, come accadeva così facilmente a quei tempi. In quei primi caldi mesi del suo regno Richard avrebbe dovuto semplicemente impegnarsi ad assicurarsi una discendenza. Non era un indeciso Amleto, era un uomo di azione che aveva agito con decisione per non farsi sfuggire un'occasione che pochi avrebbero saputo vedere.

L'assassinio dei due ragazzi deve essere avvenuto senza chiasso e senza testimoni. Sarebbe stato giudicato un atto vergognoso, certamente un peccato grave e tuttavia necessario. Perlomeno una potenziale ribellione era stata impedita, quando si era sparsa la voce che i due ragazzi non potevano più essere liberati perché non erano più in vita.

Qualcuno sostiene che fosse opera di lord Buckingham, forse in risposta a una richiesta di Richard, non diversa da quella di Enrico II in un secolo precedente quando aveva detto: «Chi mi libererà da questo prete sobillatore?» dopodiché quattro cavalieri erano andati a Canterbury per assassinare l'arcivescovo. La storia può essere oscura e cruenta. In conclusione tre sono i possibili mandatari o direttamente assassini dei principi: Riccardo III, Buckingham, o Enrico VII, che liberava il terreno per la casa di Tudor.

Io credo fermamente che sia stato Riccardo III a dare quell'ordine. La ribellione di Buckingham del 1483 all'inizio ebbe lo scopo di restaurare la casa di York tramite i principi chiusi nella Torre e la notizia della loro morte sconvolse completamente la coalizione. Buckingham tentò di cambiare i cavalli trasformandola in una ribellione a favore dei Lancaster, ma fallì completamente. Forse aveva avuto l'intenzione di sostenere fin dall'inizio Henry Tudor, ma la questione fondamentale è che Richard aveva un movente per far morire i due principi.

Riccardo III non è mai stato il gobbo assassino del teatro shakespeariano, che godeva nel fare il male, ma sarei sorpreso se non fosse stato lui a uccidere Enrico VI nella sua cella, anche se non è possibile averne la certezza. Richard non era un santo, non più di quanto lo fosse suo fratello Edward. Enrico VI avrebbe potuto esserlo, ma la storia non è gentile con i santi.

Quale pensiero finale su Richard, possiamo dire che dopo la ribellione del 1483 seppe dimostrare il suo potere ma anche una certa generosità, facendo giustiziare soltanto dieci uomini e spogliare dei titoli e dei beni novantasei avversari concedendo poi il perdono reale a trenta di loro. Fu di ritorno a Londra soltanto quattro mesi dopo il suo primo Grande viaggio di Giustizia itinerante nelle regioni dell'Inghilterra. La sua capacità di governare fu compromessa dalla morte del figlio e qualche mese dopo da quella della moglie. In entrambi i casi fu la tubercolosi la causa più probabile della morte, un vero flagello. Se Richard avesse vinto a Bosworth non c'è ragione di credere che non sarebbe riuscito a riprendersi tutto, una nuova moglie, dei figli, un lungo regno. In un combattimento corpo a corpo, pur con una lancia spezzata, disarcionò la gigantesca guardia personale di Henry, sir John Cheyney. Cheyney sopravvisse alla battaglia e fu presente all'incoronazione di Henry.

Riccardo Plantageneto aveva trentadue anni quando fu ucciso. Chi può dire che cosa avrebbe potuto fare se fosse vissuto? Io raccomando l'affascinante libro *Bosworth: The Birth of the Tudors*, di Chris Skidmore.

Una nota sulle date: la battaglia di Bosworth è nota per essere stata combattuta il 22 agosto 1485, ma si trattava del calendario giuliano, voluto da Giulio Cesare ed elaborato da un astrologo greco, Sosigene. Per il 46 a.C. era straordinariamente accurato e stabiliva la lunghezza di un anno in 365 giorni, con un giorno aggiunto ogni quattro anni a febbraio, allora la fine dell'anno per i Romani (da qui il nome dei mesi di settembre, ottobre, novembre e dicembre: erano il settimo, l'ottavo, il nono e il decimo mese di un calendario che cominciava a marzo.) In quasi duemila anni si erano accumulate ore in più nel corso dell'anno e a questo venne posto rimedio con l'adozione del calendario gregoriano che in Gran Bretagna avvenne nel 1752, quando al calendario dovettero essere aggiunti undici giorni. Tuttavia nel quindicesimo secolo l'errore era di soli nove giorni, perciò la battaglia di Bosworth fu combattuta effettivamente il 31 agosto 1485 secondo il calendario che noi usiamo ancora oggi.

Indipendentemente dalla debolezza o malattia di cui soffriva, Enrico VI era un uomo buono che certamente non meritava di essere assassinato nei suoi appartamenti della Torre. Sono stato nel luogo dove fu ucciso. Mi dispiace che non gli sia stato risparmiato il dolore per la morte del figlio prima che raggiungesse la maturità e le sofferenze e umiliazioni della moglie nei suoi tentativi di salvare il marito. In certo modo rientra nel quadro della sua storia dolorosa che Margherita d'Angiò morisse nel 1482, in Francia, quando re Edoardo aveva davanti a sé la prospettiva di regnare per decenni. Se fosse vissuta solo qualche anno in più, avrebbe visto tutti i suoi nemici distrutti e perlomeno un esponente della casa di Lancaster di nuovo sul trono. Ma non fu così. Per molti aspetti questo racconto riguarda solo lei. E la sua tragedia.

Conn Iggulden
Londra, 2015

RINGRAZIAMENTI

Dopo la morte di mio padre avevo sperato che mia madre si riprendesse e tornasse in buona salute, ma prima della fine dell'anno se ne era andata. Vorrei ricordarla qui, nel primo dei miei libri che non leggerà.

Il suo amore per le parole, e in particolare per la poesia, ha avuto su di me una grandissima influenza. Mi diceva che la storia era un insieme di storie di persone vere con l'aggiunta di date. Sento la sua mancanza ogni giorno, perché ogni giorno sapeva consigliarmi.

> *Una nave alza le vele nel vento del mattino. Io mi fermo a guardarla finché non è che un puntolino tra mare e cielo... e qualcuno dice: «Ecco, non c'è più».*
>
> *E in quello stesso momento, mentre qualcuno accanto a me dice: «Non c'è più» altri occhi stanno guardando per vederla arrivare... voci festanti si levano e gridano: «Eccola! È qui!».*
>
> HENRY VAN DYKE

Dello stesso autore

Serie «La Guerra delle Rose»

Stormbird

Trinity

Bloodline

Stampato presso ELCOGRAF S.p.A.
Stabilimento di Cles (TN)